U0918738

“十三五”国家重点图书出版规划项目
交通运输科技丛书·公路基础设施建设与养护

The Key Techniques and Demonstration of Green Highway Construction in Ecological Fragile Zones in Guizhou Mountain Area

# 贵州山区生态脆弱地带绿色公路建设关键技术与示范

潘　海　母进伟
康厚荣　曹子龙　等　著

人民交通出版社股份有限公司
北　京

## 内 容 提 要

本书针对贵州山区公路建设存在的区域生态环境脆弱敏感、环境保护要求高、工程施工难度大、建设与运营能耗高等特点和难点，以交通运输部绿色公路示范项目贵州盘兴高速公路建设工程为实践，从绿色能源应用、绿色施工、智慧公路等方面，总结集成十余项绿色公路建设创新性关键技术，为我国有效提升绿色公路建设水平、促进绿色公路创新发展提供借鉴。

本书可供各级交通运输主管部门及公路建设相关部门决策管理者、研究学者和有关从业人员参考使用。

**图书在版编目（CIP）数据**

贵州山区生态脆弱地带绿色公路建设关键技术与示范/潘海等著. — 北京：人民交通出版社股份有限公司，2020.6

ISBN 978-7-114-16247-3

Ⅰ.①贵… Ⅱ.①潘… Ⅲ.①山区道路—道路建设—研究—贵州 Ⅳ.①U421

中国版本图书馆CIP数据核字(2020)第009917号

"十三五"国家重点图书出版规划项目

交通运输科技丛书·公路基础设施建设与养护

Guizhou Shanqu Shengtai Cuiruo Didai Lüse Gonglu Jianshe Guanjian Jishu yu Shifan

**书　　名**：贵州山区生态脆弱地带绿色公路建设关键技术与示范

**著 作 者**：潘　海　母进伟　康厚荣　曹子龙　等

**责任编辑**：牛家鸣　闫吉维

**责任校对**：刘　芹

**责任印制**：张　凯

**出版发行**：人民交通出版社股份有限公司

**地　　址**：(100011)北京市朝阳区安定门外外馆斜街3号

**网　　址**：http://www.ccpress.com.cn

**销售电话**：(010)59757973

**总 经 销**：人民交通出版社股份有限公司发行部

**经　　销**：各地新华书店

**印　　刷**：北京市密东印刷有限公司

**开　　本**：787×1092　1/16

**印　　张**：19.25

**字　　数**：468千

**版　　次**：2020年6月　第1版

**印　　次**：2020年6月　第1次印刷

**书　　号**：ISBN 978-7-114-16247-3

**定　　价**：100.00元

（有印刷、装订质量问题的图书由本公司负责调换）

## 交通运输科技丛书编审委员会

（委员排名不分先后）

顾　问：王志清　汪　洋　姜明宝　李天碧

主　任：庞　松

副主任：洪晓枫　林　强

委　员：石宝林　张劲泉　赵之忠　关昌余　张华庆

郑健龙　沙爱民　唐伯明　孙玉清　费维军

王　炜　孙立军　蒋树屏　韩　敏　张喜刚

吴　澎　刘怀汉　汪双杰　廖朝华　金　凌

李爱民　曹　迪　田俊峰　苏权科　严云福

# 本书编写组

**组　长**：潘　海

**副组长**：计中彦　康厚荣　曹子龙　母进伟　胡　涛

**成　员**：张学民　乔世范　史玲娜　李明尧　钟新谷

欧阳斌　任达成　刘　政　袁　立　余梅群

戴德江　韩光钦　唐明英　陈健蕾　王瑞甫

宋　刚　付义书　周承涛　方　海　阳军生

涂　耘　陈雪峰　刘开琼　徐　平　刘志辉

郭鸿杰　陈书雪　卢道勇　廖加和　郭　杰

赵孝学　陈洁金　杨　毅　洪盛祥　陈　耘

邢海波　杨　宏　车新刚　刘安吉　喻　洁

林　俊　张　毅　尤荣燕　屈惠朋　谭子书

褚春超　凤振华　张海颖　毕清华　马武昌

王　双　张　琦　王婉佼　严义斌

# 总　序

科技是国家强盛之基，创新是民族进步之魂。中华民族正处在全面建成小康社会的决胜阶段，比以往任何时候都更加需要强大的科技创新力量。党的十八大以来，以习近平同志为核心的党中央做出了实施创新驱动发展战略的重大部署。党的十八届五中全会提出必须牢固树立并切实贯彻创新、协调、绿色、开放、共享的发展理念，进一步发挥科技创新在全面创新中的引领作用。在最近召开的全国科技创新大会上，习近平总书记指出要在我国发展新的历史起点上，把科技创新摆在更加重要的位置，吹响了建设世界科技强国的号角。大会强调，实现"两个一百年"奋斗目标，实现中华民族伟大复兴的中国梦，必须坚持走中国特色自主创新道路，面向世界科技前沿、面向经济主战场、面向国家重大需求。这是党中央综合分析国内外大势、立足我国发展全局提出的重大战略目标和战略部署，为加快推进我国科技创新指明了战略方向。

科技创新为我国交通运输事业发展提供了不竭的动力。交通运输部党组坚决贯彻落实中央战略部署，将科技创新摆在交通运输现代化建设全局的突出位置，坚持面向需求、面向世界、面向未来，把智慧交通建设作为主战场，深入实施创新驱动发展战略，以科技创新引领交通运输的全面创新。通过全行业广大科研工作者长期不懈的努力，交通运输科技创新取得了重大进展与突出成效，在黄金水道能力提升、跨海集群工程建设、沥青路面新材料、智能化水面溢油处置、饱和潜水成套技术等方面取得了一系列具有国际领先水平的重大成果，培养了一批高素质的科技创新人才，支撑了行业持续快速发展。同时，通过科技示范工程、科技成果推广计划、专项行动计划、科技成果推广目录等，推广应用了千余项科研成果，有力促进了科研向现实生产力转化。组织出版"交通运输建设科技丛书"，是推进科技成果公开、加强科技成果推广应用的一项重要举措。"十二五"期间，该丛书共出版72册，全部列入"十二五"国家重点图书出版规划项目，其中12册获得国家出版基金支持，6册获中华优秀出版物奖图书提名奖，行业影响力和社会知名度不断扩大，逐渐成为交通运输高端学术交流和科技成果公开的重要平台。

"十三五"时期，交通运输改革发展任务更加艰巨繁重，政策制定、基础设施建设、运输管理等领域更加迫切需要科技创新提供有力支撑。为适应形势变化的需要，在以往工作的基础上，我们将组织出版"交通运输科技丛书"，其覆盖内容由建设技术扩展到交通运输科学技术各领域,汇集交通运输行业高水平的学术专著,及时集中展示交通运输重大科技成果,将对提升交通运输决策管理水平、促进高层次学术交流、技术传播和专业人才培养发挥积极作用。

当前,全党全国各族人民正在为全面建成小康社会、实现中华民族伟大复兴的中国梦而团结奋斗。交通运输肩负着经济社会发展先行官的政治使命和重大任务,并力争在第二个百年目标实现之前建成世界交通强国,我们迫切需要以科技创新推动转型升级。创新的事业呼唤创新的人才。希望广大科技工作者牢牢抓住科技创新的重要历史机遇,紧密结合交通运输发展的中心任务,锐意进取、锐意创新,以科技创新的丰硕成果为建设综合交通、智慧交通、绿色交通、平安交通贡献新的更大的力量!

杨传堂

**2016 年 6 月 24 日**

# 前　言

党的十九大报告全面阐述了加快生态文明体制改革、推进绿色发展、建设美丽中国的战略部署。绿色交通是交通运输行业加强生态文明建设和实现绿色发展的战略举措，是落实全面建成小康社会要求的具体实践，是“四个交通”战略的重要组成部分，对于推进交通运输现代化具有引领作用。

绿色公路作为绿色交通的重要组成部分，是建设绿色循环低碳交通运输体系的重点之一，是体现党的十九大报告生态文明建设和绿色发展理念的重要领域，是建设“交通强国”战略的重要组成部分。2011 年以来，交通运输部先后发布了一系列文件，部署和推动绿色交通运输建设。贵州盘兴高速公路作为绿色公路建设的典范，于 2015 年 4 月被交通运输部列为绿色公路示范项目。为将盘兴高速公路建成一条“绿色、安全、生态环保、景色优美”的绿色公路，项目建设单位在公路建设中充分体现绿色公路建设理念，结合盘兴高速公路的工程特点与区域地质、环境特征，在分析论证项目节能减排领域与绿色低碳潜力、技术经济性的基础上，重点针对绿色能源应用、绿色服务区、绿色施工技术应用、智慧公路、绿色环保和资源循环利用、绿色公路能力建设以及绿色公路建设特色技术应用七大领域，共开展了三十余项绿色低碳技术的支撑项目，全面推进盘兴绿色公路建设，取得了丰硕的成果，产生了极为显著的效果。

本书针对贵州山区公路建设存在的区域生态环境脆弱敏感、环境保护要求高、工程施工难度大、建设与运营能耗高等特点和难点，以交通运输部绿色公路示范项目贵州盘兴绿色公路建设工程为实践案例，从绿色能源应用技术、绿色施工技术、智慧公路、绿色环保和资源循环利用技术等方面，精心遴选出十余项绿色公路建设最具创新性的关键技术并进行系统总结，旨在为全面提升绿色公路建设水平、促进我国绿色公路创新发展奠定基础。

本书内容依托贵州省交通运输厅科技项目“绿色公路节能减排技术应用与效益核算研究”“生态环境脆弱地带隧道安全环保进洞技术研究”“隧道光伏照明技术研究”“隧道照明太阳光利用及节能运营技术研究”“沥青路面智能施工监控技术研究”“隧道新型锚喷单层衬砌设计与施工技术研究”“泡沫温拌沥青技术研究”

等课题的研究成果进行编写，共分为15章。第1章阐述了绿色公路发展背景、概念与内涵；第2章介绍了依托项目贵州盘兴绿色公路概况及建设思路；第3章至第15章分别从技术背景、技术概要、工程示范和应用前景等方面，详细阐述了BIM应用技术、施工期能耗统计监测信息系统、基于大数据和物联网技术的沥青路面智能施工监控系统、隧道光伏智能照明技术、生态脆弱地带隧道零开挖进洞技术、隧道水压聚能光面爆破技术、隧道新型锚喷单层衬砌设计与施工技术、隧道照明太阳能利用技术、块片石自密实混凝土施工技术、温拌沥青路面技术、Superpave高性能沥青路面技术、大厚度水稳全幅全厚一次摊铺技术、粗填料高路堤工后沉降碾压-强夯控制技术等绿色公路建设关键技术成果。各项技术以解决贵州山区绿色公路建设存在的难点与问题为导向，以绿色公路建设技术创新为核心，取得了丰硕的成果，产生了极为显著的效果。

本书由潘海总体负责设计、策划和组织，曹子龙统稿，康厚荣、母进伟、胡涛等完成了本书相关章节的研究内容。本书是贵州省交通运输厅、贵州省公路工程集团有限公司、交通运输部科学研究院、苏交科集团股份有限公司、中南大学、招商局重庆交通科研设计院有限公司等单位集体智慧的结晶。

本书是贵州省交通运输厅及贵州省公路工程集团有限公司多项科技项目的重要成果，技术研发得到了贵州省交通运输厅的大力支持。在研究过程中，先后得到了石宝林、周晓航、陈济丁、刘家镇、叶慧海等专家和领导的指导与帮助。在此，向各位专家和领导表示衷心的感谢！

鉴于能力和时间所限，书中难免存在不足或缺陷，恳请读者批评、指正！

作　者

**2018年4月**

# 目录

# 第1章　概　　述

## 1.1　绿色交通发展背景

气候变化是当今人类社会面临的严峻挑战，也是当前国际社会普遍关注的重大问题。各国携手应对气候变化是大势所趋，推进低碳发展、绿色发展已是国际潮流。2009年，中国政府在哥本哈根气候峰会上承诺：到2020年，中国单位国内生产总值的二氧化碳排放，要比2005年下降40%～45%。2015年6月30日，中国政府向《联合国气候变化框架公约》秘书处正式提交了应对气候变化国家自主贡献文件《强化应对气候变化行动——中国国家自主贡献》，确定了到2030年的自主行动目标：二氧化碳排放在2030年左右达到峰值并争取尽早达峰，单位国内生产总值二氧化碳排放比2005年下降60%～65%，非化石能源占一次能源消费比重达到20%左右。2015年12月，在巴黎闭幕的《联合国气候变化框架公约》缔约方会议第21次大会通过了具有历史意义的全球气候变化新协议。我国应对气候变化目标的提出意味着各行业，尤其是交通运输业在未来一段时间将承担更为艰巨的减排任务，要更加积极推进低碳发展、绿色发展。

党的十八大明确提出了2020年全面建成小康社会的目标和"五位一体"总体布局，要求把生态文明建设放在突出地位，融入经济建设、政治建设、文化建设、社会建设各方面和全过程，努力建设美丽中国，实现中华民族永续发展；并强调要加快建立体现生态文明要求的目标体系、考核办法、奖惩机制，把制度建设作为推进生态文明建设的重要保障。十八届三中全会提出深化改革的总目标是推进国家治理体系和治理能力现代化；并提出要加快建立系统完整的生态文明制度体系，用制度保护环境。十八届四中全会又进一步要求用严格的法律制度保护生态环境。2015年3月，中央政治局会议首次提出了"绿色化"，将十八大提出的"四化同步"升级为"五化协同"。党的十八届五中全会明确提出将绿色发展作为五大发展理念之一，对生态文明建设和绿色发展做出了总体设计。此外，2015年5月，中共中央、国务院正式印发《关于加快推进生态文明建设的意见》，对生态文明建设进行全面部署，明确提出到2020年生态文明建设水平与全面建成小康社会目标相适应。这些都表明，我国经济社会发展已进入新阶段，对能源资源节约和生态环境保护提出了更高的要求，必须将绿色发展作为国家重大战略，加快推动经济社会发展转型升级、提质增效。

交通运输作为资源密集和对生态环境影响较大的行业，是国家能源消费和温室气体排放的主要来源之一，是生态文明建设与绿色发展的重要领域。绿色交通是生态文明和绿色发展理念在交通运输领域的核心体现。交通运输是经济社会发展的"先行官"，同时又是一个对能源资源依赖较重、对环境影响较大的行业，在推进生态文明建设、实现社会经济发展绿色化的进程中，交通运输行业需要勇于担责，率先作为，通过加快技术创新和结构调整、促进资源节约循环高效利用、加大自然生态系统和环境保护力度,以交通运输的绿色发展全面支撑生态文明建设和经济发展绿色化。为贯彻落实党中央、国务院推进生态文明建设和绿色发展理念,交通运输行业必须实施绿色发展。

## 1.2 绿色公路概念与内涵

### 1.2.1 绿色公路研究进展

绿色公路起源于绿色交通,是绿色交通的子领域。我国相关学者对公路交通可持续发展、绿色低碳公路的内涵、低碳生态型道路建设技术等方面做过大量的研究。2014 年,交通运输部部长杨传堂在全国交通运输工作会上提出了“四个交通”的概念。其中“绿色交通”在“四个交通”中定位为引领作用,其核心是以资源环境承载力为基础,以节约资源、提高能效、控制排放、保护环境为目标,加快推进绿色循环低碳交通基础设施建设、节能环保运输装备应用、集约高效运输组织体系建设,推动交通运输转入集约节约发展轨道。

绿色公路作为绿色交通的重要组成部分,是按照“三低一高”(低能耗、低排放、低污染和高效率)的核心价值理念,在规划、设计、施工、运营、养护等阶段中,将绿色低碳理念贯穿于整个过程中,把降低能耗及排放纳入核心建设目标,运用全生命周期理论进行科学规划设计,在建设施工过程中采用新材料、新工艺、新方法、新能源,在运营养护阶段采取节能减排措施,达到绿色低碳的目标,用绿色低碳的方式修路,为使用者提供绿色低碳的公路产品。

国内有关“绿色公路”或“低碳公路”的研究较多,但大部分研究成果均停留在理念、设计或单个节能减排技术上。

2010 年,秦晓春等探讨了低碳理念下绿色公路建设关键技术与应用,分别从绿色公路“碳补偿”绿化带与“碳中性”服务区设计、公路水环境敏感区绿色施工体系和绿色公路路域生态恢复全程动态跟踪技术与效果评价三方面,确定了绿色公路建设的关键技术,建立了低碳理念下绿色公路建设的关键技术与应用体系。

张琴在硕士论文中分析了绿色公路的内涵,界定了绿色公路全生命周期,根据绿色公路指标体系的构建要求和原则,构建了绿色公路规划设计、建设施工和运营维护阶段的评价指标体系。

2017 年,李楠在《低碳理念下绿色公路建设的技术要点分析》一文中从低碳理念下绿色公路建设的社会背景和内涵分析入手,集中阐释了公路建设在设计和施工两方面的技术要求,并深入探讨了低碳理念在公路建设项目中的应用。

2016 年 7 月,交通运输部办公厅发布了《关于实施绿色公路建设的指导意见》,明确了绿色公路建设的指导思想、基本原则和建设目标,确定了未来一段时期内绿色公路建设的主要任务,为我国绿色公路建设指明了方向。

### 1.2.2 绿色公路的概念与内涵

关于绿色公路,国内很多学者提出不同的概念。马中南等认为,绿色公路是指与交通系统中其他因素(车、人等)以及交通系统外诸因素(环境、能源、资源、经济、相关人和组织等)具有和谐关系的公路。《绿色建筑评价标准》(GB/T 50378—2019)定义绿色公路为:在公路的全生命周期内,最大限度地节约资源(节能、节地、节材),保护环境和减少污染,为社会提供高效、适用的运输条件,与自然和谐共生的公路。有些学者认为绿色公路建设主要集中在公路的设计和施工阶段,而有些学者则认为公路全生命周期的过程均属于绿色公路建设范围。综合相关学者的研究,绿色公路是以节能减排、资源节约与循环利用和生态环境保护为核心价值理念,强化创新驱动,积极研究探索新能源、新材料、新设备和新工艺,大力推广应用先进适用技术和产品,实现公路在规划、设计、施工、养护、运营、管理等全生命周期的能源消耗和碳排放显著降低、环境效益明显改善的一种公路发展模式,实现过程和产出的绿色效益。绿色公路发展的核心是减少能源消耗、控制资源占用、保护和改善生态环境、降低温室气体和污染排放。

绿色公路的内涵已经由生态环保之路、低碳循环之路拓展到节能减排、生态环保、污染防治、资源节约、高效管理之路。其中,节能减排是绿色公路建设的核心内容,生态环保是绿色公路的目标追求,污染防治是绿色公路发展的本质要求,资源节约是绿色公路发展的重要使命,高效管理是绿色公路发展的根本保证。

### 1.2.3 全生命周期绿色公路建设理念

根据绿色公路概念与内涵,在借鉴我国绿色公路建设已有成果的基础上,总结认为,绿色公路建设应从公路规划与设计阶段、施工阶段、运营与养护阶段全生命周期统筹考虑,将绿色低碳理念贯穿于公路建设的全过程,具体建设理念如下:

(1)规划与设计阶段

将全生命周期理念贯穿于公路规划设计始终,以高标准、求真务实的规划设计统领绿色公路建设的整个过程,将资源循环利用、节能减排、绿色环保、经济节约的长寿命设计落实于公路建设的各个环节。在满足公路基本功能要求的前提下,选择合理的技术指标,合理选线,充分利用线路资源,确定路线的优化方案,尽量避免因为项目衔接不合理造成资源浪费。

(2)施工阶段

在公路工程施工阶段贯穿低碳新理念,采用新材料、新方法、新工艺,在资源、能源、材料的占用和使用方面降低消耗数量、调整消耗结构、提高使用效率,减少生态系统破坏,尽量降低二氧化碳的排放量。

(3)运营与养护阶段

在公路运营与养护阶段贯穿绿色低碳理念,包括加强公路运营节能措施,提高可再生能源利用比例;大力发展智能交通系统,保证安全畅通,降低道路使用者能耗;注重公路绿化与景观,加大生态环保措施;建立低碳化运营、养护管理机制。

## 1.3 贵州省公路建设绿色发展

贵州省委省政府早在2005年就确立了"生态立省"的发展思路,目前正处于落实国务院《贵州省生态文明先行示范区建设实施方案》战略机遇期。绿色公路建设作为绿色交通发展的重要组成部分,是体现我国生态文明建设和国家绿色发展理念的重要领域。贵州省作为我国长江和珠江上游重要生态屏障区,广泛分布着喀斯特山区地貌,生态环境敏感脆弱。贵州省公路建设针对存在的区域生态环境脆弱敏感、环境保护要求高、工程施工难度大、建设与运营能耗高等特点和难点，充分借鉴先进经验，走出了一条绿色低碳发展之路。

贵州盘兴高速公路作为贵州省绿色公路建设的典范，于2015年4月，由交通运输部列为"创建绿色公路示范项目"。贵州盘兴高速公路地处贵州省典型喀斯特地区，生态环境敏感脆弱，工程桥隧比高，施工能耗大。为全方位体现绿色低碳建设理念，该项目从绿色能源应用技术、绿色施工技术、智慧公路、绿色环保和资源循环利用技术等方面，开展了一大批绿色低碳创新型技术示范项目，取得了十分显著的效果，为全面提升贵州省绿色公路建设水平，促进我国绿色公路创新发展奠定了重要基础。

# 第2章　盘兴绿色公路概况及建设思路

## 2.1　盘兴高速公路概况

### 2.1.1　工程概况

贵州盘(州)兴(义)高速公路属于昭(通)安(龙)高速公路的南段,是贵州高速公路“678”网中的第七纵,是环贵州高速公路的一段。盘兴高速公路是贵州西部及其外联四川、云南、广西的跨省(区)通道骨架网的重要组成部分,其公路网的区位优势非常明显。盘兴高速公路的建设有利于加快贵州省出海通道的建设,对提高滇、黔、桂省(区)际通道保障能力和完善区域高速公路网络,实施西电东送,实现西部大开发战略目标都具有十分重要的意义。

路线区域纵贯六盘水市和黔西南州,贯穿毕水兴能源资源富集核心区,是黔、桂、滇三省(区)毗邻地区的商业集散地和通衢要塞,也是旅游资源富集地区。区内铁路网纵横交错,公路基础设施相对落后,经济无法得到快速的发展,并且沿线贫困人口较多,多民族聚居,有近40%的居民是少数民族。本项目的实施有利于区域经济社会的快速发展,有利于民族团结,是贵州省实施脱贫致富战略的重点工程。

盘兴高速公路全长88.943km,路基宽24.5m,双向四车道,设计速度80km/h。路线起于盘州市海铺互通,通过海铺枢纽互通与沪昆高速公路和水盘高速公路相接,经盘州市水塘、民主、忠义、保田、普田,兴义品甸、清水河、马岭,接已建成通车的汕(头)昆(明)高速公路兴义东互通式立交。盘兴高速公路主线路基挖方2577万$m^3$,填方1833万$m^3$;设桥梁25455.6m/64座,其中,特大桥8807.8m/8座、大桥15820.9m/40座、中桥826.9m/16座、涵洞131道;设隧道15298m/13座,其中特长隧道7461m/2座,瓦斯隧道2235m/2座;全线桥隧比为46.7%。全线设匝道收费站8处,服务区3处,管理中心1处。全线总投资为117.6亿元。项目于2015年3月全面开工,2016年12月28日建成通车。主要工程规模如表2-1所示。

主要工程规模表　　表2-1

| 序号 | 指　标 | 单　位 | 工 程 量 |
|---|---|---|---|
| 1 | 路线长度 | km | 86.935 |
| 2 | 占用土地 | 亩 | 8119.19 |
| 3 | 拆迁建筑 | $m^2$ | 46005 |
| 4 | 路基土石方 | $1000m^3$ | 11043.23 |
| 5 | 边坡防护 | $1000m^2$ | 781.05 |
| 6 | 路基防护及排水 | 万$m^3$ | 392.66 |

续上表

| 序号 | 指　　标 | 单　　位 | 工　程　量 |
|---|---|---|---|
| 7 | 路面 | 万 $m^2$ | 734.14 |
| 8 | 特大桥 | m/座 | 9776.2/8 |
| 9 | 大桥 | m/座 | 15472.6/37 |
| 10 | 中桥 | m/座 | 488.42/9 |
| 11 | 涵洞 | 道 | 116 |
| 12 | 特长隧道 | m/座 | 7461/2 |
| 13 | 长隧道 | m/座 | 3883/3 |
| 14 | 中隧道 | m/座 | 1548.5/2 |
| 15 | 短隧道 | m/座 | 2405.5/6 |
| 16 | 互通式立交 | 处 | 8 |
| 17 | 分离式立交 | 处 | 22 |
| 18 | 通道 | 处 | 74 |
| 19 | 天桥 | 座 | 24 |
| 20 | 服务区 | 处 | 3 |

### 2.1.2　工程特点

盘兴高速公路路线位于贵州省高原山区，属典型的喀斯特地貌类型区，且线路穿越煤系地层，工程建设难度较大。项目工程特点可归纳为以下四个方面：

(1)地处高原山区，桥隧比高且长陡纵坡多，工程施工难度大

拟建公路路线走廊带均位于高原山区(图2-1)，地势总体北高南低，最高海拔2260m，最低970m，地形起伏大，地面高程一般在1100～1800m之间。全线桥隧比为46.7%，其中，K17+200～K46+200段桥隧占比达63.36%。

图2-1　盘兴高速公路自然条件

(2)地质复杂，喀斯特地貌突出，工程安全风险较大

拟建公路路线区域地质构造复杂，由一系列褶皱和断裂组成，属于新构造运动较活跃区。区域性活动断裂构造较多，路线与9条断裂构造正交或斜交，断裂构造附近岩层比较破碎及零

乱，且岩溶发育典型、喀斯特地貌十分突出，有溶洞出露，可溶性岩体内往往隐藏着许多溶蚀空洞与孔隙，如遇溶洞可能发生塌陷、渗漏和涌水等现象，工程安全风险较大。

(3)区域生态环境脆弱敏感，石漠化严重，工程环保任务较重

贵州省地处我国长江、珠江生态屏障区，生态环境保护与建设要求很高。国务院发布的《全国主体功能区规划》指出，对于该区域，重点要“强化石漠化治理和大江大河防护林建设，推进乌江流域水环环境综合治理，保护长江上游重要河段水生态及红枫湖等重要水源地，构建长江和珠江上游地区生态屏障”。

拟建公路所经路段石漠化严重，生态环境极其脆弱，石漠化已成为制约和束缚该地区经济可持续发展的关键问题之一。另外，拟建公路沿线经过盘州市古银杏风景名胜区、大洞竹海风景名胜区以及兴义的国家级风景名胜区——马岭河峡谷。公路路线有10km的路段穿越马岭河峡谷—万峰湖风景名胜区外围保护区，不可避免地会对当地的生态植被造成一定的破坏；还有5.9km位于木浪河水库集中式饮用水源保护区准保护区，水源质量直接影响农田灌溉、兴义市城区生活供水。这些生态环境敏感区对工程施工管理、环保技术使用、施工期选择等提出了更高的要求，加重了工程的环保任务。

(4)穿越煤带，压覆矿产资源路线较多

拟建公路沿线矿产资源非常丰富，路线区域需穿过三条东北—西南走向的煤带，共压覆黎明—金佳煤田、水塘煤田的黑皮凹煤矿、雨格和玛依西煤田等矿区矿藏11.6km，压覆保田青山区煤气试开采区共计约19km，沿途涉及矿权共计49个，包括：采矿权28个，探矿权9个，国家矿产地9个，整装勘查区3个。

### 2.1.3　技术标准及建设模式

(1)技术标准

拟建公路主线按双向四车道高速公路标准建设，设计速度为80km/h。整幅路基宽24.5m，分幅路基宽12.25m。桥涵设计汽车荷载等级采用公路—Ⅰ级，其他技术指标按《公路工程技术标准》(JTG B01—2003)规定执行，设计建筑限界按现行标准执行。路面采用沥青混凝土路面。主要技术指标详见表2-2。

**主要技术指标表**　　表2-2

| 项　目 | 单　位 | 指　标 |
|---|---|---|
| 等级 | — | 高速公路 |
| 设计速度 | km/h | 80 |
| 路基宽度 | m | 24.5 |
| 停车视距 | m | 110 |
| 平曲线极限最小半径 | m | 250 |
| 平曲线一般最小半径 | m | 400 |
| 最大纵坡 | % | 5 |
| 最小坡长 | m | 200 |

续上表

| 项　目 | 单　位 | 指　标 |
|---|---|---|
| 路基设计洪水频率 | — | 1/100 |
| 桥涵荷载等级 | — | 公路—Ⅰ级 |
| 桥涵设计洪水频率 | 特大桥 | 1/300 |
| | 大、中桥 | 1/100 |
| | 小桥及涵洞 | 1/100 |

(2)建设模式

盘兴高速公路采用 BOT + EPC(建设-经营-转让 + 工程总承包)建设模式,由贵州盘兴高速公路有限公司负责本项目的投资、建设和运营管理,为全生命周期绿色公路建设提供了有利平台。

## 2.2 盘兴绿色公路建设思路

### 2.2.1 建设目标及理念

盘兴绿色公路的建设目标为:体现贵州地域绿色公路特色,以绿色低碳为理念,全过程采用绿色低碳技术,在全生命周期内实现绿色低碳效益,全方位进行绿色低碳管理,全面展示绿色低碳成果,通过一大批节能减排技术、设备、系统的应用,建成一条“绿色、安全、生态环保、景色优美”的公路(图 2-2)。

图 2-2　贵州盘兴绿色公路建设效果

盘兴高速公路是交通运输部批复的 20 条绿色公路主题性试点项目之一。其建设的核心理念是将生态文明、绿色循环低碳理念融入项目建设发展的各方面和全过程,在公路规划、设计、施工、养护和运营管理整个生命周期内,强化绿色循环低碳管理创新,着力提高能源、土地、材料等资源利用效率,努力降低二氧化碳和污染物排放量,尽可能减少对生态环境的影响,提高道路使用者的绿色循环低碳体验,实现公路绿色发展、循环发展和低碳发展。

### 2.2.2　全生命周期绿色公路建设思路

按照全生命周期理论，深入贯彻绿色低碳和环保节约的理念来建设盘兴高速公路，具体思路如下：

(1)前期阶段

集成先进技术手段。从地形图测量开始，采用先进的全球卫星定位系统(GPS)进行控制测量及地形图测量，并形成数字化地形图进行微机处理，外业中的测量数据全部利用 GPS、全站仪和自动安平水准仪进行采集；控制点密度大、测量精度高，为勘察设计和实施打下了良好基础。

合理选线优化方案。在前期工作中贯彻落实交通运输部公路勘察设计新理念，在项目立项阶段和工程可行性研究阶段开展多方案比选，详细调查沿线土地类型、房屋类型，降低能源资源消耗。路线布设时充分考虑城镇及路网规划、道路现状、沿线的建筑物及管线，灵活采用技术指标，做到路线与地形、地物等环境相协调，减少不必要的拆迁。

开展节能、环评、水保等科学论证。在工程可行性研究报告中，开展节能评估专题论证工作，将项目节能效益评价作为决策和方案比选的重要依据。

(2)设计阶段

注重环保设计。根据本条路沿线社会环境和自然环境的具体情况，采用“高度重视、全面细致、经济适用、便于养管”的环保设计思路，在实际设计过程中把环保因素放在特别突出位置加以考虑，将环保理念贯彻于主体工程设计的全过程。

注重节地设计。在主体设计中，在满足技术标准的前提下，注重节地设计。主要通过路线方案比选优化和路基改桥梁优化进行节地设计，共实现节约用地 25.58$hm^2$。

注重绿色服务区规划设计。在服务区规划设计上，除了全面实施节能建筑、节能照明、污水处理回用、生态景观建设等常规的绿色服务区建设项目以外，还对服务区进行了理念较为超前的规划设计，具有较强的示范意义。具体包括：对全线服务区预留加气站、充电桩等节能减排配套设施用地；对有条件的服务区进行开放式多功能生态服务区规划设计等。对将来我国高速公路服务区建设模式具有重要示范意义。

采用先进适用的绿色循环低碳技术。全线采用较为均衡的技术指标，对全线按视距要求逐段复核，尽量保证车辆在公路上保持匀速行驶，避免速度变化较快，从而减少能源消耗与尾气排放。

(3)施工阶段

合理划分标段。结合项目工期安排需求，合理划分标段规模；在路基、隧道等标段考虑土石方挖填平衡，减少远距离借方带来的运输耗能和弃方堆放带来的土地占用；划分标段中将相同类型工程尽量放在一个标段，提高机械、模板的周转率和使用效率，减少能源和资源消耗。

优化施工组织。优化施工布局，结合标段地理特点，优化工程的总平面布置、布局和设计。实施集约化管理，严格执行“三集中”管理规定，即混凝土拌和、钢筋加工和构建预制件集中生产；所有工程预制件实行标准化、工厂化制作。采用集中供电模式，减少自行发电的设备投入、油料消耗。以施工期方案为施工组织设计的重点，对施工方案耗用的劳动力、材料、机械、费用以及工期等在合理组织的条件下，进行绿色循环低碳方面的技术经济分析，进行方案优选。

因地制宜选择施工运输模式。对于工程建设中需要运入运出的大宗建筑材料如砂石、水泥等,选择合适的运输方式运输,降低原材料运输能耗。

加强施工期能耗监测与管理。建立施工期能源消耗指标上报制度,在全线标段要求施工企业对于自己所承包工程中的耗电、耗油、耗水建立台账,进行统计,形成报表,分月、分季度上报。建立绿色循环低碳公路建设市场准入机制,通过项目招标和合同等文件,明确要求施工单位选择技术含量高、能耗少的工艺和装备,严格按照工程设计要求合理组织施工,降低工程单位产品能耗和排放水平,同时加强施工重点耗能设备用能管理,实施重点耗能设备用能管理制度。

加强废弃材料循环利用。土建过程中大量的表土、基桩钻渣、隧道弃渣等废弃资源与材料实现就地再利用。如表土和钻渣等可用于便道的路基、中央分隔带的填基及边坡的培土和绿化。减少废弃物运输及取土的两次运输。施工中大量的混凝土养生用水实现循环利用,并用于冲洗场地及施工便道、路基洒水等,节约用水量。

注重生态环境防护。加强施工中生产、生活污水的管理,严格执行污水处理达标后再排放。通过设置桥面径流处理和危险品收集应急处理系统,减少对敏感水源的污染。清表阶段严格控制施工范围,保护沿线植被,对占地内的植被加强就地保护和绿化再利用;施工期加强路基沿线植被的个体保护,防止人为破坏。对施工中清表阶段的表土资源进行收集回用,减少资源的浪费。落实交通运输部及贵州省公路工程建设标准化指南,施工之前实现施工便道和施工场地的普遍硬化,避免翻浆及尘土飞扬。加强施工人员环保教育,遵照执行《建筑施工场界环境噪声排放标准》(GB 12523—2011)有关降噪的相应制度和措施。

(4)运营阶段

应用绿色能源及材料。在公路建成之后,对营运中的隧道、收费站场等区域照明均采用节能照明技术。小型监控设备采用太阳能等清洁能源。服务区、管养中心等房建工程采用绿色建筑材料,对生活污水进行100%处理回用。

加强人员设备的集约化管理。为节约投资,缩短管理层次,有效加强运营管理力度,全线收费口、管理站以及所有监控设备都将采用集中管理模式,减少人工成本。所有人员采用集中管理模式,上下班集中班车接送,人员集中住宿,减少资源占用和能源消耗。

提高道路使用者驾车绿色感受。建设ETC(不停车电子收费系统)车道、采用车速提示标识、宣传牌等手段,提示驾驶员采用生态驾驶,降低油耗,减少排放。注重公路的后期养护,保持公路平整度和完好性,降低路面噪声,提高使用者绿色感受。

建立运营、养护管理机制。出现紧急事件后,能够按照相关规定处理,做到及时救援、及时疏导,最大限度降低损失。注重全方位、全生命的制定养护决策。如在相关路段相关节点设置超载、超限站,注重路面、桥梁使用性能的监控,制定预防性养护策略,增强公路路面车辙、裂缝、生态环保公路养护等科研成果的应用。同时,积极探索符合区域地理、气候条件特定的公路养护技术,提高工程耐久性,降低公路养护周期成本,提高公路使用效率。

### 2.2.3 绿色低碳技术构建

针对工程项目特点,突出绿色公路项目特色,重点从以下方面构建本条路绿色低碳技术支撑项目体系:

(1)针对西南土石山区特点,充分发挥节能减排技术潜力

本项目为山区高速公路,针对项目建设耗能大的特点,统筹考虑施工期和运营期电力供应

的需要，具体包括：采用施工区集中供电方式，降低建设期能耗；隧道、附属设施房建照明全部采用LED（发光二极管）灯，减少运营能耗，充分体现节能优先的项目特色。

（2）针对西南喀斯特山区气候及地质条件特点，采用安全耐久技术

本项目所在区域为西南土石山区的喀斯特典型地貌，存在岩溶、顺层、软土等多种恶劣地质情况；另外，本项目是贵州省西部地区的纵向交通主动脉，货物运输比例大，因此对工程的安全耐久性要求高。针对以上客观条件，实施耐久性路面、高性能混凝土、块片石自密实混凝土等专项工程，体现全生命周期能耗的理念，突出安全耐久的项目特色。

（3）针对石漠化现象较为严重的地貌条件特点，注重生态环境保护、资源节约

项目线路所经区域地质条件复杂，石漠化现象较为严重，区域土壤瘠薄、土地资源极其珍贵。针对以上客观条件，本项目实施表土资源收集利用，实现取弃土场的有效复垦及生态恢复。另外，结合本项目隧道弃渣量大的特点，弃渣分级筛选尽量利用，减少占用耕地，突出生态环境保护、资源节约的项目特色。

（4）针对生态环境敏感脆弱区域生态特点，高标准实施水资源保护项目

贵州省是我国长江、珠江上游生态屏障区，本项目经过或毗邻木浪河水库水源保护区、马岭河峡谷—万峰湖风景名胜区、贵州兴义国家地质公园，生态环境敏感脆弱。针对沿线环境敏感的特点，实施全线服务区污水处理与回用；实施典型路段路面径流处理，保护饮用水源地水体安全；加强碳汇植被建设，突出绿色环保的项目特色。

（5）针对穿越煤系地层特殊地质条件，隧道施工采用节能降耗新型施工工艺

贵州是我国南方产煤大省，煤系地层分布广泛。煤系地层是隧道建设中的不良地质现象，直接关系到隧道施工及营运的安全，实际工程中除了面临防突、防瓦斯等安全问题，还面临大变形、塌方及冒顶等难题，施工风险高，难度大。针对本项目部分路段穿越煤系地层特殊地质条件，该路段隧道采用煤系地层大断面公路隧道铣挖与爆破联合施工技术等新型工艺施工，突出创新性项目特色。

### 2.2.4　保障措施

（1）组织机构

为切实保障盘兴高速公路创建绿色公路试点工作的顺利开展与组织实施，本项目由省级交通运输主管部门、项目实施主体组成两级管理机构，由专家顾问组和技术支持单位提供技术咨询。

（2）监督管理

出台标准规范，落实目标责任。制定并严格落实绿色公路节能减排标准规范，对工作成效突出的实施单位给予表彰和奖励，对工作推进缓慢的及时进行督导。制订具体推进计划，将项目各项指标和重点任务逐级分解落实到年度计划，明确各有关部门的责任，由各主管部门主要领导负总责，实行严格的问责制。

（3）宣传培训

注重宣传引导，广泛、深入、持久地开展形式多样的绿色公路宣传；加强教育培训，组织开展经常性的节能减排培训教育、技术和经验交流工作；加强人才队伍建设，开展形式多样、内容丰富的专项培训、技术和经验交流；深化对外合作交流，促进先进技术推广和经验交流。

# 第3章 BIM应用技术

## 3.1 技术背景

高速公路工程建设具有建设规模大、技术标准高、建设速度快、管理协调复杂、周期长等特点。高速公路从设计、施工到运行管理涉及各种各样的信息,对这些动态变化信息的及时掌握和综合应用,不仅能够提高在公路建设中的应用价值,而且还能够为高速公路工程建设行业的信息化发展提供宝贵的数据基础。然而,目前我国高速公路建设上依然存在着工业化、信息化程度低,管理模式粗放、落后的问题,传统建设管理模式难以适应高速公路工程建设信息化快速发展需求。如何激发高速公路工程建设信息化市场活力,形成快速、可持续发展的高速公路工程建设信息化生态体系,成为影响行业未来发展的首要问题。

近年来随着计算机技术的发展,建筑信息模型(Building Information Modeling,简称 BIM)技术的出现,引领了建筑业的第二次技术革命。BIM 技术的本质是以三维模型为载体的数据库,它能够集成建设工程项目生命周期内各个阶段的工程信息,包括物理信息、几何信息、材料供应信息、工程进度信息、造价信息以及运营维护信息等,支持项目各个参与方对项目信息进行调用、修改、存储等,实现建筑生命周期内各阶段以及所有参与方的工程信息共享。BIM 技术在项目规划、设计、施工、运维工程全生命周期的全面介入为行业的科技进步产生了无可估量的影响,大大提高了集成化程度。同时,也为行业的发展带来了巨大的效益,使规划、设计、施工乃至整个工程的质量和效率显著提高,降低成本,减少返工,减少人力资源浪费,促进项目的精益管理。

BIM 的概念最早于40年前由美国佐治亚理工学院的查克·伊士曼教授提出:“建筑信息模型几乎综合了所有的几何模型信息及功能要求和构件性能,在建筑项目的全生命周期内,整合所有信息于一个单独的建筑模型中,并且还囊括了施工进度、建造过程及维护管理等过程信息。”美国将 BIM 定义为:BIM 是创建与管理设施物理与功能特性的数字化表达的过程,BIM 是关于设施共享的知识资源,从最早期的概念阶段到最终的拆除阶段,为设施全生命周期的决策机制提供可靠的信息支持。关于 BIM 有一个较为简单的说法,BIM 是以三维数字技术为基础,继承了建筑设计、建造、运营维护等项目全过程各种相关信息的工程数据模型。

在国外的建设项目中,BIM 技术的应用在项目各参与方之间已经从建筑师逐渐延伸到承包商。欧洲国家在2010年前后,有过半的建筑师使用过或参与过 BIM 技术及模型的创建,几乎已经达到了专家的水平。尽管 AutoCAD 的发展对 BIM 理论及技术的推广造成一定的影响,但是欧美等国家在不间断地进行着 BIM 技术及理论的完善工作。BIM 的概念经历了建筑描述系统(Building Description System)、建筑产品模型(Building Production Model)、产品信息模型(Product Information Model)、建筑信息模型(Building Information Modeling)的不断演变。伴随

BIM 概念的不断演变,关于 BIM 的定义也存在着不同的版本,而美国国家 BIM 标准(National Building Information Modeling Standard, NBIMS)的定义相对而言比较完整。

BIM 的理论研究取得了很大的进展,但是由于 BIM 的最终实现还需要依靠计算机,受限于早期计算机的发展,早期出现的 BIM 理论实现软件不能充分满足 BIM 理论的需求,直到 2000 年以后,随着计算机的高速发展及 Autodesk、Bentley、Graphisoft 等软件开发商和一些著名的建筑企业的大力推广,BIM 理论在行业内开始逐步流行,BIM 理论的发展迎来高潮。

随着 BIM 理论的成熟和 BIM 实现软件的快速发展,BIM 的应用开始在国外普及,BIM 标准也随之出台。BIM 应用始于美国,美国总务署(General Services Administration, GSA)负责美国所有联邦设施的引进和运营,为了提高建筑业的生产效率及信息化水平,美国总务署于 2003 年推出了国家 3D-4D-BIM 计划,规定了基于 IFC 标准的建筑信息模型在不同行业之间信息交互的要求,以达到信息化促进商业进程的目的,之后陆续发布了一系列 BIM 指南。

美国国家建筑科学院在 2007 年颁布了美国国家 BIM 标准(第一版)。该标准主要包括数据储存标准、信息语义标准及信息传递标准三大部分。

2008 年,《BIM Handbook》第一版出版,该手册由查克 · 伊斯曼教授等人编写。业主、设计师、工程师能够通过该手册深入了解 BIM 的理论基础、实际应用及有效运用 BIM 时为项目带来的巨大优势,深入学习 BIM 相关技术,以及如何解决 BIM 在实际应用过程中遇到的业务和组织问题。

2011 年,《BIM Handbook》第二版出版,该版本主要是在第一版的基础上添加了 IPD(Integrated Project Delivery)模式下的可持续建筑的发展、精确施工、互操作性构架等最新研究成果。为了提升建筑行业的效率,英国政府强制要求建筑行业使用 BIM 技术,因此,英国设计公司对 BIM 技术的使用已经走到世界前列。为了使整个建筑产业行业链更加充分地使用 BIM 技术,英国政府内阁办公室在 2011 年 5 月公布的建筑策略称其将与业界各专业团体合作去订立标准。此前,英国建筑业 BIM 标准委员会已经发布了包括英国建筑业 BIM 标准[AEC (UK) BIM Standard]、英国建筑业 BIM 标准[AEC (UK) BIM Standard for Revit]、建筑业标准[AEC (UK) BIM Standard for Bentley Product]等一系列 BIM 标准。

在韩国,政府十分注重 BIM 技术的发展,并计划在 2016 年前实现所有的公共建筑项目中使用 BIM 技术,因此,韩国建筑业 BIM 技术在近年取得了十分大的进步。韩国国土海洋部在 2010 年制定了建筑业 BIM 技术应用指南。

在日本,BIM 技术同样得到了广泛的应用,取得了巨大的发展。除此之外,日本利用其在软件行业上的优势,成立了以福井计算机株式会社为主导的日本国产解决方案联盟,2012 年 7 月,日本发布 BIM 指南,该指南为设计、施工、管理单位提供了指导。

新加坡建筑业 BIM 发展史同英国类似,也是由政府主导,政府出台了一系列的措施促进 BIM 技术的发展,如设立 BIM 基金、带头在新建项目中使用 BIM 技术等。自 2013 年起,新加坡 BCA 强制要求建筑项目提交建筑 BIM 模型,在其出台的 BIM 技术发展规划中,计划在 2015 前,80% 的建筑企业使用 BIM 技术。

自从 2002 年欧特克公司率先提出 BIM 理念和方法后,技术变革也席卷了正值经济快车道上疾驰的中国。相比于发达国家,我国 BIM 技术的发展起步较晚但势头迅猛。最近几年,BIM 在中国不但得到认可,并深入建设行业的方方面面。我国的 BIM 研究及技术大部分都是对国外 BIM 研究成果的学习。《中国施工行业信息化发展报告(2014)——BIM 应用与发展》一定程度上反映了我国 BIM 应用情况,结果显示:BIM 在我国建设行业还处于概念普及和项目试点阶段;BIM 的应用在施工企业并没有完全展开;几乎所有的企业都认可 BIM 的价值;BIM 已由设计向施工企业过渡,但应用深度和广度却远远不够。

2007 年 BIM 进入中国建筑设计领域,从上海世博会国家电网馆工程、天津中钢大厦工程到深圳机场扩建等大型工程,均采用 BIM 技术设计。

BIM 是进入"十一五"国家科技支撑计划的重点项目,"十二五"期间基本实现建筑企业信息系统的普及应用,以加快 BIM、基于网络的协同工作等新技术在工程中的应用,推动信息化标准建设,促进具有自主知识产权软件的产业化,形成一批信息技术应用达到国际先进水平的建筑企业。但是建筑行业现行法律、法规、标准、规范对 BIM 的支持和适用只有小部分提上议事日程,大部分还处于静默状态。

目前,中国建筑设计研究院、北京市建筑设计研究院、上海现代建筑设计集团、中国电子工程设计院、中国航空规划建设发展有限公司等为代表的一些大型设计单位正在纷纷成立 BIM 团队开展 BIM 应用研究,编制企业级 BIM 实施标准和指南。

2011 年 5 月,住建部发布的《2011 ~ 2015 建筑业信息化发展纲要》明确指出:在施工阶段开展 BIM 技术的研究与应用,推进 BIM 技术从设计阶段向施工阶段的应用延伸,降低信息传递过程中的衰减;研究基于 BIM 技术的 4D 项目管理信息系统在大型复杂工程施工过程中的应用,实现对建筑工程有效的可视化管理等。

2012 年 1 月,住建部"关于印发 2012 年工程建设标准规范制订修订计划的通知"宣告了中国 BIM 标准制定工作的正式启动,其中包含五项 BIM 相关标准:《建筑工程信息模型应用统一标准》《建筑工程信息模型存储标准》《建筑工程设计信息模型交付标准》《建筑工程设计信息模型分类和编码标准》《制造工业工程设计信息模型应用标准》。

2013 年 12 月,中国铁路 BIM 联盟(以下简称"铁路 BIM 联盟")在北京正式成立。铁路 BIM 联盟由中国铁路总公司工程管理中心、中国铁道科学研究院、中国中铁二院工程集团有限责任公司、铁道第三勘察设计院集团有限公司、中铁第一勘察设计院集团有限公司、中铁第四勘察设计院集团有限公司、中国中铁四局集团有限公司、中建交通建设集团有限公司 8 家单位共同发起成立,目前共有 24 家会员单位参加。铁路 BIM 联盟的成立为铁路 BIM 技术应用提供了组织支撑。各单位正以铁路 BIM 联盟为依托,共同推进中国铁路 BIM 事业向前发展。

目前公路建设行业,BIM 技术应用的较少。但可以肯定的是,BIM 技术在高速公路工程建设中的应用将从以下几方面加快行业发展的步伐,为高速公路工程建设带来巨大的变革:

(1)促进信息有效沟通,及时发现错误信息并提高信息传达的准确率。

(2)在确保工程安全的前提下降低成本。

(3)从总体计划、设计、施工进度等各个方面提供可视化的、形象化的工程建设管理和技术交底。

(4)在工程竣工时,项目各阶段全部的管理资料还能服务于高速公路的运营维护阶段。

(5)极大地提高高速公路建设管理水平,实现覆盖项目全寿命周期的一体化管理。

盘兴高速公路属昭(通)安(龙)高速公路南段,是贵州高速公路"678"网的第七纵,也是贵州环省高速公路的一段,线路全长 88.943km,全线设桥梁 64 座,总长 25455.6m,其中特大桥 8 座，共 8807.8m；设隧道 13 座，总长 15298m，其中特长隧道 2 座，共 7461m，瓦斯隧道 2 座，共 2235m；全线桥隧比为 46.7%，项目总投资 117.6 亿元。

盘兴高速公路施工条件十分恶劣，公路沿线地形起伏大，沟谷纵横，峡谷深切，弃方量大，防护工程量大且形式多样，以致施工组织难度高；地处典型岩溶地区，存在溶洞、滑坡、危岩、软基、煤层、瓦斯、采空区等不良地质地带，地质病害多；公路穿越煤系地层里程长、煤层多，施工风险高、协调难度大，施工、运营安全问题突出；项目位于珠江上游生态屏障区，生态环境敏感，保护要求高。传统的管理模式下，信息利用、更新和传递效率低下的问题在高速公路建设的各个环节普遍存在。由于项目不同实施阶段所采用的软件系统以及形成的成果文件都自成体系，各个项目参与方的信息管理都是单独进行的，缺乏信息横向沟通和交流，导致工程信息在建设周期内流失现象严重，甚至出现“信息孤岛”现象。这种现象将使得项目管理者难以控制工程建设质量、进度与成本，难以应对工程建设期间的所有可能突发情况，更难以顺利开展运营阶段长期的、大量的养护工作的。如何在确保工程质量、进度和经济性的前提下建设和管理这条绿色、环保的现代化高速公路，成为摆在项目管理者面前亟待解决的问题。

为了实现盘兴高速公路建设工程生命周期中的不同阶段、不同参与方的信息交流与共享，提高项目设计、施工、维护效率和质量，并满足盘兴高速公路建设交通运输应急管理工作需求，提出采用 BIM 技术构建集高速公路地形、道路、桥梁、隧道、挖填方三维模型和工程附加信息于一体的高速公路电子沙盘，以实现盘兴高速建设管理的三维可视化。

## 3.2 技术概要

电子沙盘(electronic sandtable)是相对于传统的实物沙盘(material sandtable)模型而言的，也称为数字沙盘(digital sandtable)或虚拟沙盘(virtual sandtable)。电子沙盘是集计算机、地理信息系统、虚拟现实、可视化技术和多媒体技术于一体的高新技术产品，为使用者提供一个实时、可交互操作的虚拟现实环境。电子沙盘突破了传统的实物沙盘占地面积大、携带不便、表现内容单调且难以更新的缺点。近年来，电子沙盘在军事、房地产、水利工程、消防等领域都得到了一定的应用。

盘兴高速公路项目采用 BIM 技术构建了集高速公路地形、道路、桥梁、隧道、挖方和填方三维模型于一体的高速公路电子沙盘，在整合项目实施各阶段各专业信息的基础上，实现了场景的三维动态展示、设计冲突检查、施工进度模拟以及工程量计算；结合 VB 语言，设计开发了盘兴高速公路电子沙盘管理系统，实现了重点工程、整体模型和标段模型的审阅查看。盘兴高速公路使用 BIM 技术，可以提高工程项目进度，减少由管理错误造成的成本浪费，实现高速公路建设管理的三维可视化，并满足盘兴高速公路交通运输应急管理工作需求，及时有效地处置公路、水路交通突发事件，进一步提高应对突发公共事件的能力，减少事件造成的损失。盘兴高速公路电子沙盘建立与应用的具体技术原理如下：

(1)以贵州省盘兴高速公路设计施工图纸为基础，结合现代先进的虚拟现实技术及图形图像处理技术，生成反映真实地理场景的虚拟空间。

(2)采用国家标准地形图建立数字地面模型，准确按比例再现原地形地貌三维建模技术。

(3)融合盘兴高速公路已有的多源数据，建立贵州省盘兴高速公路电子沙盘，实现地形地貌、各种构筑物(桥梁、隧道、路基、边坡支挡等)信息的集成及三维的显示。

(4)在三维电子沙盘中进行任意缩放、漫游、模拟行车,对目标进行全方位的观察分析。

(5)制作贵州盘兴高速公路场景动画,实现高速公路全方位的观察分析。

盘兴高速公路电子沙盘利用 BIM 模型特有的立体、可视、全角度等特点,优化高速公路传统的建设管理模式。相比于同类技术,其创新性及优势体现如下:

盘兴高速公路电子沙盘作为 BIM 协同平台,将二维数据转换成三维模型在平台客户端显示出来,并进行交互处理。盘兴高速公路电子沙盘不仅吸取了 BIM 技术的三维化特点优势,而且通过时间轴驱动,将各类资源和模型实时互动,随时直观查询和交底施工过程中的各类信息数据,可制作一系列的 BIM 可视化交底,分别有施工作业指导书、施工模拟视频、施工步骤连环画、标准施工视频等。模拟过程使参与各方沟通更容易,使建设各方更直接地使用信息模型,技术交底更便利,放样更简便,决策周期更短、更科学,可大大减少误读,避免质量问题、安全问题,减少返工和整改。

施工单位主要运用盘兴高速公路电子沙盘指导施工和动态管理。施工方可根据设计交付模型,理解、检验设计、开展施工;结合 BIM 的 4D、5D 技术管理施工进度、预测工期、分析造价,实现基于 BIM 的动态管理,优化施工管理系统。

运营方运用盘兴高速公路电子沙盘,可调用 BIM 模型进行运营模拟、疏散模拟、应急预案、能耗分析等;可提取相关数据支持其运营、服务、维护和管理。此外,伴随着盘兴高速公路电子沙盘在高速公路建设工程中的应用,参建方可以以此次 BIM 技术应用案例为基础分析总结经验,建立一系列符合高速公路工程建设标准的 BIM 标准体系,从而规范和推进 BIM 技术在高速公路工程建设行业的应用。

## 3.3 工程示范

### 3.3.1 主要技术

盘兴高速公路电子沙盘基于盘兴高速公路工程项目的相关信息数据,通过数字信息仿真模拟各构筑物所具有的真实信息,为高速公路工程项目生命周期中的不同阶段、不同参与方提供及时、准确、足够的信息,支持不同项目阶段之间、不同项目参与方之间以及不同软件之间的信息交流与共享,实现了项目设计、施工、维护效率和质量的提高。该项目主要技术路线如图 3-1所示。

### 3.3.2 电子沙盘制作

盘兴高速公路电子沙盘制作主要包括以下几个方面:

1)构建高速公路三维模型

构建盘兴高速公路三维地形模型,共分为四部分:地形数据转换、点云处理、三维地形网格面及曲面模型构建、初始地质体构建。

(1)地形数据转换

利用地形数据转换程序 DtoA 进行地形数据转换,如图 3-2 所示。

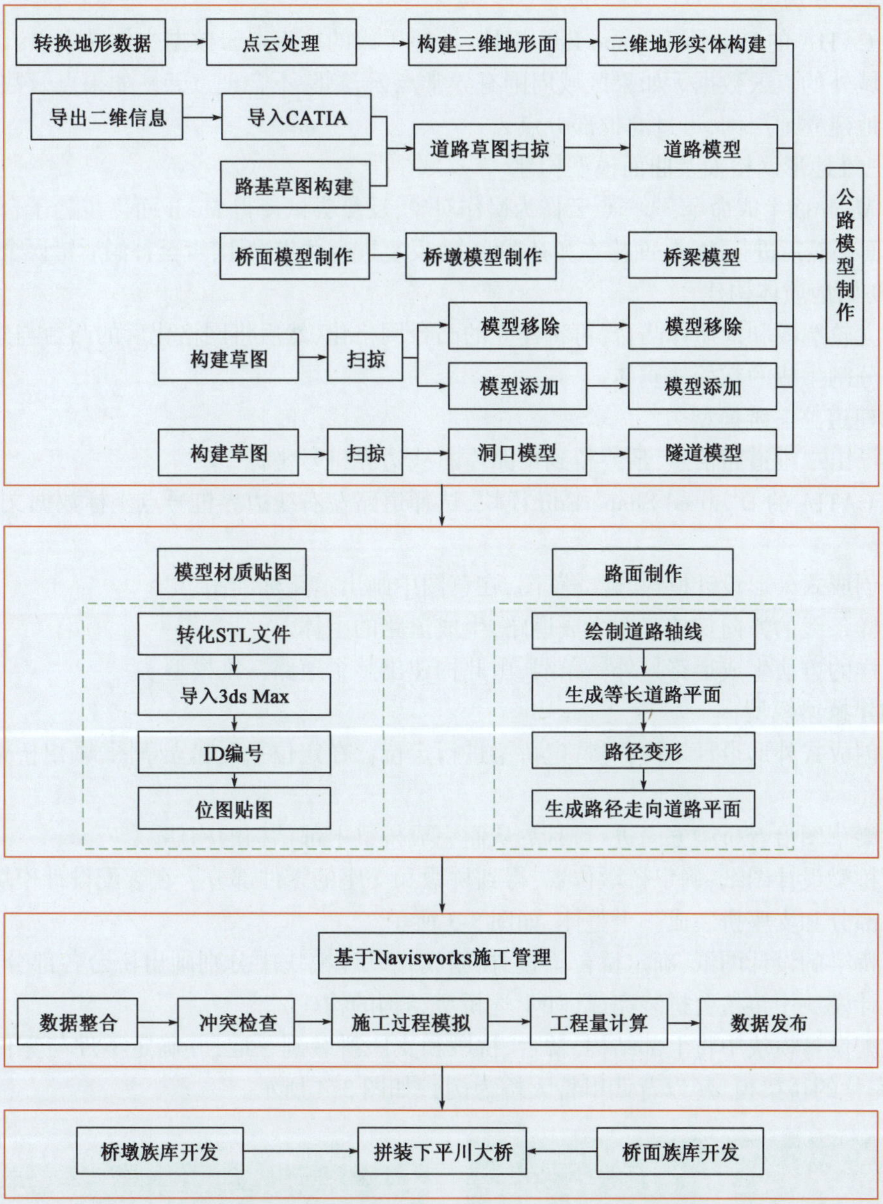

转换地形数据 → 点云处理 → 构建三维地形面 → 三维地形实体构建

导出二维信息 → 导入CATIA

路基草图构建

道路草图扫掠 → 道路模型

桥面模型制作 → 桥墩模型制作 → 桥梁模型

构建草图 → 扫掠 → 模型移除 → 模型移除

模型添加 → 模型添加

构建草图 → 扫掠 → 洞口模型 → 隧道模型

公路模型制作

模型材质贴图

转化STL文件 → 导入3ds Max → ID编号 → 位图贴图

路面制作

绘制道路轴线 → 生成等长道路平面 → 路径变形 → 生成路径走向道路平面

基于Navisworks施工管理

数据整合 → 冲突检查 → 施工过程模拟 → 工程量计算 → 数据发布

桥墩族库开发 → 拼装下平川大桥 ← 桥面族库开发

图 3-1　技术路线

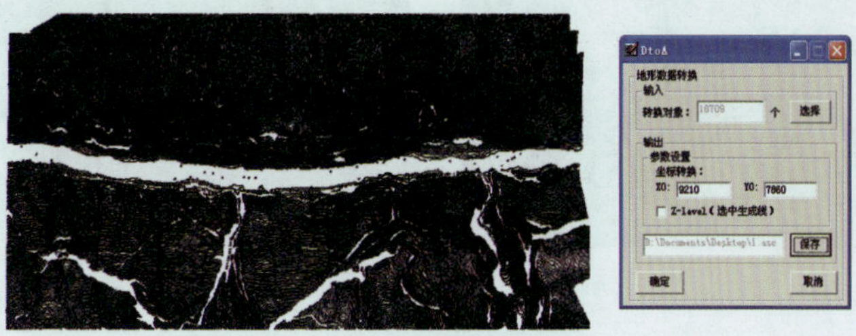


图 3-2　地形数据转换

(2)点云处理

进入 CATIA 的 Digitized Shape Edit 模块,选择生成的地表点云数据文件导入点云,然后清除研究区域外的点云数据。如果区域周围有异常点云,删除不合理点云。如果点云数量较多,为了方便地建立地层面,可过滤掉部分点云。

(3)三维地形网格面及曲面模型构建

利用 Mesh 面生成命令,选择点云作为操作对象,反复尝试使得 Mesh 面逐步趋于合理,生成初始地表面。然后进行 Mesh 面检查和补洞命令,反复进行两步操作,直至补洞后错误全部清除。

(4)初始地质体构建

先建立轮廓线和地质体凸台,再将建立的凸台网格化,然后将网格化后的凸台与建立的地表面进行分割生成的初始地质体。

2)构建道路三维模型

首先导出二维道路信息,最终得到道路左右线边界桩号坐标。

进入 CATIA 的 Digitized Shape Edit 模块,选择道路左右线边界桩号点坐标数据文件,导入点云数据。

进入创成式外形设计模块,建立草图,在草图中画出道路标准图。

沿着样条线的方向扫掠草图生成道路,生成道路的主体。

用同样的方法生成道路另外一条线,由此构建出整个道路三维模型。

3)构建桥梁模型

进入创成式外形设计模块,对特定桥梁进行定位。在定位平面建立草图,画出桥梁上部结构的模型。

对桥梁草图沿着桥梁方向进行扫掠,从而完成桥梁上部结构的构建。

按照桥梁设计图纸,确定桥墩位置,得到桥墩和支座的零件部分。在装配设计模块中将桥墩的零件部分和支座拼装成一个整体,如图 3-3 所示。

按照桥梁的设计图纸,确定桥台位置,在创成式设计模块中分别画出桥台各部分的草图,在装配设计模块中将桥台拼装完成(如上述桥墩结构的构建)。

在装配设计模块中将上部结构、桥台、桥墩和支座拼装到一起,并确定零件与零件间的约束,得到完整的桥梁模型(以背武甲特大桥为例),如图 3-4 所示。

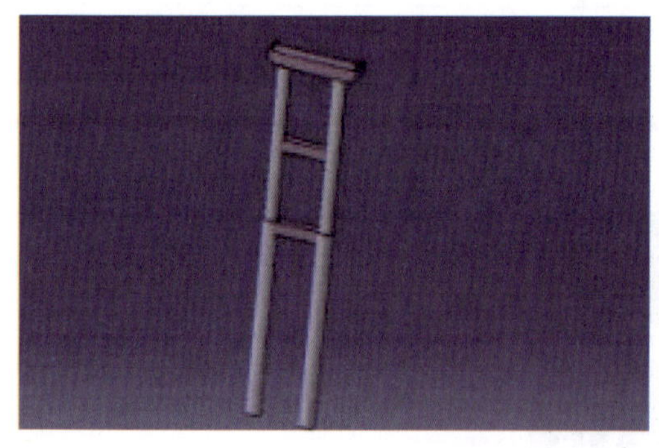

图 3-3 桥墩结构和支座的构建

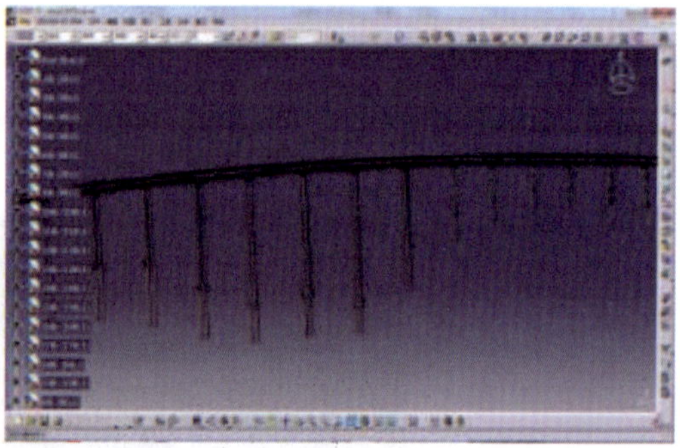

图 3-4 背武甲特大桥模型的构建

在装配设计模块中将整座桥用上述方法装配到工程地质模型中,如图 3-5 所示。

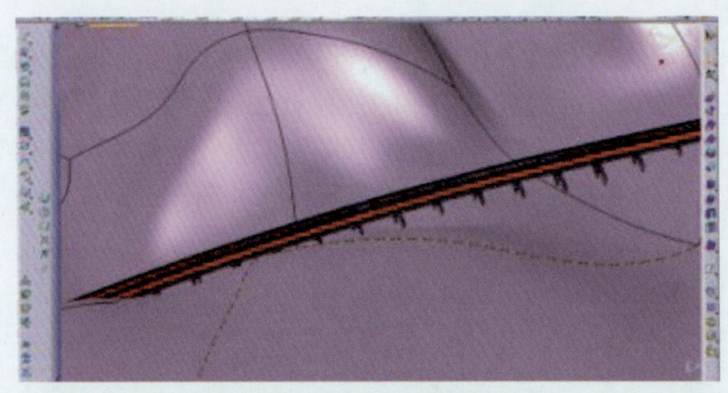

图 3-5　背武甲特大桥与地形的装配

4)开挖边坡

在边坡设计图中确定边坡位置和桩号点,建立边坡模型的草图。扫掠草图,生成边坡的包络体模型。

对地质模型和边坡进行移除运算,移除由边坡草图生成的包络体生成边坡模型,如图 3-6 所示。

图 3-6　边坡的开挖

5)构建填方模型

在填方设计图中确定所需填方的位置和桩号点,在合适的位置建立填方草图并对之进行扫掠(方法如上面边坡开挖中的扫掠方法)。将山体地质模型和填方模型添加为一个整体,如图 3-7 所示。

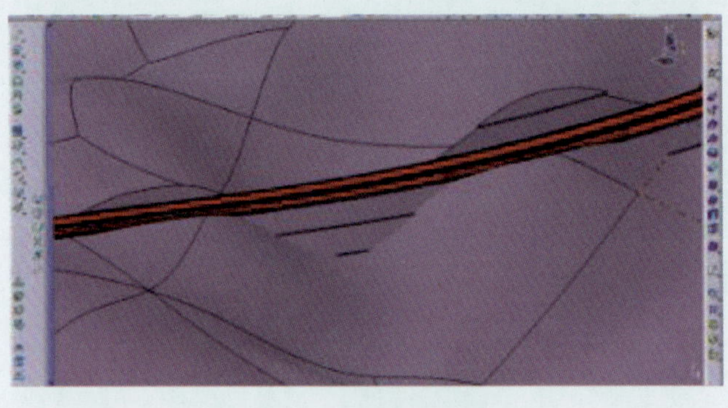

图 3-7　填方模型的构建

6)构建隧道模型

在隧道设计图中确定隧道的位置和桩号点,开挖边坡到明暗交界处位置,并建立隧道轮廓草图,对之进行扫掠(方法如上面边坡开挖中的扫掠方法)后从山体模型中移除。在设计图纸中确定隧道洞门的形式,建立生成隧道洞门的草图,通过拉伸、移除、平移等操作生成隧道洞门,将山体地质模型和洞门模型添加为一个整体,如图 3-8 所示。

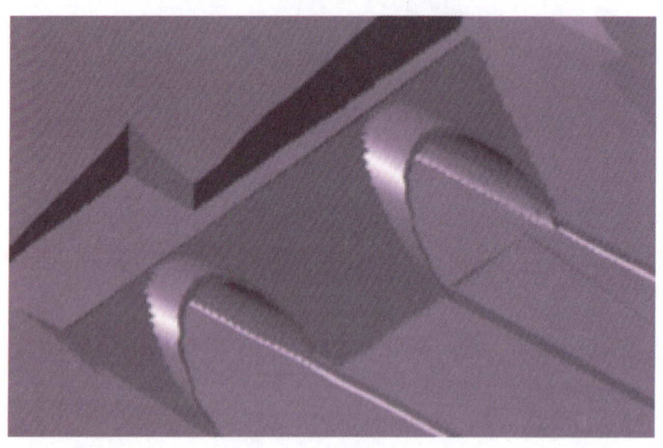

图 3-8 隧道洞门模型

7)输出三维模型剖面图

在三维模型建立的基础上,生成三维模型剖面图,CATIA 软件提供了两种可行的方法:一种是使用装配设计模块中的切割命令,另一种是采用工程制图模块。相对于工程制图模块,第一种方法交互性强、易操作、灵活性高、可动态查看,虽然剖切出来的原始图形相当简单,较实际三维模型剖面图,缺少图框图例和坐标轴等信息,但是可以通过 AutoCAD 二次开发在原始剖面图上进行添加,所以此方法为主要方法,工程制图模块可以作为辅助。

8)基于 CATIA 三维模型的数学量和物理量计算

在三维模型中,我们可以通过特定的运算方式,计算出模型中我们需要的零件的数学属性和物理属性。

以下平川特大桥左线 10 号桥墩为例,如图 3-9 所示。

图 3-9 下平川特大桥左线 10 号桥墩模型图

进入创成式设计模块，选中所需要计算的工程零件，在密度选项中输入密度，即可计算出需要的数学量和物理量。在本例中按照素混凝土密度 2500kg/m$^3$来计算，计算结果如图 3-10 所示。

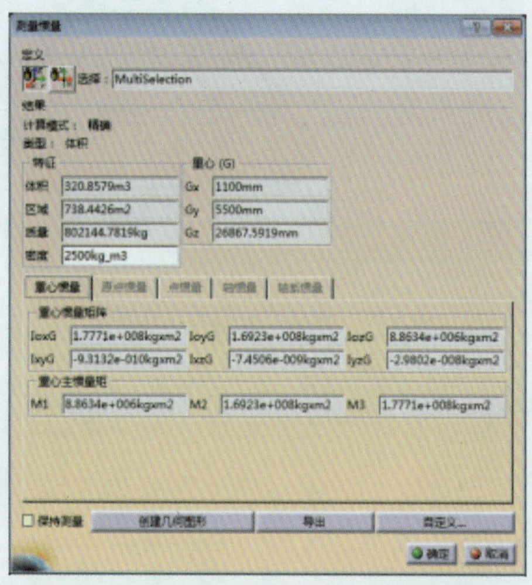


图 3-10　下平川特大桥左线 10 号墩物理惯量

9）三维模型有限元分析

CATIA 的 SIMULATION & ANALYSIS 模块可进行简单的静、动力分析及热分析，但该模块的单元类型和本构关系缺乏岩土计算的本构模型和客观的评价标准。因此对于较复杂的模型或非线性有限元分析，有必要与其他有限元软件结合起来。

在 CATIA 中生成的有限元模型如图 3-11 所示。

图 3-11　CATIA 有限元计算模型

导入 FLAC$^{3D}$中的有限元模型如图 3-12 所示。

该模型上表面为自由面，不需要施加约束，对其他五个面都施加法向约束，施加重力场，本构模型采用莫尔—库伦模型。计算结果如图 3-13 所示。

工程实例验证表明，CATIA-FLAC$^{3D}$耦合建模方法是有效、可行的。

10）三维模型的渲染

电子沙盘采用 CATIA 软件制作工程模型，为使工程模型更加形象生动、更接近现实情况，在使用 CATIA 做成各标段及重点工程模型之后，需要利用 3DS MAX 对模型进行贴图（渲染）。

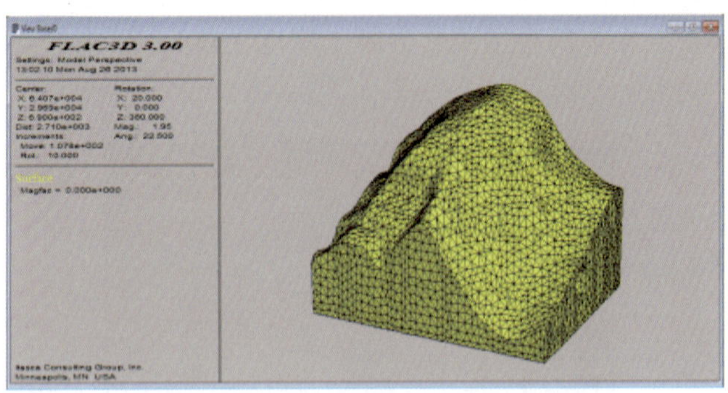


图 3-12　FLAC$^{3D}$有限元计算模型

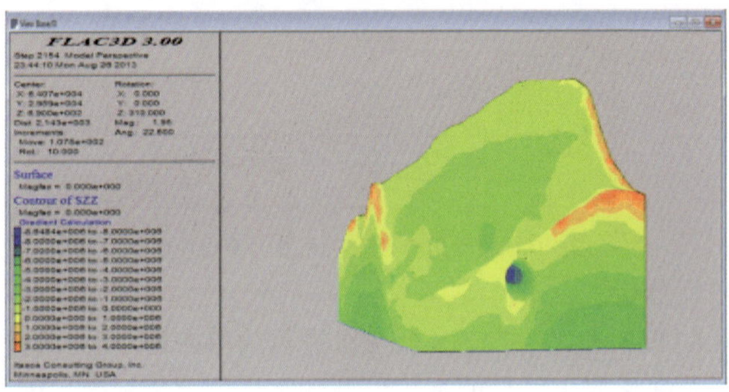


图 3-13　*Z* 方向应力云图

使用 3DS MAX 实现模型渲染，主要工作是给模型表面赋予材质。在 3DS MAX 中需要使用“多维/子对象材质”命令来进行渲染。在整体模型中对各个不同的模块分别贴图渲染。一般的材质设置是：山体赋予 Google Earth 提供的山地卫星图片，体现山地材质；路桥表面赋予混凝土材质；洞门赋予砖材质；边坡赋予护坡贴图，体现边坡的材质；填方与山体相同处理。如图 3-14 所示。

图 3-14　背武甲特大桥渲染图

采用 3DS MAX 和相关影音制作软件相结合，对渲染模型进行动画制作。动画展现了盘兴高速公路沿线道路、桥梁、路基和边坡等工程的风貌和概况。

### 3.3.3 主要成果

贵州省盘兴高速公路数字沙盘项目主要成果如下：

(1)盘兴高速公路三维模型的建立

利用BIM软件构建了盘兴高速公路全路段的道路模型、桥梁模型、挖方模型、填方模型、互通模型、服务区模型及隧道模型，并对模型加以说明和里程标注。

(2)盘兴高速公路中桥梁的Revit族库开发

桥梁的族库开发主要分为桥墩族库开发和桥面族库开发。以下平川特大桥为例(图3-15)，桥墩可分为创建承台、桩、墩身和盖梁。桥面主要有预应力混凝土连续刚构T梁和预应力混凝土连续刚构箱形梁两大类。

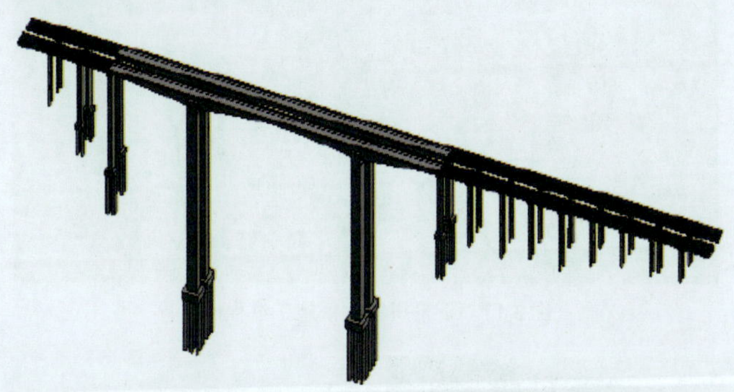

图3-15 下平川特大桥组装模型效果图

将模型导入项目进行拼装时，对于同类型的桥墩和桥面只需要赋予不同的参数即可。

(3)盘兴高速公路的施工管理

对盘兴高速公路的施工管理，运用BIM软件实现数据整合、冲突检查、施工过程模拟、工程量计算和数据发布等功能，从而加快了生产计划、采购计划编制，加快了竣工交付资料准备，提升了项目决策效率，实现了经验的积累、信息的保存和信息的交换。如图3-16～图3-18所示。

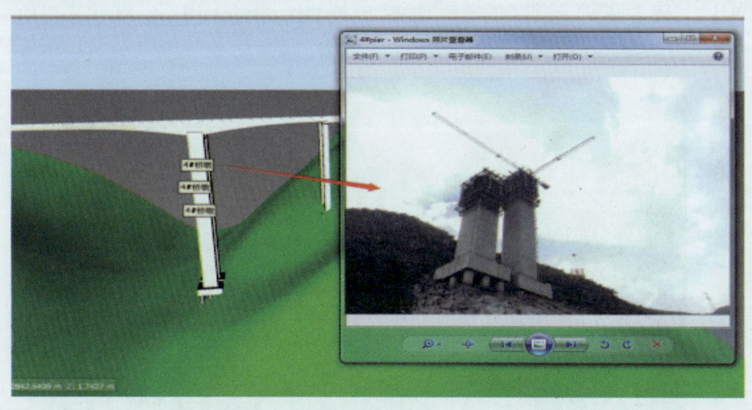

图3-16 数据整合：下平川特大桥图像链接

图 3-17　下平川特大桥施工过程模拟

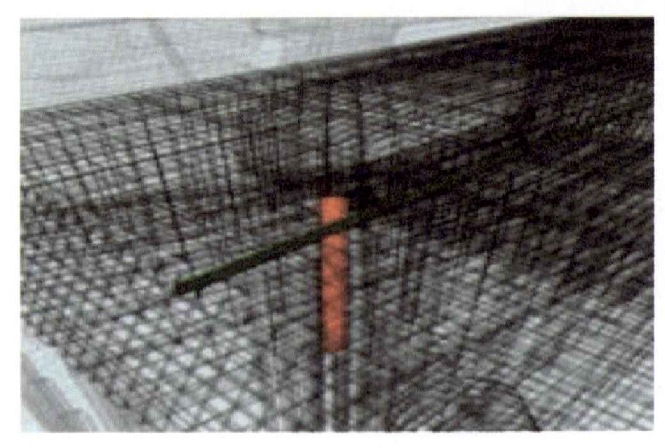

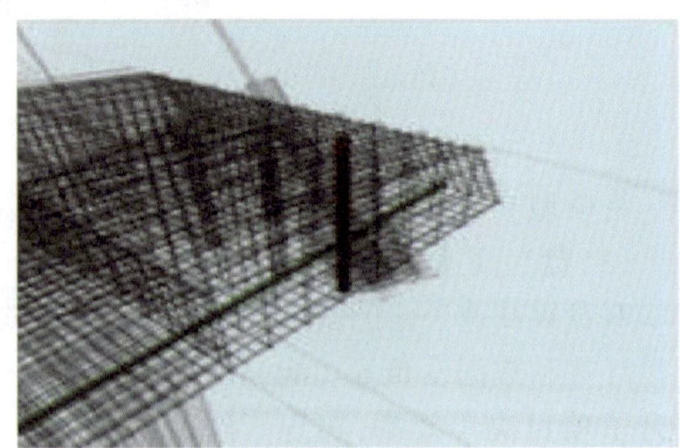

图 3-18　下平川特大桥预应力波纹管和挂篮埋件冲突检查

同时基于 VB 开发了盘兴高速公路三维数字界面(图 3-19),实现了盘兴高速公路虚拟现实展示。

图 3-19　盘兴高速公路三维展示界面

(4)盘兴高速公路三维模型的渲染

对盘兴高速公路四个标段进行贴图渲染。以半个标段为单位渲染,全面展现了高速公路沿线的道路、桥梁、隧道、路基和边坡等工程的真实情况。

对盘兴高速公路沿线重点工程模型进行渲染,包括背武甲特大桥、夹马石特大桥、马岭大桥、马六亮大桥、下平川特大桥、大海子大桥及水塘互通。模型形象逼真,可在BIM软件中以三维视角全方位观察。

采用BIM软件和相关影音制作软件相结合,对渲染模型进行动画制作。动画展现了盘兴高速公路沿线道路、桥梁、路基和边坡等工程的风貌和概况。如图3-20~图3-22所示。

图3-20　背武甲特大桥渲染图

图3-21　水塘互通渲染图

图3-22　标段边坡渲染图

本项技术以盘兴高速公路工程项目的相关信息数据作为模型的基础,进行整条公路模型的建立,再通过数字信息仿真模拟各构筑物所具有的真实信息,为高速公路工程项目生命周期中的不同阶段、不同参与方提供及时、准确、足够的信息,支持不同项目阶段之间、不同项目参与方之间以及不同软件之间的信息交流与共享,以实现项目设计、施工、维护效率和质量持续不断的提高。还可以通过向运营、维护方销售模拟的模型以及数据,获得长期的经济效益。

## 3.4 应用前景

目前推动 BIM 发展的有两种模式,业主模式和承建商模式。目前业主推动占行业的 70%,承建商推动占 30%。可以用如下三句话来描述国内土建业三个主要参与方业主、设计、施工使用 BIM 的情况:用 BIM 受益最大的是业主;用 BIM 贡献最大的是设计方;用 BIM 动力最大的是施工方。

盘兴高速公路推动 BIM 技术发展的模式是业主模式。应用 BIM 技术可以加快生产计划、采购计划编制、加快竣工交付资料准备、提升项目决策效率和积累经验。通过盘兴高速公路电子沙盘项目可以让业主方、设计方、施工方更直观地了解 BIM 技术的优点和未来的广阔应用前景,从而将 BIM 技术推广未来应用到更多的公路建设项目中,连接公路工程建设信息化各参与方,促进各方交流互动;支撑公路建设项目工程设计、施工、运营维护全生命周期建设管理,勘察-设计-施工-运维一体化的集中数据管理;提升高速公路工程建设信息化水平,推动技术创新和行业进步;实现高速公路工程建设信息化资源优化配置和可持续发展。

# 第 4 章　施工期能耗统计监测信息系统

## 4.1 技术背景

党的十八大明确提出了2020年全面建成小康社会的宏伟目标和“五位一体”的总体布局，对新时期交通运输发展提出了更高要求。发展绿色公路是我国交通运输体系建设的重要组成部分，是建设绿色循环低碳交通运输体系的重点之一。近年来，交通运输部先后发布了《建设低碳交通运输体系指导意见》《建设低碳交通运输体系试点工作方案》《加快推进绿色循环低碳交通运输发展指导意见》《关于实施绿色公路建设的指导意见》等一系列文件，部署和推动绿色交通运输建设。绿色公路建设是以“创新、协调、绿色、开放、共享”发展理念为指导，坚持系统理论和全寿命周期成本思想，统筹公路建设品质、资源占用、能源耗用、污染排放、生态环境影响和运行效率各要素关系，着眼公路外部刚性约束与内在供给品质相协调，注重公路规划、设计、建设、运营全过程管理，实现公路交通健康可持续发展的公路建设新行动。

长期以来，由于公路建设管理模式多样、施工工程复杂、施工工艺多样，公路施工期能耗与碳排放缺乏系统的分析梳理，没有得到系统完整的数据支撑，造成了绿色公路决策管理缺乏依据、匮乏管理手段、绿色公路技术难以定量评价等问题。解决这些问题的基础是建立公路能耗计监测体系与技术方法。能耗统计监测是绿色公路建设决策管理与后评价等工作开展的重要基础性工作，是客观评价绿色公路建设成效的重要依据。近年来，交通运输部对公路领域开展能耗统计监测工作日益重视。交通运输节能减排项目管理中心发布的《创建绿色公路实施方案编制指南》中，明确鼓励绿色公路实施节能减排统计监测考核体系建设项目。

公路能耗统计包括施工期和运营期两个方面。目前，我国在公路能耗统计方面，一般侧重在运营期开展相关研究，有关公路施工期能耗统计监测相关研究较少，国内外相关研究往往集中在具体技术的分析评价，而没有从整个公路施工过程的全系统角度来研究，专门针对公路施工期能耗统计监测的研究和应用基本尚未开展，以至于目前开展的绿色公路重点示范工程，对其所达到的节能减排效果评估一般都缺乏科学性。因此，大力开展公路能耗统计监测相关研究与应用，是我国绿色公路建设的重要内容，也是我国深入探索绿色公路节能减排效益评估、科学评价绿色公路建设成效的重要组成部分。将为研究建立我国绿色公路能耗统计监测技术标准、探索绿色公路节能减排管理措施、科学评价绿色公路建设成效提供理论和技术支撑。

## 4.2 技术概要

本项技术结合绿色公路的建设过程与建设目标，依托贵州盘兴绿色公路建设工程，以能耗数据采集作为绿色公路建设施工的主线，系统分析绿色公路施工期的能耗特点及重点工程能耗特征,在系统构建能耗统计监测体系的基础上,研发施工期能耗统计监测管理信息系统,对示范工程施工期能耗进行统计监测与管理,全面指导示范公路节能减排工作,为研究建立我国绿色公路能耗统计监测技术标准、探索绿色公路节能减排管理措施、科学评价绿色公路建设成效提供理论和技术支撑。

研究成果主要应用于公路建设领域,通过信息化手段实现公路建设领域的能耗管理,有助于了解我国高速公路建设过程能耗水平、施工用能模式,以期从更全面、更系统的层面和更加长远的眼光来看待高速公路建设期中的能源消耗以及碳排放等环境问题;可以为公路在设计、施工等时期提供切实可行的低碳化建议,为公路工程建设的低碳施工技术和管理改进提供参考,为制定绿色公路发展的相关制度提供基础数据支撑;也可以进行公路碳排放数据的摸底,为公路行业进入碳排放市场做好基础数据支撑,为公路行业进行碳交易奠定数据基础。

## 4.3 工程示范

### 4.3.1 施工期能耗研究及统计监测体系建立

为了解和掌握公路工程建设环节各主要分部工程(路基、路面、桥梁、隧道)的能耗情况,研究采用定额反算和实测的方法进行了研究对比。具体计算采用了两种路径:一是选择贵州盘兴高速公路,按照各个施工标段负责的工程项目,统计监测施工总能耗及各分部工程的单位长度能耗;二是按照通车的工艺设定出1km的分部工程,计算各工序的能耗情况,以便进行各工序的能耗敏感性。

在统计监测施工总能耗的过程中需要对重点能耗设备进行筛选与分析,逐项的工序与相应的施工能耗设备进行匹配。

根据贵州盘兴绿色公路施工期能耗特点以及《贵州盘兴高速公路创建绿色公路实施方案》计划开展的重点支撑项目能耗情况,构建盘兴绿色公路重点能耗设备的能耗统计监测体系,包括能源统计品种确定(油、电、气等),能耗统计方法(监测设备自动远程监测与现场人工监测相结合),能耗统计监测体系架构(组织框架、技术框架、模块划分、功能实现路径)等,为施工期能耗统计监测奠定基础。

(1)能源品种确定

《中华人民共和国节约能源法》第二条对能源进行了定义,能源是指煤炭、石油、天然气、生物质能和电力、热力以及其他直接或者通过加工、转换而取得有用能的各种资源。

中华人民共和国国家标准《综合能耗计算通则》(GB/T 2589—2008)、《公路工程节能规范》对能源所包括内容及折算原则等作出了明确的规定,同时《固定资产投资项目节能评估和审查暂行办法》也规范了其具体范围,即高速公路能耗研究中的能耗主要指的是一次能源中的原煤、原油、天然气等,二次能源中的汽油、煤油、柴油、电力等。

根据本条公路的能源使用情况及统计要求,本项目的能源统计范围主要包括汽油、柴油、燃料油、天然气和电力等。通过对能源统计范围的确定,避免了多算或漏算能耗种类而导致的对能源消耗量的盲目分析以及错误计算,从而保证所得的研究成果符合国家规范标准。

(2)能耗载体分析

建设一条公路要有人、材料、机械,三者组合才能进行公路的建设,因此三者在建设期施工期消耗的能源,也就是整个高速公路建设期的能耗。

人在高速公路建设中的耗能主要是生活耗能,包括水、电、煤气等,这类能耗比较小,也较为零散。

高速公路建设过程中使用的材料多为直接购买的加工品,故不考虑其生产能耗,但是对存储、转化、再加工、运输等消耗的能源要进行统计。

在高速公路施工过程中,大部分的工程都需要机械施工,因此机械的耗能成为公路施工期中最主要的耗能因素。

综上,本书研究的能耗统计范围主要是人工耗能、材料耗能(主要指材料的存储、转化、再加工、运输等耗能)及机械耗能。

(3)公路施工期主要耗能项目

机械能耗为公路施工期的主要耗能因素,对高速公路建设施工期使用机械的工程项目进行识别分析以及参考公路工程定额文件,结合统计监测的可行性,将高速公路建设施工期耗能项目分为:路基土石方开挖工程、路基土石方填筑工程、路面基层、沥青路面层、旋挖钻孔工程、冲击钻孔工程、人工挖孔、隧道工程、钢筋加工及安装、混凝土浇筑、预制场养生水循环利用工程、表土资源收集利用工程等。

### 4.3.2　施工期能耗统计监测方法

本技术依托盘兴绿色公路建设工程,施工期能耗统计监测采用现场人工统计监测与监测设备自动远程监测相结合的方法开展。其中,现场人工统计监测能耗数据为盘兴绿色公路全线施工期不同时段总能耗消耗量;监测设备自动远程监测数据则为盘兴路个别标段选取的监测试点时时能耗消耗量,重点解决能耗统计的远程监测、数据上传与信息管理的实现途径,同时为现场人工统计监测能耗数据的准确性提供科学依据。

(1)现场人工统计监测

高速公路建设工程量大,能耗数据量也大,根据公路的划分标段,设计绿色公路月度总能耗统计表和重点用能设备月度统计表,由各标段专门负责绿色公路建设的专职人员每月填报标段实际耗能量到绿色公路建设办公室,由绿色公路建设办公室汇总整理总能耗情况。

绿色公路月度总能耗统计表主要填报的内容包括:标段本月度内消耗的能源品种、实际耗能量等数据。

重点用能设备月度统计表主要填报的内容包括:主要机械用能工程项目中各种用能机械的消耗能源品种、实际耗能量等数据。

此外,为全面掌握盘兴绿色公路资源节约与循环利用情况,本书研究还设计了绿色公路资源节约与循环利用月度统计表,主要填报的内容包括:水、粉煤灰、隧道弃渣、路基弃方和表土等资源节约与循环利用量数据。

主要填报事项如下:

①每月上报一次,表中数据为本月度内各项能源消耗的汇总值。

②能源总消耗量是指本月度内施工标段总消耗的柴油、汽油、天然气、电力等各种能源的

总量，包括标段各项施工工程耗能、项目部和施工营地生活用能、分包工程耗能等一切与本标段工程有关的总耗能量。

(2)监测设备自动远程统计监测

在公路建设领域，施工期能耗自动远程统计监测技术目前尚未见报道。本书研究在系统开发研制能耗统计管理信息系统的基础上，结合能耗监测硬件设备(现场数据采集设备、网络硬件设备、数据终端平台设备等)，实现能耗统计的远程监测、数据上传与信息管理功能。本研究结合盘兴绿色公路能耗特点，设计能耗自动远程统计监测构架，如图 4-1 所示。

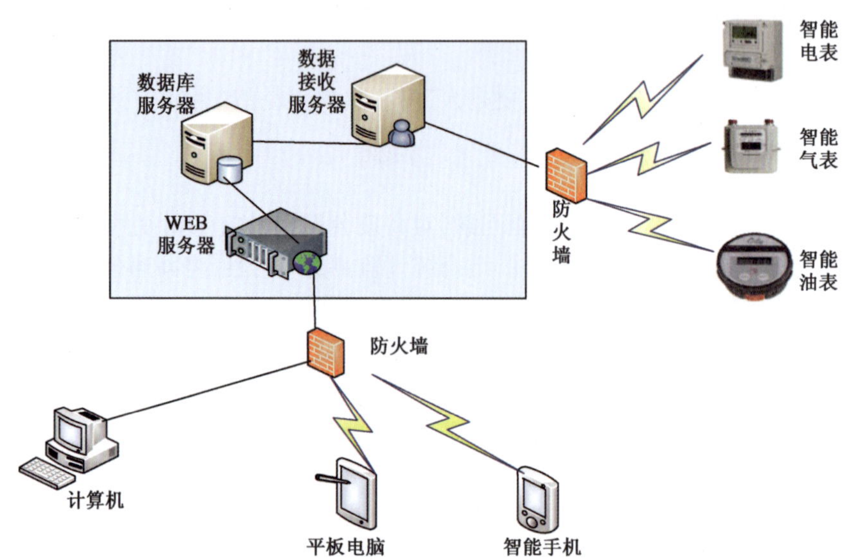


图 4-1　盘兴绿色公路能耗自动远程统计监测构架图

能耗自动远程统计监测所需硬件设备如下：

①数据库服务器：存储系统中所有相关业务数据。

②WEB 服务器：以网页方式向外发布信息的服务器。

③数据接收服务器：启动服务与所有外接的智能设备建立连接，并随时接收其上传数据。

④智能电表：现场采集用电量，并能通过无线或有线方式将用电量定时上传到数据接收服务器。

⑤智能气表：现场采集用气量，并能通过无线或有线方式将用气量定时上传到数据接收服务器。

⑥智能油表：现场采集用油量，并能通过无线或有线方式将用油量定时上传到数据接收服务器。

⑦防火墙：保护系统安全，防止外界病毒或恶意攻击上软件或硬件安全系统。

⑧用户查看终端。

计算机：用户可以通过计算机浏览器定期上传数据或查询相关的数据信息。

平板电脑：通过平板上的浏览器定期上传数据或查看系统信息。

智能手机：通过智能手机上的浏览器定期上传数据或查看系统信息。

### 4.3.3　能耗统计管理系统软件总体架构

本技术根据所构建的能耗统计监测体系，结合盘兴绿色公路项目特点，设计了盘兴绿色公路施工期能耗统计管理信息系统，系统总体架构图见图4-2。

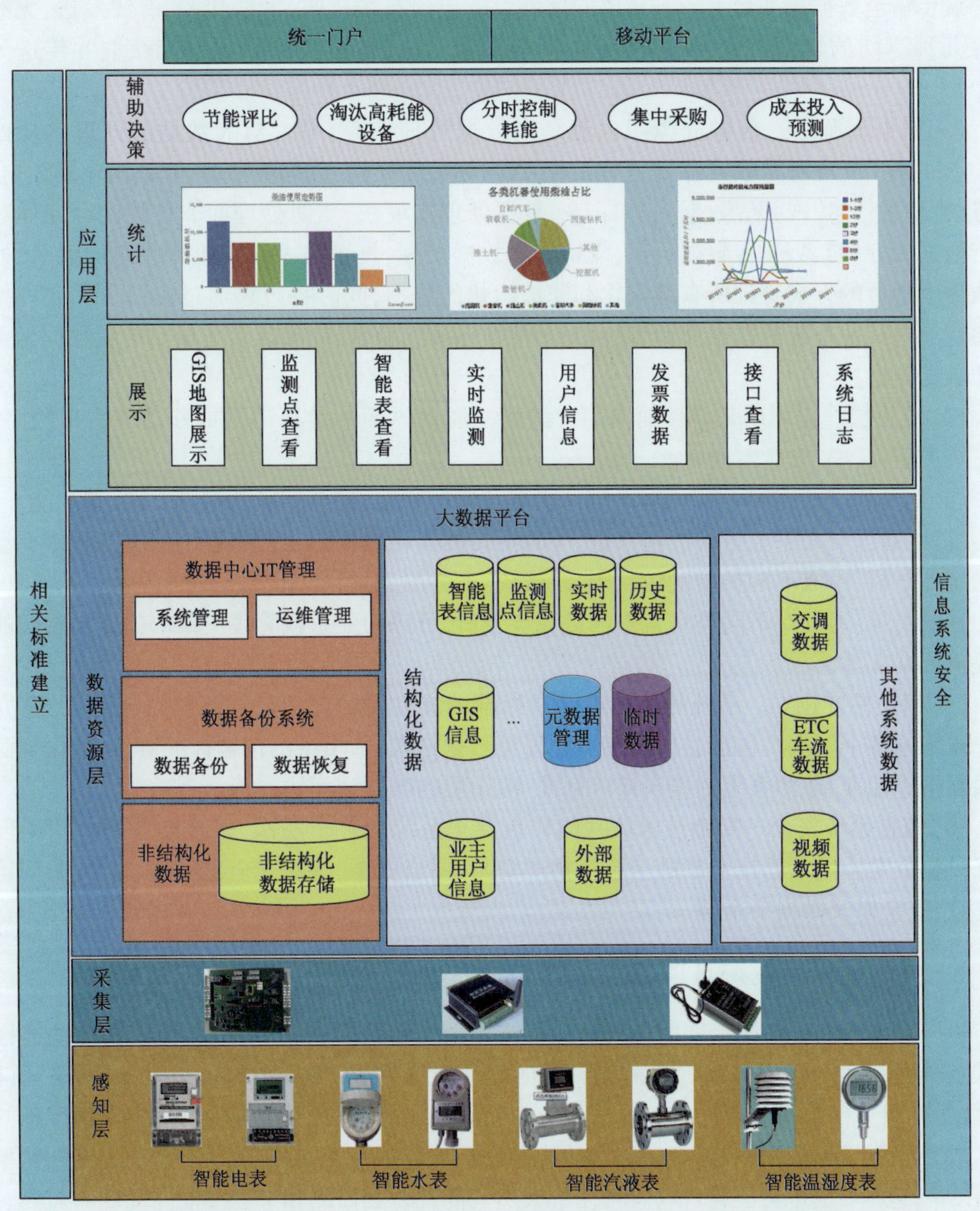


图4-2　系统总体架构图

系统按照物联网的分层思想构建，分为感知层、数据采集层、数据资源层及应用层。各层的功能作用如下：

(1)感知层。本层的主要作用是通过在各施工关键耗能位置安装传感器，精确获取能源消耗量,转化为数字信号。根据感知数据不同,传感器具体表现为智能电表、智能汽表、智能油表、智能水表、智能温度表、智能湿度表等。根据现场实际情况及成本预算情况,可以采用全覆盖安装和抽样安装的方式进行。

(2)采集层。本层的作用是收集感知层各传感器的数字信号,并转化成统一格式,采用专用协议传输至数据云平台上。采集层的硬件设备包含有线接收、无线接收、有线发送、无线发送等几种不同的组合方式,从而保证不同应用场合下,传感器的数据都能获取并传送到云平台。

(3)数据资源层。数据资源层也就是大数据管理平台,平台对大数据的处理实现四个“V”:Volume(交通海量数据容量),Variety(数据种类多样性,数据类型多,非结构化的数据、语音、地理位置信息、视频等数据),Velocity(数据处理速度快,实时处理而非传统的存储性数据进行数据库处理),Value(数据价值,支持深层数据挖掘,具有很大的商业和服务价值)。通过大数据云平台的方式管理所有结构化和非结构化的数据,同时系统还通过接口方式允许接入交通行业内其他系统的数据资源,通过与其他数据源的整合,能够从多方面对能耗数据做更精准的数据分析。

(4)应用层。应用层是直接面向用户的统一风格界面的计算机端或移动端应用程序,分为三个类型:

展示:以列表形式展示系统基本信息数据及运行数据,包括相应的增、删、改、查功能。

统计:通过对人工上报的能耗数据、实时上传的能耗数据以及外部系统接收的相应类型数据的统计分析,生成不同类型的饼状图、线状图、直方图、对折线图等。

辅助决策:通过对不同类型数据的进一步分析,可以为业主或管理决策部门做出相应的决策提供数据支撑。

(5)相关标准建立。系统的建设需要有标准的文件、数据、协议组织格式,标准的建立贯穿于系统的各个层次。包括底层传感器的采集数据格式、采集层的传输标准协议、数据资源层的数据格式标准、外部系统的接入接口标准、应用层的数据访问协议等。

(6)信息系统安全。安全技术体系同样贯穿于系统的各个层次,安全体系的技术手段和工具是整个安全体系的技术基础。包括物理安全、网络安全、终端安全、服务器安全、防病毒安全、应用安全以及数据安全等。

### 4.3.4 远程能耗统计监测点选择与设备安装调试

根据盘兴绿色公路施工期能耗统计远程监测系统相关要求,开展了能耗数据自动远程监测试点研究。在进行了自动远程监测设备的现场布置勘察工作、数据采集设备、网络硬件设备、数据终端平台设备等硬件设备的选配与购置的基础上,进行了施工现场数据采集设备的安装。本书研究内容根据盘兴绿色公路能耗特点及施工现场条件,共布设了4套现场能耗数据的采集设备,包括2套电力能耗现场监测、1套天然气能耗现场监测和1套柴油能耗现场监测。通过利用所研发的能耗统计管理信息系统,实现了能耗统计的远程监测、数据上传与信息管理功能。

(1)远程能耗监测点选择

根据盘兴绿色公路施工期能耗统计远程监测系统相关要求以及所确定的能源统计品种,

本研究结合盘兴绿色公路能耗分布情况,经现场详细考察,并经多方面对比,分别对电、天然气和柴油各选择了一个现场监测点,具体地点如下:

监测点1:集中供电监测点,民主丫口寨隧道管理区。

试验点2:天然气利用监测点,保田服务区。

试验点3:柴油集中供应监测点,保田服务区。

监测点现场如图4-3~图4-5所示。

图4-3 施工用电远程监测系统数据采集点现场照片

图4-4 施工用油远程监测系统数据采集点现场照片

图4-5 施工用气远程监测系统数据采集点现场照片

(2)远程能耗监测点现场设备安装调试

根据构建的能耗统计监测体系,以及所确定的施工用电、施工用油和施工用气远程监测系统数据采集点,完成能耗监测设备的现场安装调试(图4-6)。

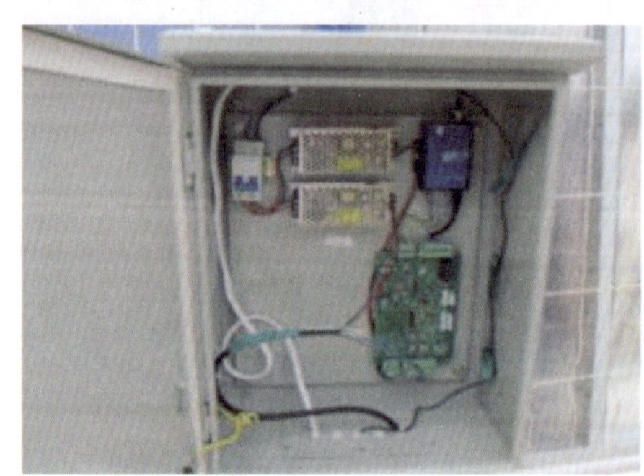

图4-6 远程监测系统设备现场安装与调试照片

## 4.3.5 远程能耗统计监测技术应用

本书研究内容依托盘兴绿色公路建设工程,利用现场安装的能耗统计监测设备,基于开发完成的“盘兴绿色公路能耗统计管理信息系统”,于2016年6月中旬正式上线运行,对盘兴高速公路施工期施工用电、施工用油和施工用气等主要能源进行了远程在线监测,实现了能耗统计的远程监测、数据上传与信息统计管理。

应用远程能耗统计监测技术所实现的盘兴绿色公路能耗统计管理信息系统主要统计监测内容及功能如下：

(1)基础数据管理

在此模块为系统中的基本信息内容，提供业主基本信息(图4-7)、标段基本信息(图4-8)、施工工程、施工设备(图4-9)、现场布置的智能采集设备等基本信息的添加、查询、修改和删除等功能，涉及系统中所有基本数据的增删改查。

图4-7　业主基本信息

图4-8　标段基本信息

图 4-9 施工设备信息

(2)能耗数据上传

在此模块中提供各种能耗数据上传的功能界面,各标段施工单位需要定期使用自己的账户在此模块手动上传能耗数据(也可报表直接导入),主要包括重点用能设备能耗数据统计、月度总能耗数据统计、资源节约循环利用数据统计、智能设备能耗统计、发票单 5 项内容。此模块的表格和人工监测统计表格一致,通过系统录入数据可为后期的能耗数据统计分析奠定基础。

重点用能设备能耗数据统计:各标段每月上传用能工程项目中机械设备工作所消耗的能源数量(图 4-10)。

(3)能耗数据管理

在此模块中提供各种能耗数据的多条件查询和各类型报表导出功能(图 4-11)。

图 4-10 重点用能设备能耗数据上传与能耗统计

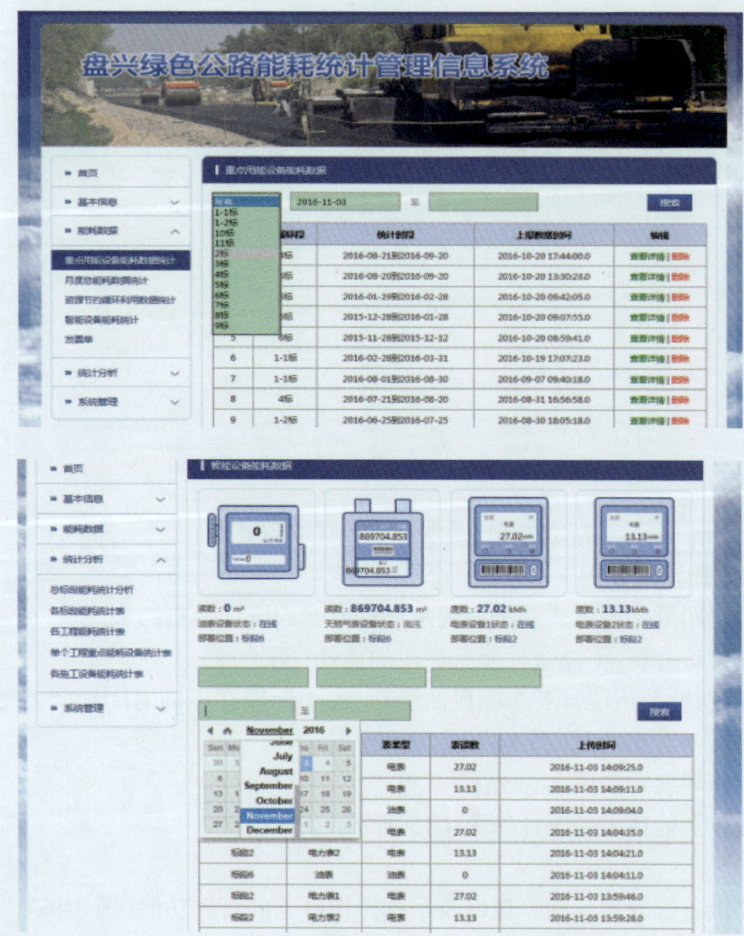


图 4-11

图 4-11　各种能耗数据的多条件查询

(4)能耗数据统计与分析

在此模块中以图形化的方式多维度展示能耗数据的统计分析结果。

总标段能耗统计分析：汇总统计所有标段的能耗(图 4-12)。

各标段能耗统计：分析统计各个标段的能耗、各个标段在不同时间段的能耗情况、同一时间段各个标段的能耗对比情况(图 4-13)。

各单项工程能耗统计如图 4-14 所示。

各单项工程重点能耗设备统计如图 4-15 所示。

(5)系统管理

在此模块提供系统管理员的管理以及系统操作日志的管理功能(图 4-16)。

(6)监测数据接收

在此模块中提供服务接收现场布置的各种智能采集设备上传的能耗数据信息(图 4-17)。

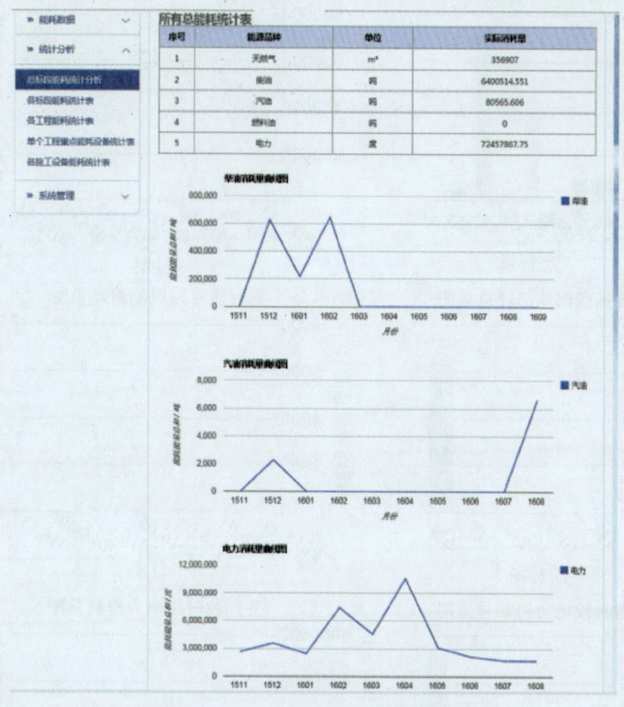


| 序号 | 能源品种 | 单位 | 实际消耗量 |
|---|---|---|---|
| 1 | 天然气 | m³ | 356907 |
| 2 | 柴油 | 吨 | 6400514.551 |
| 3 | 汽油 | 吨 | 80565.606 |
| 4 | 燃料油 | 吨 | 0 |
| 5 | 电力 | 度 | 72457867.75 |

图 4-12　盘兴绿色公路全线总能耗统计分析

能耗数据
统计分析
总标段能耗统计分析
各标段能耗统计表
各工程能耗统计表
单个工程重点能耗设备统计表
各施工设备能耗统计表
系统管理

| 序号 | 标段 | 能源品种 | 单位 | 实际消耗量 |
|---|---|---|---|---|
| 1 | 1-1标 | 天然气 | m³ | 0 |
| 2 | | 柴油 | 吨 | 324853.177 |
| 3 | | 汽油 | 吨 | 43.196 |
| 4 | | 燃料油 | 吨 | 0 |
| 5 | | 电力 | 度 | 15600042.71 |
| 6 | 1-2标 | 柴油 | 吨 | 2946.592 |
| 7 | | 电力 | 度 | 5182916.81 |
| 8 | 10标 | 柴油 | 吨 | 0 |
| 9 | | 汽油 | 吨 | 0.5 |
| 10 | | 电力 | 度 | 2000 |
| 11 | 2标 | 天然气 | m³ | 0 |
| 12 | | 柴油 | 吨 | 12016.942 |
| 13 | | 汽油 | 吨 | 2354.86 |
| 14 | | 电力 | 度 | 36526389.74 |
| 15 | 3标 | 柴油 | 吨 | 4520.089 |
| 16 | | 汽油 | 吨 | 1.928 |
| 17 | | 电力 | 度 | 4147867.3 |
| 18 | 4标 | 柴油 | 吨 | 6058695.192 |
| 19 | | 汽油 | 吨 | 71530 |
| 20 | | 电力 | 度 | 15577611 |
| 21 | 5标 | 柴油 | 吨 | 52.36 |
| 22 | | 汽油 | 吨 | 0.042 |
| 23 | | 电力 | 度 | 12516 |
| 24 | 6标 | 天然气 | m³ | 356907 |
| 25 | | 柴油 | 吨 | 376.5 |
| 26 | | 汽油 | 吨 | 6635.08 |
| 27 | | 电力 | 度 | 591441 |
| 28 | 7标 | 柴油 | 吨 | 0.291 |

图　4-13

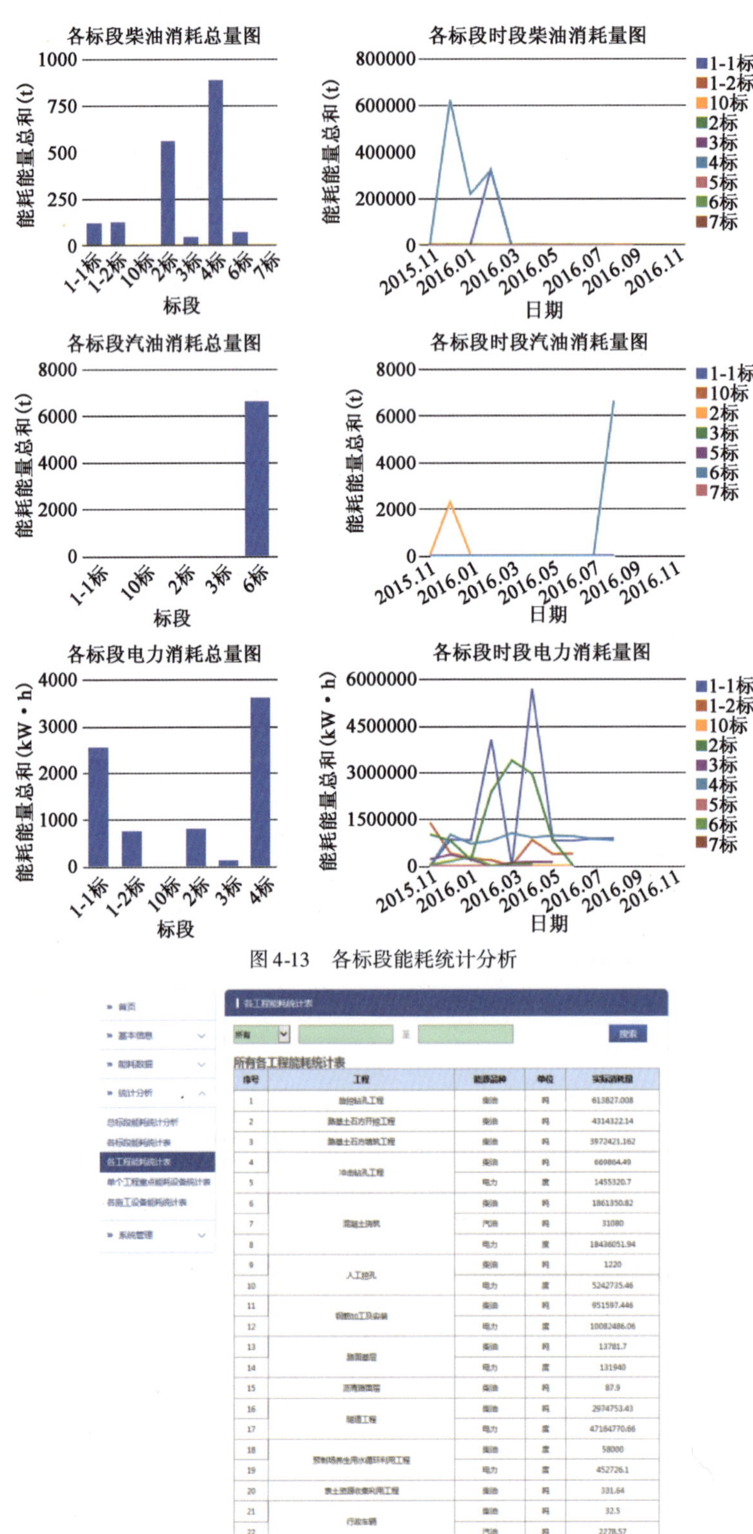


图 4-13　各标段能耗统计分析

所有各工程能耗统计表

| 序号 | 工程 | 能源品种 | 单位 | 实际消耗量 |
|---|---|---|---|---|
| 1 | 旋挖钻孔工程 | 柴油 | 吨 | 613827.008 |
| 2 | 路基土石方开挖工程 | 柴油 | 吨 | 4314322.14 |
| 3 | 路基土石方填筑工程 | 柴油 | 吨 | 3972421.162 |
| 4 | 冲击钻孔工程 | 柴油 | 吨 | 669864.49 |
| 5 | | 电力 | 度 | 1455320.7 |
| 6 | 混凝土浇筑 | 柴油 | 吨 | 1861350.82 |
| 7 | | 汽油 | 吨 | 31080 |
| 8 | | 电力 | 度 | 18436051.94 |
| 9 | 人工挖孔 | 柴油 | 吨 | 1220 |
| 10 | | 电力 | 度 | 5242735.46 |
| 11 | 钢筋加工及安装 | 柴油 | 吨 | 951597.446 |
| 12 | | 电力 | 度 | 10082486.06 |
| 13 | 路面基层 | 柴油 | 吨 | 13781.7 |
| 14 | | 电力 | 度 | 131940 |
| 15 | 沥青路面层 | 柴油 | 吨 | 87.9 |
| 16 | 隧道工程 | 柴油 | 吨 | 2974753.43 |
| 17 | | 电力 | 度 | 47164770.66 |
| 18 | 预制场养生用水循环利用工程 | 柴油 | 度 | 58000 |
| 19 | | 电力 | 度 | 452726.1 |
| 20 | 表土资源收集利用工程 | 柴油 | 吨 | 331.64 |
| 21 | 行政车辆 | 柴油 | 吨 | 32.5 |
| 22 | | 汽油 | 吨 | 2278.57 |

图 4-14　各单项工程能耗统计

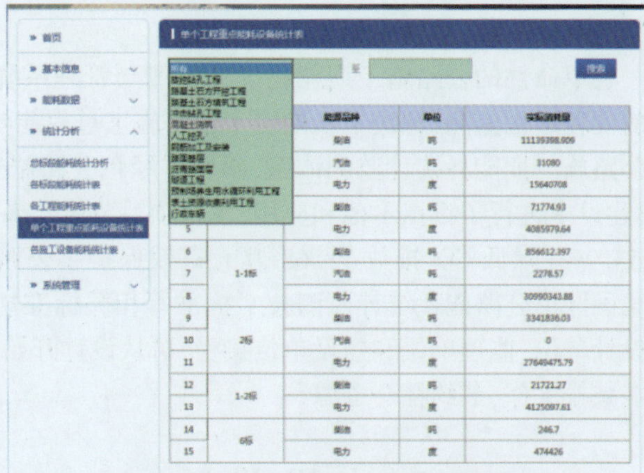

图4-15　各单项工程重点用能设备能耗统计

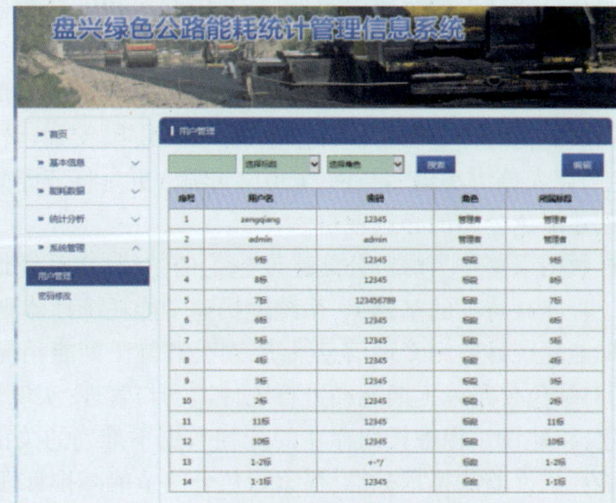


图4-16　用户管理功能

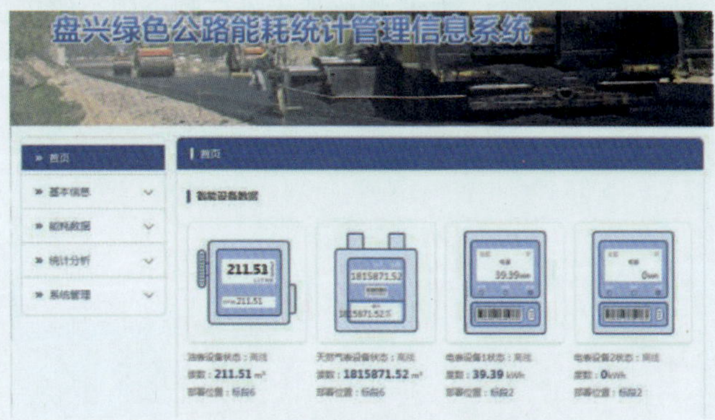


图4-17　能耗统计管理信息系统在线监测

### 4.3.6 应用效果

本项技术研发出一种革命性的公路施工期能耗统计监测与管理系统，首次系统地实现了公路施工期重点设备的能耗远程监测，解决了长期以来公路施工过程能耗管理手段不足、数据缺失的问题。建立了公路施工期能耗统计监测体系，研发了绿色公路施工期能耗统计监测管理信息系统，示范项目建设中进行了重点示范和应用，示范项目节能效果显著，根据相关测算，可实现碳排放量下降53.9%，降低 $CO_2$ 排放11.68万t，有效保护了公路施工期的生态环境。可通过推动加快建立我国绿色公路能耗统计监测技术标准等相关标准规范，积极宣传该项技术。该项技术易于为设计单位、监理单位和建设单位接受，可从设计开始，推广应用该技术，全面指导公路施工期节能减排工作，节约社会资源。

## 4.4 应用前景

能耗管理是我国绿色公路建设的重要内容，也是我国深入探索绿色公路节能减排效益评估、科学评价绿色公路建设成效的重要组成部分。能耗统计监测是绿色公路建设决策管理与后评价等工作开展的重要基础性工作，是客观评价绿色公路建设成效的重要依据。近年来，交通运输部对公路领域开展能耗统计监测工作日益重视。2014年，交通运输节能减排项目管理中心发布的《创建绿色公路实施方案编制指南》(2014年版)更是将节能减排统计监测考核体系建设项目列为申请创建绿色公路的必选项目。

本项目技术以能耗数据采集作为绿色公路建设施工的主线，在系统地分析绿色公路施工期的能耗特点和重点工程能耗特征的基础上，系统地构建了能耗统计监测体系，并在此基础上研发了绿色公路施工期能耗统计监测管理信息系统，对公路施工期能耗统计的远程监测、数据上传与信息管理，进而对绿色公路施工期能耗进行统计监测与管理，实现全面指导公路节能减排工作的目的，解决了公路建设过程中长期存在的能耗数据不准确的关键问题。本项目为研究建立我国绿色公路能耗统计监测技术标准、探索绿色公路节能减排管理措施、科学评价绿色公路建设成效提供理论和技术支撑。

该项技术的推广应用，从节约生产能源成本、提质增效、减少污染与施工过程环境影响等方面具有极大的社会效益与经济效益。如果将该技术推广到全国公路工程建设领域，效益将相当巨大。因此，该项目科研成果具有非常广阔的应用前景及推广价值。

# 第5章　基于大数据和物联网技术的沥青路面智能施工监控系统

## 5.1　技术背景

近十几年来,贵州省公路发展迅速,公路里程不断增加,交通量及其轴重越来越大,这对建立高质量的沥青路面的要求也越来越高。同时,伴随着贵州省已建成公路总里程的快速增长和使用年限的增加,公路使用性能有逐年下降的趋势,正面临着大量公路养护工作,对于沥青路面养护工程而言,由于其具有工期短、费用低、夜间施工以及施工单位的基础相对薄弱等问题,如何保证其施工质量,延长沥青路面使用寿命,是目前面临的一个重要问题。

重视施工控制,特别是沥青路面施工质量的过程控制,是高速公路沥青路面质量大幅度提升重要举措。沥青混合料的级配与油石比波动、沥青路面温度离析、沥青路面的压实质量波动是造成路面破坏的重要原因。沥青混合料的级配与油石比波动以及沥青路面的压实波动造成了混合料的不均匀排布,易发生离析、松散、车辙等病害。路面早期病害如图5-1所示。

图5-1　路面早期病害

在实际沥青路面建设过程中也发现,在混合料设计完全符合规范要求、室内试验评价也满足要求的前提下,同一条高速公路,采用相同的原材料和混合料设计方法,但不同标段的沥青路面施工后的质量却存在较大差异,这表明高速公路由于施工水平的差异和波动,使得路面质量的均匀性较差,产生较严重的离析现象,这是在混合料设计完全符合规范要求的情况下造成高速公路发生较严重病害的重要原因,进一步表明了有效的施工过程质量控制是保证沥青路面质量的重要因素。如图5-2、图5-3所示。

尽管大家都认识到沥青路面施工质量控制的重要性,也采取了很多技术手段设法提高沥青路面施工均匀性,但是通过从一些建成高速公路检测结果来看,现实的情况并不容乐观。

图 5-4显示的是江苏省某高速公路 A 同一横断面芯样空隙率的变化情况,图 5-5 是浙江省某高速公路 B 各个标段的沥青面层现场压实度的变异系数,从这些实际案例的分析来看,沥青路面现场的压实度并没有按照我们希望的那样得到严格的控制,尤其是均匀性方面,而这也给沥青路面的质量带来了极大的隐患。

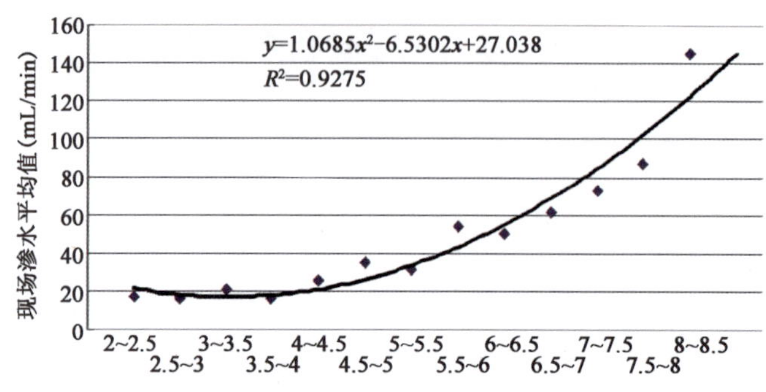


图 5-2　压实度和渗水系数之间的关系

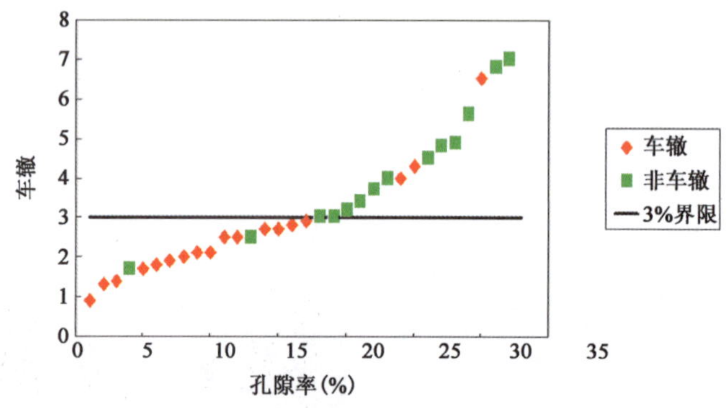


图 5-3　压实度和车辙之间的关系

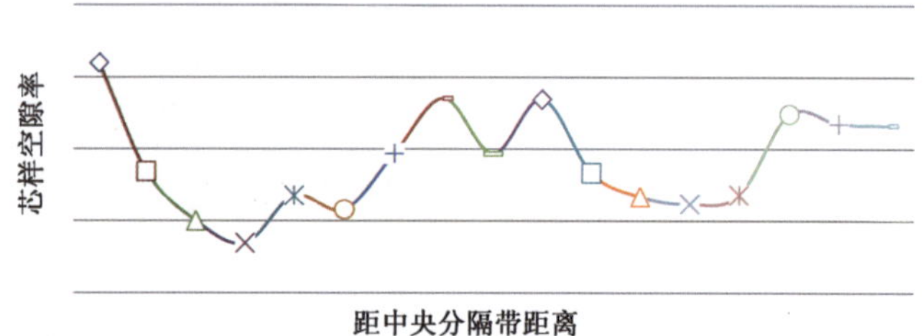


图 5-4　A 高速公路沥青路面横断面芯样空隙率变化

分析这种现象产生的根源,传统施工质量控制的不足和缺陷是非常重要的原因之一。传统施工控制存在有限反馈、抽样检测、事后检测等不足。结合信息技术、传感技术、全球定位技术以及无线通信技术的发展,公路沥青路面施工管理也向智能化方向发展。沥青路面智能施工技术充分利用基于物联网架构的传感技术和基于无线传输技术,通过在施工各环节科学合理布设各类传感设备,实时、全面地获取沥青混合料的生产过程、运输过程、沥青路面的摊铺碾压过程和施工过程关键数据,一方面将施工过程实时连续反馈现场一线施工人员,指导现场施工,同时还通过无线传输技术及时将关键数据传输至后台中心服务器,中心服务器对施工数据进行实时存储、计算、分析和反馈，预警信息分级发送至现场施工人员和后方管理人员，同时后方管理人员可以通过计算机、手机随时访问远程服务器查询施工现场状况，及时分析质量问题，发现质量波动情况，确保工程质量目标的实现，如图5-6所示。

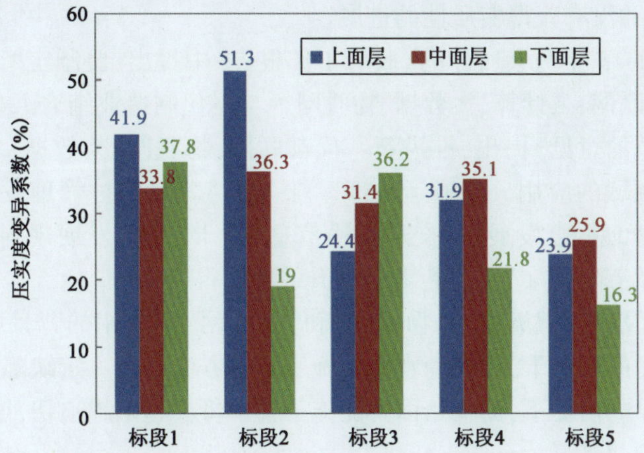


图5-5　B高速公路沥青路面各标段现场压实度变异系数

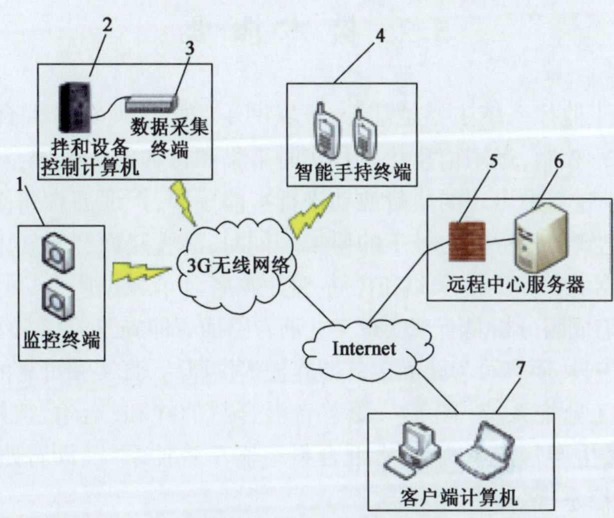


图5-6　智能施工监控结构示意图

通过对传统沥青路面施工管理存在不足以及沥青路面智能施工技术原理进行分析，可以看出沥青路面智能施工技术可以弥补当前施工管理存在的缺陷，但是由于技术本身及其他方面限制，沥青路面智能施工技术检测指标有限，并不能代替传统的沥青路面检测方法，例如智能施工技术无法实时检测沥青路面压实度指标、厚度指标，因此只有通过沥青路面智能施工技术和传统检测方法相结合，才可以更好地实现沥青路面施工质量过程控制。

美国和欧洲对智能施工技术的研究和应用较多，特别是美国对智能压实的研究已经比较成熟，目前已形成一整套智能压实技术。国外的著名压实设备厂家都已经开发了自己的智能压实产品，如Ammann-Case，Caterpillar，HAMM-Wirtgen，Bomag，Dynapac，Sakai等，并且进行了多条的试验路的示范；同时也有一些独立的智能压实系统的产品，如Trimble、徕卡、MOBA、

Vokel 等。国内已有相关科研单位对沥青路面智能施工部分技术进行研究，并研发了相应的产品，但还没有形成成套的智能监控体系，国内智能压实的系统仍处于很初级的阶段，一些国内主要的机械厂商也曾经进行过初步的探索和尝试，同时也有一些智能压实的产品面世，但由于检测精度等问题，并没有获得实质性的进展。

李克强总理在 2015 年两会所作的《政府工作报告》中提出，要制定“互联网 +”行动计划的要求，推动移动互联网、云计算、大数据、物联网等与现代制造业结合。《交通运输部关于全面深化交通运输改革的意见》提出，推进新一代互联网、物联网、大数据、北斗、卫星导航等技术装备在交通运输领域的应用。交通运输部《“十三五”公路养护管理发展纲要》提出，推动“互联网 +”与养护管理融合发展。《交通运输信息化“十三五”发展规划》中指出，运用大数据能力要显著提高，“互联网 +”促进行业转型升级要取得新突破。

在国家、政府以及行业积极推动“物联网”和“互联网 +”应用的背景下，在我国面临持续增加的路网建养压力的形势下，传统沥青路面施工管理方法存在一定缺陷，而智能施工可以弥补传统施工管理不足的前提下，沥青路面智能施工技术将会越来越迫切，该技术在未来必将具有更广阔的推广应用前景。

## 5.2 技术概要

沥青路面智能施工监控系统主要是基于“互联网 +”理念，对沥青混合料的拌和、运输、摊铺和碾压的全过程进行控制，运用信息化工具实时采集和传输施工数据，对施工关键控制因素进行控制和分析，并对施工中出现的质量波动进行智能预警，保证沥青路面施工的均匀性和稳定性，满足目前精细化施工和智能化施工的要求。同时，沥青路面智能施工监控系统可实现路面全断面和全过程数据 100% 覆盖、采集和存储，且生产各环节数据闭合、可溯源，对整体路面质量控制评价和局部缺陷成因分析具有现实意义。沥青路面智能施工监控系统不仅是路面建设过程中质量控制的有效工具，而且可为路面运营期养护提供原始、真实和可靠的基础数据支撑。

沥青路面智能施工监控系统（图 5-7）覆盖青混合料的拌和、运输、摊铺和碾压的全过程，具体包括：沥青拌和楼生产管控系统、沥青混合料运输车管控系统、沥青路面摊铺管控监控系统和沥青路面碾压管控系统。

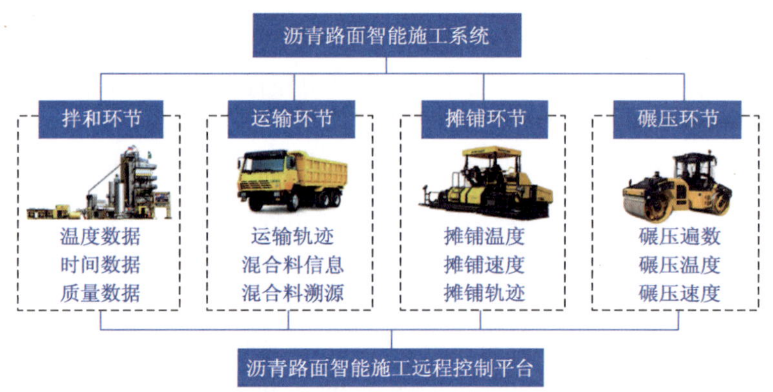


图 5-7　沥青路面智能施工监控系统

(1)沥青拌和楼信息生产管控系统

沥青拌和楼信息生产管控系统主要是对拌和楼各热料仓的投放质量、热料仓温度、沥青质量、沥青温度、混合料出料温度等关键参数进行实时采集和传输,在服务器端实时呈现级配、出料温度和油石比等控制指标。该系统同时提供智能预警机制,能够有效地监控拌和楼生产过程中的质量波动,确保工程质量目标实现。

主要监测参数为:热料仓的投放质量、热料仓温度、沥青质量、沥青温度、混合料出料温度。

(2)沥青混合料运输车管控系统

沥青混合料运输车监控系统能够准确识别车辆信息、驾驶员信息、装料时间、车载混合料温度信息、运输路线、运输时间、卸料时间及摊铺时间等多重信息,可以将摊铺现场和拌和现场进行衔接,具备混合料溯源和运输监控作用,保证运输车在有效时间内及时到场和卸料。

主要监测参数为:装料时间、车载混合料温度信息、运输路线、运输时间、卸料时间及摊铺时间。

(3)沥青路面摊铺管控监控系统

沥青路面摊铺实时监控系统通过在摊铺断面均匀布置红外温度传感器阵列,采集整个摊铺断面的温度数据,达到全断面监控沥青路面温度离析的目的;通过距离传感器实时采集和监控摊铺机摊铺速度。温度数据与速度数据实时传输到后台数据中心和机载控制终端,施工信息既可以在摊铺现场实时发布,又能在远程数据中心储存、分析和预警。

主要监测参数为:摊铺断面温度、摊铺速度、摊铺位置、摊铺轨迹。

(4)沥青路面碾压管控系统

沥青路面智能压实系基于高精度 GPS-RTK 技术,利用红外温度传感器、可视化操作平台等先进硬件设备,在路面压实过程中无间断采集碾压温度和碾压次数。一方面,将压实信息发送至车载触屏控制器,指导操作手连续一致的达到目标压实次数;另一方面,通过无线网络将压实数据及时上传到远程数据中心,便于管理人员远程监控和查询现场施工情况。

主要监测参数为:压实温度、压实速度、压实次数、碾压轨迹、碾压均匀性。

### 5.2.1　沥青拌和楼生产管控系统

沥青拌和楼生产管理系统功能设计分为两方面:一方面对拌和楼关键信息的实时采集传输,主要是对拌和楼各热料仓的投放质量、热料仓温度、沥青质量、沥青温度、拌和时间、混合料出料温度等关键参数进行实时采集和传输;另一方面对拌和楼生产关键指标进行波动分析和智能预警,在服务器端实时呈现级配、出料温度和油石比等控制指标,实时统计分析并评价混合料的组成情况,并对拌和信息进行永久储存。系统同时提供分级预警机制,根据不同人群设置不同的报警级别,防止垃圾短信的产生。该系统通过提醒、预警、判别等功能为管理者提供指导,确保工程质量目标实现。如图 5-8 所示为沥青拌和楼管控结构图。

1)数据采集设备

拌和楼数据采集设备主要包括:

(1)数据采集终端:采集拌和楼时间数据、计量数据和温度数据,通过无线方式将拌和时间上传至服务器终端,如图 5-9 所示。

图 5-8 沥青拌和楼管控结构图

图 5-9 数据采集终端出料口传感器

(2)传感器:包括温度传感器和计量传感器。

(3)数据发送终端:将采集数据发送至服务器。

沥青混合料拌和楼生产管理系统通过温度传感器(料仓温度、沥青温度、拌和温度、出料温度)、计量传感器(料仓质量、沥青质量、矿粉质量)及拌和楼信息控制器(拌和时间)实时采集拌和楼数据信息,通过无线数据终端将采集数据实时发送至后台服务器。系统通过后台数据中心,实时分析关键指标的波动情况,并对异常数据进行智能预警。

2)系统功能

对生产数据进行查询和统计分析,主要功能包括以下几点:

(1)对拌和楼生产过程中的关键数据进行实时采集、上传、计算和存储。

(2)实时监控油石比、关键筛孔通过率、出料温度等关键指标的波动情况,并对异常数据进行智能预警。

(3)现场施工人员和管理人员可以通过手机或计算机客户端随时查询生产数据。

(4)定期统计分析拌和楼产量、关键指标稳定性、合格率等整体工作状况。

### 5.2.2　沥青混合料运输管控系统

沥青混合料运输智能管控系统利用射频识别设备与 GPS 设备，能够准确识别混合料运输车车辆信息、驾驶员信息、装料时间、运输路线、运输时间、卸料时间及摊铺时间等多重信息。具备混合料溯源和运输监控作用，将摊铺现场和拌和现场的衔接，保证运输车在有效时间内及时到场和卸料。

1）数据采集设备

沥青混合料运输管理系统所需数据采集设备包括：射频识别器、车载电子标签、无线传输终端、移动电源和变压器。各设备功能为：

（1）射频识别器（图 5-10）：读取车载电子标签中的车辆信息和时间信息。

（2）车载电子标签（图 5-11）：写入车辆信息，贴到运输车前后两端，在装料和卸料的时候提供给射频识别器。

图 5-10　射频识别器

图 5-11　车载电子标签

（3）数据发送终端：将采集到的温度数据、时间数据和位置数据发送至服务器。

（4）移动电源：给无线传输模块和射频识别器供电。

2）系统功能

对运输数据进行查询和统计分析，主要功能包括以下几点：

（1）沥青混合料溯源功能：通过射频识别功能记录每一车料所对应的拌和时间。当运输车运送到摊铺现场时，和摊铺机对接，同样记录对接时间及摊铺桩号，这样拌和时间的信息和摊铺的桩号信息形成了一一对应的关系，便于后期的分析。

（2）运输时间监控：通过混合料出场时间和进场时间，确定混合料运输时间。

### 5.2.3　沥青路面摊铺管控系统

沥青路面摊铺智能管控系统通过在摊铺机摊铺断面均匀布置红外温度传感器阵列，采集整个摊铺断面的温度数据，达到全断面控制沥青路面温度离析的目的；通过基站与移动站的差分定位，实时控制混合料摊铺速度，并记录摊铺轨迹。在摊铺现场通过 LED 显示器实时发布温度数据与速度数据,同时将数据传输到远程云计算中心进行计算和分析。

1)现场终端采集设备

沥青面层摊铺管理系统所需监控设备包括:红外温度传感器、高精度 GPS 定位系统、LED 显示屏、车载控制终端、无线传输模块、移动电源和变压器。各设备功能为:

(1)红外温度传感器(图 5-12):读取摊铺断面的温度信息,实时显示到 LED 显示屏及车载控制终端。

(2)高精度定位设备:采集摊铺机位置和速度数据,绘制摊铺轨迹。

(3)LED 显示屏(图 5-13):将红外温度传感器采集到的温度信息以及距离传感器采集到的速度信息实时显示。

图 5-12 红外温度传感器阵列

图 5-13 LED 显示屏

(4)车载控制终端:车载控制终端不仅能够进行摊铺层位、摊铺方向、摊铺标段、摊铺桩号等基本压实信息的输入,还可以将红外传感器阵列采集到的温度信息实时绘制成摊铺温度云图,分析温度离析区域。

(5)数据发送终端:将采集到的温度数据、速度数据和厚度数据发送至服务器。

2)系统功能

对摊铺过程数据进行查询和统计分析,主要功能包括以下几点:

(1)实时采集并分析摊铺断面温度数据,绘制温度云图、分析摊铺温度离析状况。

(2)利用基站与移动站的差分定位,实时采集摊铺速度数据并绘制摊铺轨迹。

(3)具备摊铺数据现场实时显示和蜂鸣报警功能,对异常操作做到实时反馈、及时纠偏。

(4)摊铺数据实时发送至远程云计算中心进行存储和分析,并定期生成摊铺作业报告。

### 5.2.4 沥青路面碾压管控系统

沥青路面智能压实系基于基站与移动站的差分计算,对压路机进行厘米级定位,实现碾压次数和碾压速度的精确采集;利用红外温度传感器采集压路机碾压温度;利用振动传感器采集压路机振动频率及加速度。一方面,系统将压实信息发送至车载触屏控制器,指导操作手连续、全面、一致地达到目标压实次数。另一方面,通过无线传输系统将压实数据及时上传到远程云计算中心,便于管理人员远程查看现场施工情况。

1)现场终端设备

沥青面层碾压管理系统所需监控设备包括:红外温度传感器、基站、GNSS 天线、车载控制终端、LED 显示屏、无线传输模块(图 5-14、图 5-15)。各设备功能为:

(1)红外温度传感器:读取碾压断面的温度信息,实时显示到后台数据中心。

(2)基站:安装在项目部,主机及 UPS 保持位置不变,保持持续供电、供网。

(3)GNSS 天线:接收 GNSS 卫星信号,采用高增益多星多频天线,支持北斗、GPS 等信号的接收。

(4)移动站:该设备将移动与基站配合,对压路机进行厘米级定位,实时绘制压实云图,可以不断地指导操作手,保证连续、全面、一致地达到目标压实遍数,以防止超压和欠压。

(5)数据发送终端:将采集到的温度数据、速度数据和厚度数据发送至服务器。

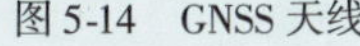
图 5-14　GNSS 天线

图 5-15　高精度定位终端

2)系统功能

可以对碾压过程数据进行查询和统计分析(图 5-16 ~ 图 5-21),主要功能包括以下几点:

(1)利用基站和移动站对压路机进行厘米级定位,结合温度传感器,实时采集碾压速度、碾压遍数、碾压温度等关键参数,并及时反馈给现场操作手,指导操作手施工。

(2)施工管理人员可以远程实时监控现场施工情况查询施工进度。

图 5-16　基站安装

图 5-17　移动站安装

图 5-18　红外温度传感器

图 5-19　LED 显示和蜂鸣报警器

图 5-20　机群协同作业

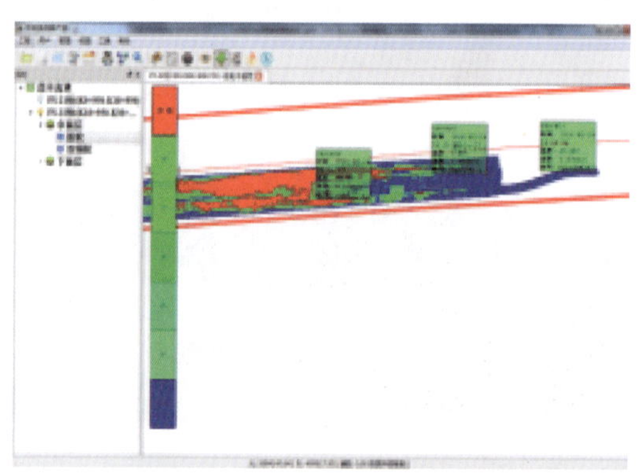

图 5-21　碾压遍数彩图实时查看

(3)云计算中心实时统计分析路面碾压情况,及时发现碾压不足区域以及碾压不均匀区域,并对碾压效果进行整体评价。

(4)自动生成局域网,共享压实数据,实现机群协同作业,有利于操作手对整体压实次数的把握。

(5)具备碾压数据现场实时显示和蜂鸣报警功能,对异常操作做到实时反馈、及时纠偏。

## 5.3　工程示范

### 5.3.1　工程概况

盘兴高速公路采用双向四车道高速公路标准,设计速度 80km/h,路基宽 24.5m,路面结构为 20cm 低剂量水泥稳定碎石底基层 + 32cm 水泥稳定碎石基层 + 8cm 普通沥青 AC-25 下面层 + 6cm SBS 改性沥青 AC-20 中面层 + 4cm SBS 改性沥青 AC-13 上面层。

智能施工技术在示范工程中的应用,主要工作包括现场施工环境及施工机械调查、设备购置、设备进场安装、远程软件平台搭建、系统参数阈值设定、工作实施方案制定、系统应用管理办法制定等,主要总结为以下几点:

(1)现场施工环境及施工机械调查,包括基站安装地点的确定、拌和楼操作系统兼容性的评估、摊铺机压路机结构与安装位置的确定、路线图的测绘和安装方案的确定等。

(2)设备购置,依据现场实地调查结果,结合各施工机械结构型号定制相匹配的管控设备。

(3)设备进场安装,根据安装方案安装现场设备,完成全部设备的安装和调试,确保设备正常运行。

(4)远程软件平台搭建,设备安装调试完毕后,完成远程管控系统的构建及调试工作,各参建方可以通过电脑客户端远程系统实时查看现场施工情况,实现实时预警,同时可以对拌和楼生产过程中混合料各关键指标波动情况进行分析。

(5)系统参数阈值设定与工作方案制定,根据工程实际需求,并根据 F40 标准,确定管控参数阈值及工作方案。

(6)系统运行和数据分析,在施工过程中,通过智能施工系统对施工过程进行有效控制,并对施工数据进行统计分析。

### 5.3.2　工程现场设备安装

拌和站监控设备如图 5-22 所示。

图 5-22　拌和站监控设备

运料车识别装置如图 5-23 所示。

图 5-23　电子标签

基站主机及天线如图 5-24 所示。

图 5-24　基站主机及天线

摊铺机射频识别设备如 5-25、图 5-26 所示。

图 5-25　移动站主机图射频识别设备

图 5-26　移动站天线图 LED 显示器

压路机安装设备如图 5-27、图 5-28 所示。

图 5-27　移动站主机天线

图 5-28　平板电脑图 LED 显示器

## 5.3.3　示范工程远程监控分析系统

1)系统管理平台

构建管控系统统一入口平台,为各个系统建立统一入口(图 5-29)。

图 5-29　系统入口

2)拌和楼管理系统

(1)拌和楼生产情况统计与分析

以实时查询及生产日报、周报及历史数据查询的方式对每日、每周或者一定时间段的生产情况进行统计和分析,具体统计和分析的内容包括单仓计量波动、关键筛孔通过率波动、油石比波动、矿粉计量波动、沥青加热温度波动、集料加热温度波动、混合料出料温度波动、拌和周期波动分析、产量统计、报警数据和生产情况小结。

(2)实时监控和预警

预警指标：油石比、关键筛孔通过率(0.075mm、2.36mm、4.75mm)、各热料仓计量数据、矿粉计量数据。

分级预警功能：系统设置了二级预警机制，根据不同人群设置不同的报警级别，针对施工单位、监理单位一线人员，可以设置严格的阈值范围，针对管理人员，可以设置二级预警。

预警规则：为了最大限度地减少偶然因素引起的报警而给用户带来不必要的干扰，系统并不针对某一盘混合料出现的问题进行报警，而是某一时间段连续几盘料都存在问题才进行报警。具体方案是系统当前不断地分析前 $n$ 盘料的各个指标，如果连续有 $m$ 盘料中任意一个指标超出了误差范围，就进行报警，这边的 $n$ 和 $m$ 可以由用户自定义设置，需针对每个指标进行设置，系统默认设置 $n=10$，$m=3$。

(3)沥青混合料运输管理

运输车智能监控系统具备混合料溯源功能，系统能够准确识别进出拌和场时间以及与摊铺机对接或离开时间，同时借助在摊铺机设备上安装的高精度 GPS，实现某一路段摊铺料对应某一时段拌和楼每盘生产出来的料，使得路面铺装质量问题可追溯，容易查找分析问题原因，实现运输车辆准入管理、安全管理、效率管理等功能。

(4)沥青混合料摊铺管理

摊铺机位置及摊铺状况如图 5-30 所示。

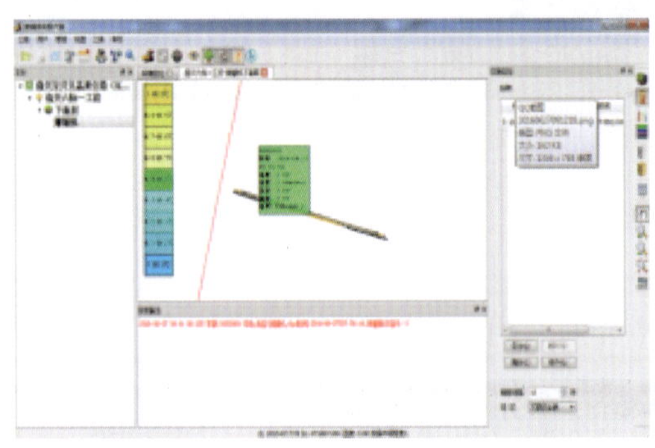

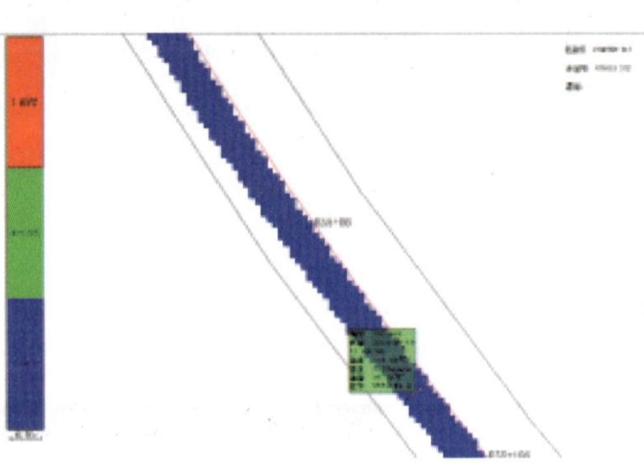

图 5-30　摊铺机位置查看

(5)碾压管控系统

压路机位置及碾压状况如图 5-31、图 5-32 所示。

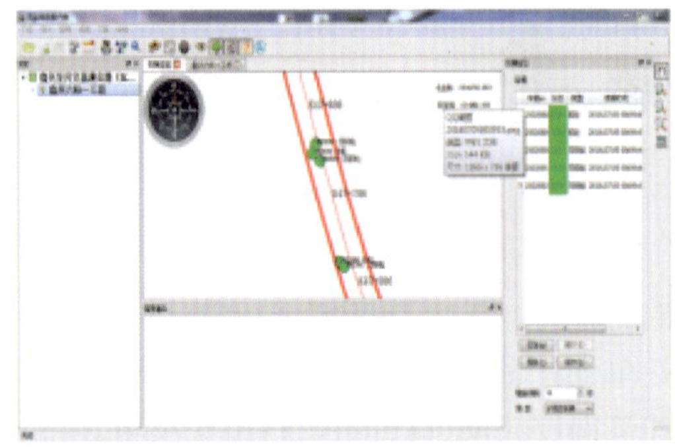

图 5-31　压路机位置示意

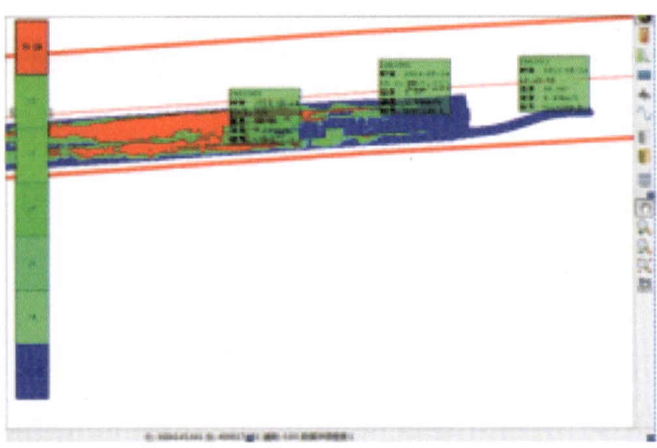

图 5-32　碾压状况示意

### 5.3.4 示范工程实施效果

1)拌和环节

通过一段时间沥青混合料拌和智能管控系统的应用,对拌和楼现场工作人员起到一定约束和警示作用。将沥青拌和楼智能管控系统使用前10天与后10天的生产数据进行比较分析,各指标变异系数比较如表5-1所示。

沥青混合料拌和关键控制参数变异系数(%)对比　　表5-1

| 期限 | 油石比 | 矿粉比例 | 关键筛孔通过率(包括0.075mm、2.36mm和4.75mm) | 出料温度 |
|---|---|---|---|---|
| 前10天 | 3.2 | 22.1 | 2.3 | 3.2 |
| | 3.6 | 14.7 | 2.3 | 2.9 |
| | 5.2 | 19.4 | 2.7 | 3.3 |
| | 1.5 | 16.9 | 1.9 | 3.6 |
| | 2.6 | 18.1 | 2.2 | 3.0 |
| | 3.3 | 22.5 | 2.1 | 2.5 |
| | 4.1 | 20.3 | 2.2 | 2.8 |
| | 2.7 | 18.8 | 2.4 | 2.7 |
| | 2.2 | 15.7 | 2.6 | 2.9 |
| | 2.6 | 17.4 | 2.3 | 3.1 |
| 后10天 | 1.1 | 8.4 | 2.1 | 1.1 |
| | 1.0 | 5.9 | 1.5 | 0.9 |
| | 1.3 | 7.2 | 1.9 | 1.4 |
| | 1.5 | 6.6 | 1.1 | 1.3 |
| | 1.2 | 4.9 | 2.2 | 1.6 |
| | 1.1 | 6.1 | 2 | 1.2 |
| | 1.6 | 7.2 | 1.6 | 1.1 |
| | 1.3 | 5.5 | 1.4 | 1.2 |
| | 1.1 | 4.7 | 1.5 | 1.4 |
| | 1.2 | 3.8 | 1.8 | 1.2 |

系统应用中后期和与系统初期相比,沥青拌和楼在生产过程中各项指标更加稳定,出现异常数据和报警数据比较少。使用初期和后期各指标波动状况如图5-33～图5-36所示。

2)运输环节

通过对运输车管控系统的应用,对混合料运输周期进行把控。对系统使用初期和中后期的运输周期数据进行对比发现,在系统使用初期,运输车驾驶员对运输周期的把握不准确,会出现运输超时现象;而在在系统使用的中后期,系统运行稳定,很少出现异常数据和报警数据。关于运输周期,挑选系统使用前10天中某天数据与使用后10天某天数据,对其波动进行统计,波动状况如图5-37所示。

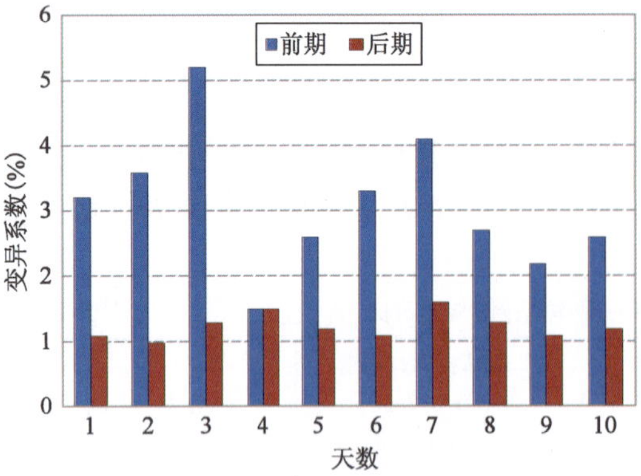

图 5-33　油石比

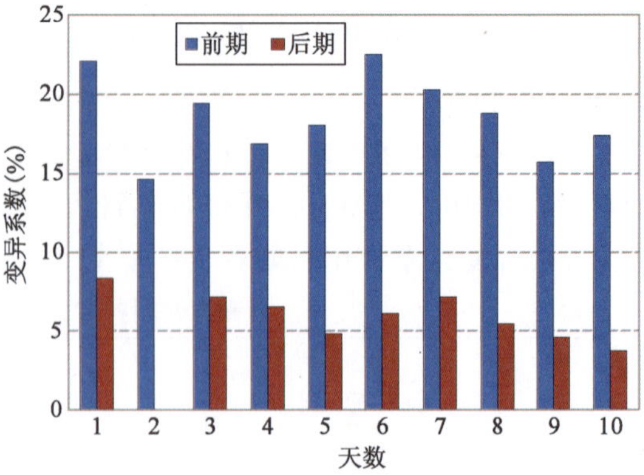

图 5-34　矿粉比例

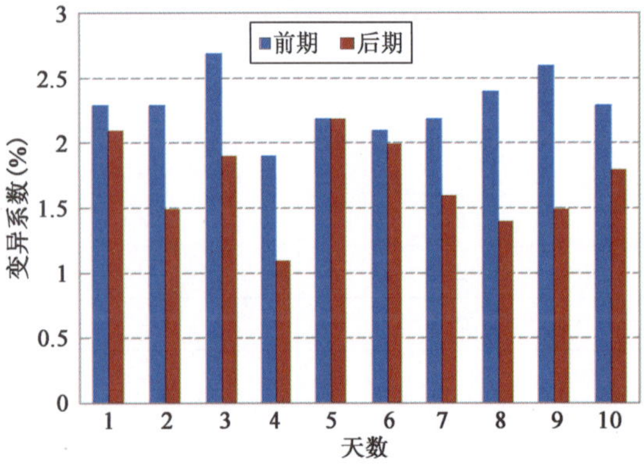

图 5-35　关键筛孔通过率

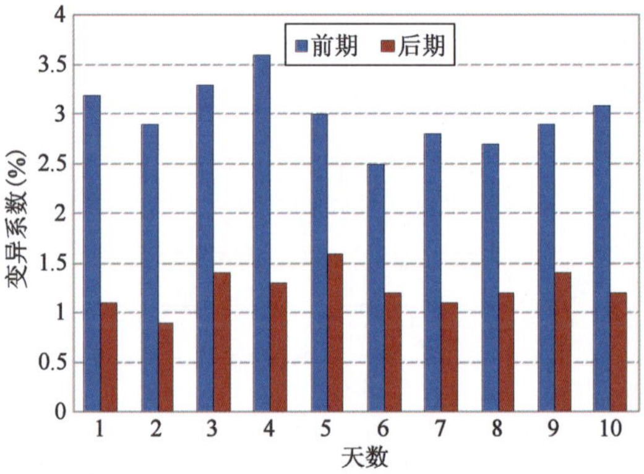

图 5-36　出料温度

将沥青混合料运输车管控系统使用前 10 天与后 10 天的运输周期数据进行比较分析，其合格率比较如图 5-38 所示。

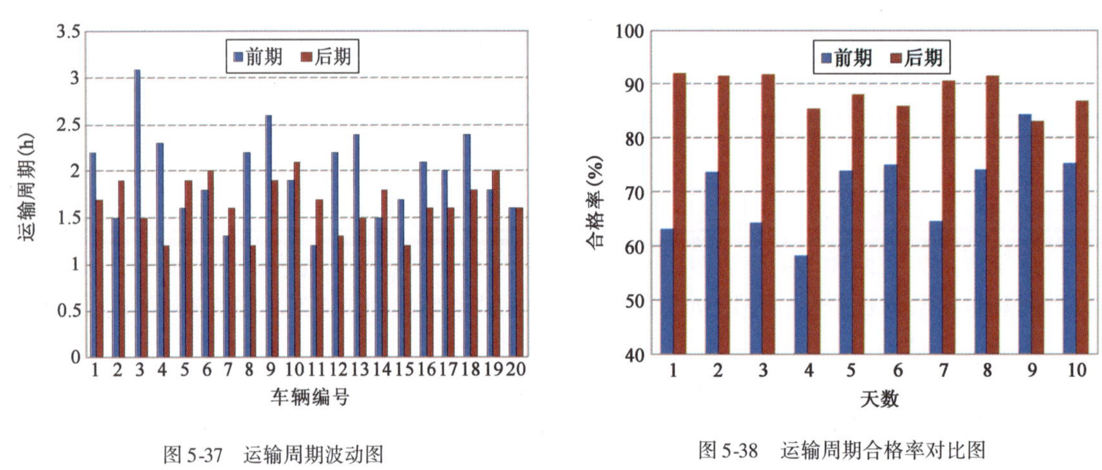


图 5-37　运输周期波动图

图 5-38　运输周期合格率对比图

3) 摊铺环节

经过对路面摊铺智能管控系统的应用可以发现，在系统使用初期，摊铺机作业人员驾驶摊铺机的速度不稳定，波动性较大；到了使用的中后期，通过现场的蜂鸣预警和摊铺彩图的实时反馈，摊铺温度与速度的控制较为稳定，很少出现大幅波动（表5-2、图5-39、图5-40）。

沥青混合料摊铺关键控制参数变异系数（%）对比　　表5-2

| 前 10 天 | | | 后 10 天 | | |
|---|---|---|---|---|---|
| 天数 | 摊铺温度 | 摊铺速度 | 天数 | 摊铺温度 | 摊铺速度 |
| 1 | 3.6 | 4.1 | 1 | 1.2 | 3.5 |
| 2 | 2.6 | 5.7 | 2 | 2.0 | 4.6 |
| 3 | 2.2 | 3.4 | 3 | 1.3 | 3.3 |
| 4 | 3.7 | 6.9 | 4 | 1.6 | 2.7 |
| 5 | 2.3 | 8.2 | 5 | 2.3 | 4.6 |
| 6 | 2.3 | 7.5 | 6 | 2.1 | 3.4 |
| 7 | 3.5 | 6.3 | 7 | 1.8 | 4.3 |
| 8 | 3.7 | 8.6 | 8 | 1.7 | 3.7 |
| 9 | 2.9 | 5.5 | 9 | 1.9 | 3.3 |
| 10 | 2.3 | 7.4 | 10 | 2.1 | 4.7 |

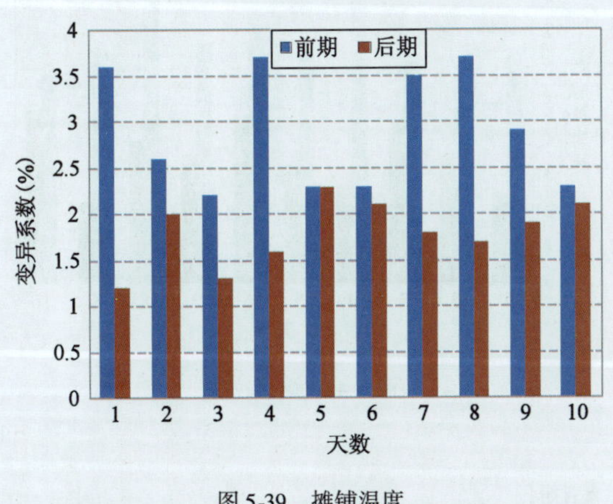


图5-39　摊铺温度

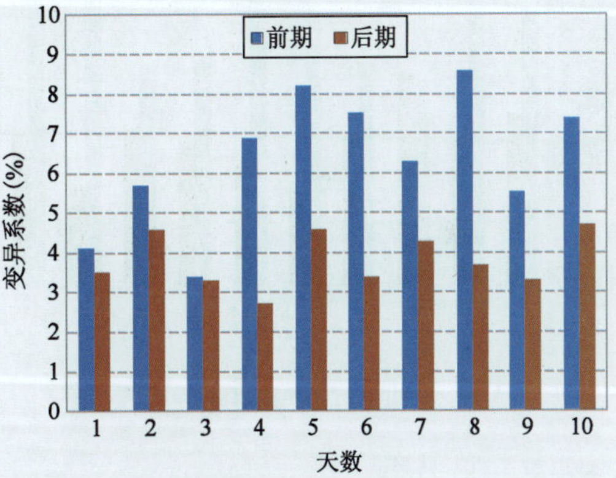


图5-40　摊铺速度

系统通过摊铺断面温度数据实时绘制温度云图（图5-39），分析摊铺过程中的温度离析。通过摊铺温度云图对比，可以直观地发现，系统使用初期不仅温度离析比较严重，摊铺温度也普遍较低。而到了系统使用中后期，摊铺温度的控制较好，温度较高且温度沥青情况很少出现。

4）碾压环节

经过对智能压实系统的应用可以发现，在系统使用初期，压路机操作手驾驶速度不稳定，波动性较大，温度波动性也相对较大；到了使用的中后期，通过现场的蜂鸣预警和平板电脑的实时反馈，碾压温度与速度的控制较为稳定。将智能压实系统使用前10天与后10天的碾压温度和速度数据进行比较分析，其变异系数比较如表5-3所示。

沥青混合料碾压关键控制参数变异系数(%)对比　　表 5-3

| 天数(前 10 天) | 碾压温度 | 碾压速度 | 碾压遍数 | 天数(后 10 天) | 碾压温度 | 碾压速度 | 碾压遍数 |
|---|---|---|---|---|---|---|---|
| 1 | 4.3 | 6.4 | 24.5 | 1 | 2.7 | 2.5 | 15.2 |
| 2 | 4.2 | 5.4 | 25.6 | 2 | 2.3 | 3.6 | 13.1 |
| 3 | 3.2 | 6.2 | 14.1 | 3 | 3.3 | 4.5 | 13.6 |
| 4 | 3.5 | 8.8 | 29.7 | 4 | 2.4 | 2.7 | 14.4 |
| 5 | 4.3 | 6.6 | 25.2 | 5 | 1.5 | 3.3 | 20.2 |
| 6 | 5.6 | 7.5 | 15.1 | 6 | 1.9 | 4.7 | 7.7 |
| 7 | 3.5 | 6.7 | 30.7 | 7 | 2.3 | 3.6 | 15.9 |
| 8 | 3.5 | 8.3 | 26.2 | 8 | 2.5 | 4.0 | 9.9 |
| 9 | 4.9 | 6.6 | 18.5 | 9 | 1.6 | 2.3 | 17.0 |
| 10 | 4.7 | 5.9 | 22.7 | 10 | 2.4 | 4.9 | 13.5 |

通过碾压遍数彩图和碾压温度彩图等对比(图 5-41 ~ 图 5-43),可以直观地发现,系统使用初期碾压遍数和碾压温度均匀性较差。而到了系统使用中后期,压路机操作手对系统应用熟练后,通过现场平板指导碾压施工,碾压遍数和碾压温度均匀性都得到了很大程度的优化。

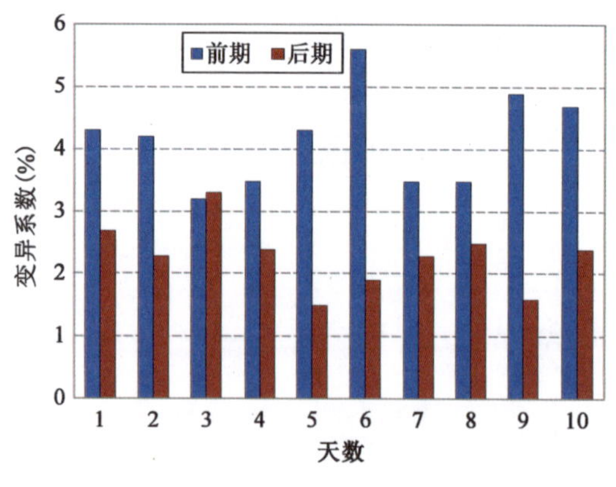


图 5-41　碾压温度

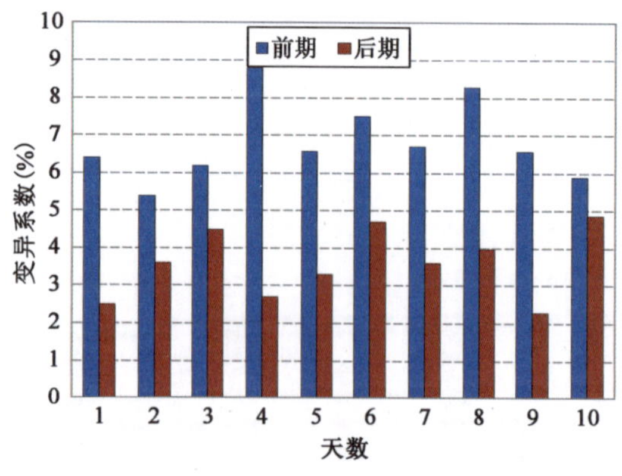


图 5-42　碾压速度

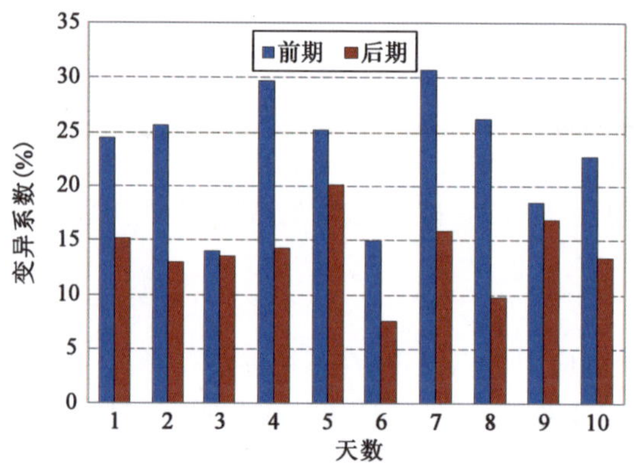


图 5-43　碾压遍数

## 5.4 应用前景

沥青路面智能施工技术是道路施工工程建设中的前瞻性技术,是交通建设行业重大的技术突破,是保证施工质量的有效措施。该技术在道路工程施工过程中的应用,可实现规范化生产和施工,有效提高了成本核算精度。同时可以有效地实现对道路施工过程的连续实时的控制,提高沥青道路施工质量,延长沥青路面使用寿命,不仅可以减少养护成本,还可以减少养护维修对交通的干扰,减少养护维修时混合料的生产,从而使工程对环境的不良影响降到最小,具有重要的社会意义。

沥青路面智能施工技术应用在道路工程施工过程中,采用自动化连续检测方式,实时采集、传输、分析并预警,改变了传统的人工生产、施工、试验的管理方式,在道路工程施工过程中,可减少人员 8 个(施工人员 3 个、监理人员 3 个、管理人员 1 个、技术指导 1 个),与没有应用本技术的工程相比,减少了人员的投入,可节约人工成本 550000 元/年。同时,本技术的应用能有效地加强工程施工过程中的质量控制,促进日常生产和施工的规范性,提高工程质量的监管水平,确保公路工程施工质量,可降低后期运营养护成本,每年每公里节约养护费用约 25.68 万元。

沥青路面智能施工技术可应用市政道路、干线公路和高速公路的新建和养护工程,能够实现对施工过程中关键数据信息实时采集和分析,动态、真实地反映工程质量情况,实现对施工过程的动态控制,提供分析预警机制,及时分析质量问题,发现质量波动情况,确保工程质量目标的实现。同时还具有提高工程效率、节约成本、保护环境和提高安全性能等优点。沥青路面全过程智能施工监控技术,可减少建设过程返工,提升建设质量和效率,节约初期建设成本及后期相应养护费用,具有直接的经济和社会效益,同时由于质量提升带来的长期效益更为显著,非常具有推广应用价值,系统潜在的市场需求量非常大。

# 第6章　隧道光伏智能照明技术

## 6.1　技术背景

随着我国综合国力的迅速增强和经济的快速发展，高等级公路里程数逐年增加。近十年来，我国几乎每年都有十座以上的长大隧道建成。目前公路隧道服务水平与隧道节能之间的矛盾越来越凸显。安全、经济、环保、节能是当前公路建设追求的目标。公路隧道设备的高成本投入和高运营费用是制约公路隧道发展的重要原因，有效地控制能源消耗及合理利用再生能源成为公路建设中的重要议题。因此，开展公路隧道照明节能技术具有重要现实意义。

### 6.1.1　项目建设中的问题和难点

安全、环保、高效、节能作为公路工程建设追求的目标，在公路隧道运营管理中尤显突出。本章节主要是分析高速公路隧道照明系统的节能性，包括隧道照明系统和隧道照明节能技术，即公路隧道照明系统的安全性和节能性的综合分析。

(1)公路隧道照明要求

公路隧道照明系统的目的是把必要的视觉信息传递给驾驶员，提高驾驶的安全性和增加舒适感。对于隧道照明，首先应从分析隧道对行车视觉产生的问题着手。驾驶员进入隧道主要经历四个过程：进入隧道前、进入隧道后、隧道内部行驶以及出隧道。

白天当驾驶员驾车驶入隧道前，由于内外的亮度差别极大，所以从隧道外部看照明很不充分的隧道入口时，只会看到一个黑洞(对长隧道而言)或一个黑框(对短隧道而言)，如图6-1所示。

图6-1　白天当驾驶员驾车驶入隧道前看到“黑洞”

驾驶员驾车驶入隧道时，由于人眼视觉上的滞后性，当人从较明亮的外部环境进入一个较暗的区域后，要经过一段时间才能看清区域内的情况。由于这种视觉适应滞后的影响，所以进入隧道后，立即产生视觉上的盲区（图6-2），严重影响行车的安全。

图6-2　驾驶员驾车刚驶入隧道时产生视觉上的盲区

车辆在隧道内部行驶时，无论是白天还是黑夜，隧道内汽车行驶排出的废气几乎无法消散，而形成较大的烟雾。烟雾除了吸收汽车前灯发出的光线，使照度降低外，还使光线发生漫反射、散射而形成透明度不同的光幕，从而降低了道路前方障碍物及其周围环境的亮度，使驾驶员识别前方障碍物的能力下降。

在白天当车辆通过较长的隧道接近出口时，由于洞外的亮度远高于洞内，隧道的出口好像一个白色的洞（图6-3），与黑洞效应类似，人眼同样会产生视觉滞后，而且强烈的光线会形成强烈的眩光效应，使驾驶员的视觉模糊，对行驶在前方的车辆只能看到一个很暗的轮廓，而且不能准确判断距前方车辆的距离。如果是在夜间，其效果正好与白天相反，驾驶员在隧道内看到的是黑洞而不是亮洞，在这种情况下，驾驶员难以辨别洞外的道路线形、路上交通情况及道路上的任何障碍物，也是一个视觉盲区（图6-4）。由上所述，必须从照明技术上采取措施，解决这些视觉问题。

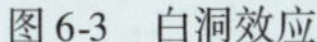
图6-3　白洞效应

图6-4　隧道无照明效果

根据驾驶员驾车穿越隧道的整个过程对隧道照明要求的不同，隧道照明一般划分为引入段、入口段、过渡段、基本段和出口段5个区段照明，根据设计要求可对各照明区段进行细分。

引入段主要消除“黑洞”现象，使驾驶员在洞口处能辨认障碍物。入口段在进入隧道后，驾驶员能很快适应并消除“黑洞”现象。驾驶员在过渡段逐渐适应隧道内部照明。基本段为隧道内部的基本照明。出口段主要是在白天，使驾驶员能逐渐适应出口处的强光，消除“白洞”现象；在夜间，使驾驶员能在洞内看清外部道路的线型及路上的障碍物，消除出口处的“黑洞”现象，一般的做法是在洞外使用路灯作为延续照明。隧道洞外引道照明如图 6-5 所示。

图 6-5　隧道洞外引道照明

(2)隧道照明需解决的安全性和节能性难题

隧道照明设计必须保证隧道照明系统的各个照明区段满足照明要求，以保证隧道的运营安全。如何将隧道内部空间进行合理划分区段，以保证隧道照明质量合理渐变；如何设置隧道照明灯具布置密度，以保证个照明区段亮度满足隧道内行车要求；如何调节隧道内的照明质量，以适应洞外亮度的不断变化等。隧道照明系统的最终目的是保证隧道内行车安全，进行隧道照明系统的设计必须首先进行安全性研究，解决隧道照明系统安全性难题。

隧道照明系统要在保证行车安全的前提下，尽可能地降低隧道照明系统能耗，必须进行隧道照明系统节能性分析。公路隧道照明系统将隧道洞内照明划分为引入段、入口段、过渡段、基本段和出口段 5 个区段照明，不同的照明区段均有不同的照明质量需求。节能性研究就是要在保证安全的基础上，研究如何采用最小的能耗实现最适宜的照明质量。节能性研究主要的难题在于：选用何种灯具或灯具组合，既可满足照明质量需求，又能使能耗最小；如何对隧道照明灯具进行设计布置，包括功率、安装位置、安装角度、安装间距等，尽可能地减少灯具数量和负载；如何对照明灯具的亮度进行调节，以使隧道各段的照明质量始终与洞外亮度相适应等。这些难题都是在隧道照明节能设计中必须解决的。

### 6.1.2　国内外隧道照明技术

国外对隧道照明的研究开始较早，国际照明委员会(CIE)在 1990 年发表了《公路隧道和地下通道照明指南》(CIE 88—1990)。该指南给出了隧道照明的基本原则和照明设施的有效光度学建议值。在该指南中建议用 $K$ 值法来计算入口段亮度，也就是入口段亮度与洞外亮度的比值等于 $K$。但由于各国对于 $K$ 的取值各不相同，在国际上没有公认的、有效的 $K$ 值；在这种情况下，CIE 对该指南进行了修订，在 2004 年出版了《公路隧道和地下通道照明指南》(CIE 88—2004)，其中提出了用察觉对比度法来确定入口段亮度。对于本次修订，CIE 88—1990 的基本原则依然有效，最主要的差异是视域范围内的隧道入口段亮度的确定，CIE 88—2004 年是以等效光幕亮度为基础进行的修订。这可以使视阈范围内的亮度确定比以前推荐的方法更准确,尤其是在非标准的情况下。

我国隧道照明技术的研究起步较晚,这方面的经验和基础性工作相对不足。2000 年以前,我国主要遵照《公路隧道设计规范》(JTJ 026—1990)来设计隧道的照明系统,该设计规范的标准并不十分完善。随着公路隧道的迅猛发展,我国隧道照明在已有的经验基础上,借鉴国外公路隧道的成功经验和先进技术,于 2000 年 1 月颁布了《公路隧道通风照明设计规范》(JTJ 026.1—1999),并在 2014 年对其进行重新修订,发布《公路隧道照明设计细则》(JTG/T D70/2-01—2014),该规范在照明系统构成、洞外亮度和减光、隧道各照明段的长度与亮度、照明总均匀度与纵向均匀度、调光分级、光源分级、灯具及布置照度与亮度计算推荐方法等方面做出了详细的说明。

现行的隧道照明设计标准,均没有考虑照明光源的色温和光谱分布,也就是光色的影响。另外,实际隧道照明条件下,会发生亮背景下观察暗目标,即在负对比条件下人眼更有利于观察目标。而目前的隧道照明研究均采用的是正对比,所以需要进行负对比条件下的隧道照明研究,使提出的隧道照明设计标准更符合驾驶行车时实际需要。

公路隧道照明系统节能技术,主要是采用高功率因数的照明灯具(配高效电子镇流器)、隧道内两侧铺反射率高的装修材料、尽量缩短供电电缆长度以减少线路损耗、合理布置配电房的位置、集中调光控制、减少洞外亮度等措施。虽然以上措施在一定程度上有节能效果,但在实际运行中还是存在着电能浪费的现象,以及营运过程中产生与行车安全和隧道监控之间的矛盾等问题。

目前,隧道照明节能设计主要从照明光源、照明灯具的布置方式、控制技术和系统维护等方面进行研究,主要集中在:对新型照明节能灯具进行研究,在公路隧道中采用新型照明灯具,主要是对电磁感应无极灯和白光 LED 灯等新型节能灯具进行研究,均有能耗低、寿命长、光衰低的特点;灯具的节能布置研究,通过研究照明灯具的光源特性以及空间环境对光线亮度的影响,满足照明要求的前提下,使灯具的布置密度最小,减少灯具数量,以求达到节能的效果;节能智能控制技术研究,隧道照明节能控制系统根据洞口内外安装的光强度检测器检测洞内外的光强数据、交通量的变化以及白天、黑夜等情况,控制隧道的照明系统,调节隧道洞内各段的照明亮度,保证行车安全,尽可能地达到节能运行;维护节能控制技术研究,制订科学合理的维护计划,定期进行灯具清洗、光源更换及其他设施的维护,使管理制度化,实现照明管理节能和交通安全。对隧道照明系统进行维护的目的是提高照明灯具的维护系数,使照明系统处于良好的工作状态,不但满足照明要求,而且达到节能要求。

### 6.1.3　技术开发背景及意义

1)技术开发背景

2013 年交通运输部印发了《加快推进绿色循环低碳交通运输发展指导意见》,提出“积极扩大绿色照明技术、用能设备能效提升技术及新能源、可再生能源在交通基础设施运营中的应用”,预计到 2020 年基本建成绿色循环低碳交通运输体系。2015 年 3 月国务院印发关于落实《政府工作报告》重点工作部门分工的意见,明确提出要加强工业、交通、建筑等重点领域节能。2017 年是“十三五”的第二年,重点工作之一是推进交通运输低碳发展,加强运营管理,全面提升管养水平,确保运营管理安全。

目前,我国正在抓紧制定新能源产业振兴规划。其中,到2020年,太阳能光伏发电容量规模将由2007年初定的180万kW调整到1000万kW,数倍于现有《可再生能源中长期发展规划》的新目标,不久将成为正式的长期发展目标。由此可见,我国政府对可再生能源开发利用高度重视。

本项技术符合我国新能源发展战略的需要,将为我国和贵州地区节约能源、减少污染物质排放做出积极的贡献,有助于实现经济、能源、环境的协调发展。在化石能源逐渐枯竭、可再生能源技术日益成熟之际,可再生能源取代传统的化石能源已成为必然的趋势;基于云平台监控的公路隧道光伏智能照明技术首次将可再生能源应用到交通基础设施中来,并逐渐在多个项目推广应用,具有极大的推广价值。

另外,为促进公路交通绿色节能的建设,财政部下达了系列利好政策,如国家合同能源管理项目补贴支持政策《合同能源管理财政奖励资金管理暂行办法》,国家可再生能源建筑应用项目支持政策《可再生能源建筑应用专项资金管理暂行办法》,企业节能改造项目补助政策《节能技术改造财政奖励资金管理暂行办法》等。

为促进光伏发电产业,根据国家发展和改革委员会文件《国家发展改革委关于发挥价格杠杆作用促进光伏产业健康发展的通知》(发改价格〔2013〕1638号),太阳能发电项目自发自用电可享受国家0.42元/(kW·h)的全电量补贴。无论从隧道照明运营需求,还是从政府政策支持力度来看,公路隧道绿色照明技术的研究都将不断向前发展,更加节能、更加安全的绿色照明技术必将替代现有的隧道照明技术。

2)技术开发意义

(1)执行国家隧道规范,提升照明质量,保障行车安全的需要

现阶段国家照明规范对高速公路隧道在照明标准、照明灯具、照明控制等方面提出更加严格的要求,但由于现有的隧道照明技术造成庞大的运营电费负担,运营管理单位往往以牺牲行车安全为代价,采用少开灯或者不开灯的方式来节约运营费用。这样不仅为隧道内安全行车埋下了严重的安全隐患,而且也为运营管理单位自身带来了极大的风险责任。由于隧道内照明亮度未达到规范要求,一旦出现交通事故,在人们法制意识日益提高的今天,往往会引起民事纠纷,重庆等地已有该类民事诉讼的案例。安全又经济节能的隧道照明技术和节能方案应是隧道照明技术的重点发展方向,其对于缓解电力供应紧张局面、建设节约型社会也具有现实意义。

(2)提升贵州省公路隧道照明科技水平的需要

结合贵州省各地区年日照水平,利用分离式隧道洞外中央分隔带的闲置土地,因地制宜,建设分布式太阳能光伏电站,可为贵州省高速公路隧道机电设施提供稳定的清洁能源,有效缓解公路隧道运营电费巨大的问题,还可缓解地方电网压力,为贵州省交通系统"节能减排"做出巨大贡献。

(3)贯彻落实国家"十三五"发展规划纲要的需要

根据国务院发布的《国家中长期科学和技术发展规划纲要》(2006—2020),要求把同时期单位国内生产总值能耗降低20%左右,作为发展的约束性指标。党的十七大向全党全国提出明确要求:要把节约资源作为基本国策,发展循环经济,保护生态环境,加快建设资源节约型、

环境友好型社会,促进经济发展与人口、资源、环境相协调,提高节能环保水平,落实节能减排工作。党的十八届五中全会坚持以人民为中心的发展思想,鲜明提出了“创新、协调、绿色、开放、共享”的发展理念。树立绿色发展理念,就必须坚持节约资源和保护环境的基本国策,坚持可持续发展,加快建设资源节约型、环境友好型社会。2016 年 3 月发布的《国民经济和社会发展第十三个五年规划纲要》,进一步强调了牢固树立和贯彻落实“创新、协调、绿色、开放、共享”的发展理念,加快推广半导体照明等成熟适用技术。

2013 年 2 月 17 日,国家发改委环资司 188 号文件正式发布了《半导体照明产业节能规划》。该规划联合了国家发改委、科技部、工信部、财政部、住房和城乡建设部和国家质检总局六大部委,印发多级地方政府相关部门贯彻执行。该规划指出,LED 照明因节能环保、寿命长、应用广泛,作为节能环保产业的重要领域,被列入我国战略性新兴产业。随着技术的不断突破、节能效果的日益显现、产业规模的持续扩大和应用领域的不断拓展,我国 LED 照明节能产业已经进入发展的关键期,需对行业进行有序引导,促进 LED 照明节能产业的健康发展,推动绿色照明工程,重点开展 LED 隧道灯、路灯等产品和系统的示范应用,实现节能减排。近年来,LED 照明技术发展迅速,成本快速下降,产品示范应用逐步推开,节能减排效果日益明显。

《交通运输“十二五”发展规划》和《加快推进绿色循环低碳交通运输发展指导意见》提出,交通运输行业应对全球气候变化迫切要求交通运输实施绿色、低碳发展战略,交通运输发展必须通过整合资源、强化管理、科技创新、深入挖潜的内涵式发展方式来解决,把节能减排摆到更加突出的位置,实现能源资源利用效率的显著提升和生态环境的持续改善。公路交通节能减排技术要积极开展公路交通节能照明试点工作,大力推进太阳能、风能等可再生能源的应用。

随着交通运输部“四个交通”的推进,交通行业必须构建绿色循环、低碳环保的交通运输体系。隧道光伏智能照明技术改造正是响应了国家节能减排及绿色交通建设的政策方针,切实促进贵州省绿色生态环保高速公路网的建设。

## 6.2 技术概要

隧道光伏智能照明技术就是将光伏发电、LED 照明、自动控制方面的最新研究成果有效整合,从隧道照明的供电方式、隧道照明灯具、隧道照明控制方式等方面解决隧道照明的安全性和节能性之间的矛盾,实现隧道照明系统的“开源”和“节流”。

### 6.2.1 技术原理

隧道光伏智能照明技术是基于“绿色循环低碳交通”理念,用于提升绿色照明技术、用能设备能效提升技术及新能源、可再生能源在交通基础设施运营中的应用水平,综合应用了自然光照明、LED 照明、太阳能光伏发电和智能传感调光控制等多项节能技术,是一种可持续发展、全寿命周期成本最低的公路隧道绿色照明技术,有效解决了以往隧道照明系统耗能大、维护费用高、控制模式单一、照明过度、不开或少开照明等安全隐患大的通病。公路隧道光伏智能照明系统如图 6-6 所示。

(1)LED 照明系统

从隧道照明系统的安全性和节能性两方面综合考虑,智能照明系统采用可调光的隧道

LED 灯作为照明灯具(图 6-7)。LED 光源具有寿命长、耗能少、体积小、响应快、抗震抗低温、污染小等突出的优点,应用领域极为广阔。并且随着制造成本的下降和发光效率、光衰等技术瓶颈的突破,LED 光源优势日趋明显,将全面取代传统光源。

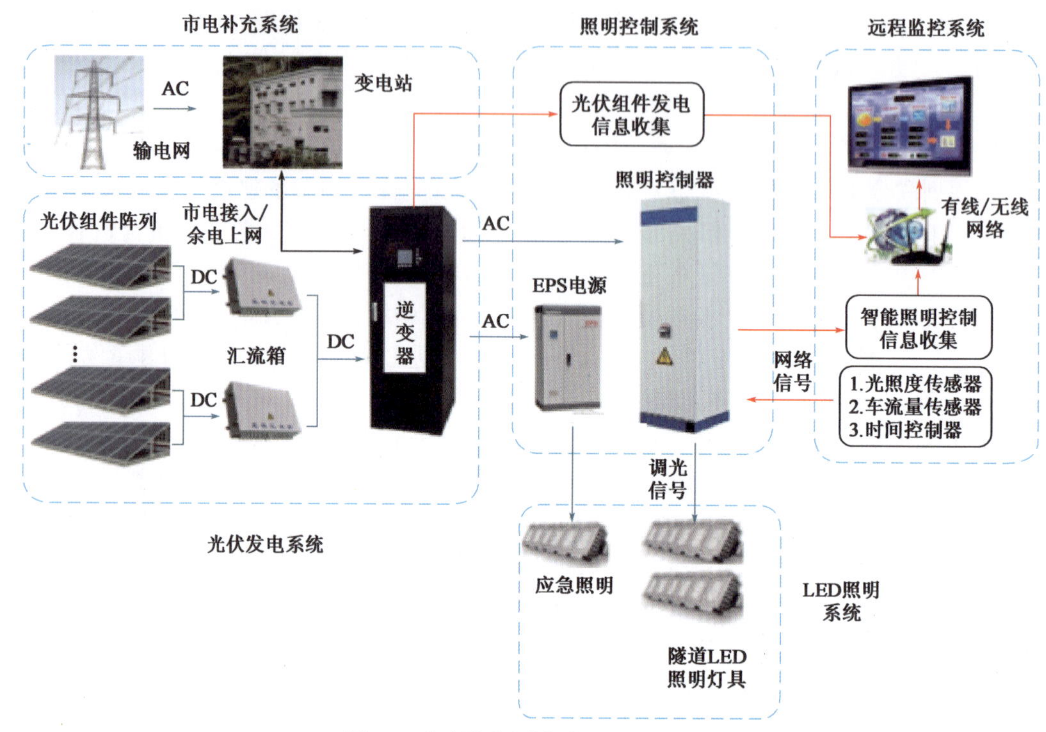


图 6-6　公路隧道光伏智能照明系统总图

LED 光源是利用半导体材料中的电子和空穴相互结合并释放出能量,使得能量带(Energy Gat)位阶改变,以发光显示其所释放出的能量。LED 光源具有以下优点:

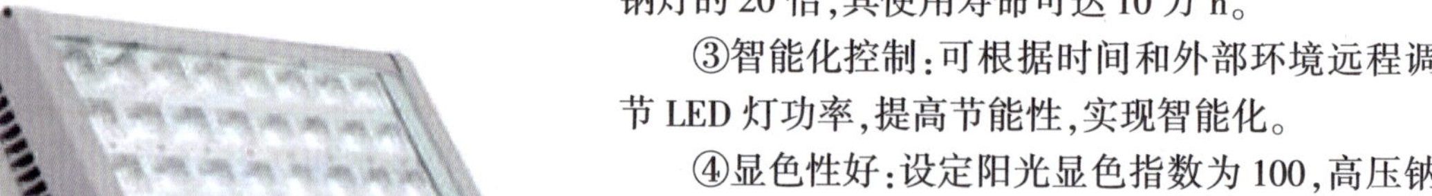

①高效节能:LED 光源色温 3000 ~ 6000K,显色指数 85 以上,与高压钠灯相比,颜色更接近于自然光,降低了人眼感到同样亮度时所感受到的光强,因此道路照明中 LED 路灯照明效果较高压钠灯好。

②使用寿命长:LED 灯具解决了散热、驱动电源的关键性难题,因此 LED 灯可靠性达高压钠灯的 20 倍,其使用寿命可达 10 万 h。

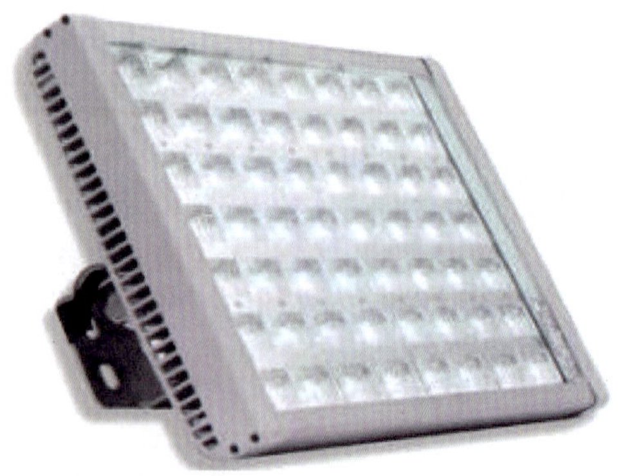

图 6-7　隧道专用 LED 灯具

③智能化控制:可根据时间和外部环境远程调节 LED 灯功率,提高节能性,实现智能化。

④显色性好:设定阳光显色指数为 100,高压钠灯由于以金属钠蒸汽为发光源,光线呈单一偏黄,显色指数仅为 23;LED 灯发出的是白色光,显色指数达 85 以上,色彩更真实,也不存在危害性的紫外光线和红外光线,不吸引昆虫。

⑤有效减少眩光:传统灯光源光线呈 180°散射,LED 灯通过二次光学设计,使得光线投射到路面形成矩形光斑;无散射眩光,对周围环境不造成

光污染；且光场区亮度分布均匀，光线柔和。

⑥无频闪：LED 采用直流供电，发光恒定，无闪烁。

⑦响应快速：高压钠灯等高强度气体放电灯有延迟效应，在点燃 15min 后才能达到90% ~ 100% 光通量，LED 灯通电即达到正常亮度，无开灯延时现象，便于实行智能控制，更加节能。

⑧安全：LED 照明作为固态照明，可以有效防震、防爆。

⑨散热性能优良：超导热管散热结构设计，保证了 LED PN 结温不会超过 65℃，从而保证了 LED 的发光效率及工作寿命。

⑩高效可靠的电源：多路而又可靠的恒流源驱动电路（电源效率达 98%），从而保证了 LED 工作的稳定性。

图 6-8　隧道 LED 灯具照明效果

隧道 LED 灯具照明效果如图 6-8 所示。

（2）光电互补供电系统

目前我国高速公路对于可再生能源的利用较少，没有一套完整的光伏发电系统可以在交通行业基础性设施中具有应用条件、与市电互补结合方式和各系统相互配置性设计方法。

隧道光伏智能照明系统将光伏发电系统应用到高速公路隧道的机电系统中来，改变隧道机电系统的供电能源结构，由全部化石能源供应优化成由可再生能源供应为主化石能源供应为辅的能源结构，大大降低高速公路隧道的机电系统化石能源的消耗，降低运营成本，减少温室气体排放。

光伏发电系统是将太阳能转变为电能的系统，系统由光伏组件 PV 阵列、组串式并网逆变器、交流配电箱以及并网柜等部件组成（图 6-9）。光伏阵列接收太阳光照射产生电能，经过逆变器转变为三相交流电，通过交流配电箱将汇流整合成可用的稳定交流电，对隧道照明系统进行供电（图 6-10）。

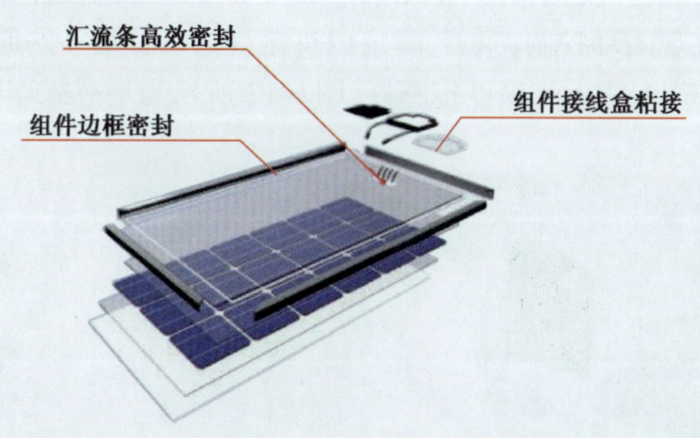


图 6-9　光伏组件结构组成

（3）隧道照明控制系统

目前传统隧道照明系统的控制方式有三种：手动控制模式、分时段进行的时序控制模式及

有级控制模式,智能化程度不高,主要存在以下两个问题:

①采用手动控制模式及分段时序模式的系统,不能随时根据洞外的亮度变化进行洞内亮度调节,在隧道照明方面造成了很大的浪费。

②以自动控制模式为主,手动控制模式为辅的系统,洞内调光采用控制灯具的不同开关组合有级模式,不能实现无级调光。

图 6-10　光伏电站

隧道光伏智能照明系统结合现有的智能化控制技术和 LED 灯具无级调光技术,提出一套高速公路隧道智能照明系统及相应控制设备和控制软件,可根据季节、天气、洞外亮度、时间、交通量等多参数精细化控制隧道照明质量。较传统隧道照明控制系统,本系统控制更加智能化和精细化,真正实现"按需照明",节能效果明显。

控制系统配备时间控制器、光通量传感器和车流量传感器等多种控制器,可实现:第一,根据控制系统预设的照明时间段自动调整照明回路;第二,在各个照明时段根据洞外的亮度传感器信号变化自动调节灯光亮度,实现隧道内照明亮度和洞外亮度同步变化;第三,根据车辆传感器信号,在无车或者车流量小时,自动降低隧道内照明亮度,并在夜间照明时段实现"车来灯亮、车走灯灭",最大限度地降低照明系统能耗;第四,在隧道内各照明段设置光照度传感器以检测洞内照明实际达到的亮度值,并与依据洞外亮度确定的各段设计照明亮度进行比对,调整照明灯具调光数值,实现闭环控制;第五,隧道内每盏灯均设置唯一的通信地址,可实现隧道内灯具的逐灯巡检。图 6-11 所示为亮度传感器,图 6-12 所示为地感式车辆检测器。

图 6-11　亮度传感器

图 6-12　地感式车辆检测器安装

(4)远程监控系统

目前隧道机电系统普遍采用电力监控方式进行远程监控,未实现运行状况的实时网络监控、运行数据的网络存储,不利于隧道运行数据的查询和访问。隧道光伏智能照明系统建立了一套基于云平台的隧道机电系统监控系统(图6-13、图6-14),利用本地控制器采集隧道洞内灯具状况信息、洞内亮度信息、车流量信息、机电设备运行信息、环境亮度信息和视频监控信息,通过4G传输技术将采集的信息实时上传至云平台服务器,用户可远程登录服务器查看隧道机电系统运行状态,实时掌控隧道的运营情况。通过远程服务器终端,可调整隧道机电系统的控制参数,根据实际运行工况,远程控制机电系统的运行。

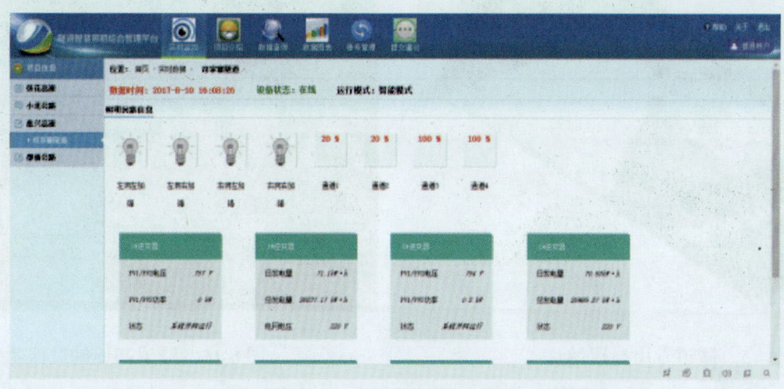

图6-13 云平台监控系统管理界面

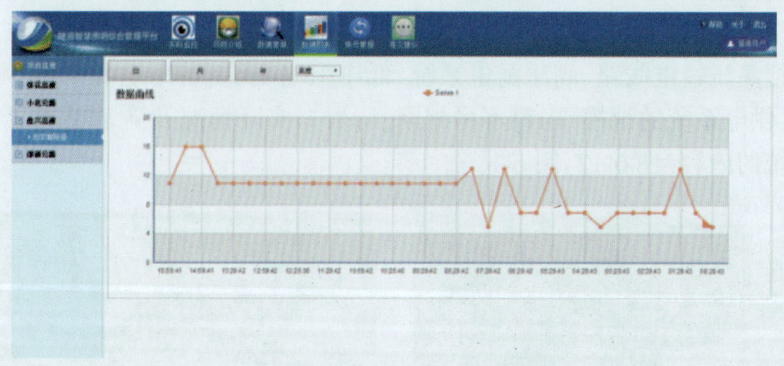


图6-14 云平台监控系统管理界面

建立隧道内运营状况监测系统,利用可网络上可用的云平台,实现隧道运行状况的远程监控功能。主要监控对象包括光伏发电系统运行状况、隧道内灯具开启状况、洞外和洞内亮度情况以及隧道灯具故障情况等。远程、实时监控系统,增加系统的安全性、可靠性和先进性。

### 6.2.2 技术现状

(1)采用高压钠灯作为照明灯具

高压钠灯是我国正在推广使用的第二代绿色照明节能光源。高压钠灯是一种高强度气体放电灯,工作时发出金白色光,其发光管采用半透明氧化铝管制成,灯的外壳采用硬质玻璃(图6-15)。高压钠灯中放电物质蒸气压很高,也即钠原子密度高,电子与钠原子之间碰撞次数频繁，使得共振辐射谱线加宽，出现其他可见光谱的辐射，因此高压钠灯的光色优于低压钠灯。

高压钠灯具有高效、节能、光通量高、透雾性强、光色柔和，寿命长等优点，广泛应用在广场、街道、机场、港口、隧道、天桥、工矿厂房等需要照明的场所(图6-16)。高显色高压钠灯主要应用于体育馆、展览厅、娱乐场、百货商店和宾馆等场所。由于气体放电灯泡的负阻特性，如果把灯泡单独接到电网中去，其工作状态是不稳定的，随着放电过程继续，它必将导致电路中电流无限上升，直至灯或电路中的零件、部件被过流烧毁。

图6-15　隧道专用高压钠灯

图6-16　隧道高压钠灯照明效果

(2)采用市政电网进行供电

传统的高速公路隧道照明系统均采用公共电网专线供电。通过从公共电网供电站架设专门的输电线路至隧道洞口配电所，配电所内降压至380V，进行隧道照明系统供电。隧道供电系统的内容包括高压输电线路、高压配电系统、低压配电系统、备用电源系统、变电所等设计。不同的隧道，其供电系统的规模、内容不尽相同，均根据实际情况及隧道交通工程级别合理确定隧道供电系统的内容(图6-17、图6-18)。

图6-17　隧道照明供配电系统

图6-18　隧道照明箱变电系统

采用单一的公共电网供电方式，增加了输电线路建设成本、输电线路损耗、输电线路维护等运营费用，输电线路维护成本占整个照明系统维护费用中很大的一部分，尤其是偏远山区、输电线路架设困难的区域。另外，传统的供电模式依赖于电网供电的稳定性，当电网出现故障时，隧道照明系统无稳定备用的供电电源，可靠性较差。

(3)采用人工手动或分时段控制隧道照明系统

传统公路隧道照明灯具控制方式主要有两种：人工手动控制方式和分时段进行的时序控制方式。

在公路隧道发展建设初期，由于技术的限制，对于隧道的照明运营一般设有统一的控制柜，由专人负责管理，根据不同的时间和天气，由工人决定并手动控制灯具的开关数量。

随着自动控制技术的发展，隧道照明控制领域渐渐由自动控制系统占领。首先出现的是自动分级控制，系统分为基本照明、应急照明和加强照明。这种系统能够通过洞外的亮度检测仪器检测实际亮度值，从而调整隧道内部的灯具开关数量，开启相应的加强照明回路，实现实时自动的洞内亮度调节，并且洞内广泛分布的照度检测仪器对隧道内实际亮度水平进行了有效监测。当出现由于灯具损坏等原因造成的洞内亮度水平不够时，控制系统可以及时进行报警。采取这种技术之后，不仅能够有效地使隧道照明满足国家规范要求，为驾驶员提高良好的照明环境，而且因为在最大限度内关闭了不需要的照明设备，节约了很大的运营成本，特别是对于偏远隧道更是体现了它的强大优势，所以在各类公路隧道中得到了广泛应用。

但是，由于采用了分级控制，即系统根据外界亮度水平分级将照明设施进行关闭，比如照明回路逐级关灯方式，必然会带来路面照度不均匀、眩光、闪烁等有害现象，给交通安全埋下了隐患。

当今在隧道照明中普遍采用的高压钠灯，因为高压钠灯具有光效高、寿命长，且所发出的橘黄色的光线，具有强透雾功能，但高强度气体灯启动响应比较慢，要进行连续亮度调节必须通过调整电压实现，会比较困难，而且会增加成本，并且难以实现；另外，荧光灯由于技术限制，现在还很难实现连续亮度调节；大功率 LED 灯具照明不是很成熟，其连续调光控制成本较高。即使存在不少缺陷，但分级自动控制方式仍是目前阶段国内最为流行的控制技术(图 6-19、图 6-20)。

图 6-19　隧道照明偏暗

图 6-20　隧道照明过亮

## 6.2.3　技术比较

隧道光伏智能照明系统是通过对隧道照明技术进行深入研究，将光伏发电技术、LED 照明调光技术、信息传感技术、智能控制技术等的最新研究成果进行有效整合，开发出一套分布式光电互补公路隧道智能照明系统，利用太阳能转换为电能对隧道照明供电，采用新型 LED

照明灯具,大幅度降低隧道照明功耗,并应用智能照明控制技术,对隧道内照明质量进行智能控制,进一步降低隧道能耗。隧道光伏智能照明技术较现有的隧道照明技术更加节能、更加安全,使用寿命更长。

照明灯具应用方面,现有高速隧道照明系统普遍采用高压钠灯作为隧道内的照明灯具,为满足隧道的照明质量要求,照明能耗高;且使用寿命较短,一般只有4000h左右,运营期间维护成本高;高压钠灯启动时间长,不利于照明质量控制。隧道光伏智能照明技术采用新型的LED灯具,同等照明质量条件下,照明功率只有高压钠灯的40%~50%。使用寿命方面,LED灯具一般可达到6000~8000h,且可实现在1~3s内完全开启,完全满足隧道照明质量的实时调控。

隧道照明系统供电方面,现有的隧道照明系统供电均为市政电网供电,采用专线定点供电的模式,照明系统完全依赖当地市政电网的稳定性。隧道光伏智能照明技术采用光伏发电系统作为照明系统的主要供电来源,市政电网仅作为补充电源,将在很大程度上提高隧道照明系统供电的可靠性,并应用可再生能源,大大降低隧道照明系统能耗。

隧道照明控制方面,国内现有隧道照明系统在实际运营中存在着相当大的电能浪费。在照明控制过程中,因线路布线回路的限制,能够实现照明自动控制的办法非常有限,一般只能做到2、3级的人工或自动控制,对于天气、洞外亮度、车流量等实时变化的参数,无法从宏观上对整个隧道照明进行自适应方式控制。

### 6.2.4 技术创新性

公路隧道光伏智能照明技术是在保证行车安全的前提下实现节能,可根据洞内外亮度、日照时间、交通级别、车流量、供电电压自动调整照明灯的光亮度,真正实现按需照明,确保隧道内行车舒适而安全。使利用可再生能源服务交通运输行业公路隧道建设的新型绿色照明技术,与传统的隧道照明技术相比,具有安全、节能和全生命周期成本低的优势,并且国家政策方面支持力度较大,具有创新性和先进性。

该项技术综合应用了供电技术、照明技术、控制技术和监控技术领域研究成果,多方面、大幅度降低隧道照明功耗,较传统的隧道照明技术节能60%以上,为改变公路隧道运营系统耗能大、维护费用高、控制模式单一、照明过度、不开或少开照明等问题提供很好的解决方案。该技术从以下几个方面进行节能:

(1)从供电技术方面节能。从改变供电结构进行节能,采用光伏发电技术和风力发电技术,利用太阳能和风能等可再生能源作为主要供电电源,传统电网仅作为补充备用电源。

(2)从照明技术方面节能。隧道照明系统全部由可调光、高光效、低能耗的LED灯替代高压钠灯和普通LED灯;科学选取洞外环境、交通量、灯具性能等设计参数,计算机仿真设计,模拟计算亮度、均匀度和闪烁率等照明质量指标,优化照明设计,在满足《公路隧道照明设计细则》(JTG/T D70/2-01—2014)的前提下降低照明功率。

(3)从控制技术方面节能。通过智能控制系统依据时间、洞外亮度、交通量级别、车流量和供电电压对照明进行通道分组调光,实现精细化控制,真正实现按需照明。配备时间控制器,自动调整隧道照明模式;根据洞外亮度的实时变化自动对隧道照明灯具进行调光;洞内安装光照度传感器,检测各照明区段亮度,反馈至照明控制系统,闭环控制;自动检测负载供电电压,供电不足时自动降低照明亮度,保证隧道内照明不间断;安装车辆检测器检测和预测隧道路段交通量,参与隧道照明控制。

(4)从运营维护方面节能。通过互联网设备访问监控系统的实施监控数据,对光伏发电系统运行状况、隧道照明状况和配电系统状况进行监测,系统运行故障可报警,实现隧道照明系统的智能运维管理,降低管理难度,从公路隧道照明系统运维管理上进行节能。

## 6.3 工程示范

### 6.3.1 工程概况

本技术依托工程为贵州盘兴高速公路司家寨隧道。司家寨隧道位于贵州省盘州市,是盘兴高速公路所包含的13座隧道之一。司家寨隧道总长952m,属于双洞单向交通隧道(右洞长462m,左洞长490m),设计速度为80km/h。司家寨隧道地处偏远山区,电力资源贫乏,原设计照明方案年耗电量和维护成本很高。

司家寨隧道照明工程中采用的基于云平台监控的公路隧道光伏智能照明技术,先后通过了理论论证、实验性验证及实际使用验证。隧道照明灯具全部采用可调光隧道专用LED灯具,应用智能化控制技术,实现根据天气、洞外亮度、时间、车流量、供电电压等多参数动态控制隧道照明质量。隧道照明供电方式采用太阳能光伏发电、风力发电和市电互补方式进行系统供电,应用可再生能源——太阳能和风能,减少电能消耗,减少温室气体排放,真正实现公路隧道的“绿色照明”(图6-21)。

图6-21　司家寨隧道光伏智能照明项目

### 6.3.2 设计思路

(1)根据公路隧道照明系统的配置功率,结合贵州省光照资源条件,研究光伏发电在交通基础设施中的应用条件和方法,并进行公路隧道光、市电互补照明系统匹配性的研究。

(2)研究一种智能照明控制系统,根据天气、洞外亮度、时间、车速、车流量、供电电压等多参数动态控制隧道照明质量。

(3)运用现有网络云平台技术实现隧道机电系统运行状况网络监控和运行数据的网络存储、访问的隧道监控系统研究。

### 6.3.3 技术方案

依托盘兴高速公路隧道建设项目,通过技术性和经济性分析合理设置光伏发电系统装机容量与照明系统负载的比例,施工过程中根据实际情况进行优化配置。建立光伏资源观测系统,不间断监测太阳辐射量数据,据此计算理论发电量,并与实际发电量进行对比,确定发电量富裕或是不足。通过不间断监测数据和对比分析,确定贵州地区太阳能资源条件下的系统容量设置,形成应用条件和方法。建立照明智能化控制系统,多参数进行动态控制隧道照明质量。并通过智能照明控制器根据采集隧道环境数据、照明数据、供配电数据、光伏电站数据,进行计算处理调整隧道内照明质量。

建立隧道云平台远程监控系统。通过 GPRS 无线通信模块,将采集计算的数据发送至专用数据处理服务器,实现数据网络云存储。管理人员通过远程端登录监控系统,根据不同季节和不同照明需求对照明参数进行设置,设置参数通过服务器,利用 GPRS 无线网络传输至本地照明控制器,本地智能照明控制器根据接收的参数进行控制,对隧道内照明质量或照明工况进行调控。

### 6.3.4 项目示范过程

(1)LED 照明系统建设

按照《公路隧道照明设计细则》(JTG/T D70/2-01—2014)、《公路隧道设计规范　第二册　交通工程及附属设施》(JTG/T D70/2—2014)进行如下设计:选取 2025 年为照明设计期,司家寨隧道路段照明设计期小时交通量取 445veh/(h · ln),隧道设计速度为 80km/h。选取高峰小时系数为 0.085,方向不均匀系数取 0.55。隧道建筑限界净宽 11.1m,净高 5.0m。根据洞门形式以及洞门周围景物反射率确定洞外亮度。隧道洞口 $L_{20}$(S)按 2750cd/$m^2$ 考虑,入口段亮度折减系数取 0.026,入口段设计亮度按 $L_{20}$(S)的 0.026 倍计算。司家寨隧道设计标准见表 6-1。

司家寨隧道设计标准　　表 6-1

| 段　落 | 右洞段长/左洞段长(m) | 设计亮度(cd/$m^2$) |
|---|---|---|
| 洞外亮度 | | 2750 |
| 入口段 1 | 36/36 | 71.5 |
| 入口段 2 | 36/36 | 35.75 |
| 过渡段 | 72/72 | 11.25 |
| 中间段 | 243/270 | 2.5 |
| 出口段 1 | 27/27 | 7.5 |
| 出口段 2 | 36/36 | 12.5 |

隧道入口段、过渡段及出口段设置了相应的加强照明。设计从基本照明中选择左侧的偶数灯作为应急照明光源,设计亮度为基本照明的 1/10。应急照明供电方案采用应急照明 + 主动发光隧道诱导标 EPS 模式。应急照明备用时间为 60min 以上。灯具用固定支架安装在隧道侧壁上,其位置应在隧道建筑限界外,灯具安装附件及连接电缆由灯具厂家统一提供。光源

选择45000h以上工作寿命的LED灯具,灯具与光源配套生产,保证5年的稳定工作。灯具布置设计满足照度、均匀度的同时,要避免眩光。考虑到当地气候状况,入口段1加强照明选用3000K低色温LED灯。司家寨隧道灯具负载如表6-2所示。

司家寨隧道灯具负载 表6-2

| 参数 | 照明长度(m) | LED灯具 | 布灯间距(m) | 灯具数量(盏) | 模拟照度(lx) | 照明质量(cd/m²) | 设计要求照明质量(cd/m²) |
|---|---|---|---|---|---|---|---|
| 自然光照明段 | 右洞6m×2,左洞6.5m×2 | | | | | | |
| 入口段1 | 36×2 | 40W | 9 | 16 | 1188 | 79.2 | 71.5 |
| | | 150W | 1.5 | 80 | | | |
| 入口段2 | 36×2 | 40W | 9 | 16 | 559 | 37.3 | 35.75 |
| | | 150W | 3 | 32 | | | |
| 过渡段 | 72/72 | 40W | 9 | 32 | 291 | 19.4 | 11.25 |
| | | 70W | 3 | 64 | | | |
| 中间段 | 243/270 | 40W | 9 | 116 | 61 | 4.06 | 2.5 |
| 出口段1 | 27×2 | 40W | 9 | 12 | 178 | 11.8 | 7.5 |
| | | 70W | 4.5 | 12 | | | |
| 出口段2 | 36×2 | 40W | 9 | 16 | 291 | 19.4 | 12.5 |
| | | 70W | 3 | 32 | | | |
| 照明总长(m) | 952 | 照明总功率(kW) | | | 32.76 | | |

基本照明控制采取24h开启方式,通过控制亮度百分比输出调节亮度,满足照度要求,保证照度均匀度,同时达到节能目的(表6-3)。如果灯具出现光衰问题,就可以通过增加输出功率来保证照度要求。加强照明控制采取按洞外照度值,通过回路及百分比输出开启。加强照明的功率占到整个照明负载功率的75%。因此通过合理的控制策略可以大幅度降低照明能耗,有效降低了多余电费支出(图6-22)。应急照明电源采用EPS供给,隧道停电情况下应急照明调整亮度,保证应急照明持续供电。即使控制器故障,也不影响应急照明工作。

司家寨隧道照明控制策略 表6-3

| 时间段 | 洞外亮度(cd/m²) | 亮度百分比(%) | 开启回路 |
|---|---|---|---|
| 白天(6:00~19:00) | $L_{20}(S)<100$ | 20 | 基本照明+应急 |
| | $100<L_{20}(S)<200$ | 50 | 基本照明+应急 |
| | $200<L_{20}(S)<350$ | 75 | 基本照明+应急 |
| | $350<L_{20}(S)<600$ | 100 | 基本照明+应急 |
| | $600<L_{20}(S)<800$ | 30 | 基本照明+应急+左侧加强 |
| | $800<L_{20}(S)<1500$ | 30 | 基本照明+应急+左、右侧加强 |
| | $1500<L_{20}(S)<2000$ | 60 | 基本照明+应急+左、右侧加强 |
| | $2000<L_{20}(S)$ | 100 | 基本照明+应急+左、右侧加强 |
| 晚上(19:00~6:00) | 无车通过 | 10 | 基本照明+应急 |
| | 有车通过 | 30 | 基本照明+应急 |

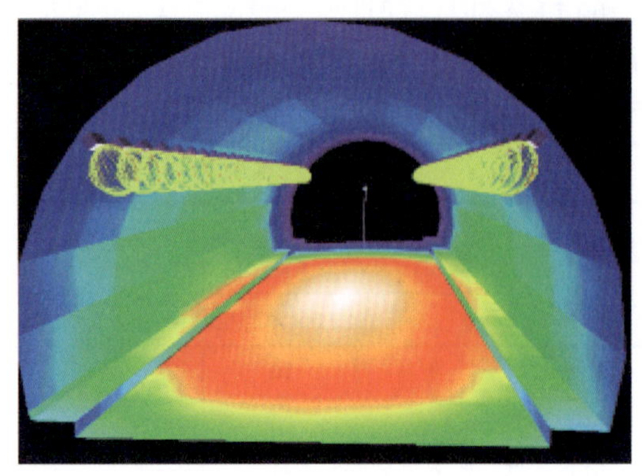

图6-22　计算机模拟隧道照明质量

(2)光伏发电系统建设

建立光伏资源观测系统,不间断监测太阳辐射量数据。完成现场分布式光伏电站安装,并安装太阳辐射监测装置,实时监测该地区太阳辐射情况。据此计算理论发电量与实际发电量进行对比,确定发电量富裕或是不足。通过不间断监测数据和对比分析,确定贵州地区太阳能资源条件下的系统容量设置,形成应用条件和方法。气象观测站如图6-23所示。

图6-23　气象观测站

按照贵州地区年平均太阳辐射值设计经验,该隧道光伏组件发电装机容量为68.64kWp。光伏组件采用264块260W多晶硅太阳能电池,接受太阳能辐射总面积约为427.7$m^2$,整个系统转换效率约为75%,采用400V低压并网技术,自发自用,余电上网模式(图6-24)。

图6-24　司家寨隧道光伏发电系统

根据现场勘测情况，在司家寨隧道出口中间分隔带区域比较开阔平坦，约有 8000$m^2$ 空地可以利用，满足司家寨隧道光伏基站约 2100$m^2$ 的占地需求，如图 6-25 所示。

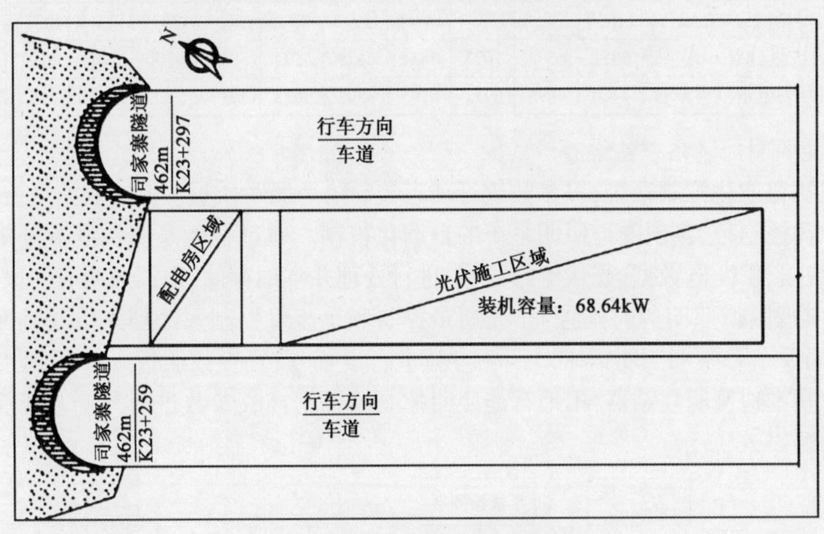


图 6-25　司家寨隧道光伏发电系统选址

本项目隧道所处地区 2004—2014 年太阳辐射照量均值如表 6-4 所示，以此来预测本项目的发电能力。从系统实际发电量与设计理论发电量比较结果（表 6-5）来看：2017 年 1 月至 11 月实际总发电量与理论发电量预测值一致，各月份发电量在合理区间内波动；12 月发电量差距较大。据调查是由于 2017 年 12 月份项目所在地有较大降雪，运维人员未及时清除光伏组件表面覆盖的积雪，导致光伏电站发电量减少。项目发电量达到了设计预期，系统运行良好。

**盘县[1] 2004—2014 年太阳辐射值**（kW·h/$m^2$/月）　　表 6-4

| 时间 | 2005 | 2006 | 2007 | 2008 | 2009 | 2010 | 2011 | 2012 | 2013 | 2014 | 平均值 |
|---|---|---|---|---|---|---|---|---|---|---|---|
| 1 月 | 141.36 | 139.5 | 79.67 | 124 | 105.71 | 152.83 | 71.61 | 106.64 | 102.3 | 136.71 | 115.94 |
| 2 月 | 159.04 | 107.52 | 158.76 | 80.92 | 169.96 | 171.64 | 141.96 | 127.68 | 142.8 | 120.12 | 138.04 |
| 3 月 | 143.53 | 160.27 | 150.35 | 150.97 | 170.5 | 176.08 | 117.18 | 157.79 | 155.93 | 149.42 | 153.14 |
| 4 月 | 162.3 | 157.8 | 117.3 | 159.9 | 135.6 | 141.9 | 139.2 | 168.3 | 143.1 | 153.3 | 147.9 |
| 5 月 | 156.24 | 129.58 | 139.81 | 137.64 | 131.44 | 153.76 | 147.25 | 131.75 | 128.96 | 136.4 | 139.19 |
| 6 月 | 111.9 | 113.4 | 130.8 | 112.8 | 120.9 | 92.4 | 126.9 | 100.8 | 127.5 | 94.2 | 113.1 |
| 7 月 | 136.71 | 139.5 | 115.01 | 126.48 | 125.55 | 128.34 | 142.91 | 115.63 | 114.7 | 122.45 | 126.79 |
| 8 月 | 123.07 | 139.5 | 132.37 | 125.55 | 132.06 | 146.01 | 154.07 | 144.46 | 124.31 | 122.14 | 134.23 |
| 9 月 | 136.2 | 122.7 | 123.3 | 141.3 | 150.3 | 121.8 | 114.9 | 98.1 | 118.8 | 121.5 | 124.8 |
| 10 月 | 117.8 | 108.19 | 115.94 | 117.8 | 111.6 | 110.67 | 101.68 | 128.03 | 100.75 | 113.77 | 112.53 |
| 11 月 | 99.3 | 131.4 | 124.8 | 118.5 | 140.7 | 96.6 | 136.2 | 139.8 | 101.7 | 86.1 | 117.6 |
| 12 月 | 86.49 | 102.3 | 114.39 | 100.44 | 124 | 121.52 | 72.23 | 121.83 | 79.05 | 79.98 | 100.13 |
| 年辐射总量（kW·h/$m^2$） | 1574 | 1551.7 | 1502.5 | 1496.3 | 1618.3 | 1613.5 | 1466.1 | 1540.8 | 1439.9 | 1436.1 | 1523.39 |

[1] 现盘州市。

光伏发电系统理论发电量和实际发电量对比　　表 6-5

| 项　　目 | 1 月 | 2 月 | 3 月 | 4 月 | 5 月 | 6 月 | 7 月 | 8 月 | 9 月 | 10 月 | 11 月 | 12 月 |
|---|---|---|---|---|---|---|---|---|---|---|---|---|
| 每月太阳辐射照量(kW·h/$m^2$) | 116.0 | 138.0 | 153.2 | 147.8 | 139.3 | 113.3 | 126.7 | 134.3 | 124.9 | 112.6 | 117.5 | 100.2 |
| 每月计算发电量(kW·h) | 5351 | 6604 | 7073 | 6831 | 6429 | 5224 | 5856 | 6200 | 5764 | 5197 | 5432 | 4625 |
| 2017 年月度实际发电量(kW·h) | 4480 | 4893 | 6917 | 6705 | 8398 | 5613 | 4945 | 8503 | 6235 | 4385 | 4113 | 1691 |

(3)智能照明控制系统建设

建立照明智能化控制系统,多参数进行动态控制隧道照明质量。完成照明系统安装,配备隧道智能照明控制柜,实现隧道照明系统的自动化控制。通过智能照明控制器采集隧道环境数据、照明数据、供配电数据、光伏电站数据,进行处理并本地存储;根据照明时间段、亮度变化和车流量,实现隧道照明的时间控制、光通量控制和车流量控制。管理人员通过网络管理系统,根据不同季节和不同照明需求对照明参数进行设置,设置参数通过服务器,利用 GPRS 无线网络传输至本地照明控制器,本地智能照明控制器根据接收参数进行控制。智能照明控制系统原理如图 6-26 所示。

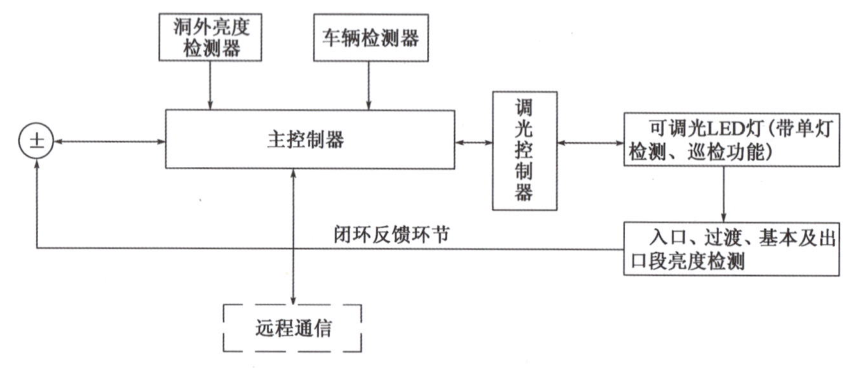


图 6-26　智能照明控制系统原理图

(4)云平台监控系统建设

建立照明系统的云平台监控系统(图 6-27 ~ 图 6-30)。通过现有网络云平台技术实现隧道机电系统运行状况网络监控和运行数据的网络存储、访问的隧道监控系统研究。对光伏发电系统运行状况、隧道照明状况和配电系统状况进行监测;监测数据实现本地存储和网络云平台存储;通过互联网设备访问监控系统的实时监控数据;系统运行故障报警。

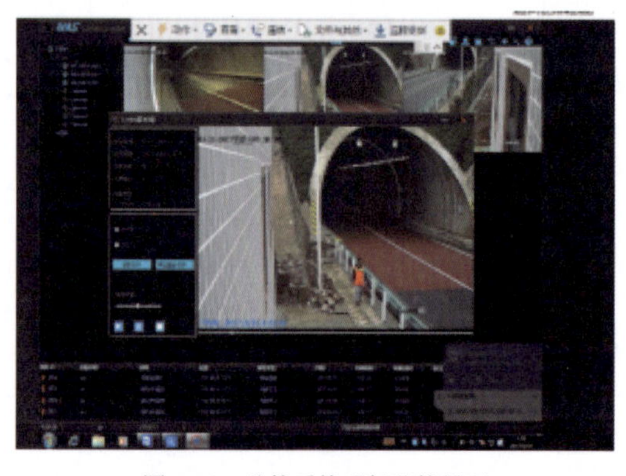

图 6-27　监控系统现场监控界面

图 6-28　报警短信提醒

图 6-29 云平台监控系统远程端登录界面

图 6-30 云平台监控系统远程端管理界面

## 6.3.5 主要成果应用

(1)光伏发电系统在交通行业基础设施建设中应用

通过项目研究和依托工程应用,将光伏发电系统应用到高速公路隧道的机电系统中来,改变隧道机电系统的供电能源结构,由全部化石能源供应优化成由可再生能源供应为主、化石能源供应为辅的能源结构,大大降低高速公路隧道的机电系统化石能源的消耗,降低运营成本,减少温室气体排放。

(2)隧道照明智能化控制技术在高速公路隧道机电系统中应用

本项技术结合现有的智能化控制技术和 LED 灯具无极调光技术,提出一套高速公路隧道智能照明系统及相应控制设备和控制软件,可根据季节、天气、洞外亮度、时间、车流量等多参数精细化控制隧道照明质量。较传统隧道照明控制系统,本系统控制更加智能化和精细化,真正实现“按需照明”,节能效果明显。

(3)云平台监控技术在隧道机电系统监控系统中的应用

通过本项技术的研究,建立一套基于云平台的隧道机电系统监控系统,利用本地控制器采集隧道洞内灯具状况信息、洞内亮度信息、车流量信息、机电设备运行信息、环境亮度信息和视频监控信息,通过 4G 传输技术将采集的信息实时上传至云平台服务器,用户可远程登录服务器查看隧道机电系统运行状态,实时掌控隧道的运营情况。通过远程服务器终端,可调整隧道机电系统的控制参数,根据实际运行工况,远程控制机电系统的运行。

### 6.3.6 效益分析

基于云平台监控的公路隧道光伏智能照明技术研发成功后,在贵州省盘兴高速公路司家寨隧道照明工程中实际应用,很好地解决了照明系统高能耗的问题,降低了隧道内行车安全隐患。自 2016 年 12 底完成建设并通车以来,已产生明显的社会经济效益。

司家寨隧道照明工程采用基于云平台监控的公路隧道光伏智能照明技术,首次在高速公路隧道建设中全面引入绿色可再生能源,改变高速公路机电设施供电的结构,由传统的全部由化石能源供应转变为可再生能源为主、化石能源为辅的供应方式,大大降低了隧道的运营成本,并大大降低了化石能源使用所排放的温室气体。

项目在深入调查了贵州省地区的光照资源的基础上,通过大量数据的统一整理,提出一套完整的光伏发电系统在交通行业基础性设施中应用条件、与市电互补结合方式和各系统相互配置性设计方法,可有力地指导公路隧道照明节能工程实施,提高隧道照明的质量、可靠性和安全性,从而提高整个行业的科技水平和生产力。研究智能化隧道照明控制技术,利用多参数综合处理的方式,通过环境亮度、车流量、天气、时间等参数进行控制,提高隧道照明控制的智能化和自动化水平。

(1)经济效益分析

司家寨隧道原设计采用普通的 LED 灯具和高压钠灯照明,总照明负载约为 71.64kW,照明负载偏大,根据照明策略估算年耗电量约为 32.42 万 kW · h。通过优化司家寨隧道的照明系统,照明灯具全部采用新型可调光的 LED 灯具,并实地测量洞外环境亮度,根据照明实际需求选择照明参数,整个照明系统负载为 37kW,根据照明策略估算年耗电量约为 13.45 万 kW · h。

供电系统采用风光电互补型供电系统,光伏发电装机容量为 68.64kWp,风力发电系统装机容量为 5kW,年总发电量约为 7.84 万 kW · h(光伏发电 7.2 万 kW · h,风力发电 0.6 万kW · h),每年仅需从市电补充约为 5.61 万 kW · h。

根据贵州省发改委出台的《关于降低我省燃煤发电上网电价和调整销售电价等有关问题的通知》(黔发改价格〔2015〕493 号)文件,一般工商业及其他用电类别,销售电价为 0.7224 元/(kW · h)计算,司家寨隧道照明系统较原设计的 LED 方案,每年减少电费约为(32.42 - 5.61) ×0.7224 = 19.4(万元),在系统设计寿命 25 年内能够节约电费 485 万元。

根据发改委《关于发挥价格杠杆作用促进光伏产业健康发展的通知》(发改价格〔2013〕1638 号)文件,对分布式光伏发电项目,实行按照发电量进行电价补贴的政策,电价补贴标准为 0.42 元/(kW · h),补贴年限 20 年。司家寨隧道的分布式光伏电站,每年可得政策补贴收入 7.2 ×0.42 = 3.0(万元),整个寿命期内政策补贴收入约为 60 万元。

根据 2017 年 1—8 月司家寨隧道与盘兴高速公路上哈期隧道运营情况对比,司家寨隧道规模稍大,但司家寨隧道运营耗电量仅为上哈期隧道的 42.7%,不计算光伏发电国家补贴,司家寨隧道结算电费仅为上哈期隧道的 15.5%,计算光伏发电国家补贴,司家寨隧道结算电费支出为 0,而且还有收入 6387 元,结算电费(计补贴)平均每月节约 12952 元(表 6-6)。可见隧道光伏智能照明系统的节能效果、经济效益显著。

盘兴高速公路司家寨隧道与上哈期隧道2017年1—5月运营耗电量、电费比较 表6-6

| 类别 | 单位 | A.司家寨隧道 | B.上哈期隧道 | 比较(A/B) |
| --- | --- | --- | --- | --- |
| 总长度 | m | 952 | 812 | |
| 一、总耗电量(1+2) | kW·h | 65395 | 153027 | 42.7% |
| 1.市电耗电量 | kW·h | 36327 | 153027 | |
| 2.光伏自发自用电量 | kW·h | 29068 | — | |
| 二、光伏发电上网电量 | kW·h | 26886 | — | |
| 三、结算电费(不计补贴)① | 元 | 17113 | 110179 | 15.5% |
| 四、结算电费(计补贴)② | 元 | -6387 | 110179 | -5.8% |

注:①结算电费(不计补贴)=市电耗电量×市电电价-光伏发电上网电量×脱硫电价。

②结算电费(计补贴)=市电耗电量×市电电价-光伏发电上网电量×脱硫电价-光伏发电量×光伏发电补贴。

(2)社会效益分析

司家寨隧道照明工程采用基于云平台监控的公路隧道光伏智能照明技术,首次在高速公路隧道建设中全面引入绿色可再生能源,改变高速公路机电设施供电的结构,由传统的全部由化石能源供应转变为可再生能源为主、化石能源为辅的供应方式,降低运营成本的同时,大大减少了化石能源使用所排放的温室气体。

司家寨隧道按照设计寿命25年计算,可节约电费485万元,建设运营总投资费用减少626.2万元,减少标准煤1940t,减少燃煤费用77.6万元(按照400元/t计算),减少二氧化碳排放总额约5238t,具有极大的经济和社会效益。

## 6.4 应用前景

基于云平台监控的公路隧道光伏智能照明技术的研究成果,可用于高速公路隧道的照明工程建设和改建、干线公路隧道的照明工程建设和改造以及市政通道照明工程的建设和改建等,应用范围广。

本项技术成果在贵州省盘兴高速公路司家寨隧道中使用,节能效果明显,运维管理简便,得到了业主、监理和业内同行的认可并得到广泛好评。该项技术的应用范围广泛,推广价值可观。

据有关部门统计,到2015年年底,全国公路隧道为14006处、1268.39万m;按照标准照明估算隧道总照明负载约为115.8万kW,年耗电量约为51.6亿kW·h。若全部采用隧道光伏智能照明技术可节约电费50%左右,每年减少用电量约25.8亿kW·h,按照0.8元/(kW·h)计算,年节约电费20.64亿元,经济效益巨大。每年减少二氧化碳排放278.64万t,减少标准煤103.2万t,社会效益巨大。

# 第7章　生态脆弱地带隧道零开挖进洞技术

## 7.1　技术背景

### 7.1.1　技术研发背景

我国是世界上生态脆弱区分布面积最大、脆弱生态类型最多、生态脆弱性表现最明显的国家之一。我国生态脆弱区大多位于生态过渡区和植被交错区,处于农牧、林牧、农林等复合交错带,环境承载力低,是我国目前生态问题突出、经济相对落后和人民生活贫困区。《国务院关于落实科学发展观加强环境保护的决定》明确指出在生态脆弱地区要实行限制开发。为此,"十一五"期间,环境保护部将通过实施"三区推进"(即自然保护区、重要生态功能保护区和生态脆弱区)的生态保护战略,为改善生态脆弱区生态环境提供政策保障。从长远发展看,加强生态脆弱区保护,增强生态环境监管力度,促进生态脆弱区经济发展,有利于维护生态系统的完整性,实现人与自然的和谐发展,是贯彻落实科学发展观、牢固树立生态文明观念、促进经济社会又好又快发展的必然要求。

贵州是国家级限制开发的岩溶山地石漠化生态脆弱区和山地农牧交错生态脆弱区,而新建盘兴高速公路是连接盘州至兴义高速公路,是毕(节)兴(义)高速公路的重要组成部分,且沿线区域有马岭河国家级风景名胜区,属贵州省西部旅游的重要资源之一,对促进贵州省旅游业发展具有重要意义。

以往隧道进洞设计和施工常采用大开挖刷坡进洞,易引发山体失稳和严重环境破坏,如何遏制沿线生态环境脆弱区的环境恶化,国内外已开展了大量研究工作,但迄今为止仍未形成系统的环境协调型隧道进洞工法技术体系。因此,开展生态环境脆弱地带隧道安全环保进洞技术研发,保护沿线脆弱的生态环境,另一方面形成进洞设计和施工技术体系,为类似工程提供借鉴,预期将收到良好的安全、经济、环境与社会效益。

### 7.1.2　技术研发意义

依托盘兴高速公路全线公路隧道工程开展生态环境脆弱地带隧道安全环保进洞技术研究,一方面深入分析洞口山体特征与隧道安全环保进洞之间的关系,深入认识复杂地质情况下隧道进洞施工风险,以对现有进洞工法适应性进行研究并进行优化;另一方面,归纳提炼生态脆弱环境及不良工况下隧道绿色环保安全进洞施工技术,研究与周围环境协调性洞门设计与施工,实现隧道进洞施工的安全、绿色和环保。

通过该技术攻关研究得到相应的方法和技术体系,所取得的研究成果将有利于生态脆弱环境下尤其在不良工况下隧道进洞环节的设计、施工和运营,解决隧道建设工程的相关关键技术,保障工程建设的安全、快速和质量,并为今后贵州省乃至全国范围内脆弱环境下隧道进洞设计和施工提供有力的技术指导,为国内类似工程提供类比参考,其综合社会经济效益是巨大的,也是目前高速公路工程建设的紧迫课题。

### 7.1.3　技术研发基础

1)隧道洞口进洞施工技术研究

隧道洞口段边仰坡的稳定性不仅和洞口段的自然因素有关,如地层岩性、地质构造、坡体结构特征及水文地质条件等,而且和工程因素的联系也是非常紧密的,如隧道轴线与坡形的关系、隧道规模(高、跨、长)、使用性质(永久性或短暂性)、施工方法(开挖顺序、一次成洞、分段开挖)、开挖工艺(钻爆法、控制爆破法或掘进机法)、支护形式及施工过程、其他工程活动的影响等。

(1)隧道进洞施工方法

隧道进洞施工方法的选择主要依据洞口段工程地质和水文地质条件,并结合隧道断面尺寸、长度、衬砌类型、隧道的施工功能和施工技术水平等因素综合考虑研究决定。所选择的施工方法也应体现出技术先进、经济合理及安全适用。山岭隧道常规的施工方法有矿山法和掘进机法两种。

(2)隧道进洞支护方法

根据隧道洞口段岩体部位及施工顺序不同的特点,将隧道进洞支护方法分为三类:地表预加固技术、围岩预加固技术和围岩(开挖)加固技术。其中围岩预加固(预支护)技术主要有以下几种:超前锚杆(锚索)或超前小钢管与超前管棚、注浆加固围岩和堵截水、冻结法、机械预切槽法以及其他措施,地表排水、荷载补给技术,柔性防护技术(主动防护网、被动防护网)。

(3)"零仰坡"进洞技术

"零仰坡"进洞技术在覆盖层为零(即0~50cm)的条件下,采用盖挖法,明洞暗做,提前进洞,最大限度缩小隧道洞口施工的破坏范围,达到保护隧道口森林植被的目的。通过此举,降低了上部开挖施工槽的深度,相同坡比的条件下最大限度地减少了洞口施工的横向破坏范围,且提高了施工槽边坡的安全性。

2)环境脆弱地带隧道安全环保进洞施工技术

评价公路隧道对环境的影响主要考虑以下几个方面:隧道洞口施工对自然环境的破坏;隧道洞门及其他构造物与环境的协调等;隧道内汽车废气对环境的影响;隧道内废水对环境的影响;隧道施工弃渣对环境的影响。而在以上五方面中,公路隧道建设对环境的影响均发生在隧道洞口或洞门处理上,隧道洞口设计形式及洞口施工是公路隧道环保型建设的重点。

(1)公路隧道洞门形式与结构设计现状

洞门是隧道两端的外露部分,是联系洞内衬砌与洞外路堑的结构,也是隧道的标志。洞门的形式很多,从构造形式、建筑材料以及相对位置等均可以划分成许多类型。根据洞门纵断面形状,洞门形式有:端墙式、翼墙式、台阶式、柱式、削竹式和喇叭口式。目前,公路隧道洞门设计总的原则是自然、简洁,与环境协调,不刻意渲染,保护隧道的自然景观。洞口位置应根据隧道洞口地形、地质条件,同时结合环境保护、洞外有关工程及施工条件、运营要求,通过技术、经济比较确定。同时隧道应遵循"早进洞、晚出洞"的原则,不宜大挖大刷。

(2)公路隧道洞口施工现状

洞口是隧道施工中最为困难的地段,在我国大规模高速公路隧道建设的初期,隧道施工中,一般先采用拉槽方式,对边仰坡进行先刷坡,在拉槽到可以保证隧道挂口稳定的前提下再施工洞门墙或明洞。由于隧道洞口段围岩地质条件较为软弱,为了保证隧道洞口段的稳定,常需要较高的仰坡和边坡,由于隧道施工中的管理问题,隧道边仰坡支护不及时,容易造成隧道进洞失败,加剧了隧道施工的困难。同时增加了隧道征地规模和拆迁数量,对隧址区的自然环境造成破坏。

3)公路隧道明洞设计施工现状

为了恢复隧道洞口自然环境,或公路在山区通过时为了避免隧道仰坡上滚石对公路运营安全的威胁,在隧道洞口设计一定长度的明洞或棚洞,保证公路运营安全,最大限度地保护恢复自然环境。其结构设计中主要考虑结构自身重量和拱背覆盖土石重量,在结合抗震等要求综合验算确定结构厚度。明洞断面一般与洞内隧道内轮廓相同,由于隧道洞门形式的需要,明洞也有设计施工为洞口部逐渐扩大即喇叭口形式。

## 7.2 技术概要

### 7.2.1 技术原理

“零开挖”进洞工法是以工程地质条件研究为基础,选择适宜的辅助施工措施和施工方法与施工顺序,以“早进洞、晚出洞”的设计理念进行进洞开挖,在施工过程中充分发挥监控量测与地质预报的作用,根据其分析结果,及时修正设计,保证隧道进洞过程的顺利进行,其主要内容如下:

(1)在认真研究勘测资料和地质调查成果的基础上,首先明确洞口段的坡体结构特征,尤其是坡体中发育的对洞口段坡体稳定性有控制影响的长大结构面及其结构面与坡面的组合关系。以此为基础,分析研究洞口段边坡的变形破坏模式及变形破坏的影响边界。

(2)在坡体结构特征及变形破坏模式分析研究的基础上,进行隧道进洞前的预设计方案,主要包括断面形式及几何尺寸拟定、衬砌类型及参数的选择、预留变形量、辅助施工措施设计、选择施工方法与施工顺序、现场监控量测设计、防排水设计。其中,选择合理辅助施工措施,并根据实际情况将各种支护手段进行科学合理组合,发挥少量围岩与支护的共同作用,使隧道具备成洞条件,即将隧道暗洞加长,提前进洞,最大限度缩小隧道洞口施工的破坏范围,以达到保持隧道洞口段边坡稳定及保护原始自然环境的目的。

(3)在隧洞进洞前应充分研究洞口段坡体岩体的物理力学参数,为辅助施工措施设计及施工方法与施工顺序的选择提供必要的科学依据,且应对施工过程中的地质与监控量测的数据及时、准确地采集并进行反馈与分析,并以此为依据进行必要的设计修正和指导“零开挖”进洞施工,确保隧道进洞过程围岩与洞口段边坡的稳定。

“零开挖”进洞工法可保全洞口山坡及原生植被免遭破坏,大大减少洞口仰坡开挖及防护工程量,这是保证边仰坡稳定较为理想的方法。对于上下行分离设置的隧道,不仅可以保护单个洞口的山坡和植被,更重要的是还可以避免两洞间“鼻梁”岩(土)体的开挖,这既可保护两洞间“鼻梁”岩(土)体上的原生植被,又可借助“鼻梁”岩(土)体维持两洞口山体的稳定。

### 7.2.2　施工工序

针对不同的隧道洞口段坡体结构,其采用的辅助施工措施及开挖方案存在一定的差别,本节主要以隧道洞口常见的浅埋、破碎的松散破碎体坡体结构为例,对“零开挖”进洞工法的施工顺序及工艺进行分析说明,如图7-1所示,其主要的施工工序如下。

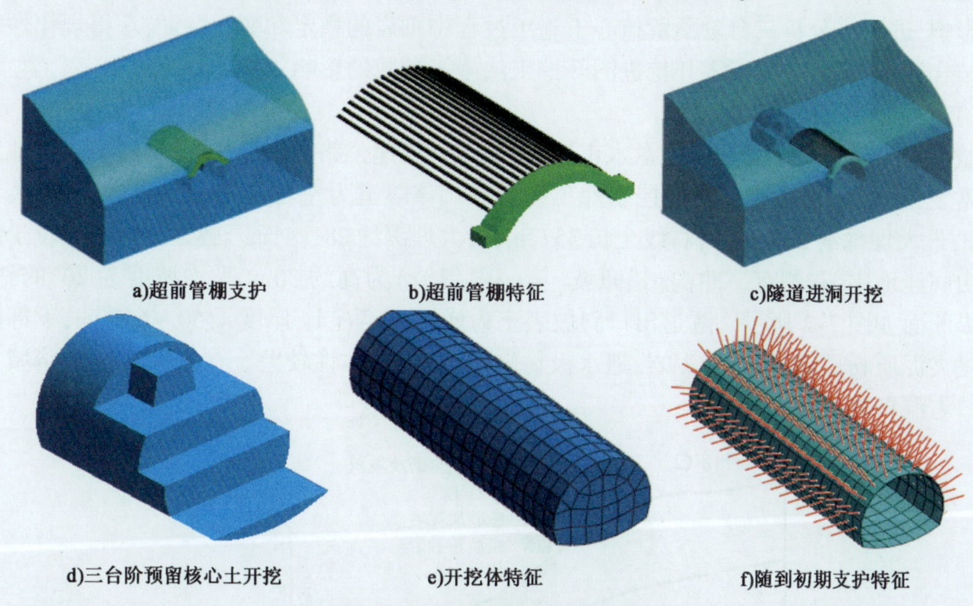


图7-1　零开挖进洞工法工序示意图

(1)排水系统。由于松散破碎体结构岩体受水的影响较为强烈,在水的作用下易产生滑塌、滑坡等变形破坏现象,因此,首先应砌筑洞顶及周边截排水沟,形成排水系统。

(2)清除表土,开挖上部施工槽,边仰坡防护(挂网支护,喷混凝土)。

(3)施作管棚套拱。

(4)超前管棚支护。超前管棚支护作为浅埋暗挖隧道的一种辅助工法,在防止隧道塌方、控制地层位移方面具有极好的作用。

(5)隧道暗洞段施工,开挖前应根据隧道围岩具体情况进行适当的超前支护,如超前支护小导管、超前锚杆等。

(6)根据工程地质条件及隧道跨度等因素,选择适宜的开挖方法进行开挖,如预留核心土开挖法、侧导洞法等。

(7)实施初期支护并及时进行仰拱封闭成环。

## 7.3　工程示范

### 7.3.1　浅埋破碎隧道洞口安全进洞施工技术

由于线路走向、地形的限制,通常隧道洞口部位穿越山体表层,山体表层岩石风化较重,稳定性较差。如果洞口开挖破坏了山体坡面的平衡状态,易导致滑坡。如果洞口在山体陡坡和悬崖处,即使坡体结构、隧道围岩条件较好,也极可能出现崩塌。况且隧道洞口处于浅埋地段,受风化卸荷影响强烈,围岩破碎软弱,隧道洞口部成洞较为困难,极易形成坍塌、滑塌等变形破坏。

本小节以"零开挖"进洞工法为技术指导,以盘兴高速公路沿线城关隧道为工程背景,通过三维数值模拟方法,分析了三台阶核心土进洞开挖对于控制地表和拱顶下沉、洞室围岩稳定性的影响,进一步分析三台阶预留核心土施工过程中围岩的稳定和变形特征,获得规律性的认识。结合施工实践,分析了零开挖进洞开挖工法施工参数的影响。

1)工程概况

城关特长隧道位于贵州省六盘水市境内,是盘兴高速公路全线最长隧道,隧道穿越地质条件非常复杂,是盘兴高速公路的控制性工程之一。该隧道为左右分离式公路隧道,左线全长3575m,最大埋深约278.51m;右线全长3572m,最大埋深约281.41m。隧道出口右洞位于斜坡坡脚山间洼地中,右侧有一冲沟,其仰坡(第一限斜坡)为高约30m、平均坡度为20°的斜坡。洞口纵断面如图7-2所示。隧道出口斜坡表土为崩坡积碎石土,厚度4.50~6.70m,下部围岩主要是夹泥质粉砂岩、粉砂质泥岩,遇水极易软化,岩体整体性较差。在盘兴高速公路城关隧道出口右洞口处出现了滑坡段。

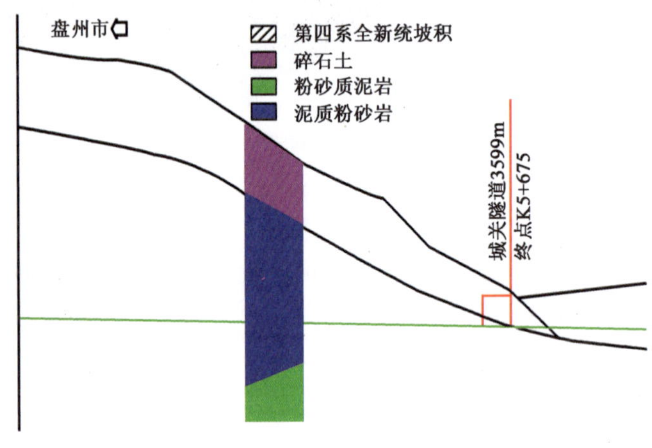


图7-2 洞口纵断面图

2)山体滑坡成因分析及防护措施

(1)滑坡成因

①地质条件:城关隧道仰坡表土为崩坡积碎石土,该部分土层结构松散、孔隙率较大,多呈弱风化状,抗剪强度低;中下层为强风化泥质粉砂岩,粉泥质结构,程强风化,岩性软弱,具有遇水软化的特点;受区域构造作用影响,岩体构造裂隙发育,岩体破碎。这为边坡滑体的产生和发展提供了非常有利的条件。

②水的作用:由于施工正值雨季,地表水下渗,岩土体的抗剪强度因水化作用而降低,致使岩体软化形成软弱滑动带,产生滑动。

③人为因素:施工中,由于路线右侧山坡坡脚土体开挖形成临空面,破坏仰坡坡体的稳定性,增大了发生滑坡的风险。

总之,由于边坡开挖后,改变了边坡岩土体的自然结构,破坏了原始边坡的应力平衡状态,使边坡发生变形。同时,边坡暴露时间过长,没有采取有效的预加固措施,并有大量雨水渗入滑坡体,使岩土体饱和,重力增加,下滑力变大,岩土体抗剪强度降低,抗滑力变小,从而形成滑坡。

(2)滑坡的处理措施

针对城关隧道山体滑坡问题,现场首先采用原状土(碎石土)对坡体上裂缝进行回填夯实,防止雨水持续下渗至滑动体,然后提出两种防护措施,如图7-3所示。

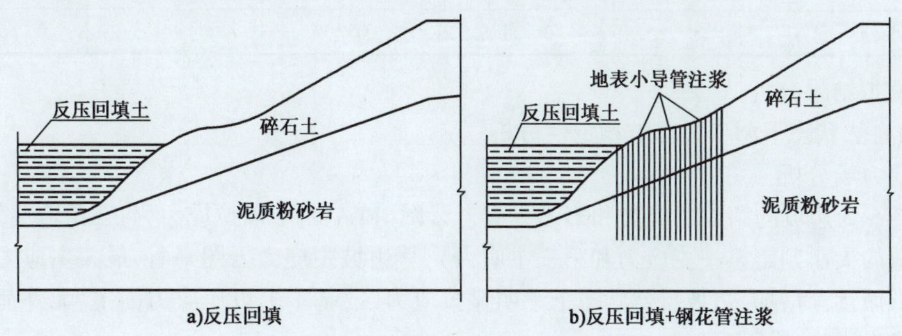


图7-3　山体滑坡处理措施示意图

方案一(反压回填土加固):采用原状土(碎石土)对滑坡体前方进行回填反压,填土高度约15m,宽为2倍洞径。回填按路基填筑工艺标准分层压实。

方案二(反压回填+小导管注浆加固):地表注浆采用ϕ42×4mm无缝钢管,间距1.2m,梅花形布设,采用注浆孔全长注浆。地表注浆范围为隧道纵向20m,横向注浆为隧道开挖轮廓线外10m。注浆管长度在隧道开挖范围以外的深入基岩以下5m,在隧道开挖范围以内的,管底距隧道开挖轮廓线保持0.5m。

3)施工动态力学过程三维数值模拟

(1)计算模型

根据城关隧道实际的地质条件和施工条件建立数值模型,尺寸为90m×140m×70m($X \times Y \times Z$),其中$X$为横向,$Y$为纵向,$Z$为竖向,三维计算模型如图7-4所示。

图7-4　模型网格图(尺寸单位:m)

(2)计算参数

计算采用数值模拟软件FLAC$^{3D}$,围岩采用三维实体单元,初期支护采用壳单元模拟,套拱采用实体单元模拟;锚杆和超前小导管采用等效加固圈模拟,地表加固区通过提高地层参数模拟;隧道围岩材料特性按均质弹塑性考虑,选用莫尔—库伦弹塑性材料模型。计算参数如表7-1所示。

**计算参数**　　表7-1

| 名　称 | 重度(kN/m$^3$) | 弹性模量(GPa) | 泊松比 | 黏聚力$c$(kPa) | 内摩擦角(°) |
|---|---|---|---|---|---|
| 碎石土 | 18 | 0.04 | 0.35 | 20 | 20 |
| 粉砂质泥岩 | 20 | 0.1 | 0.30 | 100 | 25 |

续上表

| 名　　称 | 重度($kN/m^3$) | 弹性模量(GPa) | 泊松比 | 黏聚力 $c$(kPa) | 内摩擦角(°) |
|---|---|---|---|---|---|
| 反压回填土 | 19 | 0.06 | 0.32 | 25 | 22 |
| 注浆加固区 | 19.5 | 0.1 | 0.32 | 105 | 26 |
| 等效加固圈 | 22 | 0.12 | 0.28 | 110 | 28 |
| 套拱 | 28 | 30 | 0.2 | — | — |
| 初期支护 | 23 | 26.38 | 0.2 | — | — |

4)模拟结果分析

(1)自然状态下洞口边仰坡稳定性分析

①应力场分析

图 7-5 为边坡的第一主应力和第三主应力云图(FLAC$^{3D}$中以拉应力为正,压应力为负,故以绝对值的大小判定第一主应力和第三主应力),从边坡主应力云图来看,最大主应力随着高程的降低而逐渐增加,边坡自然状态下无明显拉应力区,基本上以压应力为主,无外荷载作用下不会发生张拉破坏。

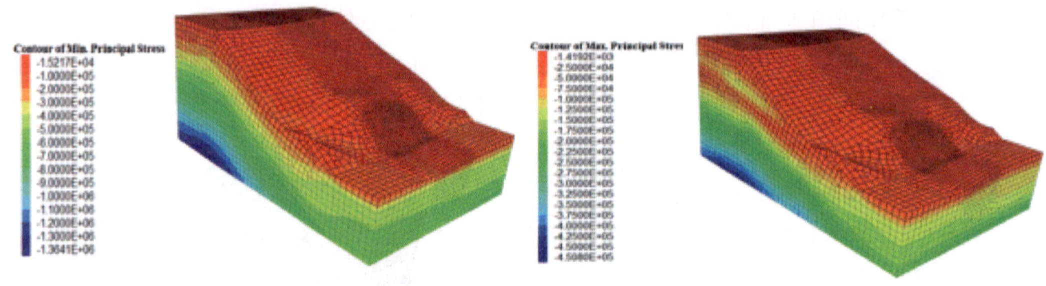


图 7-5　自然状态下仰坡整体第一、第三主应力云图

从剖面的主应力云图(图 7-6)来看,坡体表面等值线相对平滑,剖面附近的最大主应力(压应力),基本顺着坡面方向,并一直延伸到坡脚。但在边坡内部,岩体分界面附近区域和坡脚区域产生一定的应力集中效应,这对边坡稳定性不利。

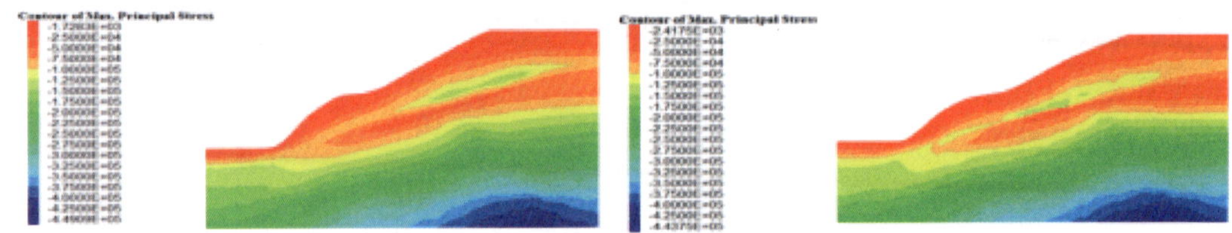

图 7-6　典型剖面的第一主应力云图和第三主应力云图

②剪应变分析

判断滑坡体的(潜在)滑动面(带),可根据其剪应变增量的大小来判断:剪应变增量密集贯通分布部位,则为其(潜在)滑动面(带),变形破坏也多沿此处发生。

由图 7-7 可以看出,洞口仰坡在自然状态下,最大剪应变增量集中带在左侧出现小范围密集,剪应变增量出现应变带,但并没有全部贯通。

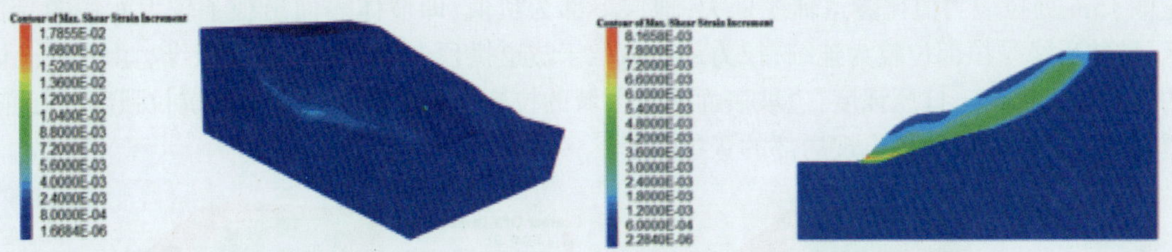


图 7-7　自然状态剪应变增量云图、自然状态典型断面剪应变增量云图

③稳定性分析

采用整体强度折减法进行有限差分计算，得出仰坡在自然条件下稳定性系数为 1.23。

综合以上应力场、剪应变增量及安全系数分析，洞口仰坡属于基本稳定状态，考虑到施工扰动及降雨等因素，将进一步降低坡体稳定性，因此，洞口施工开挖前应先对坡体进行预加固措施，然后再进洞开挖。

(2)洞口刷坡影响分析

隧道施工前，为了边坡稳定，对洞口进行刷坡，清除洞口表土，形成宽约 14m、高 6 ~ 9m、坡度 50° ~ 60°的边坡。效果如图 7-8 所示。

图 7-8　洞口刷坡示意图

①位移分析

刷坡后仰坡整体位移云图如图 7-9 所示。

由整体位移分析图可知，仰坡体 $Y$ 向轴线及右侧位移趋势较大，取 $X = -15$ 为典型断面进行分析。

由图 7-10 可以看出，刷坡后，仰坡最大纵向变形为 40.2mm，最大竖向变形为 33.7mm。其最大位移值为集中于仰坡表面坡积体，由于该处为上部岩土体滑坡堆积而成，岩土体结构破碎，质量较差。这与现场情况边坡中前部剪出，斜坡中后部张拉裂缝展开长、宽度大且下挫并已基本贯通非常吻合，整个坡体稳定性较差。

②应力分析

图 7-11 为整体的第一主应力云图和第三主应力云图。

图 7-12 为典型剖面第一主应力云图和第三主应力云图。

由图 7-12 可以看出，坡体地表部分最大主应力为正值，最大拉应力值为 19.4kPa，在隧道左侧 15m 处拉应力值比隧道轴线处大;地层下部为负值,即坡体表面出现了较大面积的受拉区,坡体后缘受拉部位较为连续,拉力最大值位于隧道拱顶上部表层及坡体后缘。由于岩土体的抗拉强度远小于抗压强度,边坡表面部分区域的拉应力势必会超过岩体的抗拉强度,因此隧道开挖后坡体的表面易出现局部的张拉裂缝。

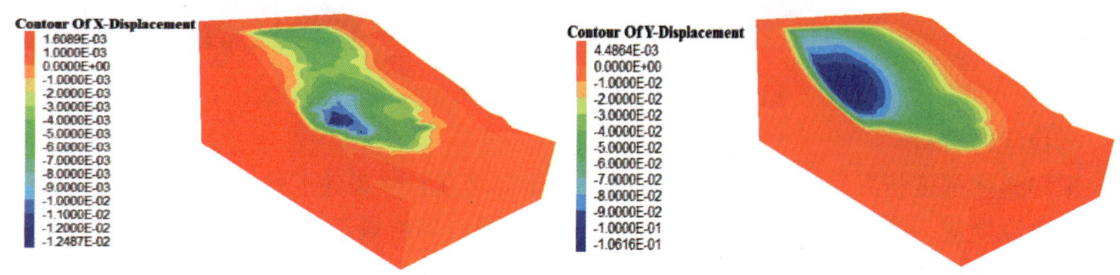


a)刷坡后仰坡整体X向位移云图　　b)刷坡后仰坡整体Y向位移云图

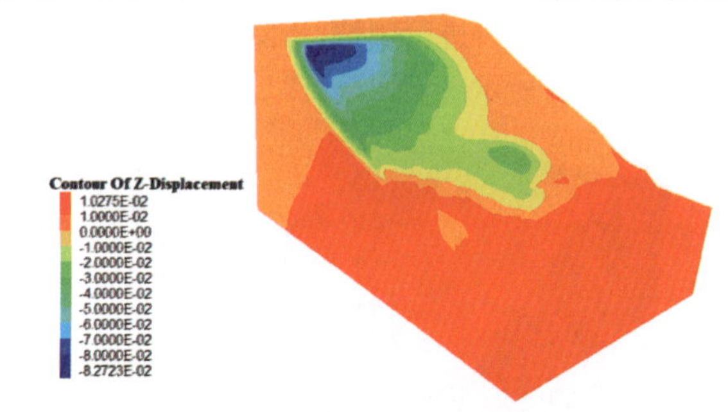


c)刷坡后仰坡整体Z向位移云图

图 7-9　刷坡后仰坡整体位移云图

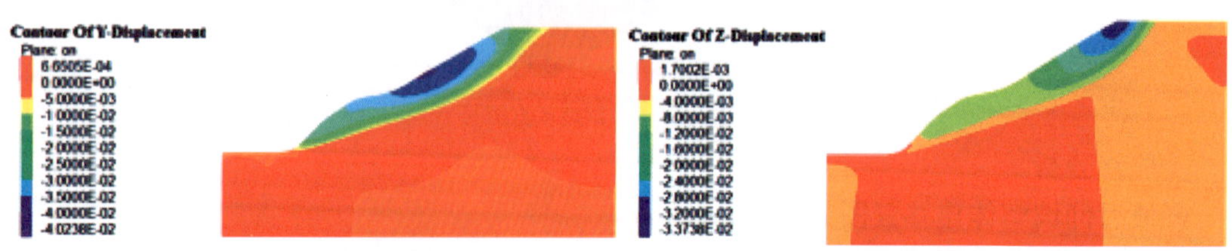


图 7-10　切坡后 $X = -15\text{m}$ 剖面 $Y$、$Z$ 方向位移云图

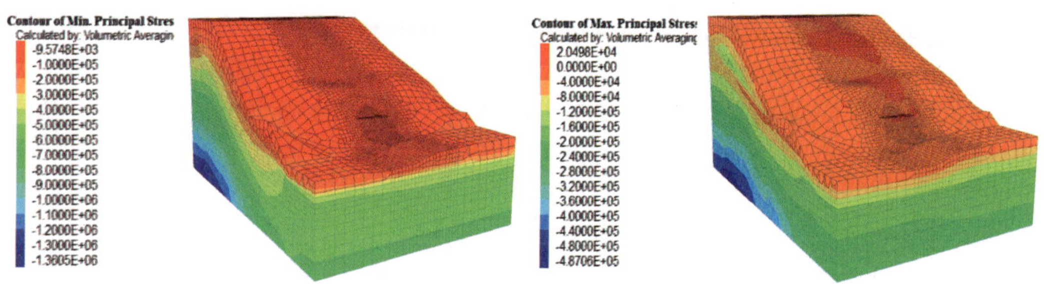


图 7-11　刷坡后仰坡整体第一、第三主应力云图

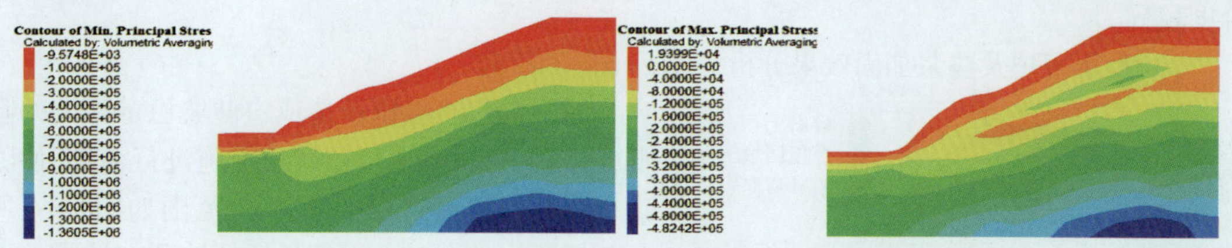


图 7-12　典型剖面第一、第三主应力云图

③剪应变分析

从图 7-13 中可以明显看出剪应变贯通区域即潜在滑动面，外侧区域网格有滑动趋势。剪应变贯通区域易产生剪切裂缝，随着裂缝的平面伸展，逐渐形成剪切滑移带，直至边坡发生剪切滑移破坏。

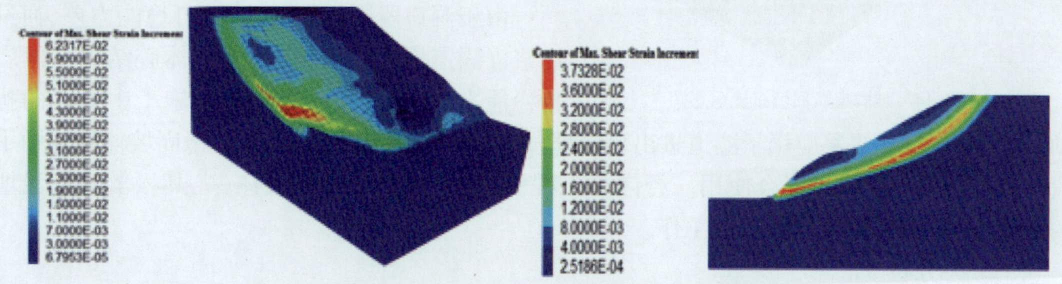


图 7-13　刷破后整体体剪应变增量、典型剖面剪应变增量云图

④稳定性分析

仰坡稳定性计算成果如表 7-2 所示。

**仰坡稳定性计算成果表**　　表 7-2

| 仰坡体考虑情况 | 稳 定 系 数 | 坡面有无拉应力 | 最大剪应变增量 | 稳定性评价 |
|---|---|---|---|---|
| 切坡前 | 1.23 | 无 | 0.0179 | 基本稳定 |
| 切坡后 | 1.05 | 有 | 0.0623 | 不稳定 |

切坡前仰坡体处于临界静态平衡状态，安全系数较低，仰坡体潜在滑移面位于进洞口处。

切坡后，仰坡围岩体受到扰动，原有平衡被破坏，其安全系数降低，仰坡剪应变率及位移变形量明显增加，围岩受到由高到低的剪切作用，边坡围岩形成沿着剪切带移动的趋势，仰坡体处于不稳定状态。

通过对仰坡体的稳定性分析，施工中对坡脚处切坡使仰坡体稳定性明显降低。种种迹象表明，若不采取适宜的治理措施而直接进行隧道施工，必然会对坡体产生较大的扰动，甚至造成隧道衬砌的破坏或古滑坡的复活，影响施工安全。因此，须在切坡开挖前采取有效的工程治理措施，调整选择合理的进洞施工顺序。

综上分析可知，城关隧道 K5 +575 ~ K5 +675 段地层呈现上软下硬特性，且岩土分层界面处容易形成滞水软弱面。隧道自然状态下边仰坡的初始安全系数大于 1，但因连续数月的强降雨，地表水下渗，大大降低了土岩界面的抗剪强度，最终在地层中形成贯通至地表的滑动面，引发山体滑坡。基于强度折减法，采用 FLAC$^{3D}$进行数值模拟获得的地层滑动面与实际形态吻合度较好。

(3)反压回填及注浆加固效果分析

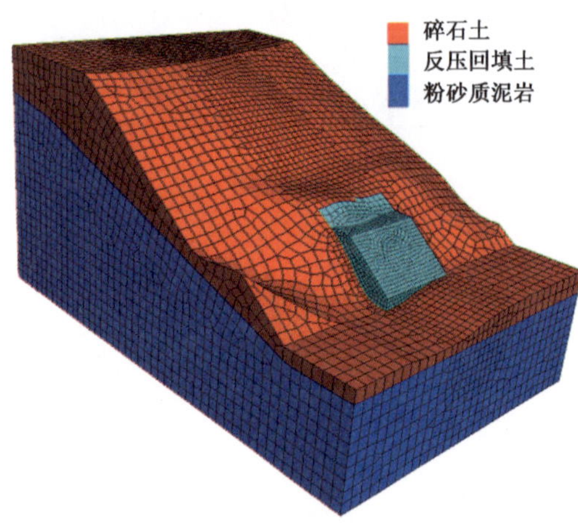


图 7-14　坡脚反压回填布置示意图

隧道洞口直接刷坡造成边仰坡稳定性大幅降低，隧道洞口段采取反压回填措施进行治理，使隧道埋深在回填后达到 2m 左右，范围如图 7-14 所示。反压回填土一方面能抵抗仰坡顶向坡脚的下滑力，增强边坡稳定性，防治坡体产生过大变形甚至滑坡；另一方面还能起到自然拱效应，该拱效应能使隧道在暗挖施工时，与超前大管棚、初期支护共同作用，有效改善围岩应力二次分布，保证开挖的顺利进行。如图 7-14 所示。

由于洞口段围岩软弱破碎，自稳能力差，通过注浆以固定松散岩土体，使岩土体胶结提高围岩自稳能力，以期减小在隧道正常施工中对其的扰动。近年来，深孔注浆应用于隧道进出口浅埋段的实例越来越多，它常作为稳固坡体的辅助手段与其他抗滑支挡措施联合使用。经诸多工程验证，注浆对于此类坡体(尤其松散堆积浅埋的情况)是一项很重要和有效的工作。

①应力分析

反压回填后，仰坡整体的最大主应力云图和最小主应力云图如图 7-15 所示。

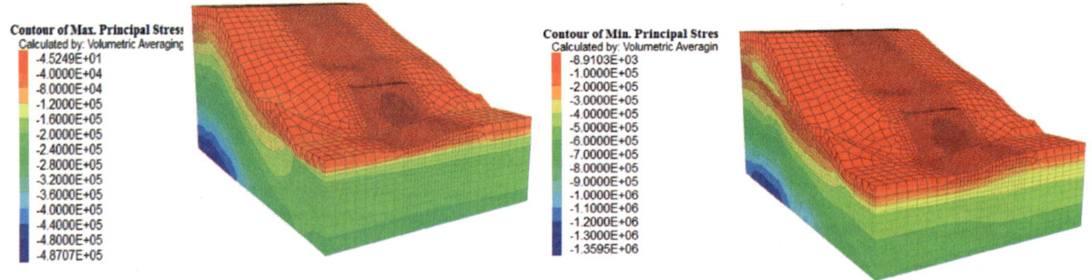


图 7-15　反压回填后仰坡整体第一、第三主应力云图

地表注浆加固后，边仰坡的整体主应力云图如图 7-16 所示。

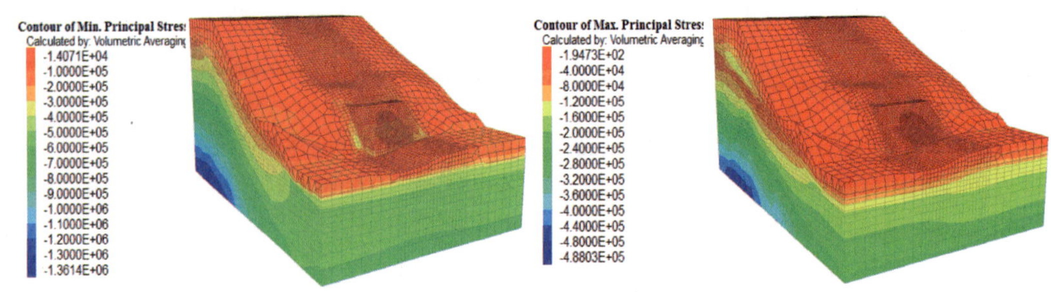


图 7-16　注浆加固后仰坡整体第一、第三主应力云图

反压回填及注浆加固后，坡面均没出现拉应力，有效减少坡体张拉破坏。主要原因是反压回填土有效抵挡坡体下滑力，注浆通过把浆液注入岩石的裂隙或土体的孔隙，待浆液凝固后，

使岩层和土体的强度大大提高,并改变岩土的力学性状,从而增强围岩的自稳能力。

②加固效果分析

分别对反压回填及注浆加固后进行计算,通过对剪应变增量、位移以及安全系数等进行综合分析,评价其加固效果,计算成果如表7-3所示。

仰坡稳定性计算成果表　　表7-3

| 仰坡体考虑情况 | 稳定系数 | 坡面有无拉应力 | 最大剪应变增量 | 最大纵向位移(cm) | 稳定性评价 |
|---|---|---|---|---|---|
| 切坡后 | 1.05 | 有 | 0.0623 | 10.21 | 不稳定 |
| 反压回填 | 1.24 | 无 | 0.0028 | 1.66 | 基本稳定 |
| 注浆加固 | 1.41 | 无 | 0.0012 | 0.80 | 稳定 |

计算结果表明:经过反压回填后,仰坡体安全系数为1.24,仰坡体处于基本稳定状态;再对坡脚一定范围进行钢花管注浆加固,能进一步提高仰坡稳定性,经过注浆加固后,安全系数为1.41,剪应变增量带被切断,坡体处于稳定状态。

现场采用反压回填加固+注浆加固的方式对边坡进行处理,通过后期的洞内外观察发现,山体变形及隧道周边的围岩变形得到有效控制,这与FLAC$^{3D}$数值模拟分析结果也是一致的。

需要说明的是,采用反压回填+注浆加固处理措施后,可有效提高地层稳定性,防治滑坡的出现。但因地层抗剪强度的降低,隧道周边围岩容易出现失稳破坏,实际开挖过程中应尽量减少对围岩的扰动,及时施作初期支护和二次衬砌,降低隧道围岩失稳风险。考虑到边坡岩土参数离散性及强降雨等不利因素,需对该边坡进行隔期监测,雨季应加强监测频率。

(4)预加固后隧道进洞开挖模拟

滑坡防治的目的在于控制其变形,在"固脚强腰"的指导思想下,根据洞口段地形、地质情况及与隧道的相互关系,采取钢花管注浆、反压回填等综合防治措施。即在坡脚进洞口处进行土体反压回填,阻挡坡体向下的下滑力,增强坡脚出土体强度,避免坡体及隧道洞口产生过大变形;在坡体中下部施作钢花管注浆加固地层,以增强围岩的自稳能力,防止坡体产生深层滑动,确保坡体的整体稳定性。

①围岩位移分析

图7-17为隧道经三台阶留核心土法开挖50m并施作初期支护后的整体位移云图。由图可以看出竖向最大位移发生在拱顶,为21.7mm,隧道底部隆起最大位移为41.4mm,最大纵向位移约28.4mm,边墙收敛值最大约32.1mm。

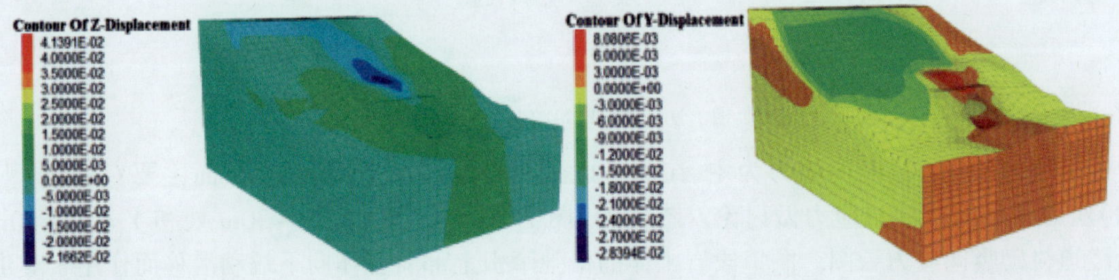


图7-17　总体 $Z$ 向(竖向)、$Y$ 向(纵向)位移云图

②初期支护分析

初期支护体系采用FLAC$^{3D}$中的三维壳体(shell)单元。壳体单元的力学性能主要包括两

方面,即壳体材料自身的结构响应和壳体与岩土介质之间相互作用,壳体结构单元被认为是一个在三个节点上具有统一厚度的三角形,任意弯曲成的壳体结构能用具有多个小块的平面来模拟,每个壳体单元特性视为各向同性或各向异性的线弹性材料,且没有破坏极限。图 7-18 为本次模拟的壳体单元图。

图 7-18　壳体单元图

洞口段套拱的位移云图如图 7-19 所示。

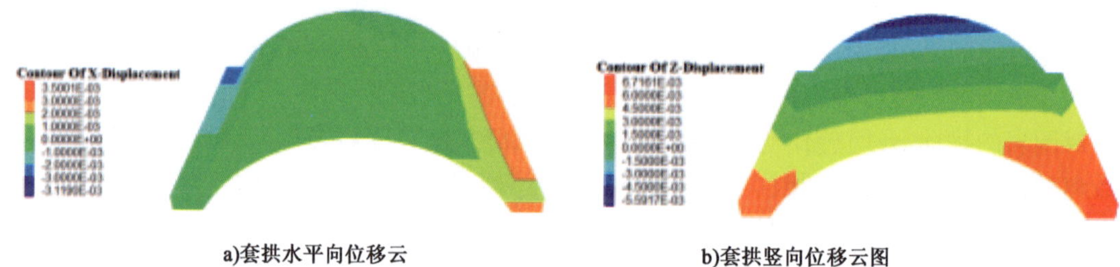


a)套拱水平向位移云　　b)套拱竖向位移云图

图 7-19　套拱位移云图

初期支护位移云图如图 7-20 所示。

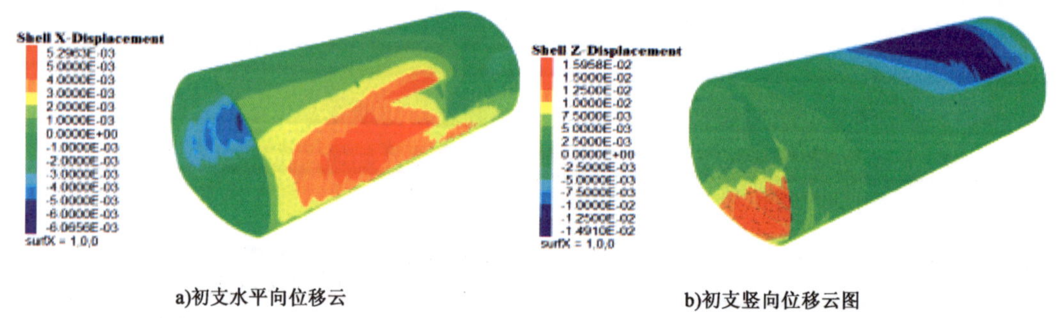


a)初支水平向位移云　　b)初支竖向位移云图

图 7-20　洞口段初期支护位移分析

隧道衬砌应力以竖向应力为主,在此考虑到洞口段滑坡地质影响,下面主要对 $Z$ 向(竖向)应力和 $Y$ 向(纵向)应力做讨论。图 7-21、图 7-22 为隧道 $Y=29\sim30$m 处和 $Y=49\sim50$m 处隧道衬砌竖向应力云图。洞口段岩土体的松弛牵引上部岩土体向下蠕动滑移而作用于隧道衬砌,使衬砌应力增大。从图 7-22 可以看出,边墙部位的应力最大,而仰拱和拱顶部位呈减小趋势。而 $Z$ 向(竖向)应力随着隧道开挖而逐渐增大。而 $Y$ 向应力不同,随着隧道的开挖,拱顶纵向应力呈增大趋势,开挖至 $Y=49\sim50$m 时,拱顶和仰拱应力大于边墙应力。

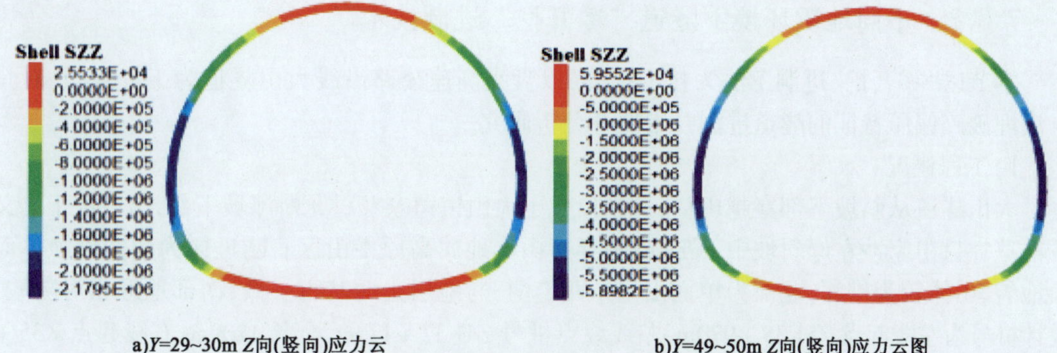


a)$Y$=29~30m $Z$向(竖向)应力云　　b)$Y$=49~50m $Z$向(竖向)应力云图

图7-21　隧道开挖稳定后衬砌 $Z$ 向(竖向)应力云图

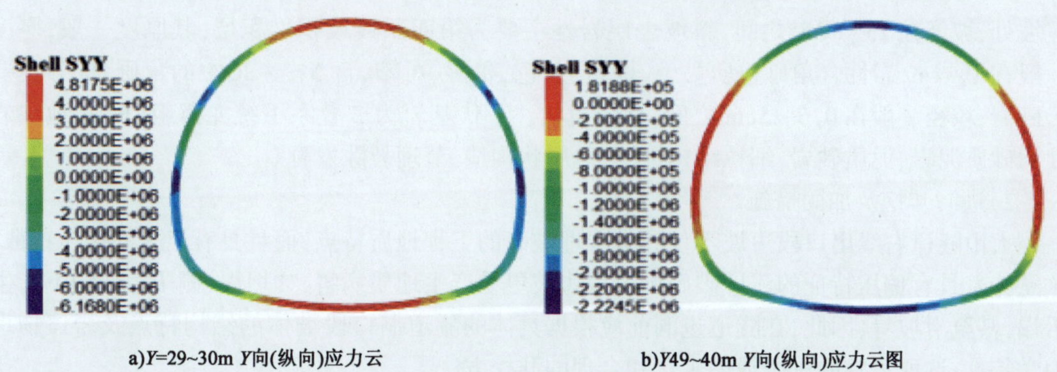


a)$Y$=29~30m $Y$向(纵向)应力云　　b)$Y$49~40m $Y$向(纵向)应力云图

图7-22　隧道开挖稳定后衬砌 $Y$ 向(纵向)应力云图

5)小结

本章以隧道出口右洞洞口开挖施工为工程背景,根据现场情况从地质因素、水的作用及人为因素三方面分析了仰坡失稳破坏机制,并在此基础上提出了具有针对性的治理设计方案,进一步结合 FLAC$^{3D}$软件对洞口段仰坡施工进行了全过程模拟,确保隧道进洞过程洞口段边坡的稳定。主要得出以下结论:

(1)由于洞口处围岩破碎软弱,上层土体抗剪强度较低,导致在坡脚刷坡开挖后边仰坡安全系数偏低,坡体处于欠稳定状态,且潜在滑移面位于土岩分界面处。

(2)对于地形和地质条件复杂、围岩破碎软弱的浅埋隧道洞口,隧道开挖难以形成承载拱,应该"先治坡、后进洞"。刷坡拉槽时易引起山体边仰坡失稳,因此在隧道施工前需制定相应的边坡控制方案,时刻监控边坡变形情况,防止滑坡事故的发生。

(3)滑坡防治的目的在于控制变形,而处理措施关键在于"固脚强腰"。根据现场实际情况,对比了两种控制方法的差别,通过分析发现采用反压回填加小导管注浆结合的方法能获得最佳控制效果,其中反压回填平衡高低悬殊的偏应力,阻挡一部分坡顶下滑力;采用钢花管注浆防治滑坡体深层滑动,使围岩内部受力逐渐稳定。

(4)根据现场监控量测数据,并结合数值模拟结果表明,联合采用了以上两种加固措施后,提高了围岩的自稳能力,缩小了开挖变形的松弛区范围,该隧道仰坡变形情况得到有效控制,最终隧道安全实现进洞。

### 7.3.2 不同地质环境下隧道“零开挖”进洞技术

本节以“零开挖”进洞工法为技术指导，以盘兴高速公路沿线大山隧道为工程背景，对具有浅埋破碎偏压特征的隧道进洞技术展开分析研究。

1）工程概况

大山隧道从斜坡下部穿越山体，进出口位于大山镇司家寨村龙蟒滩坡下部，出口位于忠义乡毛草坪村田家冲左岸斜坡中下部，隧道穿越山体地属高原中山区。隧址区为构造剥蚀单面山地貌，山体较为雄浑，北部为单面山呈东西走向，与地层走向基本一致；南部地形相对陡峻。设计桩号为左线起点 Z5K35 +970m，左线终点桩号 Z4K37 +179m，全长 1209m；右线起点 K35 +967m，右线终点桩号 K37 +170m，全长 1203m。隧道进口轴线方向 182°，出口轴线方向 184°。

大山隧道为双线隧道，其右线出口段浅埋偏压情况较为突出。隧道出口位于斜坡中下部缓坡处，坡度在 25°～35°之间，斜坡表层岩性主要为第四系残坡积堆积层，其厚度一般，厚度一般在 1～4m，岩性含角砾粉质黏土，棕黄、灰色，稍湿、可塑，含 5%～15% 的角砾，成分主要为砂岩，粒径一般在 0.5～5cm 之间，呈棱角状。下伏基岩为二叠系下统龙潭组（$P_{21}$），地层岩性为砂质泥岩、泥质砂岩，细粒结构、中—厚层状构造，节理裂隙发育。

2）进洞开挖及加固措施

大山隧道右线出口段边坡不仅具有浅埋破碎的工程地质特点，而且具有显著的偏压特征，这意味着具有偏压特征的浅埋破碎洞口段边坡更易产生地质病害，如坍塌、侧压力作用下产生滑塌，甚至滑坡等，因此，在隧道进洞前应根据具体的隧道洞口段坡体的结构特点及岩体物理力学特性，选取适宜的进洞辅助工法和合理的开挖方法。

依据“零开挖”进洞技术原理，为确保隧道洞口段边坡的稳定和隧洞施工的安全，在前期勘察资料及地质调查分析的基础上，多次进行现场查勘，依据隧道洞口段坡体结构及辅助工法、开挖方法的特点，经多次优化后提出采用超前管棚注浆配合不等长套拱法支护进洞的辅助工法和三台阶预留核心土开挖方法。

如图 7-23 所示，随仰坡地形先打设 3～5m 的钢筋混凝土不对称套拱，并施作 $\phi$108mm、长 20m 的大管棚预加固地层，现场实施效果见图 7-24，然后采用预留核心土三台阶法进洞开挖。

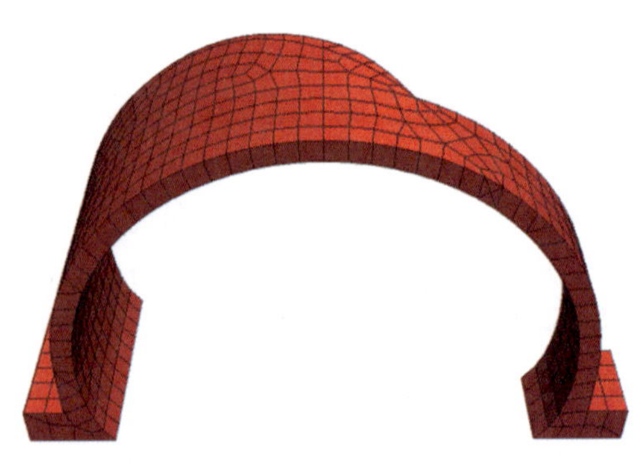

图 7-23 不等长套拱示意图

图 7-24 不等长套拱与管棚进洞现场照片

3)模型的建立

根据大山隧道实际的地质条件和施工条件建立数值模型,如图 7-25 和表 7-4 所示。

图 7-25　模型网格图

计 算 参 数　　表 7-4

| 名　　称 | 重度($kN/m^3$) | 弹性模量(GPa) | 泊松比 | 黏聚力 $c$(kPa) | 内摩擦角(°) |
|---|---|---|---|---|---|
| 粉砂质泥岩 | 20 | 0.1 | 0.30 | 100 | 25 |
| 等效加固圈 | 22 | 0.12 | 0.28 | 110 | 28 |
| 套拱 | 28 | 30 | 0.2 | — | — |
| 初期支护 | 23 | 26.4 | 0.2 | — | — |

模拟步骤简述,隧道按照预留核心土三台阶法开挖,上中下三台阶简化进尺均为 1m,核心土长度维持在 3m,中台滞后掌子面 6m,下台阶滞后中台阶 9m,仰拱滞后掌子面 12m。每步开挖后计算平衡,开挖下一步前施作支护。每部开挖面积及顺序按照实际施工模拟,开挖流程 $FLAC^{3D}$通过编制 FISH 函数加以循环开挖模拟。

4)计算结果分析

(1)主应力分析

由图 7-26 可以看出,典型断面最大主应力呈现一定的偏压性,且最大值在右拱腰位置。

(2)围岩位移分析

据图 7-27 可知,由于大山隧道围岩松散软弱,隧道靠近山体内侧的拱顶竖直位移较大,随着埋深增加,竖向位移也增加,最大值为 30.6mm;在靠近山体外侧边墙水平位移较大,随着埋深的增加,隧道上部偏压程度降低,水平位移逐渐减小至稳定。

(3)套拱位移分析

图 7-28 为上台阶开挖 40m 后不对称套拱竖直位移和水平位移分布特征。由图可以看出,

套拱的竖向位移主要集中在隧道右拱肩处(深埋侧),最大位移为17.1mm,方向竖直向下;套拱水平位移集中在隧道左拱肩处(浅埋侧),最大水平位移为16.2mm,方向向左。

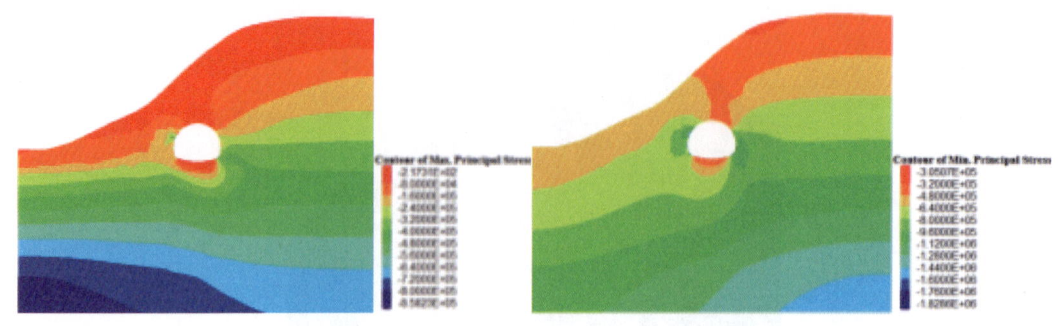


图7-26　正应力集中云图

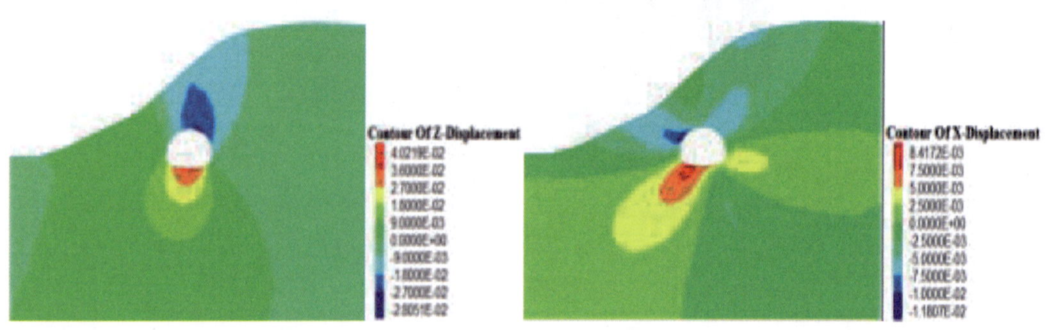


图7-27　典型剖面位移分布特征

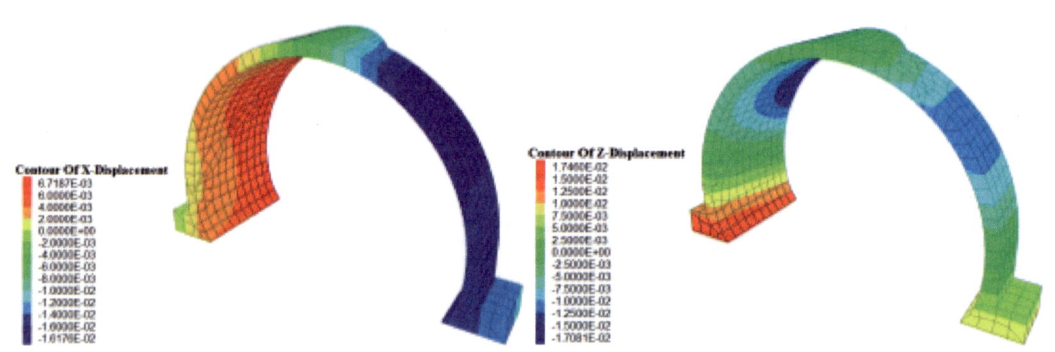


图7-28　套拱竖直位移云图和水平位移云图

5)结论和建议

(1)仰坡竖直位移和水平位移均表现在坡体前缘大、后缘小,即距洞口5~15m处竖向位移和水平位移最大。在隧道山脊侧仰坡位移明显大于隧道轴线处和山谷侧,最大竖向位移为16.4mm方向向下,最大水平位移为-6.8mm,方向向山谷侧。

(2)对于偏压型隧道,同一个断面上拱顶竖直位移较大处集中靠近山体内侧,边墙水平位移较大处主要在靠近山体外侧;随着洞身开挖,竖向位移随着埋深的增加而增加,隧道上部偏压程度降低，水平位移逐渐减小至稳定。

(3)采用承载能力高、稳定性和整体性好于围岩体的不等长套拱，提前进洞，最大限度地缩小了隧道洞口纵向施工的破坏范围。且在超前管棚作用配合下，能够最大限度地保证隧道在暗挖过程中不出现拱顶塌方的危险。

(4)大山隧道出口不对称套拱形式的施工技术方案，减少了因开挖大量边仰坡石方的工程量及施工时间，节约了工程造价，缩短了工期。通过监控量测，表明套拱发挥了作用，确保了施工安全，对隧道的美观亦做到了和谐统一。

### 7.3.3　斜交型隧道洞口进洞技术

斜交进洞法是“零开挖”进洞工法的一种，适用于地质条件较好、隧道轴线与等高线斜交、进洞面较为陡峭的隧道洞口。斜交进洞克服了正交进洞的种种弊端，但施工工艺较为复杂，对其施工的数值模拟研究和力学分析更是鲜见。本书对丫口寨隧道所采用的斜交进洞法的施工过程进行了三维数值模拟，以验证该工法的合理性，为以后类似隧道的设计与施工提供依据。

1)工程概况

丫口寨隧道位于盘州市丫口村山体中部，设计桩号为左线起点Z6K44+076，洞底设计高程1748.689m，左线终点桩号Z6K44+635，洞底设计高程1741.835m，全长559m；右线起点K44+047，洞底高程1749.178m，右线终点桩号K44+656，洞底设计高程1741.590m，全长609m。建筑限界净空(宽×高)9.0m×5.0m，隧道纵坡-2.71%(单向坡)。隧道为弧线形，隧道进口轴线方向137°，出口轴线方向155°，最大埋深95.40m，属浅埋长隧道。进口接新建路基段，出口接新建路基段。隧道出口覆盖层较薄，围岩相对破碎，属于Ⅳ级围岩。

2)斜交型隧道进洞开挖及预加固

(1)进洞方式选择

如表7-5所示，通过综合对比，斜交进洞方式开挖量小，施工工序较简单，造价较低，具有明显优势，最终采用斜交进洞方式。

**斜交隧道进洞方式对比**　　表7-5

| 项　目 | 正交进洞 | 斜交进洞 | 半明半暗进洞 | 反压回填 |
|---|---|---|---|---|
| 开挖量 | 大 | 小 | 小 | 小 |
| 施工工序 | 简单 | 较简单 | 复杂 | 复杂 |
| 造价 | 低 | 低 | 高 | 高 |

(2)进洞施工方案

①贴壁套拱施工

首先进行洞口仰坡开挖喷锚处理，保留套拱范围内核心土，然后掏槽开挖套拱基础基坑，立模浇筑混凝土基础，将套拱钢拱架预埋至基础内，随后进行套拱施工。待套拱强度达到设计强度的75%后，沿套拱轮廓线钻设管棚导管，带压注浆后形成棚架。

②异形钢拱架施工

形式Ⅰ采用和正交进洞相同的布置方法，随着隧道的开挖，根据钢拱架的设置间距逐榀架设。这种架设钢拱架的优点是设计简单,缺点是钢拱架在洞口段不闭合,钢拱架稳定性差,承载能力低。

形式Ⅱ是采用斜交断面向正交断面过渡的布置方法,同样是随着隧道的开挖,根据钢拱架的设置间距逐榀架设。这种钢拱架的优点是钢拱架在洞口段和洞内均闭合,钢架稳定性较好,承载能力较强;缺点是钢架在由斜交断面向正交断面过渡的过程中,钢架的形状不规则,椭圆形钢架受力较复杂。

通过两者比较,钢拱架按形式Ⅱ设计更加合理。如图7-29、图7-30所示。

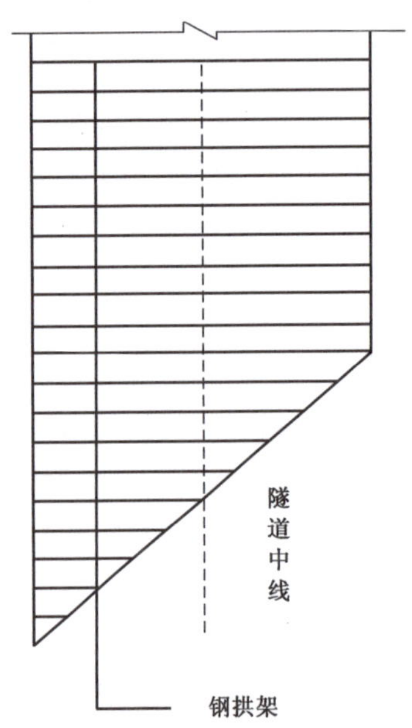


图7-29　斜交进洞钢拱架设计形式Ⅰ

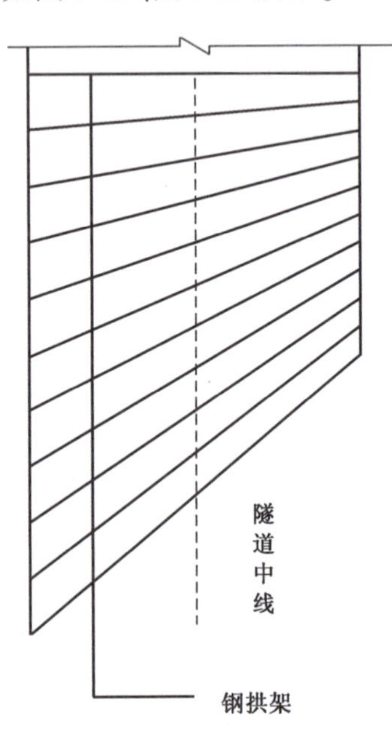


图7-30　斜交进洞钢拱架设计形式Ⅱ

3)模型的建立

根据丫口寨隧道实际的地质条件和施工条件建立数值模型,模型尺寸为90m×40m×70m。模型除初期支护结构使用壳单元模拟,其余均使用实体单元模拟。模型网格如图7-31所示,其中斜交隧道轴线方向为$Y$方向,隧道衬砌网格图如图7-32所示。

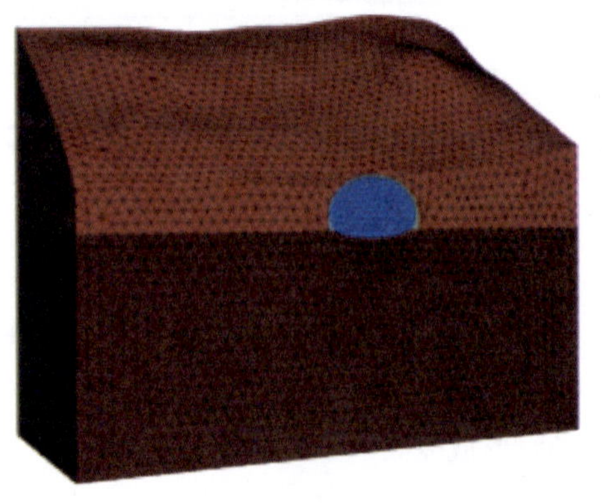

图7-31　模型网格图

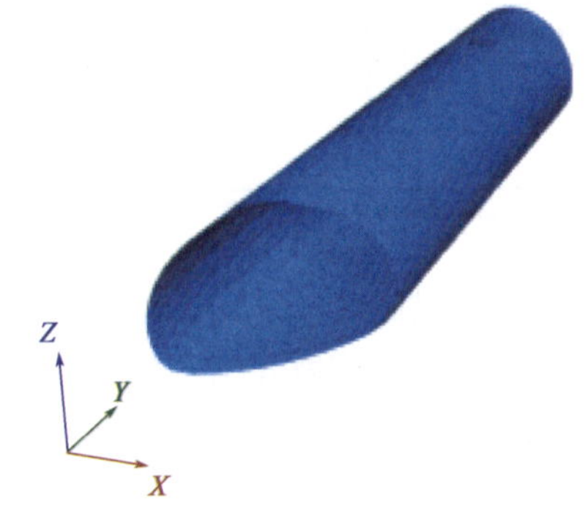


图7-32　初期支护网格图

模型参数如表 7-6 所示。

计 算 参 数 表 7-6

| 名 称 | 重度(kN/m³) | 弹性模量(GPa) | 泊松比 | 黏聚力 c(kPa) | 内摩擦角(°) |
|---|---|---|---|---|---|
| 粉砂质泥岩 | 22 | 1.5 | 0.36 | 200 | 27 |
| 等效加固圈 | 23 | 1.8 | 0.32 | 300 | 30 |
| 套拱 | 28 | 30 | 0.2 | — | — |
| 初期支护 | 23 | 26.4 | 0.2 | — | — |

模拟步骤简述,隧道按照预留核心土三台阶法开挖,上中下三台阶简化进尺均为 1m,核心土长度维持在 3m,中台滞后掌子面 6m,下台阶滞后掌子面 9m,仰拱滞后掌子面 12m。每步开挖后计算平衡,开挖下一步前施作支护。每部开挖面积及顺序按照实际施工模拟,开挖流程 $FLAC^{3D}$ 通过编制 FISH 函数加以循环开挖模拟。

4)模拟结果与分析

(1)应力场分析

从图 7-33 所示典型剖面的主应力云图可知,坡体表面等值线相对平滑,剖面附近的最大主应力(压应力),基本顺着坡面方向,并一直延伸到坡脚。但在边坡内部,岩体分界面附近区域和坡脚区域产生一定的应力集中效应,这对边坡稳定性不利。

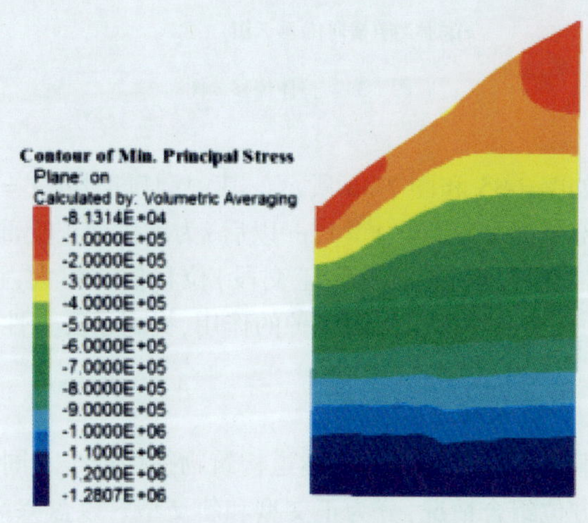


图 7-33 典型剖面第一主应力云图

(2)隧道进洞开挖模拟分析

①围岩位移分析

如图 7-34 所示为隧道经三台阶留核心土法开挖 45m 并施作初期支护后的整体位移云图。由图可以看出竖向最大位移发生在拱顶,为 5.645mm,隧道底部隆起最大位移为 9mm,最大纵向位移约 1.38mm,边墙收敛值最大约 7.2mm。

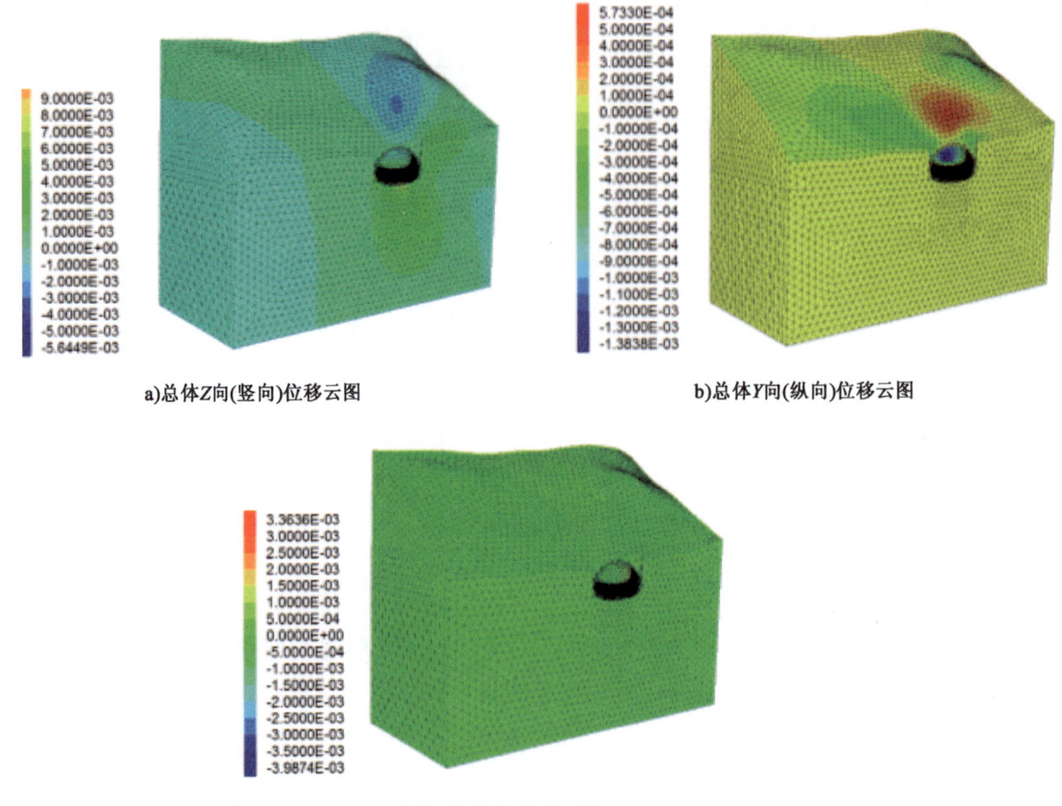


a)总体$Z$向(竖向)位移云图　　b)总体$Y$向(纵向)位移云图

c)总体$X$向(横向)位移云图

图 7-34　整体位移云图

②初期支护分析

初期支护位移云图如图 7-35 和图 7-36 所示。其中洞口前段($Y=17$m 以前)为施工过程中钢拱架斜交转正交的部分,洞口后段($Y=17$m 以后)为钢拱架正交部分。

分析结果表明,洞口前段(钢拱架斜交转正交段)位移值并不大,说明采用斜交断面向正交断面渐变的施工方法,有效地发挥了初期支护的作用,提高了安全性,保证了施工的安全性,取得了较好的效果。

5)结论与建议

结构面与临空面及洞轴线的不同组合对隧道构筑物往往产生不同的破坏效果,据此,根据结构面与洞轴线的空间方位组合情况,分为正交型和斜交型。以盘兴高速公路丫口寨隧道出口段进洞施工为例,以“零开挖”进洞工法为基本理念,对斜交型隧道进洞开挖及预加固措施进行分析研究,并结合数三维数值模拟对进洞施工过程进行模拟分析,主要得出以下结论:

(1)隧道洞口地质条件较好时,采用斜交进洞法可极大减少洞口段的开挖,很好地保护环境和山体的稳定性,并且在整个施工过程中围岩是稳定的。

(2)管棚超前支护作用显著,斜交进洞施工前应施作套拱和管棚,并按“短进尺、弱爆破、早支护、强支护”的原则施工。

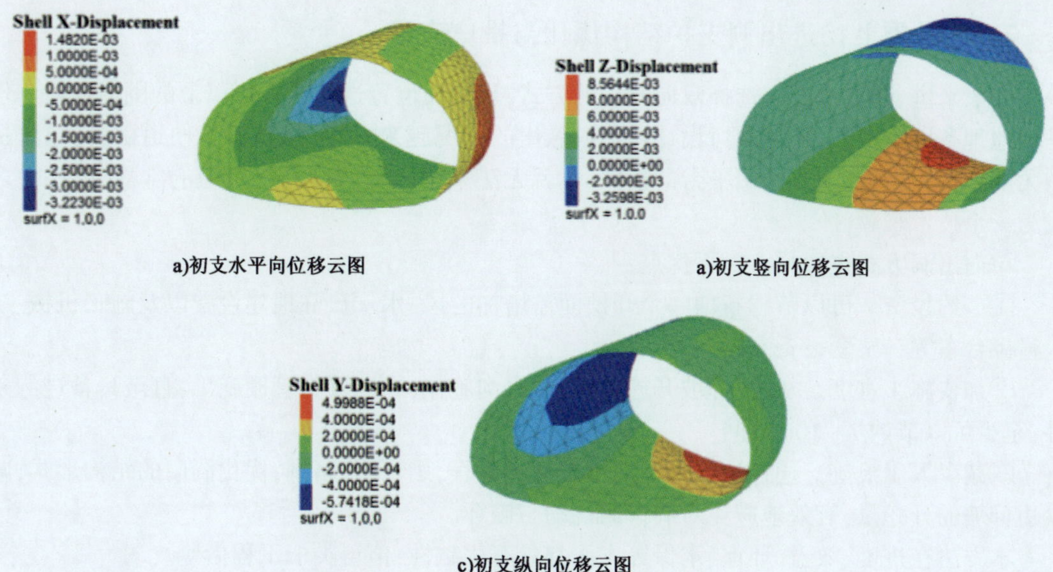


a)初支水平向位移云图　　a)初支竖向位移云图

c)初支纵向位移云图

图 7-35　洞口前段初期支护位移分析

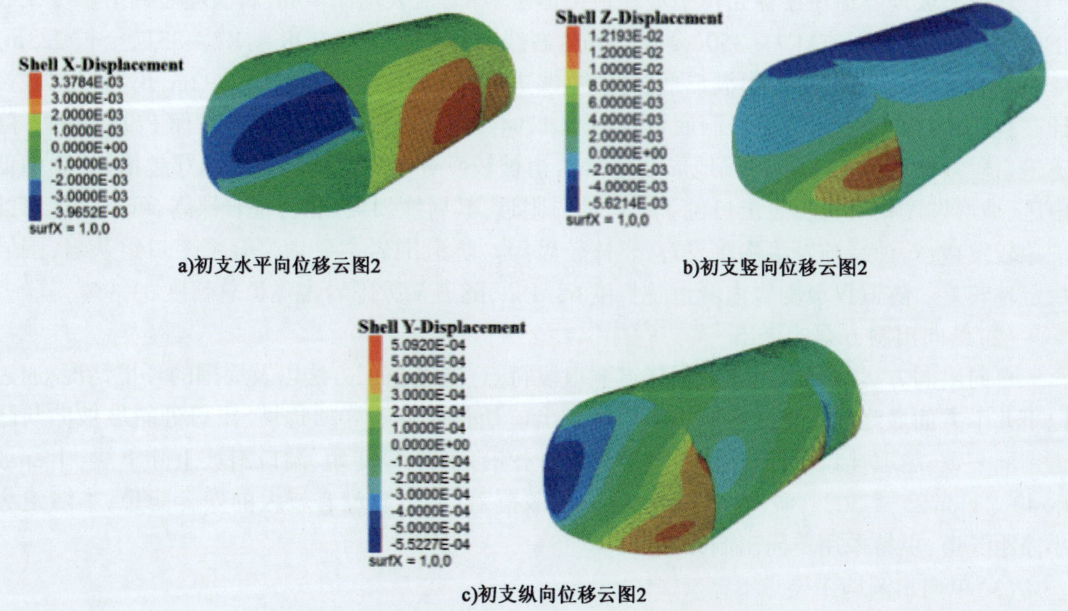


a)初支水平向位移云图2　　b)初支竖向位移云图2

c)初支纵向位移云图2

图 7-36　洞口后段初期支护位移分析

(3)围岩的竖向位移相对于水平位移和纵向位移较大,且洞口围岩位移较大,设计时应保证斜套拱有足够的强度和刚度,以防山体失稳。

综上所述,在洞口地质条件较好的情况下,斜交进洞法“零开挖”进洞能够有效地保证围岩的稳定性,衬砌结构内力和位移也在要求范围内,说明了该进洞工法是合理性,可为类似工程提供借鉴。

### 7.3.4 零开挖进出洞支护结构优化与推广应用

一般来讲,隧道贯通应选择双向开挖的方式,且贯通位置选择在Ⅳ级以上的围岩地段。但是受地理条件的限制,隧道洞口设计在陡峭悬崖的情况越来越多,修建施工便道困难,导致机械无法到达,不具备建立施工平台的条件,也就无法采用隧道双向开挖贯通的常规方法,使之成为一个技术难题。

单向出洞方式主要具有以下优点:

①节约投资。可以节省新增一个开挖面需增加的风、水、电、驻地建设费以及施工机械、二次衬砌台车等一整套设备费用。

②加快施工进度。从边、仰坡开挖防护,截水沟施作,导向墙与管棚施工,直至具备进洞条件,至少可以节约7~10d时间。

③减少人工痕迹。通过选择合理的明暗交界里程,延长明、暗洞,优化洞门的结构形式,减少边仰坡的开挖量,有效地避免对洞口的扰动与破坏。

本方法在进度、效益、环保、水保等方面都具有优越性,值得类似工程借鉴。

上坡地隧道单向出洞技术如下:

(1)工程简介

新建上坡地隧道位于盘州市上坡地村山体中上部,最大埋深46m,属浅埋短隧道。左线起止桩号Z1K7+120~Z1K7+350,全长230m;右线起止桩号K7+128~ K7+351,全长223m。隧道左右线均为进洞口高,出洞口低,隧道左线进洞口洞底设计高程1789.92m,出洞口洞底设计高程1788.00m;右线进洞口洞底设计高程1794.00m,出洞口洞底设计高程1791.30m。隧道进口段斜坡坡度33°,出口段地形坡度26°,植被较发育。隧道从斜坡上部穿越山体,属中低山区,地形坡度相对较陡。出口位于上坡地村附近,其后缘斜坡高陡,基岩裸露,可见表生溶蚀现象较发育,溶蚀裂隙及溶沟多发育,岩体较破碎。隧道围岩主要为二叠系茅口组灰岩,围岩稳定性较差。隧道Ⅳ级围岩占隧道总长度68.1%,隧道Ⅴ级围岩占隧道总长度31.9%。

(2)单向出洞方案的提出

单向出洞方案的提出主要依据隧道洞口段特点、隧道施工方法以及周围的环境情况,通过以下几个方面最终确定单向出洞方案可行。出口处整体处于岩质边坡,出口处斜坡坡向与隧道走向一致,隧道挂口条件较好,对隧道洞口开挖有利;地势陡峭,洞口斜坡上陡下缓,上部坡度40°,下部25°~30°。洞口段分布较薄的松散覆盖层,出洞没有较大的安全隐患;本隧道为小净距隧道,更易采用单向出洞方案。

(3)单向出洞施工要点

根据衬砌类型的不同采用超前小导管或者超前锚杆进行超前支护。上坡地隧道采用双层超前小导管出洞,采用保留核心土三台阶单向开挖方法,在洞口增设钢拱架并进行初步支护。

(4)洞口段施工监测分析

对隧道从进口到出口选取一些截面进行监控量测,具体监测的内容主要有隧道上方地表下沉、隧道拱顶下沉以及隧道周边收敛情况,测点布置如图7-37、图7-38所示。

选取出口段典型桩号Z1K7+313五个测点10月17日—11月10日的地表沉降-时间曲线图(图7-39),其他桩号地表沉降趋势与图7-39相似。从图中可以看出,5个测点曲线基本重合，隧道开挖初始阶段沉降增长较快，后慢慢趋于稳定，最终沉降在2cm左右。

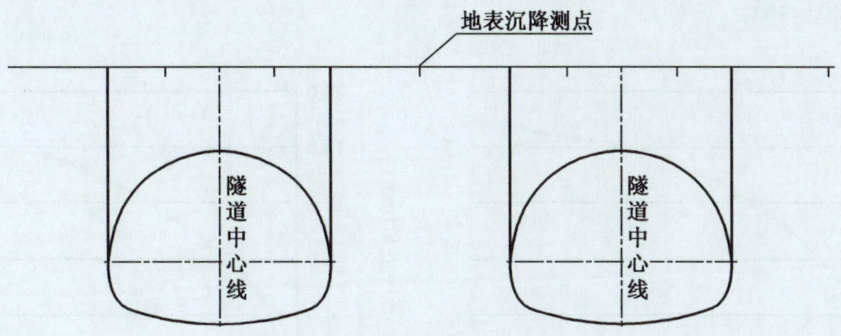


图7-37　地表下沉观测点布置示意图

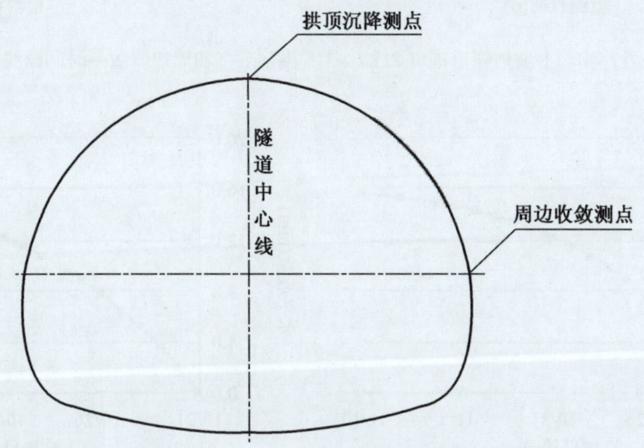


图7-38　拱顶下沉和周边收敛测点布置示意图

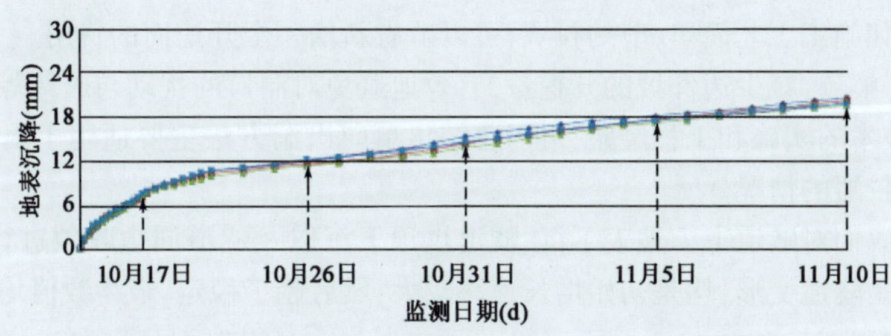


图7-39　上坡地隧道出口Z1K7+313地表下沉—时间曲线图

选取进口段典型桩号Z1K7+313、Z1K7+330断面测点10月17日—11月10日的拱顶沉降、周边收敛历时曲线图(图7-40、图7-41)，其他桩号测点拱顶沉降、周边收敛趋势与图7-40相似。由变形图可以看出，无论是隧道拱顶还是隧道两侧，其变形趋势均是隧道开挖初始阶段变形速率较大，并逐步趋于稳定，最终形变量均不超过2cm。

(5)结论和建议

①上坡地隧道全长230m左右，属于短距离隧道，出口段整体处于岩质边坡，隧道出口处

岩层倾向坡内,为逆向坡,整体性良好,属有利边坡稳定的组合关系,地质条件较好,可以确保单向出洞的安全与稳定。

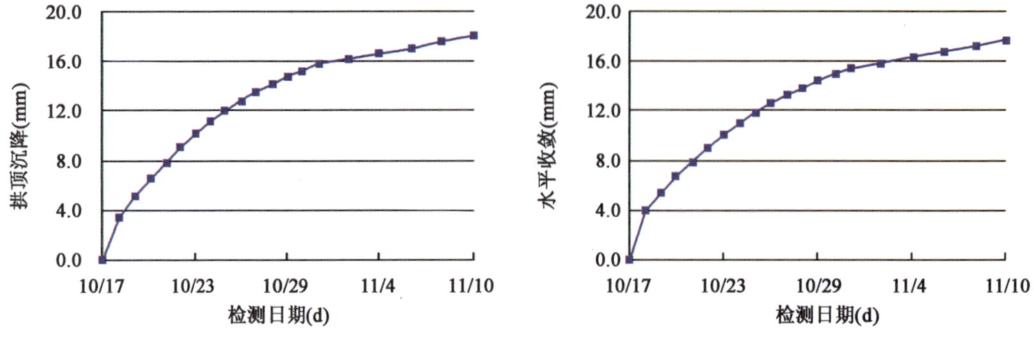


图 7-40　上坡地隧道进口 Z1K7 +313 拱顶下沉和周边收敛—时间曲线图

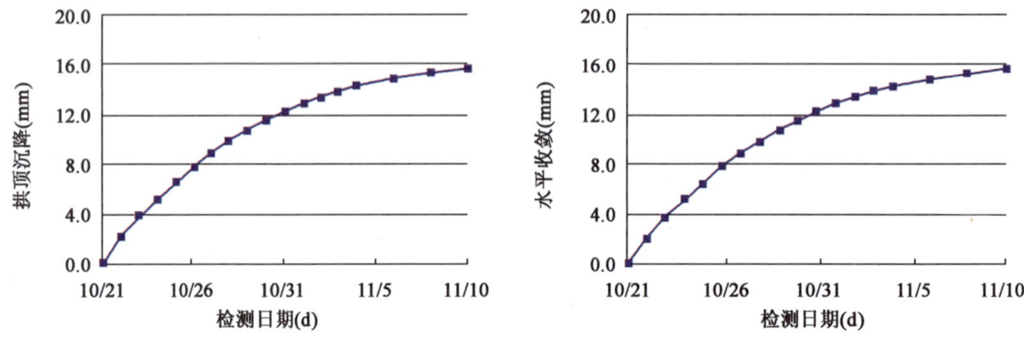


图 7-41　上坡地隧道进口 Z1K7 +330 拱顶下沉和周边收敛—时间曲线图

②加上出口处施工空间有限,机械输送困难,最终确定单向出洞的方案。单向出洞具有一些显著优点,比如施工工艺简单,节约投资,可以节省新增一个开挖面的费用。

③减少人工痕迹,减少边仰坡的开挖量,有效地避免对洞口的扰动与破坏等。通过上坡地隧道单向出洞技术的实施和工程经验,可以总结出单向出洞方法主要适用于出口段地质条件较好、隧道长度较短的情况。

④开挖后,我们对隧道上方地表下沉、隧道拱顶下沉以及隧道周边收敛进行了监测,无论是地表沉降,还是隧道变形,均是初始增长速率较大,然后趋于稳定,最终数值均不超过 2cm。

## 7.4　应 用 前 景

“零开挖”进洞工法是基于隧道洞口段边坡稳定与洞口环境保护而提出的,其核心问题在于控制隧道洞口段边坡及围岩变形,对于保持洞口段边坡的稳定、减少地质病害的发生概率起到了积极的作用;大大地减少了对洞口植被的破坏,对隧址区自然环境有较好的保护作用,是对建设生态性、环保性工程指导理念的有效运用。在盘兴高速公路全线隧道付诸实施后,收到了明显的工程效益和生态效益。

(1)“零开挖”进洞技术符合科学发展观的时代要求,体现了“环境友好型,资源节约型”交通建设新理念,代表了隧道施工的一个趋势,具有广泛的推广应用前景。

(2)“零开挖”进洞技术在保护环境的同时增大了施工的技术难度和技术风险。采用合理的开挖方法,科学配置支护措施,支护体系和岩体的监控量测是该工法获得成功的重要保障。

(3)正确地选取辅助加固措施是“零开挖”进洞工法实现的前提条件,它对于稳定洞口段浅部岩体及隧道围岩起到了积极的作用,使得暗挖施工成为可能。辅助加固工法应因地制宜地根据具体的工程地质条件进行选取,如浅埋破碎洞口段边坡一般宜采用超前注浆管棚,若隧道洞口段轴线与坡面成大角度相交情况而形成偏压现象,可以选取“不等长套拱”进行压力平衡。

(4)隧道进洞过程中的监控量测与地质素描编录是“零开挖”进洞工法体系的核心部分,因此,应随开挖进度做好地质素描编录与监控量测工作。

(5)合理的开挖方案与科学配置支护方案是保证洞口段边坡与隧道围岩稳定的基础,因此,应在前期勘探资料和工程地质调查的基础上,结合隧道施工过程中的地质素描编录资料、监控量测数据分析及直观的变形破裂(岩体、支护结构)现象进行综合分析,对开挖与支护方案进行优化、修正,确保隧道进洞过程中的施工安全。

# 第8章 隧道水压聚能光面爆破技术

## 8.1 技术背景

目前在山岭隧道掘进施工中,钻爆法仍是主要的开挖方法。而装药结构是影响隧道光面爆破质量的重要因素之一,装药结构不同,爆炸应力波和爆生气体的作用强度不同,爆破能量传递的方式和有效利用率就不同,对周围介质产生的破坏作用和破裂破碎效果也就不一样。水介质装药爆破是依靠水作为传递爆炸能量的介质来进行爆破的,它于20世纪初最早出现在城市拆除爆破中,经过挪威、瑞典和日本等国学者的尝试及推广,引入隧道工程中。

水介质相较于空气介质而言,具有难压缩性、传能效率高等特点。因此水压爆破相对于空气介质装药爆破存在以下优势:一方面,爆轰作用开始后,爆生气体遇到水介质强烈压缩,同时把水介质向两侧挤压扩张,由于水介质相比空气介质难以压缩的特性,延长了爆炸应力波在炮孔中的作用时间,降低了岩石的破碎块度,从而提高了炸药能量的利用率。另一方面,水能够吸附爆破后产生的大量有毒气体及烟尘,大大降低了空气中的烟尘浓度,从而提高了隧道内的空气质量。

## 8.2 技术概要

### 8.2.1 水袋封填钻孔爆破设计

隧道水袋封填钻孔爆破是在常规光面爆破的基础上提出的,符合现场的常规爆破钻爆设计是保证水袋封填钻孔爆破成功的必要条件,只有首先得到最佳的常规光面爆破参数,才能保证水袋封填钻孔爆破的效果。依托董当隧道的工程地质条件和施工现状,使用全断面开挖法进行爆破设计。

1)隧道水袋封填钻孔爆破特点

隧道水袋封填钻孔爆破是指使用专用水袋封装机和炮泥机制作的水袋和炮泥,依次装入炮孔中进行填塞爆破的方法。它利用水介质可压缩性低、传能效率高、热能损失小的特点,爆轰波遇到水介质时,激起冲击波,并把水介质猛烈地向两侧挤压,准静态压力较为均匀地作用在炮孔孔壁上,并且由于水难以压缩的特性,爆轰产物在孔内的时间相对延长,炸药能量得到了充分作用,能量利用率得到了提高。另一方面,水被高温高压爆生气体挤入爆生裂纹中,从而加剧了裂缝的扩展与延伸,使岩石破碎更加均匀。同时,水介质能够吸附爆破后产生的烟尘,稀释了空气中的有毒气体,大大降低了隧道内的烟尘浓度,减少了通风时间。

2）钻爆设计原则

钻爆设计采用理论计算、数值分析与现场试爆的方法，确定掏槽眼、辅助眼、周边眼等炮眼的装药系数、水袋长度与填塞长度，确定各个炮眼装药量及装药结构，通过计算合理的炮眼间距、单孔装药量和起爆顺序等，得到合理的炮眼间距及单孔装药量，使爆破后的隧道轮廓圆顺、平整，达到控制超欠挖、减少对围岩损伤、缩短排查危岩的时间、减少初期支护衬砌喷射混凝土方量的目的。另外，确保水袋封填钻孔爆破能够节省炸药8%及以上，控制循环进尺大于常规光面爆破平均循环进尺10cm及以上，同时保证施工安全，减少循环时间，保护环境。

3）水封爆破参数确定

水压爆破技术中爆破参数的选取和确定会因为隧道的工程情况不同而做出不同的改变，本小节主要以工程实例（贵州公路工程有限公司承建的董当隧道）为依托，在董当隧道常规爆破基础上进行了减少药量的水封爆破试验，确定了单孔装药量和装药结构。

（1）周边孔间距 $E$

周边眼的间距是控制隧道轮廓质量的重要参数，周边眼的炮孔连心线通常由设计断面向内偏移10～20cm，并沿隧道纵向向外侧偏移3°～5°。周边眼间距通常取炮孔直径的10～16倍，当炮孔直径为40cm时，三级围岩周边眼间距宜取40～60cm。董当隧道三级围岩周边眼间距暂取55cm，根据情况进行调整。

（2）光爆层厚度 $w$

光爆层厚度也叫最小抵抗线，是周边眼到自由面的距离，它的取值取决于开挖断面面积。断面面积大，岩石受到的夹制作用小，光爆层容易剥落；相反，断面面越小，岩石受到的夹制作用越大，岩石难以崩落。因此，大断面时，光爆层取大值，而小断面取小值。同时，光爆层的厚度还与岩石的坚硬程度及破碎程度有关，坚硬岩层取小值，软弱岩层取大值。董当隧道光面爆破光爆层厚度取60cm（原爆破方案最小抵抗线为40cm偏小，新方案适当增大了光爆层厚度）。

（3）炮孔布置

炮孔布置如图8-1、图8-2所示。

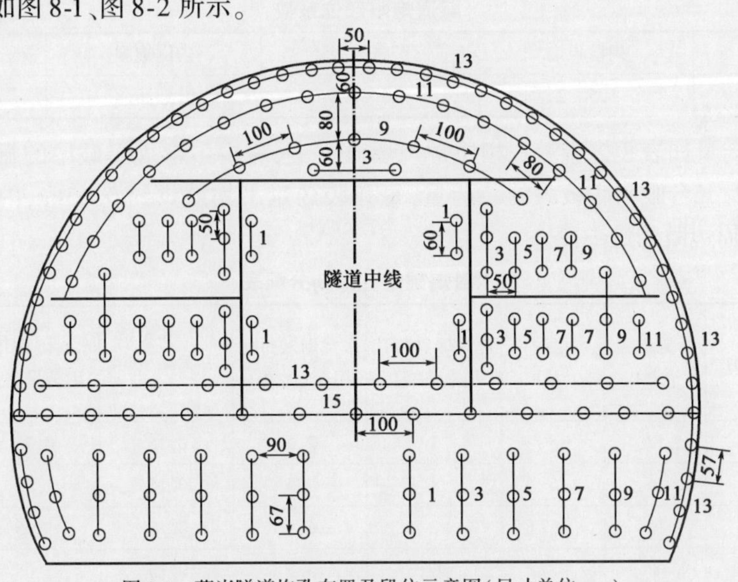


图8-1　董当隧道炮孔布置及段位示意图（尺寸单位：cm）

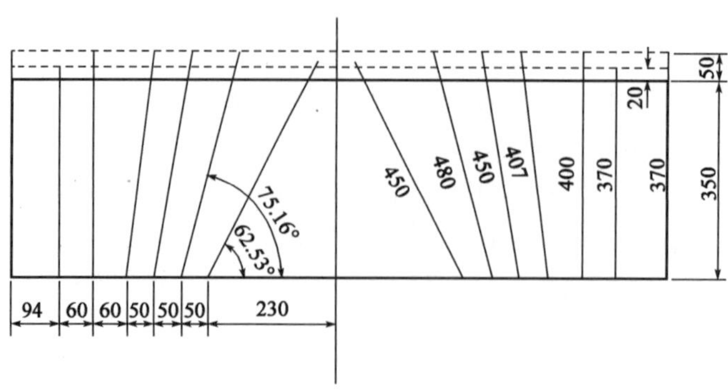


图 8-2　炮孔布置纵向俯视图(尺寸单位:cm)

(4)单孔装药量的计算

在隧道爆破中,炮眼所在的位置不同,所起的作用是不同的。掏槽眼要求抛掷;掘进眼只要求松动,而在掏槽部位的两侧及其上、下部位各部分的炮眼要求又不一样,侧部要求松动,上部要求弱松动,下部要求加强松动,周边眼要求预裂爆破,底板眼则要求用抛掷爆破的药量,否则底板可能爆破失败,所以各部位炮眼的装药量是不同的。除周边眼之外的炮眼装药量均可按下式计算:

$$q = k \cdot a \cdot w \cdot L \cdot \eta \tag{8-1}$$

式中:$q$——单眼装药量(kg);

$k$——平均炸药单耗(kg/m$^3$),取值 1.0kg/m$^3$;

$a$——炮眼间距(m);

$w$——炮眼爆破方向的抵抗线(m);

$L$——炮眼深度(m);

$\eta$——炮眼部位系数(参照表 8-1)。

隧道炮眼部位系数　表 8-1

| 炮眼部位 | 掏槽眼炮 | 扩槽炮眼 | 内圈炮眼 | 底板炮眼 |
|---|---|---|---|---|
| $\eta$ | 1.5~2 | 1.0~1.2 | 0.5~0.8 | 1.5~2.0 |

各炮孔装药量如表 8-2 所示。相比常规爆破方案,减少了常规爆破中的掘进眼、掏槽眼、扩槽眼、辅助眼、二台眼和底板眼的装药量,每孔装药量平均减少约 0.15kg,内圈眼装药量平均减少 0.1kg,周边眼药量不变。

水封爆破炮孔炸药分配表　表 8-2

| 类型 | 段别 | 眼数(个) | 孔深(m) | 常规爆破每孔用药量(卷) | 水封爆破每孔用药量(卷) | 每孔比常规方案减少量(kg) | 水封爆破每孔用药量(kg) | 总药量(kg) |
|---|---|---|---|---|---|---|---|---|
| 掏槽眼 | 1 | 12 | 3 | 3 | 2.5 | 0.15 | 0.75 | 9 |
| | 1 | 16 | 5 | 8 | 7.5 | 0.15 | 2.25 | 36 |
| 辅助眼 | 3 | 12 | 4.7 | 7 | 6.5 | 0.15 | 1.95 | 23.4 |
| | 5 | 8 | 4.7 | 6 | 5.5 | 0.15 | 1.65 | 13.2 |

续上表

| 类型 | 段别 | 眼数(个) | 孔深(m) | 常规爆破每孔用药量(卷) | 水封爆破每孔用药量(卷) | 每孔比常规方案减少量(kg) | 水封爆破每孔用药量(kg) | 总药量(kg) |
|---|---|---|---|---|---|---|---|---|
| 辅助眼 | 7 | 8 | 4.5 | 5 | 4.5 | 0.15 | 1.35 | 10.8 |
| | 9 | 8 | 4.5 | 6 | 5.5 | 0.15 | 1.65 | 13.2 |
| | 11 | 4 | 4.5 | 6 | 5.5 | 0.15 | 1.65 | 6.6 |
| 压眼 | 9 | 5 | 4.5 | 5 | 4.7 | 0.1 | 1.40 | 7 |
| | 11 | 7 | 4.3 | 6 | 5.7 | 0.1 | 1.70 | 11.9 |
| 抬炮眼 | 5 | 4 | 4.2 | 5 | 4.5 | 0.15 | 1.35 | 5.4 |
| | 7 | 6 | 4.2 | 5 | 4.5 | 0.15 | 1.35 | 8.1 |
| | 9 | 8 | 4.5 | 4 | 3.5 | 0.15 | 1.05 | 8.4 |
| | 11 | 10 | 4.5 | 6 | 5.5 | 0.15 | 1.65 | 16.5 |
| 周边眼 | 13 | 41 | 4 | 2(3) | 2(3) | 0 | 0.6(0.9) | 30.6 |
| 合计 | — | 149 | — | — | — | — | — | 200.1 |

(5)装药结构

炮孔装药采用药卷和水袋混合的装药结构。炸药采用2号乳化炸药,药卷直径32mm,按爆破设计装药量和装药结构进行装药,孔内使用非电导爆管雷管起爆炸药。装药前须仔细检查有无堵孔、卡孔、塌孔等现象,及时调整地层薄弱面和抵抗线发生变化的炮孔装药量。装药过程中经常检查装药部位的深度,防止炸药过多引起飞石或装不到位而产生上下段隔爆。一旦发生过装,用木制的工具将多余的炸药掏出孔外或用高压水冲洗。

水袋由水袋自动封装机YH-8040加工而成,在炮孔底部安装第一道,炮泥封孔前安装第二道,共计两道工序形成炮孔水袋封填装药结构。周边眼采用水袋间隔装药,导爆索传爆,其他眼则采用底部连续装药,水袋和炮泥填塞。具体装药结构如图8-3~图8-5所示。

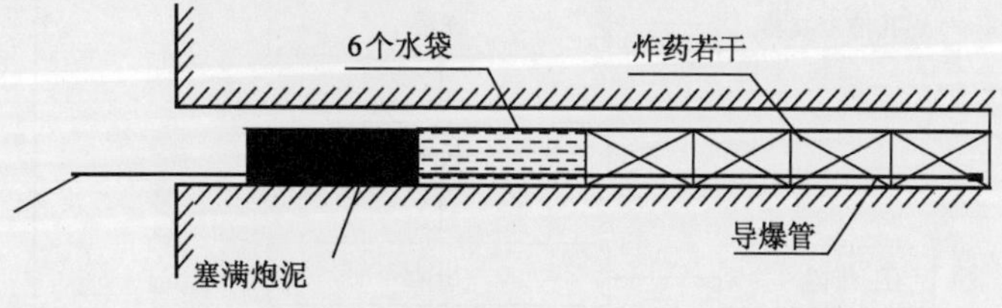


图8-3 掏槽眼装药结构示意图

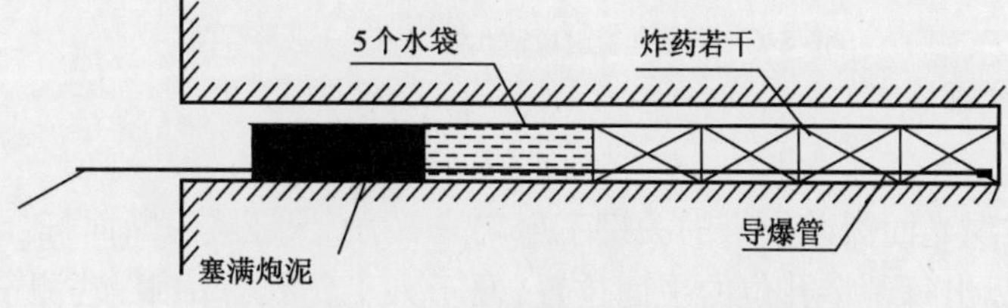


图8-4 辅助眼装药结构示意图

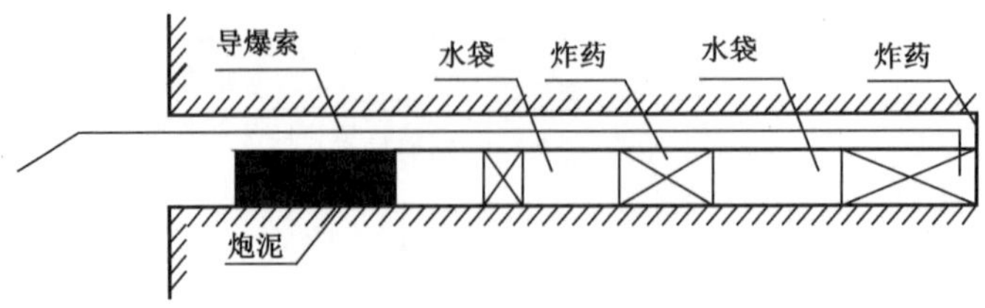


图 8-5 周边眼装药结构示意图

### 8.2.2 施工工艺

为了达到安全快速施工、减少循环时间、缩减工期、创造更大的社会经济效益的目的,隧道水袋封填装药爆破施工工艺遵循以下原则:可操作性强、成本低、节能环保、工艺简化、工期缩短。隧道水袋封填装药爆破相比常规光面爆破,在施工工艺上增加了水袋、炮泥的制作和封填两道工序,工艺稍复杂。施工工艺流程图见图 8-6。

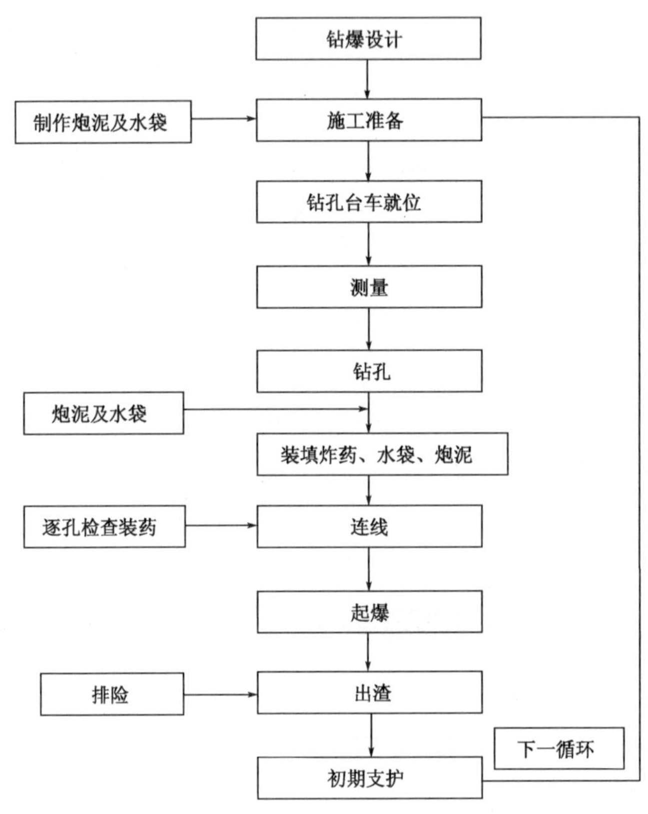


图 8-6 隧道水袋封填钻孔爆破施工工艺流程图

1)放样布孔、钻孔

(1)测量定位

炮孔定位是实现光面爆破效果的关键工序之一,为了保证隧道断面符合要求,应严格按设计隧道断面测量,标出每一个孔位的平面位置,便于人工钻孔。钻眼前,测量人员用红油漆准确绘出开挖面的中线和轮廓线,标出炮眼位置,其误差不得超过 5cm,在直线段,可用激光准直仪控制开挖方向和开挖轮廓线。

(2)钻眼

钻工要熟悉炮眼布置图,能熟练地操作 $\phi$40 风钻,特别是钻周边眼,一定要确保周边眼有准确的外插角,尽可能使两茬炮交界处台阶小于 10 ~ 15cm,同时眼口位置及掌子面岩石的凹凸程度调整炮眼深度,以保证除掏槽眼外的炮眼底在同一个平面上。掏槽眼采用楔形斜眼掏槽形式钻孔。

(3)清孔

用由钢筋弯制的炮钩和小于炮眼直径的高压风管输入高压风将炮眼石屑刮出和吹净或按班组熟悉的其他方式进行清孔。

炮孔布置时要求遵循以下几点:

①掌子面上各类炮眼布置原则是"抓两头、带中间"。即首先选择适当的掏槽方式和掏槽位置,其次是布置好周边眼,最后根据断面大小布置辅助眼和底眼。

②掏槽眼的位置会影响岩石的抛掷距离和破碎块度,通常布置在断面的中央,并考虑到辅助眼的布置较为均匀。

③周边眼即最外轮廓线附近的边眼,一般布置在断面轮廓线上。但实际施工中,要看岩石的性质。如若岩石较硬,可靠近或在轮廓线上布置,且向外有一定的偏角,使爆破后的周边轮廓线不超过设计轮廓线 50 ~ 100mm;如岩石较松软可远离轮廓线 100 ~ 200mm,使爆破后的周边不出现欠挖或超挖过多。

④布置好周边眼和掏槽眼后,再布置辅助眼。辅助眼是以槽腔为自由面而层层布置的,均匀地分布在被爆岩体上,并根据断面大小和形状调整好最小抵抗线和邻近系数。

2)水袋制作工艺

为提高生产效率和保证水袋质量,采用水袋自动封装机加工水袋。

(1)水袋采用 KPS-60 型水袋自动封装机加工而成。这种专门为水压爆破研制的封口机,结构简单,操作方便,每小时可制作约 700 个水袋。

技术参数:生产速度:500 ~ 700 只/h,计量范围:50 ~ 250,电源:220V/50Hz,功率:700W。水袋的原材料即水和塑料袋,塑料袋为常用的聚乙烯塑料,水袋长 200mm,直径为 35mm,袋厚约为 0.8mm,水袋为长制品直接购买使用。

(2)具体操作:机器开动之前,进行定量调节;打开机器后门,松开泵连杆端头螺母,调节移位蝶形螺母即可通过调节泵连杆滑块左右位置得到所需灌装容量。顺时针减少,反之增大。调整好后拧紧端头螺母,以防松动移位,影响灌装容量,损坏调整杆。封口机定量调节好了之后,打开电源,指示灯亮,调节温控调节器到适当封口温度由绿灯变为红灯时,即达到所调解封口温度(初始温度应设定为 130°C 为宜,再逐步升高)。在开始灌注封口前,把主开关拔上,等机器运转两次,使计量泵内吸满水,将空气排出后,把主开关拔下,塑料袋由人工用双手拇指和食指夹住套在出水管口上,按启动开关,即完成自动灌注和封口。

(3)水袋制作由一人即可完成,一次套上三个水袋,按下启动按钮即完成水袋封装。装水时不宜过满,充满水袋即可。水袋放置于塑料筐内,袋口朝上竖放,一定倾角以为宜。为防止水袋放置时间过长变软,最好在装填前一小时制作好。水袋有轻微变软,不影响装填及最后的爆破效果,如图 8-7 所示。

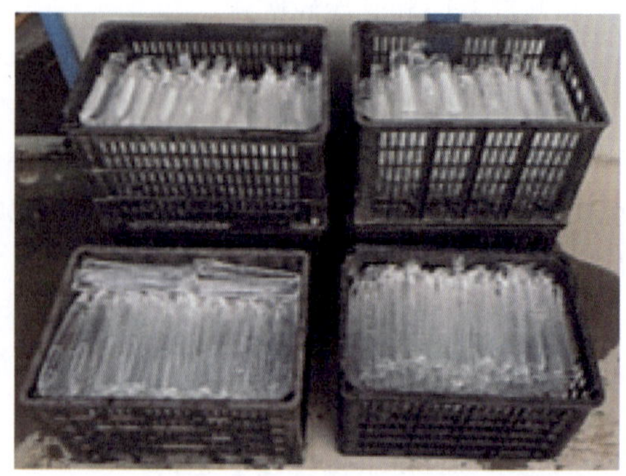

图 8-7 水袋制作与成品

(4)严格认真清洗炮眼,防止有棱角的碎石在堵塞水袋时划破水袋而引起漏水,导致炸药受潮失效。安装水袋采用木质炮棍轻推送入炮孔,炮棍端头制成圆端形,避免尖锐端头刺破水袋,切勿用力过猛。

3)炮泥制作工艺

为提高生产效率,保证炮泥质量,炮泥制作采用 PNJ-1 型炮泥机生产。PNJ-1 型炮泥机又称矿用防爆炮泥机,克服了传统手工攥制炮泥随意性大、爆破效果差且效率低的问题。PNJ-1 型炮泥机可实现井下作业制成成品炮泥,工作效率高,且结构简单,便于操作。同时,还可以根据需要,更换炮泥挤出口的直径,制作出现场生产所需的不同直径规格的炮泥,具有适应性强、效率高、炮泥成型好、对炮眼封堵效果好等优点。

(1)PNJ-1 型炮泥机由电动机、齿轮箱、机体、破碎搅拌机构、成型脱模机构、机座和工作附件等部分组成(表 8-3)。PNJ-1 型炮泥机的特点有:

①炮泥具有规格统一、质地均匀、软硬适中、表面光滑等特点,提高了炮眼封堵质量,减少明火产生。

②炮泥制作速度快,减少了劳动人员,提高了工作效率。

③制作炮泥方便,操作简单。

**PNJ-1 型炮泥机规格参数** 表 8-3

| 额定电压(V) | 额定功率(kW) | 炮泥直径(mm) | 炮泥湿度(含水比例) | 挤出炮泥速度(m/min) |
|---|---|---|---|---|
| 380 | 4 | $\phi38$ | 20% | 20 |

(2)炮泥的主要成分以黏土和细砂为宜,在与水搅和之前,如有石块必须拣出,小石过多应过筛。经过多次试验,黏土:细砂:水 =1:0.8:0.2 为宜。如砂过多,炮泥成形较差,过少则炮泥相对密度小;水要适中,过少起不到黏合及降尘作用,过多炮泥软,不易捣固坚实。实际制作过程中,要根据黏土和细砂的含水率调整水的掺量。

(3)炮泥的生产。

炮泥的生产只需 2 人就能完成,1 人向炮泥机中加原料,1 人取炮泥。做好的炮泥以表面光滑、用手略微使劲一捏可以变形为宜。炮泥放置于塑料筐内。炮泥一般在使用前 1 ~ 2h 生产制作,制作好的炮泥用浸水湿润的纸箱或土工布覆盖(图 8-8),避免风干硬化。

(4)回填堵炮泥时,除与水袋接触的炮泥外,其余回填堵塞的炮泥要用炮棍捣固密实。

4)装药堵塞、连线起爆

装药应按爆破设计装药量和装药结构进行,孔内使用非电导爆管雷管制作起爆药包。装药前必须仔细检查有无堵孔、卡孔现象,及时调整地质薄弱面和抵抗线发生变化的炮孔装药量。装药过程中经常检查装药部位的深度,防止炸药过装引起飞石或装不到位产生上下段隔爆。一旦发生过装,用木制的工具将多余的炸药掏出孔外或用高压水冲洗。

要注意堵塞质量及保护好雷管脚线,堵塞的动作要轻,防止损坏导爆管造成拒爆。确保堵塞长度和堵塞质量。所有炮眼均以炮泥堵塞,堵塞长度不小于50cm。

起爆采用导爆管并串联方式,为保证起爆的可靠性和准确性,连接时要注意:导爆管不能打结和拉细;各炮眼雷管连接次数应相同;引爆雷管应用黑胶布包扎在离一簇导爆管自由端10cm以上处。

水袋封填装药爆破起爆顺序与常规光面爆破一致,即掏槽眼—辅助眼—底板眼—周边眼。采用非电毫秒导爆管起爆系统起爆。网路设计简单,一般不采用孔内延期方法起爆。只要求联结牢固,簇联时一簇导爆管数不超过25根。起爆网络如图8-9所示。

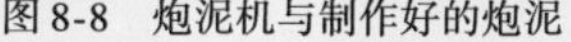

图8-8　炮泥机与制作好的炮泥

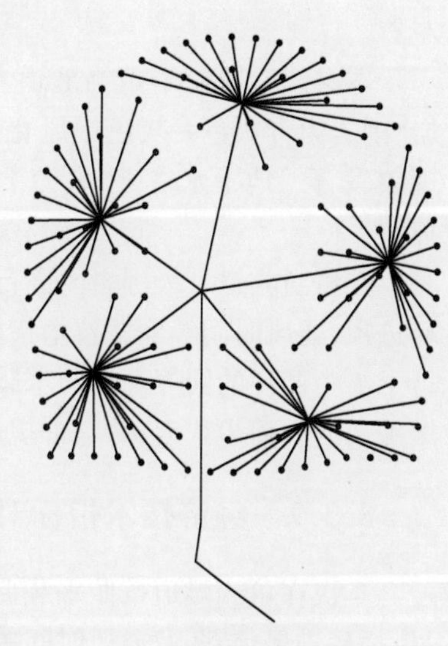

图8-9　起爆网络示意图

## 8.3 工程示范

### 8.3.1 示范工程概况

董当隧道(图8-10)位于贵州省罗甸县境内,起点位于罗甸县上翁井抹跃组南侧1.5km于省道312拐弯变向处,总体路线走向是北东向转向近东西向,终点位于董当乡梅坡上寨北东侧山峰处。隧道为上、下行分离四车道高速公路隧道。隧道左线起讫里程为ZK64+905~ZK69+366,长4461m;右线起讫里程为YK64+860~YK69+320,长4460m,为特长隧道。左、右线隧道围岩级别为Ⅲ~Ⅴ级。

图 8-10　董当特长隧道洞口

隧道区属中低山构造溶蚀峰从地貌类型，区内地形起伏较大，峰从与洼地交错，孤峰崖壁陡倾，溶蚀、溶沟、溶槽及溶洞现象发育，山间溶蚀冲沟呈条带或曲状。拟建隧道区自然地面高程 663 ~ 1241.7m，隧道埋深 0 ~ 490m。隧道入口处在正东向斜坡中下部，斜坡体自然坡度为 22° ~ 45°，呈现上陡下缓态势。坡面植被发育，为杉木、灌木及杂草；出口所处南西向斜坡中下部，附近坡体自然坡度 18° ~ 30°，山体中上部地形较陡，地表主要为灌木、杉木、灌木及杂草。

根据地质调绘及钻探，揭露地层：覆盖层为坡表及缓坡地带崩坡积成因（$Q4^{c+dl}$）的碎、块石土，下伏基岩为三叠系中统小米塘组（T2xm）白云质灰岩，分布里程 YK68 + 400 至隧道终点，终点段夹少量炭质灰岩。三叠系下统大冶组（T1dy）灰岩夹白云质灰岩，隧道区分布里程 YK68 + 130 ~ YK68 + 400。二叠系上统（$P_2$）灰岩，主要分布于隧道起点至 YK68 + 130 左右。

本次试验段位于董当隧道左线 ZK69 + 110 ~ ZK69 + 160 段。左线进口掌子面为Ⅲ级围岩，围岩为青灰色—灰色中风化灰岩，岩体较破碎完整，厚层状结构，裂隙稍发育，地表岩溶现象发育。地下水贫乏，多为干燥或潮湿状。围岩自稳能力较好，隧道开挖后局部可能有掉块。

在董当隧道Ⅲ级围岩段进行了 7 个循环的减少药量的水封爆破试验，收集了炸药用量、循环进尺、通风时间等经济技术指标，并与常规爆破进行对比分析；在七峰山隧道Ⅲ级围岩段进行了 3 个循环的同等药量的水袋封填爆破试验，测试了隧道初期支护衬砌的爆破振动速度和爆破后洞内粉尘浓度，并与常规爆破进行对比分析。

## 8.3.2　经济技术指标对比

本次在董当隧道按照水袋封填钻孔爆破设计，一共施工 7 个循环，现场记录了爆破装药量，循环进尺、装药及通风时间等参数，并与常规爆破进行对比。

1）技术指标比较

根据常规爆破和水袋封填钻孔爆破的现场统计数据对比，在相同开挖断面面积、炮眼布置和钻孔深度的前提下，优化设计的水袋封填钻孔爆破比普通爆破每个循环多开挖 0.11m，每循环节省炸药 24.0kg，每爆破一立方岩石节省炸药 0.11kg，通风降尘时间缩短了 17min。水封爆破与常规光面爆破经济技术指标比较如表 8-4 所示。

**两种爆破平均指标对比**　　表 8-4

| 爆破类型 | 设计掘进进尺（m） | 装药量（kg） | 炸药单耗（$kg \cdot m^{-3}$） | 循环时间（min） | | 抛距（m） | 平均循环进尺（m） |
|---|---|---|---|---|---|---|---|
| | | | | 装药 | 通风 | | |
| 常规爆破 | 4.0 | 234 | 0.83 | 29 | 25 | 15.5 | 3.29 |
| 水封爆破 | 4.0 | 210 | 0.72 | 65 | 8 | 12.0 | 3.40 |

2)经济指标比较

(1)火工品节省的费用

董当隧道开挖面积为85.58m²,炸药的单价是每公斤12元。隧道每开挖一米节省炸药:

$$(234 \div 3.29 - 210 \div 3.40) \times 12 = 112.3(\text{元})$$

(2)人工费节省费用

开挖断面是85.58m²,普通爆破平均循环进尺为3.29m,水袋封填钻孔爆破平均循环进尺3.40m,每个循环班组工资为5000元。

$$5000 \div 3.29 - 5000 \div 3.40 = 49.2(\text{元})$$

(3)节约电费

隧道每延米节省电费:

$$220\text{kW} \times 1\text{台} \times 1.0\text{元}/(\text{kW} \cdot \text{h}) \times (0.42 \div 3.29 - 0.13 \div 3.40) = 19.3(\text{元})$$

(4)附加费

①制作炮泥、水袋的人工费

制作炮泥、水袋需要两人,每工日按100元计算,3个人,按每天2个循环计算,折合每延米支出费用:

$$100 \times 3 \div 3.40 \div 2 = 44.1(\text{元})$$

②水袋费用

水袋每循环使用1300个,每个0.1元,每延米费用:

$$1300 \times 0.1 \div 3.40 = 38.2(\text{元})$$

③制作炮泥的土砂费用

每立方米40元,1m³可做1000m,5000根,可做13个循环,每延米费用:

$$40 \div 13 \div 3.40 = 0.9(\text{元})$$

④电费

$$(2.2\text{kW} \times 1.5\text{h} + 1.0\text{kW} \times 3.0\text{h}) \div 3.40 \times 1.0\text{元}/(\text{kW} \cdot \text{h}) = 1.8\text{元}$$

使用水袋封填钻孔爆破每延米需另外支出的费用合计为:

$$44.1 + 38.2 + 0.9 + 1.8 = 85.0(\text{元})$$

合计节省费用为:112.3 + 49.2 + 19.3 − 85.0 = 98.1(元)。

水袋封填爆破与常规爆破每延米经济效果比较如表8-5所示。

**水袋封填爆破与常规爆破每延米经济效果比较** 表8-5

| 费用组成 | 常规爆破每延米费用(元) | 水封爆破每延米费用(元) | 水封爆破每延米节省费用(元) |
|---|---|---|---|
| 炸药 | 853.5 | 741.2 | 112.3 |
| 人工费用 | 1519.7 | 1470.5 | 49.2 |
| 机械通风 | 27.9 | 8.6 | 19.3 |
| 附加费用 | 0 | 82.7 | -82.7 |
| 合计 | 2401.1 | 2303.0 | 98.1 |

## 8.4 应用前景

水封爆破与常规爆破的振动衰减规律相同,但是在药量相同的情况下,水封爆破的振动速度要小于常规爆破振动速度,水封爆破有明显的减振作用。另一方面,通过常规爆破与水压爆破的监测,得出水封爆破相比常规爆破的粉尘浓度大幅降低,水封爆破降尘效果明显。城市地铁项目中对于爆破振动的限制很大,因此此爆破技术可以推广到城市轨道交通掘进方面,这样不仅可以加快施工进度、节约施工成本、显著提高经济效益,还可以减少施工扰民、确保作业和邻近建(构)筑物安全。

在山岭隧道建设中,现行的爆破方法对围岩破坏作用大,特别是在较弱岩层中掘进时更是如此。如果采用水压爆破则可大大减少对围岩的扰动,达到较理想的成型。且采用水压爆破法在掘进工程中其安全性、经济效益、施工质量方面都得到显著提高,在山岭隧道建设中将有十分广阔的前景。

# 第9章 隧道新型锚喷单层衬砌设计与施工技术

## 9.1 技术背景

### 9.1.1 技术研发目的

本技术研发依托盘兴高速公路典型隧道工程,开展锚喷单层衬砌设计和施工技术,包括新型锚喷支护单层衬砌优化设计方法研究、单层锚喷衬砌施工力学行为及质量控制标准研究、隧道开挖节能环保精细化光面爆破施工技术研究三个方面的研究,解决包含:Ⅲ级围岩亚分级相应的锚喷支护单层衬砌优化设计检算方法和支护参数;单层衬砌结构的适用条件及适应不同围岩地质环境的锚喷支护单层衬砌设计标准图;建立单层锚喷衬砌技术指标和施工工艺控制标准;单层锚喷衬砌隧道质量控制与检验技术标准;单层衬砌施作相应的节能环保减震爆破技术;创建绿色低碳高速公路单层衬砌隧道示范工程六个方面的关键技术。本项目的实施不仅可以完善隧道单层衬砌支护理论,同时对单层衬砌的设计指南、施工指南的制定具有较好的奠基作用,亦为未来的工程提供工程参考,具有重要的指导意义和学术价值。

### 9.1.2 技术基础

1982 年美国基础工程派帕会议总结概要中有一段记录:“机械洞室、交通隧道日益广泛使用喷射混凝土作为永久衬砌,输水隧洞也使用喷混凝土作为永久衬砌,这种现象已经十分突出。”在国外最早使用单层衬砌的国家是处于斯堪的纳维亚半岛的挪威,1978 年以来,挪威在有节理易超挖的岩层内,采用喷射钢纤维混凝土作为永久加固和最终支护的手段,其喷射钢纤维混凝土的年用量已从 60000$m^3$增加到 70000$m^3$。在斯堪的纳维亚半岛国家,在很多隧道中用喷射混凝土作为隧道衬砌,是一种常规的永久性支护结构形式。实际上,在挪威约 460km 的干线公路隧道中,共有 160km 采用喷射混凝土或喷射钢纤维喷混凝土,作为永久支护。1993 年 5 月,在挪威落成的 Gjolasvik 地下体育馆,便是运用喷混凝土作永久支护的典范。该体育馆是为 1994 年冬季奥林匹克运动会准备的冰球场馆,是一个跨度 61m、长 91m、高 25m 的地下洞室。1993 年在德文期刊《铁路工程师》中提到正在计划修建的阿尔卑斯山隧道,其长度为 57km,其中 85% 采用单层衬砌。同时,在世界上许多国家单层衬砌都有了不同程度的应用,如瑞士、法国、美国、巴西、加拿大、芬兰、南非、日本、比利时和西班牙等国,而且一些国家还制定了相应的设计和施工规范。

最近几年,由于喷射混凝土技术的不断提高,在铁路、高速公路、水电站引水隧洞、地下储库等隧道工程中进行了单层衬砌的试验研究,使用至今,没有出现任何质量及耐久性问题。我国在20世纪60年代修建的成昆铁路,在其中围岩较好的隧道中,就成功地运用了喷射混凝土加锚杆的单层衬砌技术。1999年,在汕头野花石油气储库工程中单层衬砌支护技术得到了应用并取得了较好的效果。铁路隧道中,西康铁路线中的秦岭隧道中有1220m采用了喷射钢纤维混凝土单层衬砌,高蹁沟隧道采用喷射钢纤维混凝土单层衬砌长达289m,而在磨沟岭隧道中,永久单层衬砌采用了模筑钢纤维混凝土。

目前国外单层衬砌技术在软弱围岩和硬质围岩中都已经有了广泛的应用,但是对于隧道单层衬砌用喷射混凝土及单层衬砌结构稳定性的研究甚少。在国内,还没有针对不同围岩情况的单层衬砌喷射混凝土配合比及材料设计指南等。现行《公路隧道设计规范》8.1.1条款规定:公路隧道应施作衬砌,根据隧道围岩地质条件、施工条件和使用要求,可分别采用喷锚衬砌、整体式衬砌、复合式衬砌。高速公路、一级公路、二级公路的隧道应采用复合式衬砌;三级及三级以下公路隧道,在Ⅰ、Ⅱ、Ⅲ级围岩条件下,除洞口段外可采用喷锚衬砌。隧道洞口段应采用复合式衬砌或整体式衬砌。《公路隧道设计规范》对于复合衬砌初期支护与二次衬砌承载比例也明确指出,对于Ⅲ级围岩两车道公路隧道而言二次衬砌仅作为安全储备。《公路隧道设计细则》(JTG/T D70—2010),进一步明确了双车道隧道采用复合式衬砌时,初期支护与二次衬砌的支护承载比例。可见,对于Ⅲ级围岩,从结构受力和稳定性方面分析,采用单层衬砌结构形式是可行的。

因现行设计规范缺乏对单层衬砌结构具体的技术指标规定,实际工程中普遍采用复合式衬砌结构形式。结合国内外研究现状可知,对于单层衬砌结构形式、受力机理、抗渗性及耐久性等方面虽然已取得了大量研究成果,但国内目前尚无在高速公路隧道应用的工程案例,目前部分公路、铁路隧道工程中应用单层衬砌也仅限于无特殊地层以及特殊水文条件的低等级山区公路隧道、高速公路隧道的辅助巷道、通风斜井、人行横道等。对于单层衬砌或者由多层喷射混凝土组成的单层衬砌,仍需要对毛洞稳定性判定、单层衬砌受力机理(喷混凝土与围岩之间相互作用、不同喷混凝土层间相互作用、单层衬砌荷载分配特性)、单层衬砌结构形式优化设计、单层衬砌耐久性、抗渗性及防排水设计等问题待通过深入研究予以解决。因此,依托盘兴高速公路典型隧道工程,开展锚喷单层衬砌设计和施工技术研究,不仅可以完善隧道单层衬砌支护理论,同时为单层衬砌的设计指南、施工指南的制定具有较好的奠基作用,亦为未来的工程提供工程参考数据,具有重要的指导意义和学术价值。

## 9.2 技术概要

在隧道及地下工程中,喷射混凝土与锚杆支护(简称喷锚支护)作为控制和维护围岩稳定的现代支护,具有广阔的应用前景,其中一个主要原因就是它与传统支护的作用原理有着本质区别。在力学概念上,传统支护是把支护与围岩分开,而喷锚支护则是把“支护—围岩”作为不可分割的统一体,传统支护是靠自身的结构强度承受松散岩体的重量,喷锚支护则是通过迅速控制围岩的移动和变形,调整和改善围岩应力状态,最大限度地利用围岩的自承能力,以达到长期维护隧洞围岩稳定的目的。

### 9.2.1 锚喷单层衬砌的力学传递机理

研究单层衬砌支护机理首先要讨论支护的对象,支护承担的荷载以及受力过程中的状态变化。研究认为,围岩破裂过程中的岩石碎胀变形或碎胀力是支护的主要对象,支护的作用一方面是维护破裂的岩石在原位不垮落,另一方面是限制围岩变形发展过程中的有害变形。单层衬砌支护结构受力主要来源是隧道开挖后产生的碎胀形变压力。图 9-1 表示隧道单层衬砌的荷载经历过程。

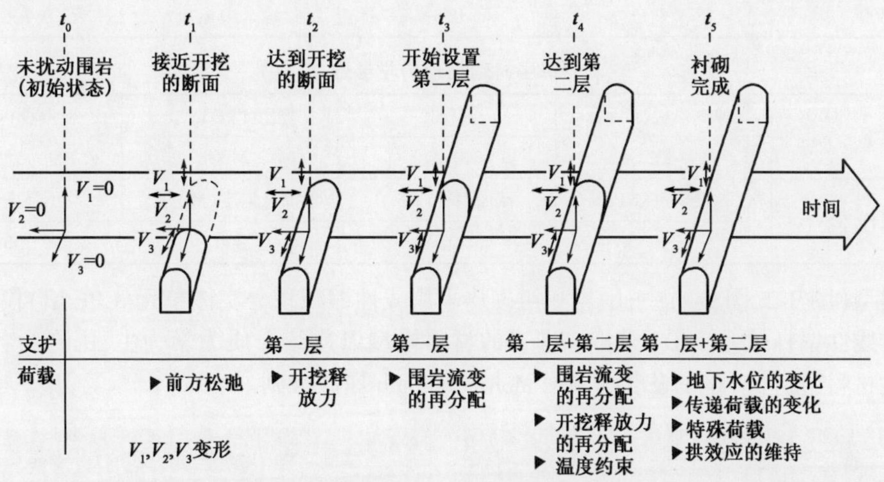


图 9-1　不同阶段的荷载状态

衬砌间应力的内部传递主要包括:第一层的变形传递,第二层的水化热冷却时产生温差的传递,第二层的混凝土收缩传递。在此过程中,整个衬砌中因被约束应变而产生的应力是上升的,这样的应力在第二层完成后,非常早的时期有一定效果,能够避免开裂的发生。根据单层衬砌的力学传递特征,单层衬砌的构造必须满足两点:喷射混凝土必须具备一定的早期强度;喷射混凝土与围岩之间具备足够的黏结力,包括抵抗沿结构界面切向的抗剪黏结力和沿结构界面法向的抗拉黏结力。

## 9.2.2　锚喷单层衬砌支护作用机理

作为一种在工程中被广泛采用的支护手段,喷射混凝土具有以下特点:混凝土是以 20 ~ 100m/s 的高速度吹到岩石表面上,喷射速度取决于喷射方法和设备;回弹的混凝土主要是粗颗粒,第一次喷射回弹量最大,但在随后的喷射中,当半软的混凝土覆盖了表面时,将黏结更多的混凝土,这一作用增加直接覆在岩石表面的细料;混凝土被其后的喷层压实,只要速凝剂不引起“瞬时凝结”;喷射混凝土层将黏结在表面,岩石表面被完全封闭,水泥砂浆被挤入缝隙和节理。

作为一种锚固在围岩内部起到维护围岩稳定的杆状结构物,锚杆的主要作用有悬吊作用、销钉作用、组合梁作用、挤压加固理论、增强理论等。

## 9.2.3　锚喷单层衬砌支护参数敏感性分析

影响隧道围岩稳定的因素之间的相互作用非常复杂,本节在一定地质条件及模型假设下进行研究。本书以Ⅲ级围岩为例进行数值模拟实验的研究。

1)模型介绍

围岩参数根据《公路隧道设计规范》选取,具体参数如表 9-1 和表 9-2 所示。隧道断面采用高速公路隧道两车道隧道标准断面(速度 80km/h),其断面形式如图 9-2 所示。隧道埋深为 200m,采取全断面开挖。

**围岩物理力学参数** 表 9-1

| 密度($kg/m^3$) | 弹性模量(GPa) | 泊松比 | 内摩擦角(°) | 黏聚力(Pa) |
|---|---|---|---|---|
| 2300 | 7 | 0.3 | 39 | $0.7 \times 10^6$ |

**单层衬砌物理力学参数** 表 9-2

| | | | | |
|---|---|---|---|---|
| 喷混 | 弹性模量(GPa) | 泊松比 | 密度($kg/m^3$) | 厚度(cm) |
| | 23 | 0.2 | 2400 | 15 |
| 锚杆 | 弹性模量(GPa) | 截面直径(mm) | 抗拉强度(MPa) | 抗压强度(MPa) |
| | 200 | 22 | 300 | 3008 |

该模型(图 9-2、图 9-3)中,围岩和衬砌均采用线性缩减积分实体单元(CPE4R)模拟,锚杆采用二维线性锚杆单元 T2D2 模拟。围岩的材料模型以连续介质力学为主,围岩为各向同性的弹塑性材料,材料塑性屈服准则采用 Mohr-Coulomb 屈服准则。

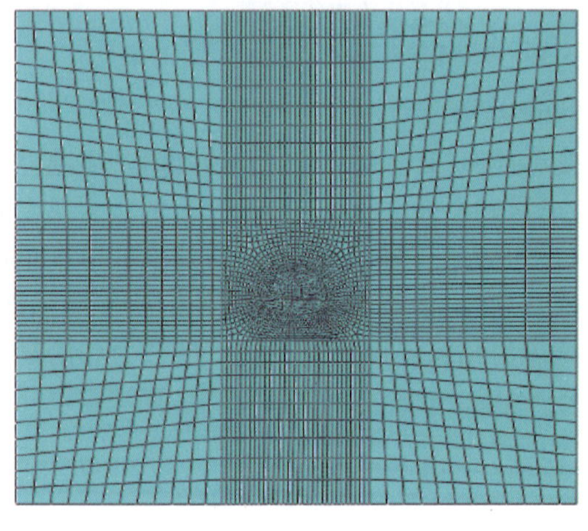

a)土体模型整体

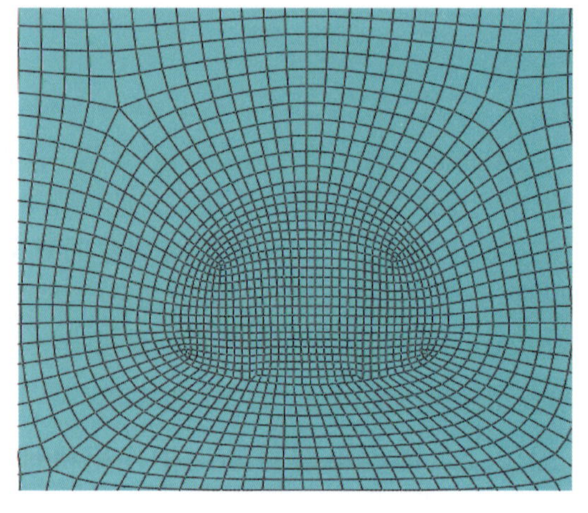

b)局部显示

图 9-2 模型岩体示意图

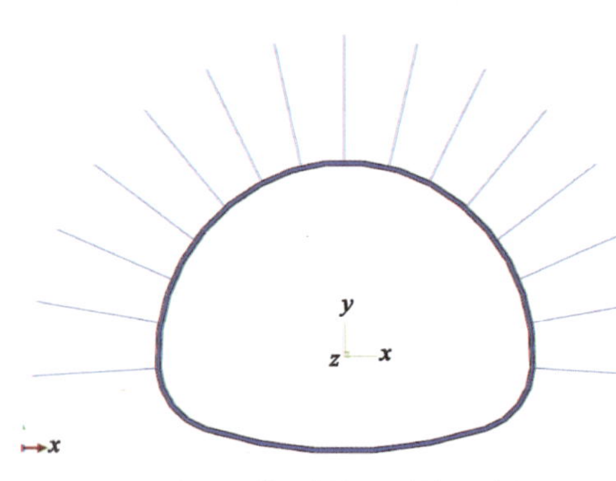


图 9-3 模型中衬砌和锚杆示意图

2)喷混凝土支护效果

(1)喷层厚度的影响

这里列举了衬砌厚度 10cm 和厚度 30cm 两种极端工况下的应力云图和围岩位移云图,如图 9-4和图 9-5 所示。

从围岩应力云图中可以看出,隧道开挖以后,隧道围岩除了隧底区域产生了拉应力以外,其余各部分均已受压为主,最大压应力主要位于拱腰位置。对比不同衬砌喷射混凝土厚度的情况下的围岩应力云图,可以看出随着强度的增大,隧道拱部围岩的最小主应力逐渐增大，喷混厚度为 $H=10\text{cm}$ 时的最小主应力为 $-6.8\text{MPa}$，同时隧道拱顶部位也产生了较小范围的受拉区，而喷混厚度为 $H=30\text{cm}$ 时的最小主应力为 $-7.6\text{MPa}$，可见衬砌对围岩的约束明显加强，隧道围岩稳定性逐渐增强。

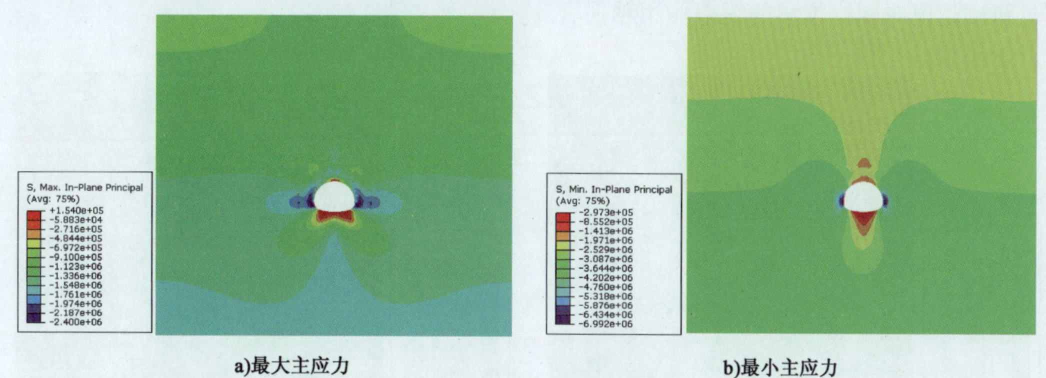


a)最大主应力　　b)最小主应力

图 9-4　围岩应力云图（衬砌 10cm）

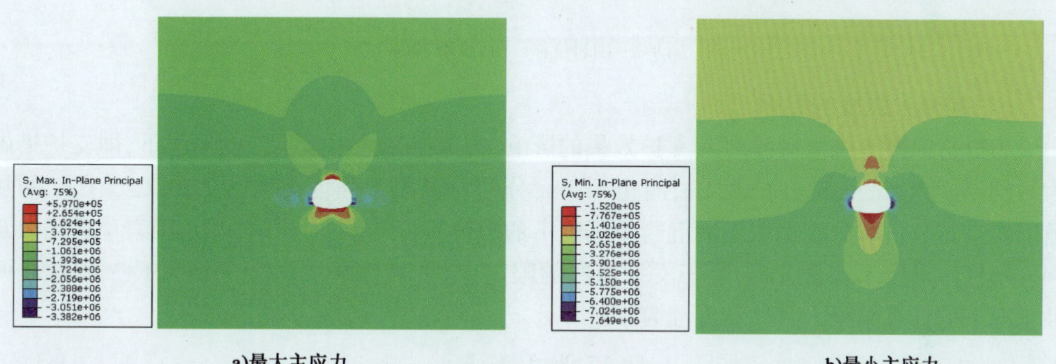


a)最大主应力　　b)最小主应力

图 9-5　围岩应力云图（衬砌 30cm）

对比衬砌厚度分别为 10cm 和 30cm 时的围岩位移场（图 9-6、图 9-7），随着衬砌厚度的

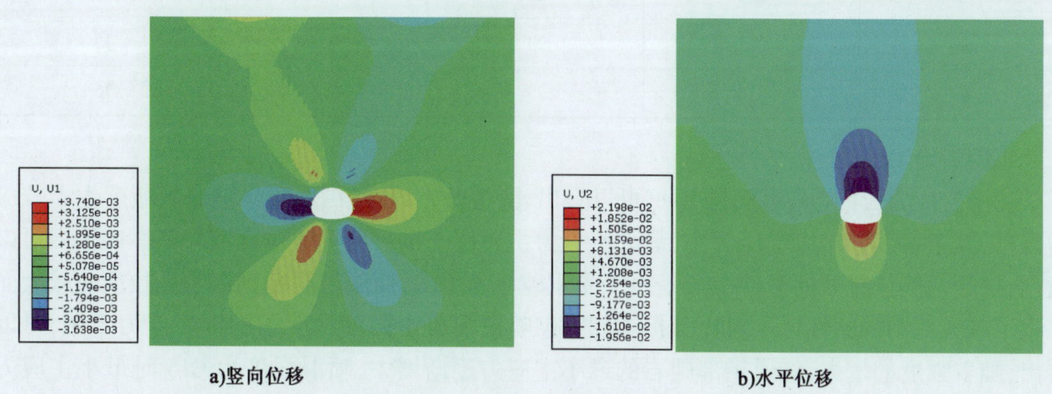


a)竖向位移　　b)水平位移

图 9-6　围岩位移云图（衬砌 10cm）

增加,拱顶下沉量的不断减小,衬砌对围岩变形的约束作用越来越明显。为了更加清晰地分析衬砌厚度变化对围岩位移场的影响,提取了不同衬砌厚度情况下,围岩拱顶沉降的数据并绘制成图。由图9-7可见,在相同的应力释放率情况下,围岩位移随着衬砌厚度增加而逐渐减小,可见衬砌越厚对围岩位移的约束作用越强。

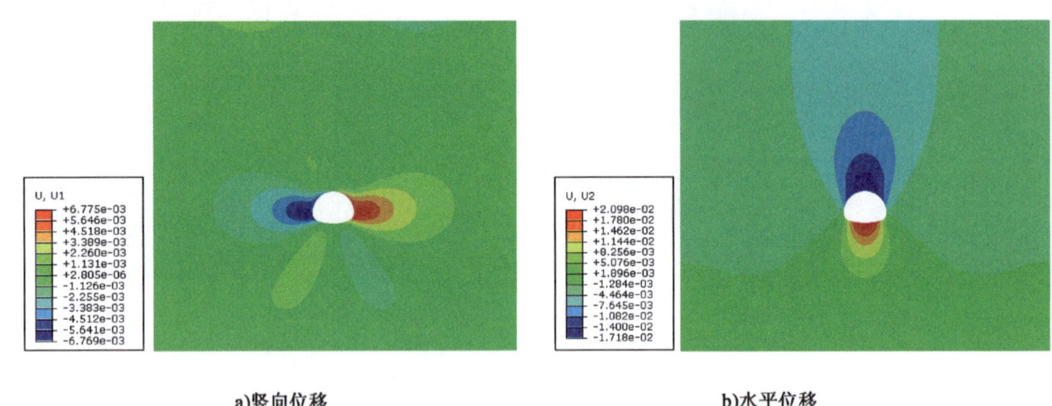


a)竖向位移　　b)水平位移

图9-7　围岩位移云图(衬砌30cm)

(2)混凝土强度的影响

为分析混凝土强度等级对其支护效果的影响,在保持其他因素不变的情况下,即支护措施为衬砌厚度为15cm,锚杆长度4m,间距1.2m,分别对混凝土强度为C15、C20、C25、C30的隧道围岩进行分析。分别提取不同混凝土强度下的数值模拟结果,对围岩应力、围岩位移场以及围岩塑性区进行了综合分析,鉴于文章篇幅的限定,这里只列举了强度分别为C15和C30两种工况下的计算结果。具体情况如表9-3所示。

**工况汇总表**　　表9-3

| 序　号 | 强度等级 | 弹性模量(GPA) | 泊　松　比 | 厚度(cm) |
|---|---|---|---|---|
| 1 | C15 | 18 | 0.18 | 15 |
| 2 | C20 | 21 | 0.18 | 15 |
| 3 | C25 | 23 | 0.18 | 15 |
| 4 | C30 | 25 | 0.18 | 15 |

①围岩应力变化

从围岩应力云图(图9-8、图9-9)可以看出,隧道开挖以后,围岩除了隧底区域产生了拉应力以外,其余各部分均以受压为主,最大压应力主要位于拱腰位置。对比围岩塑性区云图可以发现,拱腰两侧位置处的塑性变形是由于受压破坏产生的,而隧道底部则因为受拉应力较大而产生了较大范围的塑性区。对比分析不同衬砌喷射混凝土强度情况下的围岩应力云图,可以看出,随着强度的增大,隧道拱部围岩的最小主应力逐渐增大,喷混强度为C15时最小主应力为-6.8MPa,同时隧道拱顶部位也存在较小的受拉区,而喷混强度为C30时最小主应力-7.1MPa,可见衬砌对围岩的约束明显加强,隧道围岩稳定性逐渐增强。

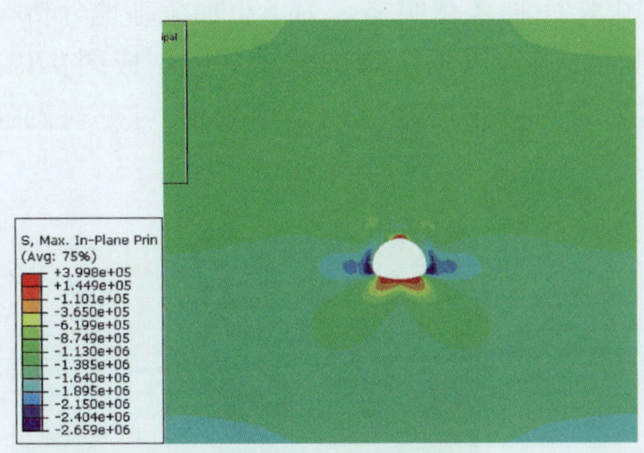


a)最大主应力

b)最小主应力

图 9-8　围岩应力云图(C15)

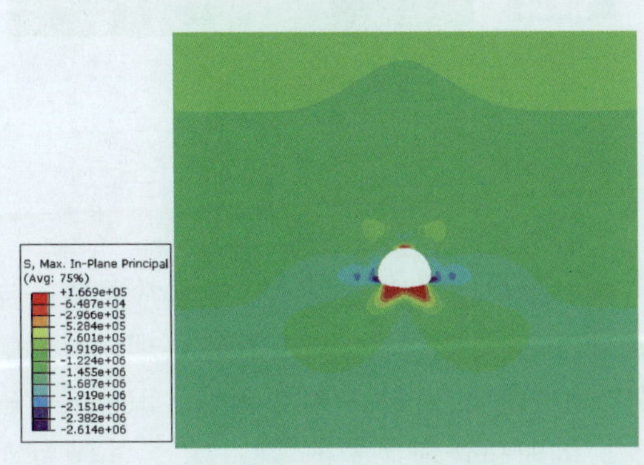


a)最大主应力

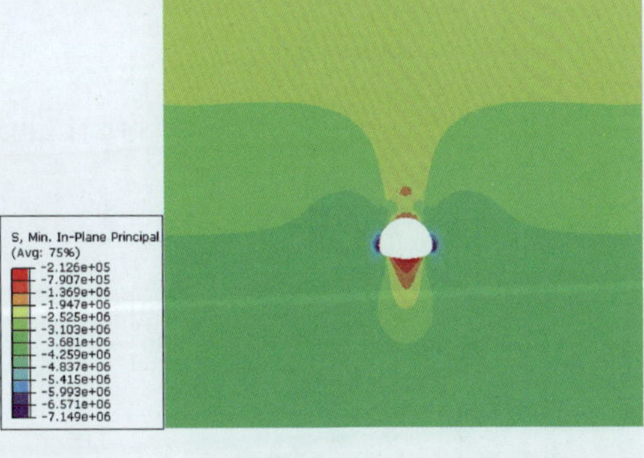


b)最小主应力

图 9-9　围岩应力云图(C30)

②围岩位移变化

对比混凝土型号为 C15 和 C30 的围岩位移场(图 9-10、图 9-11)可见,随着衬砌厚度的增

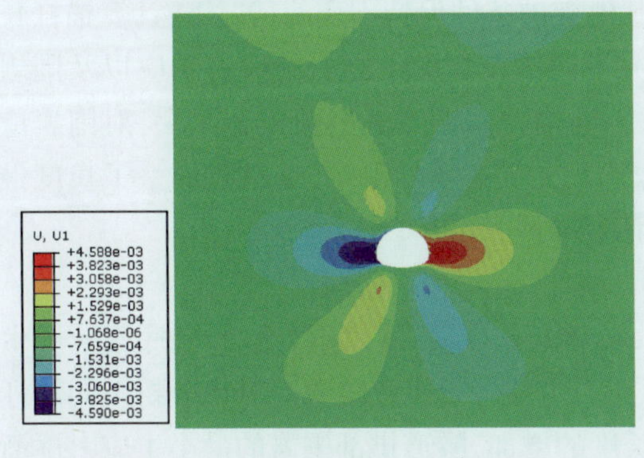


a)竖向位移



b)水平位移

图 9-10　围岩位移云图(C15)

加，拱顶下沉量的不断减小，衬砌对围岩变形的约束作用越来越明显。为了更加清晰地分析衬砌强度变化对围岩位移场的影响，提取了不同工况下，围岩拱顶沉降的数据并绘制成图 9-12。由此可见，在相同的应力释放率情况下，围岩位移随着衬砌强度增加而逐渐减小，可见衬砌强度越大，对围岩位移的约束作用越强。

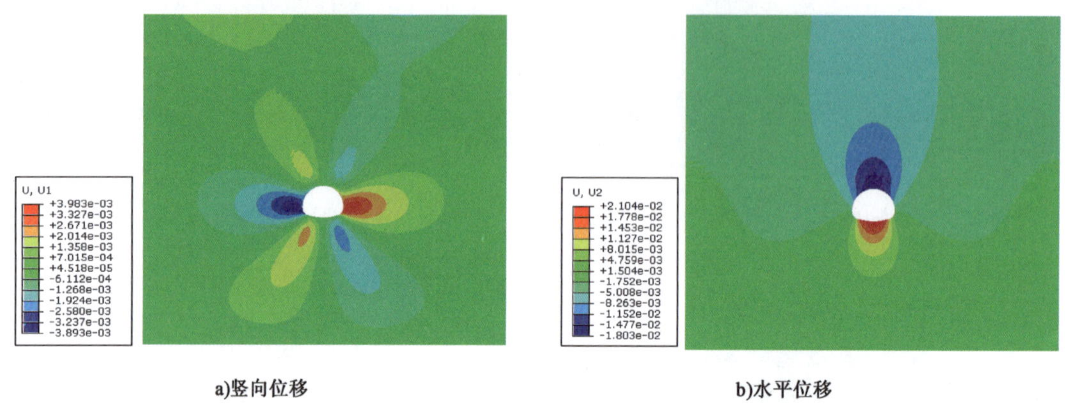


a)竖向位移　　　　b)水平位移

图 9-11　围岩位移云图(C30)

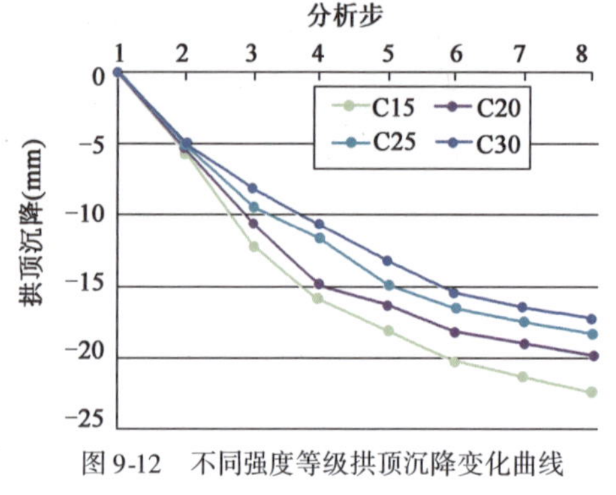


图 9-12　不同强度等级拱顶沉降变化曲线

3)锚杆的支护效果分析

锚杆是单层衬砌支护体系中非常重要的支护构件，正确认识锚杆的支护作用机理以及影响锚杆支护效应的因素，有利于正确认识单层衬砌的支护机理和合理地支护参数设计。本节针对影响锚杆支护效应的两个因素——锚杆长度和锚杆间距进行了数值模拟分析，旨在探讨隧道设计中，锚杆对围岩的支护作用以及合理的参数取值。

(1)锚杆长度的影响

为分析锚杆长度对锚杆支护效应的影响，在其他支护条件保持不变的情况下，计算锚杆长度分别为 2m、3m、4m、5m、6m 五种工况。通过研究不同锚杆长度下围岩的应力响应以及围岩位移场的变化，分析锚杆长度的影响。分别提取不同锚杆间距下的数值模拟结果，对围岩应力、围岩位移场以及围岩塑性区进行了综合分析，鉴于文章篇幅的限定，这里只列举了长度最大 6m 和长度最小 2m 两种工况下的云图。具体情况如下：

①围岩应力变化

从围岩应力云图(图 9-13、图 9-14)可以看出，隧道开挖以后，隧道围岩除了隧底区域产生了拉应力以外，其余各部分均已受压为主，最大压应力主要位于拱腰位置。对比分析不同锚杆长度情况下的围岩应力云图，可以看出随着锚杆长度的增加，隧道拱部围岩的最小主应力逐渐增大，锚杆长度为 2m 时最小主应力极值为 -7.1MPa，而当锚杆长度为 6m 时最小主应力极值为 -7.3MPa，可见衬砌对围岩的约束作用明显加强，隧道围岩稳定性逐渐增强。

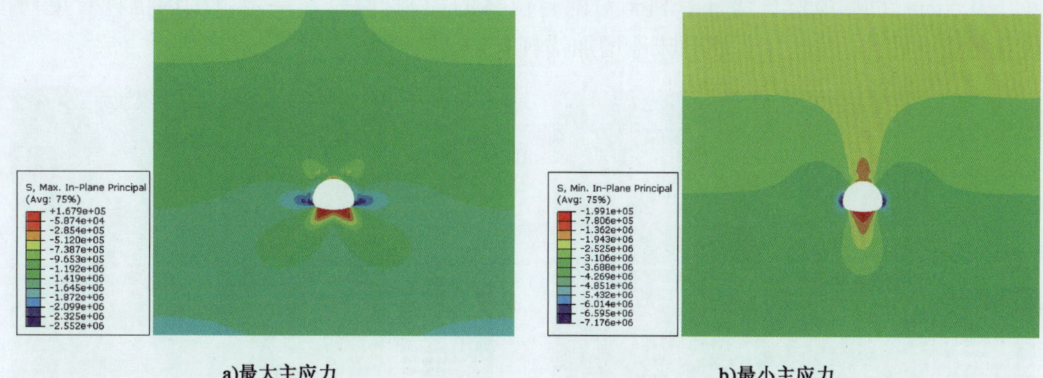


a)最大主应力　　b)最小主应力

图 9-13　围岩应力云图($L=2.0$m)

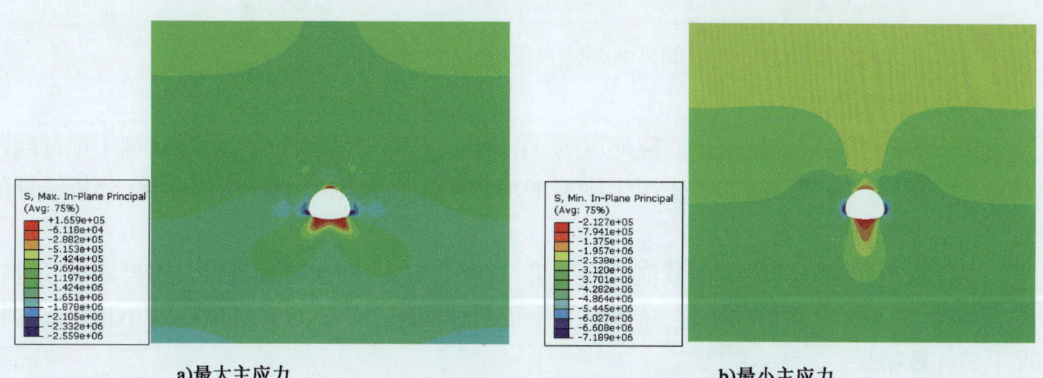


a)最大主应力　　b)最小主应力

图 9-14　围岩应力云图($L=6.0$m)

②围岩位移变化

从不同锚杆间距下的围岩的变化情况(图 9-15、图 9-16)可以看出,保持锚杆间距不变的情况下围岩的位移随着锚杆长度增加逐渐减小。提取了不同锚杆长度情况下围岩拱顶沉降的数据,并绘制成图,如图 9-16 所示。由此可见,随着锚杆间距越来越小,围岩位移也逐渐减小,可见锚杆长度越长对围岩的约束作用越明显,对比围岩减小的幅度可以看出,当锚杆长度从 2m 增加到 3m 时,围岩的拱顶沉降减小了 1.1mm,然而从 5m 增加到 6m 时,围岩拱顶沉降只

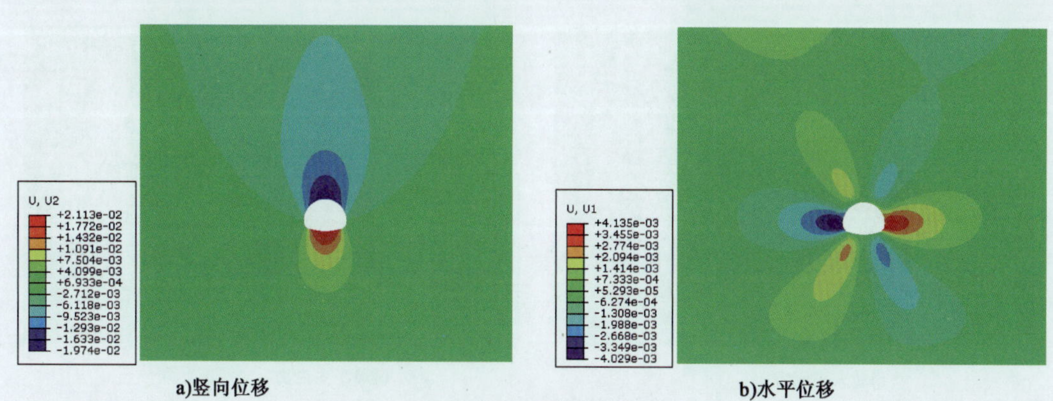


a)竖向位移　　b)水平位移

图 9-15　围岩位移云图($L=2.0$m)

减小了0.5mm，可见虽然长锚杆有利于对围岩位移的控制，但是在一定范围内锚杆长度对围岩位移的影响很小，因此并不能一味地增加锚杆长度。

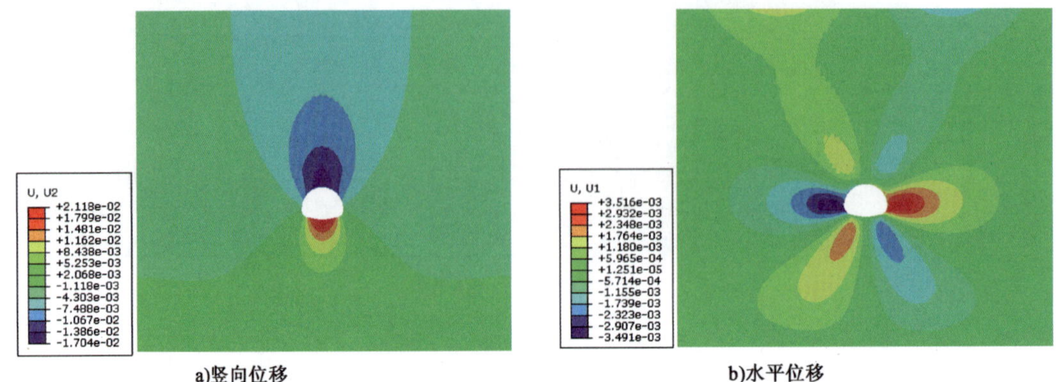

a)竖向位移　　b)水平位移

图9-16　围岩位移云图($L$=6.0m)

(2)锚杆间距的影响

为分析锚杆间距对锚杆支护效应的影响，在其他支护条件不变的情况下，计算了锚杆间距为0.8m、1.0m、1.2m、1.5m四种工况下围岩的应力响应以及围岩位移场的变化，分析锚杆间距对锚杆支护效应的影响。

分别提取不同锚杆间距下的数值模拟结果，对围岩应力、围岩位移场以及围岩塑性区进行了综合分析，鉴于文章篇幅的限定，这里只列举了两种间距最大1.5 m和间距最小0.8 m两种工况下的计算结果。

①围岩应力变化

从围岩应力云图(图9-17、图9-18)可以看出，隧道开挖以后，隧道围岩除了隧底区域产生了拉应力以外，其余各部分均以受压为主，最大压应力主要位于拱腰位置。对比分析不同锚杆间距情况下的围岩应力云图可以看出，随着锚杆间距减小，锚杆越来越密，隧道拱部围岩的最小主应力逐渐增大。对比隧道拱腰处围岩应力大小可见，锚杆间距为1.5m时最小主应力为-7.0MPa，而当锚杆间距为0.8m时最小主应力为-7.5MPa，可见衬砌对围岩的约束明显加强，隧道围岩稳定性逐渐增强。

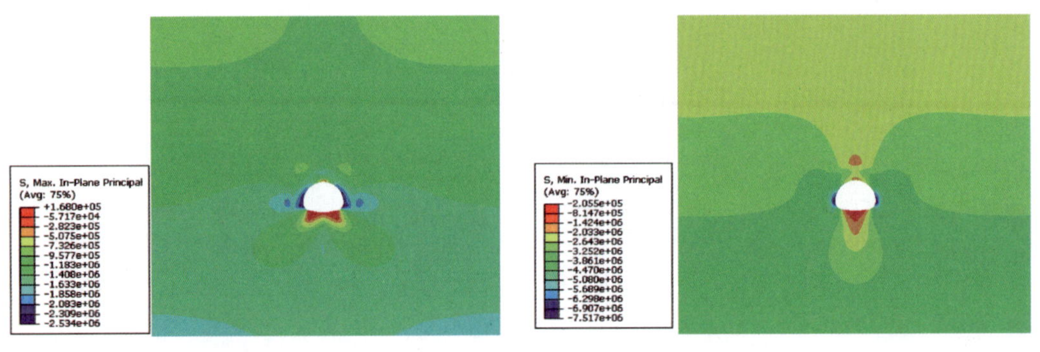

a)最大主应力　　b)最小主应力

图9-17　围岩应力云图($D$=0.8m)

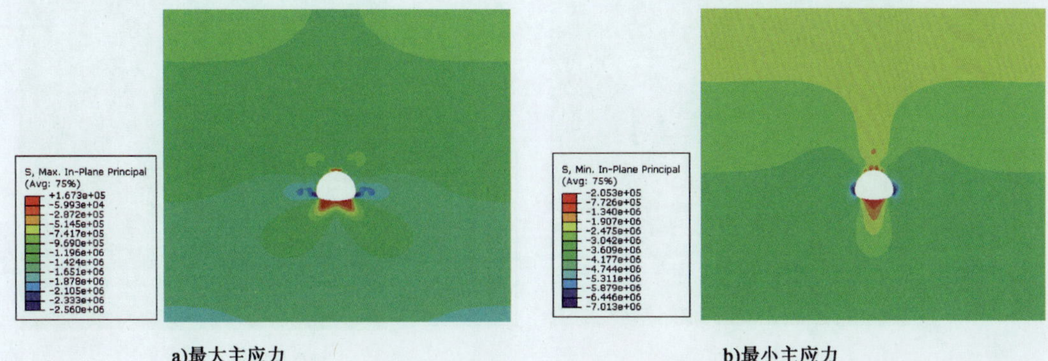


a)最大主应力　　b)最小主应力

图9-18　围岩应力云图($D=1.5$m)

②围岩位移变化

分析不同锚杆间距情况下围岩位移的变化情况(图9-19、图9-20)可以看出,围岩的位移随着锚杆间距减小而逐渐减小。提取了不同锚杆间距下围岩拱顶沉降的数据并绘制成图,如图9-20所示。由此可见,随着锚杆间距越来越小,围岩位移也逐渐减小;当锚杆间距$D=0.8$m和$D=1.0$m时,围岩拱顶沉降曲线基本一致,最终围岩应力完全释放的洞顶沉降量只差了0.2mm,可见,当锚杆长度$L=4.0$m时,锚杆间距从$D=1.0$m变为$D=0.8$m时,锚杆对围岩的支护作用影响不明显;当锚杆间距$D=1.2$m和$D=1.5$m时,围岩拱顶沉降曲线产生较大差别,最终围岩应力完全释放后的洞顶沉降量之差为0.9mm。可见,当锚杆长度$L=4.0$m时,锚杆间距从$D=1.2$m变为$D=1.5$m时,将减弱锚杆对围岩的支护作用,但同时也说明在一定的范围内增加锚杆数量能有效提高锚杆支护效应,但并不是锚杆越多越好。

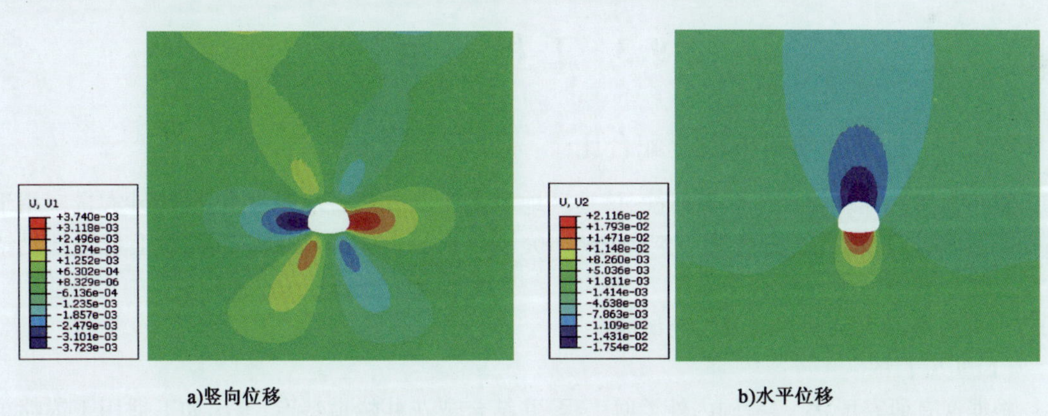


a)竖向位移　　b)水平位移

图9-19　围岩位移云图($D=0.8$m)

综上所述,通过对锚杆长度和锚杆间距对其支护效果的综合分析,我们可以得到以下结论:

(1)在一定的锚杆间距情况下,锚杆长度增加有利于锚杆支护效果的提高;随着锚杆长度增加,锚杆支护对围岩的约束作用愈加明显,具体变现为隧道位移量逐渐减小,围岩稳定性逐步提升,但在锚杆长度增加到一定程度时,在继续增加锚杆长度对围岩的约束作用提升帮助不大。因此,在实际工程应用中,并不能通过一味地增加锚杆的长度去优化锚固效果。

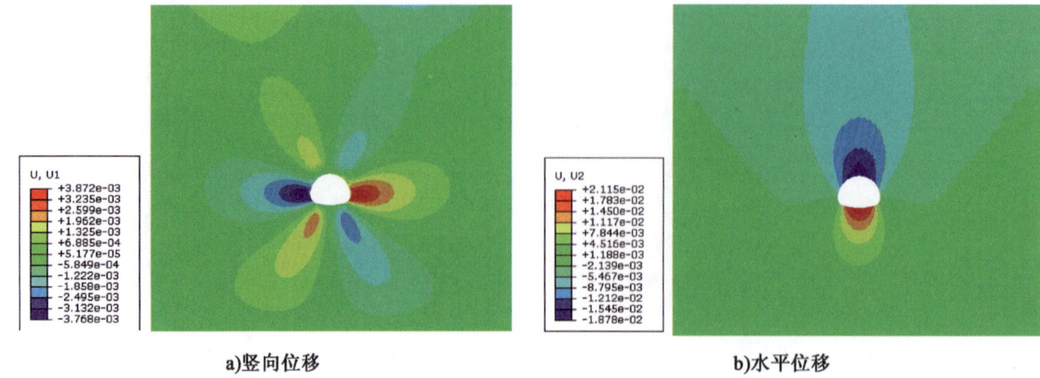


a)竖向位移　　b)水平位移

图 9-20　围岩位移云图($D=1.5$m)

(2)在锚杆长度相同的情况下,锚杆间距减小即锚杆数量的增加有利于锚杆支护效果的提高;随着锚杆数量增加,锚杆支护对围岩的约束作用愈加明显,具体体现为隧道位移量逐渐减小,围岩塑性区范围减小,洞室周边围岩最小主应力增大,围岩稳定性逐步提升;当锚杆间距减小到一定程度时,锚杆对围岩的锚固效果不再出现明显变化,因此并不能通过一味地减小锚杆的间距来优化锚固效果。在实际工程中,适度减小锚杆的间排距,是提高围岩稳定性行之有效的方法。

(3)影响锚杆支护效应的因素还有很多,例如围岩级别、工程地质条件锚杆种类、施工人员等对锚杆的支护效果起着至关重要的作用。在实际工程中,要综合考虑多方面因素的影响,抓住具体工程的特点,选择最合适的支护参数,选用适当长度和数量的锚杆,这样才能最大限度地发挥锚杆支护的作用。

## 9.3　工程示范

### 9.3.1　机制砂喷射混凝土配合比

贵州盘兴高速地区缺少天然河沙,该地区地质主要以石灰石地层为主,机制砂大量应用于工程实践中,取得了良好的效果。本节主要研究了以机制砂为集料的喷射混凝土是否满足锚喷单层衬砌对混凝土性能的要求。

1)喷射混凝土试验材料及性能试验

(1)实验目的

根据现有研究现状,参考国内外类似工程,并结合梨花井隧道特点,提出如下适用于锚喷单层衬砌的喷射混凝土性能控制指标:设计坍落度:80 ~ 120mm;28d 标准养护试件抗压强度不低于 25MPa;早期强度:12h 强度不低于 4.0MPa,1d 强度不低于 8.0MPa;实验室抗渗等级不低于 P10,现场抗渗等级不低于 P8;喷射混凝土回弹率:边墙不应大于 15%,拱部不应大于 20%。

(2)实验材料

试验用水泥为贵州黔桂三合水泥有限责任公司生产的,型号为 P. O. 42. 5 的普通硅酸盐水泥;机制砂采用盘兴高速公路下坡地料场生产的机制砂,表观密度 2. 74g/cm$^3$,堆积密度 1. 61g/cm$^3$,石粉含量为 5. 4%,压碎指标 21%,细度模数 2. 8;碎石采用下坡地料场光面砂,粒径

5~10mm,表观密度2675g/$cm^3$,相对孔隙率40.6%,压碎指标18.6%,含泥量0.6%,碎石表明洁净无污染;硅灰:净重20kg/袋,$SiO_2$含量≥93%;粉煤灰采用贵州名川粉煤灰有限公司生产的I级粉煤灰;液态无碱速凝剂型号TCC766,密度为1.25~1.35g/mL,pH值为4~6,推荐掺量为水泥重量的5%~10%,本次实验用掺量为7%。减水剂采用江苏超力建材科技有限公司生产的CPA系列聚羧酸高性能减水剂,pH值为6~8,氯离子含量小于0.1%,减水率大于等于25%。

(3)试验配合比及基准配合比

在实验室按表9-4进行混凝土配置并制样,按试验标准方法获得如表9-5所示的各配合比工况下的混凝土坍落度和28d抗压强度。试验结果表明(表9-4~表9-6),四种配合比的强度均满足试配强度的要求,可见,在混凝土中掺加粉煤灰和硅粉可有效提高混凝土的抗压强度。通过在混凝土中掺入粉煤灰,可有效调节拌和物和易性,也能降低成本,粉煤灰掺量为胶凝材料的20%时效果较好。掺入硅粉有利于提高混凝土的致密性、提高抗渗性能。通过对混凝土拌和物和易性、坍落度、28d强度进行比较,可见四种配合比中A、B两种配合比的抗压强度较大,同时和易性也较好。因此选择A、B两种配合比作为本试验最终的配合比,并针对A、B两种配合比进行现场试喷和力学性能及抗渗性研究。

**单位体积混凝土拌和物用量**(kg/$m^3$) 表9-4

| 配比 | 水 | 水泥 | 砂 | 石子 | 硅灰 | 粉煤灰 | 减水剂 | 速凝剂 |
|---|---|---|---|---|---|---|---|---|
| A | 152 | 358 | 923 | 823 | — | 90 | 1% | 7% |
| B | 152 | 358 | 923 | 823 | 18 | 72 | 1% | 7% |
| C | 152 | 376 | 923 | 823 | — | 72 | 1% | 7% |
| D | 152 | 448 | 923 | 823 | — | — | 1% | 7% |

**各配合比混凝土的立方体抗压强度试验结果** 表9-5

| 型号 | 28d抗压强度(MPa) | 坍落度(mm) |
|---|---|---|
| A | 32.9 | 120 |
| B | 34.2 | 110 |
| C | 31.2 | 105 |
| D | 30.4 | 100 |

**大板切割抗压强度试验及回弹率测定** 表9-6

| 型号 | 抗压强度(MPa) | 回弹率(%) |
|---|---|---|
| A | 35.5 | 14.7 |
| B | 37.3 | 13.3 |

现场喷射混凝土大板试验获得的抗压强度如表9-6所示。试验结果表明,采用现场喷射大板切割测定的抗压强度完全满足试配强度。对比两种成型方式(喷射和振捣)的抗压强度会发现,采用喷射大板得到的抗压强度要更大。造成这种现象的主要原因有两点:其一,采用湿喷机喷射的混凝土能够使混凝土试块更加密实;其二,在室内通过振动台成型的试块也会由于添加了速凝剂使混凝土快速凝结,造成试块容易产生蜂窝麻面,同时试块也不密实,抗压强度较低。现场测定的回弹率也较低,满足施工要求。

2)喷射混凝土力学性能试验

(1)初期抗压强度

隧道开挖后,喷射混凝土迅速施作,一方面需要保持围岩的稳定,另一方面还要保证混凝土不因自重而剥落,同时能够承受爆破和振动的荷载,因此喷射混凝土的初期抗压强度指标对于单层衬砌结构至关重要。按照《普通混凝土力学性能试验方法标准》(GB/T 50081—2002)中的试验要求,进行喷射混凝土各龄期的抗压强度试验,试验结果见表9-7和表9-8。

抗压强度试验记录表(配合比A) 表9-7

| 试验龄期 | 试块标号 | 破坏压力 $F$(kN) | 计算强度(MPa) | 平均(MPa) |
|---|---|---|---|---|
| 4h | AYH4-1 | 15.84 | 0.7 | 0.8 |
| | AYH4-2 | 20.17 | 0.9 | |
| | AYH4-3 | 17.55 | 0.8 | |
| 12h | AYH12-1 | 254.02 | 11.3 | 11.3 |
| | AYH12-2 | 244.90 | 10.9 | |
| | AYH12-3 | 262.96 | 11.7 | |
| 1d | AYD1-1 | 490.50 | 21.8 | 23.6 |
| | AYD1-2 | 578.25 | 25.7 | |
| | AYD1-3 | 521.00 | 23.2 | |
| 3d | AYD3-1 | 603.05 | 26.8 | 26.1 |
| | AYD3-2 | 587.34 | 26.1 | |
| | AYD3-3 | 569.31 | 25.3 | |
| 7d | AYD7-1 | 652.54 | 29.0 | 27.7 |
| | AYD7-2 | 594.02 | 26.4 | |
| | AYD7-3 | 623.26 | 27.7 | |
| 14d | AYD14-1 | 762.73 | 33.9 | 33.7 |
| | AYD14-2 | 769.51 | 34.2 | |
| | AYD14-3 | 744.77 | 33.1 | |
| 28d | AYD28-1 | 801.01 | 35.6 | 35.5 |
| | AYD28-2 | 767.24 | 34.1 | |
| | AYD28-3 | 830.27 | 36.9 | |

抗压强度试验记录表(配合比B) 表9-8

| 试验龄期 | 试块标号 | 破坏压力 $F$(kN) | 计算强度(MPa) | 平均值(MPa) |
|---|---|---|---|---|
| 4h | BYH4-1 | 11.39 | 0.5 | 0.6 |
| | BYH4-2 | 14.05 | 0.6 | |
| | BYH4-3 | 12.61 | 0.6 | |
| 12h | BYH12-1 | 239.81 | 10.7 | 10.8 |
| | BYH12-2 | 256.78 | 11.4 | |
| | BYH12-3 | 234.62 | 10.4 | |

续上表

| 试验龄期 | 试块标号 | 破坏压力 F(kN) | 计算强度(MPa) | 平均值(MPa) |
|---|---|---|---|---|
| 1d | BYD1-1 | 533.17 | 23.7 | 23.3 |
| | BYD1-2 | 508.69 | 22.6 | |
| | BYD1-3 | 527.81 | 23.5 | |
| 3d | BYD3-1 | 586.73 | 26.1 | 24.9 |
| | BYD3-2 | 545.19 | 24.2 | |
| | BYD3-3 | 546.78 | 24.3 | |
| 7d | BYD7-1 | 641.16 | 28.5 | 28.6 |
| | BYD7-2 | 663.08 | 29.5 | |
| | BYD7-3 | 626.64 | 27.9 | |
| 14d | BYD14-1 | 773.02 | 34.4 | 34.2 |
| | BYD14-2 | 749.81 | 33.3 | |
| | BYD14-3 | 785.45 | 34.9 | |
| 28d | BYD28-1 | 828.47 | 36.4 | 37.3 |
| | BYD28-2 | 839.52 | 37.2 | |
| | BYD28-3 | 861.22 | 38.3 | |

如图9-21所示是两种配合比的混凝土不同龄期的抗压强度柱状比较图。从该图中可以看出,添加硅粉的喷射混凝土(配合比B)的早期强度比不添加硅粉时小,在7d后抗压强度大于只添加粉煤灰的喷射混凝土(配合比A),可见添加硅粉对混凝土强度的影响主要体现在增加其后期强度。

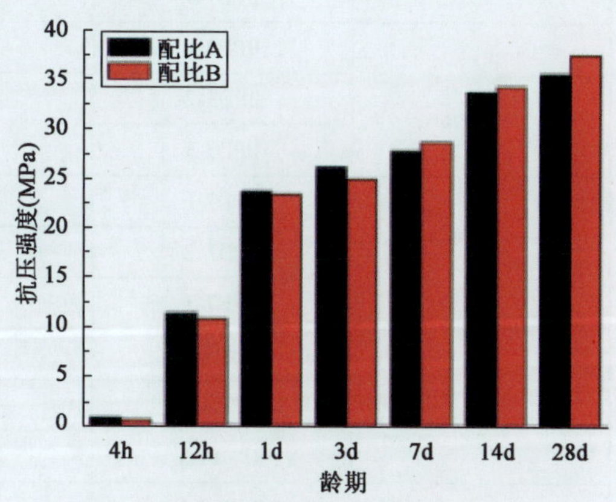

图9-21 喷射混凝土抗压强度

根据《锚杆喷射混凝土支护技术规范》(GB 50086—2001)中规定:喷射混凝土龄期1d的抗压强度不应低于5.0MPa,试验用两种配合比混凝土的1d的抗压强度分别达到了23.6MPa和23.3MPa,满足规范要求。

(2)劈裂强度

劈裂抗拉强度试验记录如表9-9、表9-10所示。

**劈裂抗拉强度试验记录表**(配合比A) 表9-9

| 试验龄期 | 试块标号 | 破坏压力 $F$(kN) | 计算强度(MPa) | 平均值(MPa) |
|---|---|---|---|---|
| 1d | APD1-1 | 72.91 | 2.06 | 2.19 |
| | APD1-2 | 80.44 | 2.28 | |
| | APD1-3 | 78.73 | 2.23 | |

续上表

| 试验龄期 | 试块标号 | 破坏压力 F(kN) | 计算强度(MPa) | 平均值(MPa) |
| --- | --- | --- | --- | --- |
| 3d | APD3-1 | 87.11 | 2.47 | 2.48 |
| | APD3-2 | 88.59 | 2.51 | |
| | APD3-3 | 86.42 | 2.45 | |
| 7d | APD7-1 | 95.38 | 2.70 | 2.70 |
| | APD7-2 | 92.66 | 2.62 | |
| | APD7-3 | 98.51 | 2.79 | |
| 14d | APD14-1 | 124.50 | 3.52 | 3.21 |
| | APD14-2 | 101.46 | 2.87 | |
| | APD14-3 | 114.69 | 3.25 | |
| 28d | APD28-1 | 123.87 | 3.51 | 3.55 |
| | APD28-2 | 138.73 | 3.93 | |
| | APD28-3 | 113.59 | 3.22 | |

**劈裂抗拉强度试验记录表**(配合比 B)　　表 9-10

| 试验龄期 | 试块标号 | 破坏压力 F(kN) | 计算强度(MPa) | 平均值(MPa) |
| --- | --- | --- | --- | --- |
| 1d | BPD1-1 | 83.71 | 2.37 | 2.33 |
| | BPD1-2 | 84.42 | 2.39 | |
| | BPD1-3 | 79.12 | 2.24 | |
| 3d | BPD3-1 | 89.36 | 2.53 | 2.50 |
| | BPD3-2 | 90.42 | 2.56 | |
| | BPD3-3 | 85.48 | 2.42 | |
| 7d | BPD7-1 | 99.96 | 2.83 | 2.92 |
| | BPD7-2 | 107.73 | 3.05 | |
| | BPD7-3 | 102.08 | 2.89 | |
| 14d | BPD14-1 | 120.45 | 3.41 | 3.39 |
| | BPD14-2 | 116.56 | 3.30 | |
| | BPD14-3 | 122.21 | 3.46 | |
| 28d | BPD28-1 | 132.81 | 3.76 | 3.75 |
| | BPD28-2 | 128.22 | 3.63 | |
| | BPD28-3 | 135.99 | 3.85 | |

如图 9-22 所示是两种混凝土不同龄期的劈裂抗拉强度柱状比较图。从该图中可以看出,添加硅粉的喷射混凝土(配合比 B)的早期强度比只添加粉煤灰的喷射混凝土(配合比 A)更大,添加硅粉对混凝土劈裂抗拉强度有明显的提高。

(3)混凝土抗渗试验

结构防水是隧道及地下工程设计施工的一个关键环节,而混凝土的抗渗性能是混凝土结构自防水的一个重要指标。单层衬砌使用耐水性很好的防水混凝土喷层,有利于保证防水质量,施工操作方便,但是在保证强度的前提下对喷射混凝土的抗渗性和耐久性提出了更高的要求。因此混凝土的抗渗性对于单层衬砌的工作性能来说至关重要,需要重点研究。

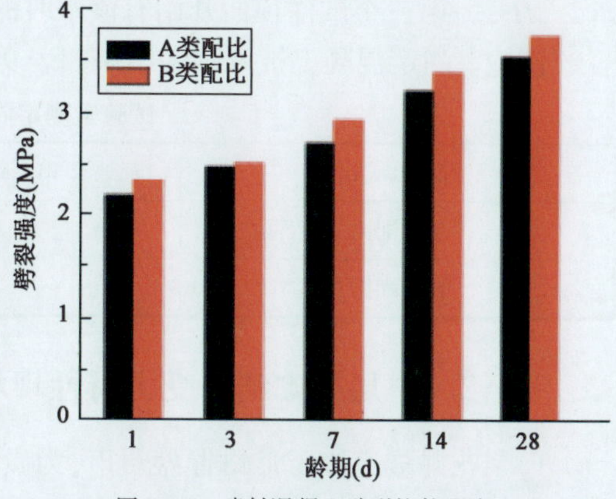

图9-22　喷射混凝土劈裂抗拉强度

抗渗试验的主要方法有渗水高度法和逐级加压法。渗水高度法就是通过测定硬化混凝土在恒定水压作用下的平均渗水高度,以此测定混凝土抗渗能力。逐级加压法是通过逐级加大水压力测定混凝土抗渗等级。本试验采用逐级加压法测量其抗渗性能,具体按以下步骤进行(图9-23):

①试件制作

抗渗试件是圆台,具体尺寸为175mm×185mm×150mm,以6个试件为一组。采用振动台机械振动的方式进行密实,试件成型后24h拆模,拆模后用钢丝刷除去两端的水泥浆膜厚,在标准条件下进行养护,养护时间28d。

②密封装模

试验前一天取出养护试件,用钢丝刷刷去两端面水泥浆膜。在试件侧面涂一层熔化的石蜡进行密封。将试件套放入烘箱进行预热。预热温度应使石蜡接触试件套缓慢融化但不流淌。在螺旋压力机上将试件压入试件套中,使试件与试件套底部平齐,并在试件套冷却后接触压力,连同试件套固定在抗渗仪上进行试验。

③试验过程

打开阀门,调整抗渗仪指针初读数,使水压为0.1MPa。每隔8h增加水压0.1MPa,并且随时注意观察试件端面的渗水情况。当6个试件中有3个试件表面出现渗水时,或者加压至规定压力在8h内6个试件中渗水试件少于3个时,即可停止试验,并记下此时水压力值。

图9-23　抗渗试验过程

④数据处理

根据公式计算试件的抗渗等级:

$$P = 10H - 1$$

式中:$P$——混凝土抗渗等级;

$H$——第三个试件顶面开始有渗水时的水压力。

试验室测定混凝土抗渗试验结果如表 9-11 所示。

试验室测定混凝土抗渗试验结果 表 9-11

| 配合比 | 结束时压强(MPa) | 抗渗等级 |
|---|---|---|
| A 类配比 | 1.2 | S10 |
| B 类配比 | 1.2 | S10 |

## 9.3.2 单层衬砌结构受力特性现场测试及数值模拟

1)梨花井隧道位于贵州省盘州市,为贵州省盘兴高速公路上的一座隧道,该隧道为分离式双向四车道高速公路隧道,设计速度为 80km/h,隧道全长 331m。隧道穿越山体属岩溶中山区。山体连绵,地形坡度变化较大,一般 25°~55°。隧道进口段,斜坡坡度 31°基岩出露,但其后缘斜坡坡度 35°~40°,可见表生溶蚀现象发育,溶蚀裂隙及溶沟多发育,岩体较破碎,其上植被发育一般,农作物以玉米为主;隧道出口段地形坡度 40°,地面的溶蚀裂隙及溶沟不甚发育,岩体较破碎。其纵断面如图 9-24、图 9-25 所示。

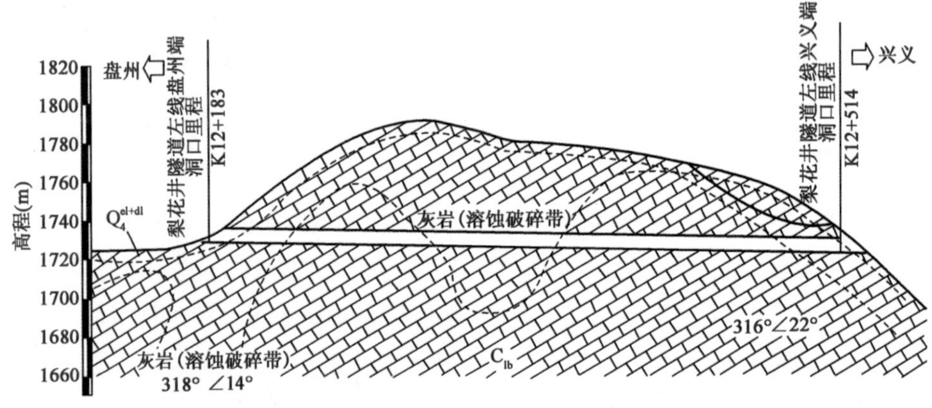


图 9-24 梨花井隧道左洞纵断面图(比例尺:1:2000)

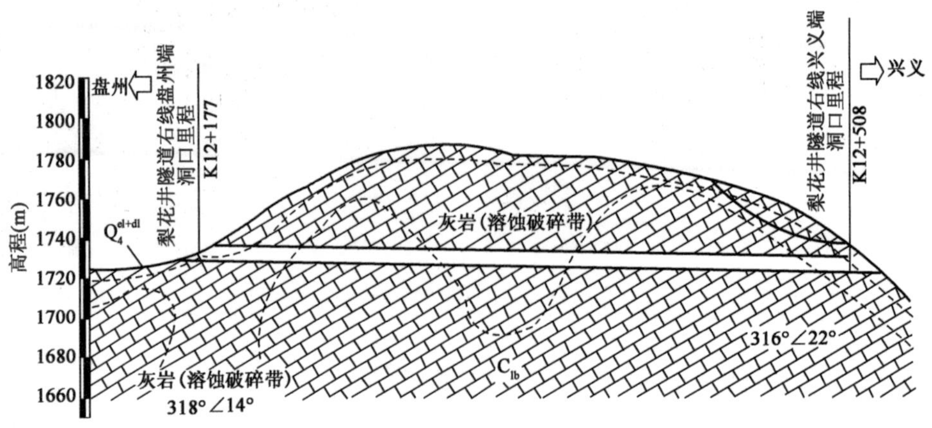


图 9-25 梨花井隧道右洞纵断面图(比例尺:1:2000)

结合梨花井隧道的实际情况，锚喷单层衬砌试验段在梨花井隧道右洞分两段进行，其里程桩号分别为：K12 + 290 ~ K12 + 340，K12 + 430 ~ K12 + 460，如图 9-26 所示。试验段所处地层主要为灰岩，岩质较硬，节理裂隙较发育，呈厚层结构，围岩整体性较好，自稳能力较强，围岩级别为Ⅲ级围岩，采用全断面开挖，试验段最小埋深 39m，最大埋深 55m，原设计支护参数如图 9-27 所示。

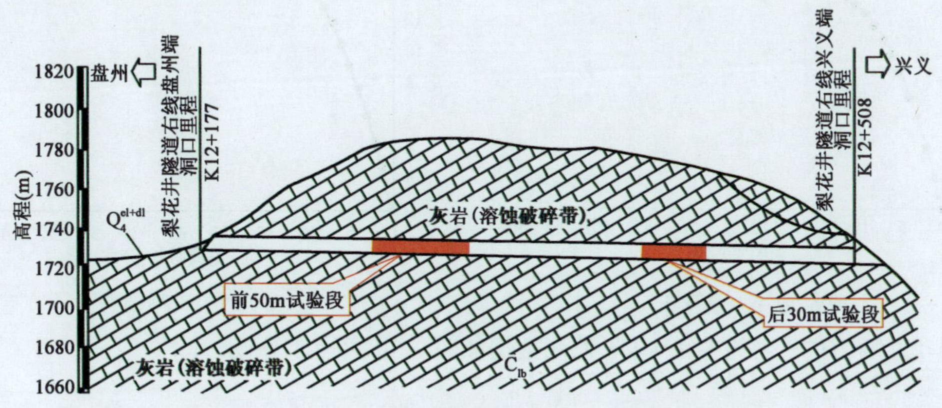


图 9-26 锚喷单层衬砌试验段(比例尺：1∶2000)

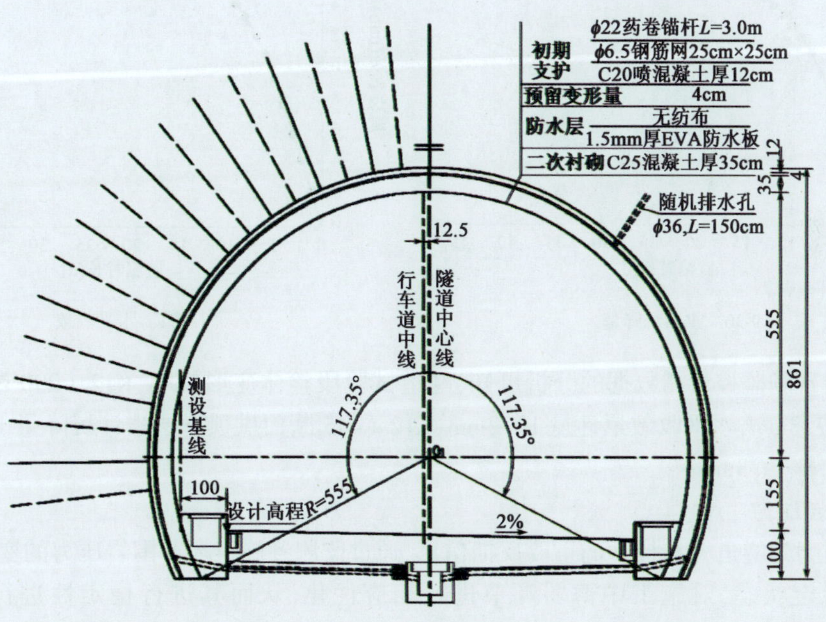


图 9-27 Ⅲ级围岩复合式衬砌支护断面图(尺寸单位：cm；比例尺：1∶2000)

2)锚喷单层衬砌受力特性测试

为全面掌握锚喷单层衬砌试验段的围岩分布特征和结构的受力特征，总计布设了两个典型断面，其里程桩号分别为：K12 + 290 和 K12 + 445。每个断面测试项目有围岩收敛、衬砌内力、衬砌与围岩接触压力、环向钢筋加劲肋内力。

(1)隧道拱顶沉降和周边收敛

梨花井隧道进口右线 K12 +290 监测数据如图 9-28、图 9-29 所示。

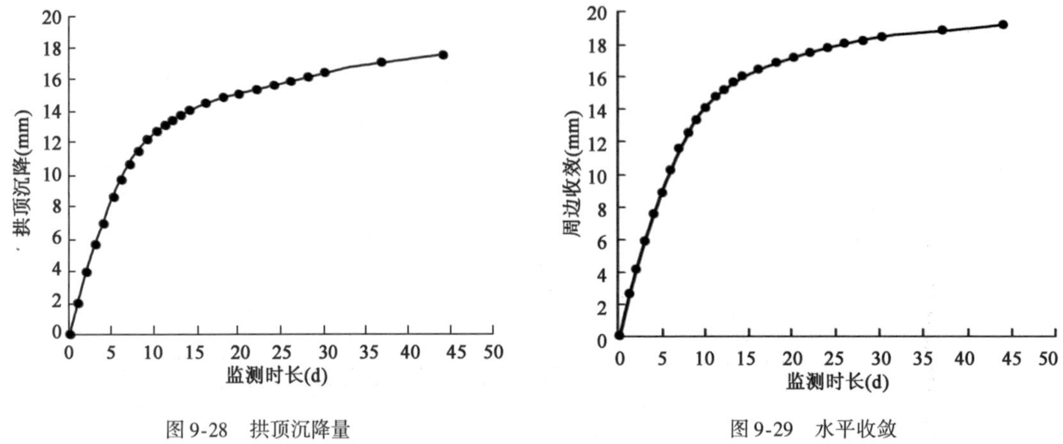


图 9-28　拱顶沉降量　　　图 9-29　水平收敛

梨花井隧道进口右线 K12 +445 监测数据如图 9-30、图 9-31 所示。

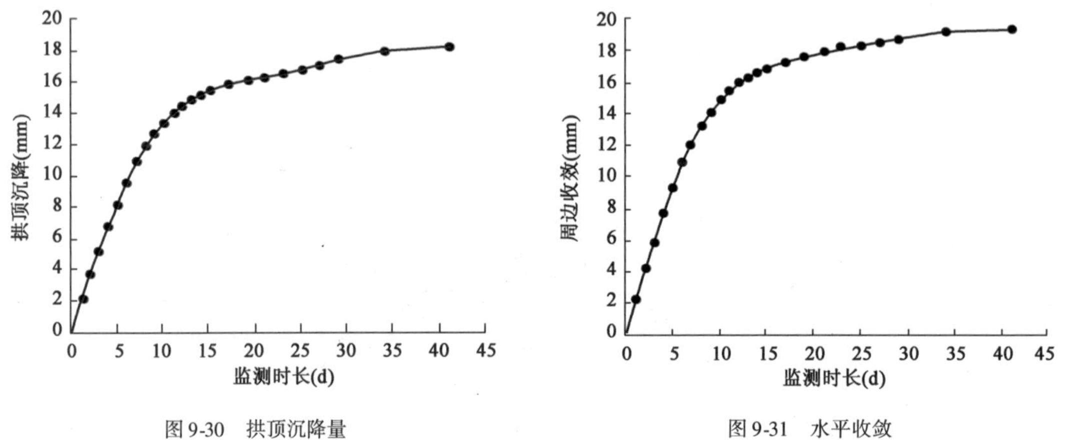


图 9-30　拱顶沉降量　　　图 9-31　水平收敛

通过对现场监控量测数据的分析可知,隧道试验段整体变形较小,K12 +290 断面拱顶累计沉降量 17.8mm,水平收敛累计量 19.2mm,K12 +445 断面拱顶下层累计沉降量 18.2mm,水平收敛累计量 19.3mm。

(2)围岩压力

围岩压力为隧道开挖扰动的重要反馈信息,通过监测各施工环节围岩压力的变化,可及时了解围岩稳定状态,对施工中薄弱环节进行相应优化,从而其进行稳定性进行控制。如图 9-32 ~ 图 9-34 所示。

从图 9-32 和图 9-33 中可以看出,各测点围岩压力随时间缓慢增长,前一周左右围岩压力迅速增加而后略有下降,之后随围岩应力的重分布,围岩压力缓慢增长并于掌子面开挖后 35d 左右逐步趋于稳定。如图 9-34 所示,两个断面的测试数据均显示,隧道围岩压力稳定后,隧道左右两侧拱脚处接触压力明显大于拱顶处接触压力,拱脚处压力为拱顶处的 3 ~4 倍;最大接触压力出现在拱脚处,其值约为 0.097MPa,最小接触压力出现在拱顶处,其值约为0.025MPa,

可见隧道围岩压力整体较小,围岩稳定性较好。

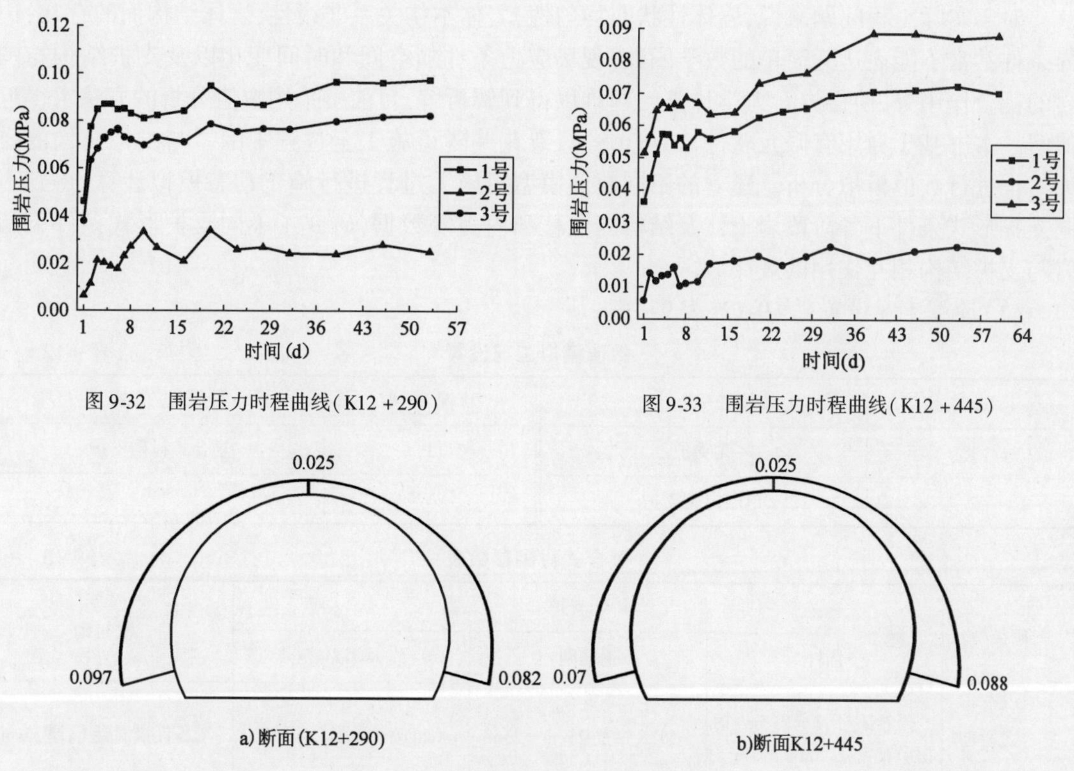


图9-32　围岩压力时程曲线(K12+290)

图9-33　围岩压力时程曲线(K12+445)

图9-34　隧道围岩稳定后压力分布(单位:MPa)

(3)衬砌内力

图9-35、图9-36反映了监测断面喷射混凝土应力随时间的变化情况,从各测点的受力状态来看,喷射混凝土衬砌受力以压应力为主,拱顶处(4号测点)局部出现了拉应力。各测点衬砌内力随时间缓慢增长,前一周左右围岩压力迅速增加而后略有下降,之后随着围岩应力的重分布,缓慢增长逐步趋于稳定;最大压应力为-6.2MPa,位于拱脚处,最大拉应力为1.55MPa,位于边墙处,拉压应力均未超过混凝土设计强度,满足单层衬砌设计要求。

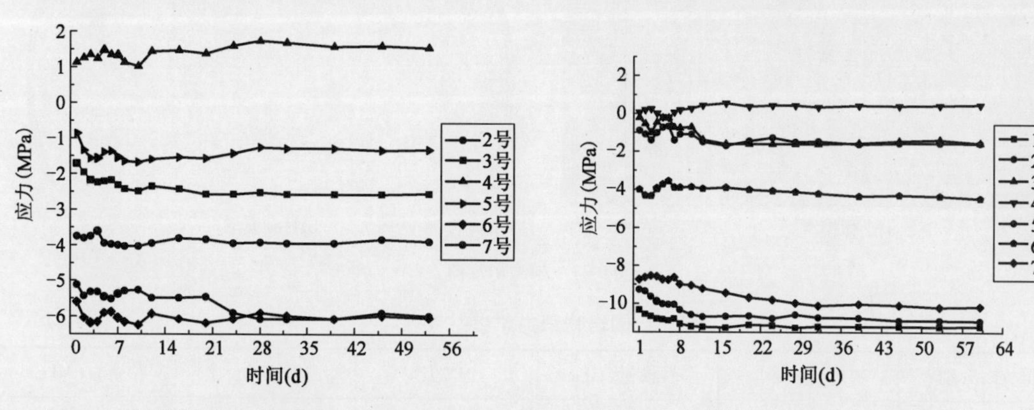


图9-35　单层衬砌内力时程曲线(断面K12+290)

图9-36　单层衬砌内力时程曲线(断面K12+445)

3)隧道锚喷单层衬砌结构受力特性数值模拟

对于实际工程问题来说,岩体性状非均匀性,岩体本构关系非线性,岩体结构面的存在,边界条件常常不能表达为简单的数学函数,现场应力条件随空间和时间变化以及支护结构与围岩的耦合作用等,使得岩石力学计算问题难以得到解析解,目前多采用数值分析的方法求得近似解。本书基于通用有限元软件 ABAQUS,对梨花井隧道施工全过程中围岩与支护结构的受力特征进行数值模拟分析。建立的不同数值模型对施工过程进行施工动态模拟计算,得到不同支护形式条件下各阶段岩土体及结构的位移和内力等数据,研究了不同支护形式条件下围岩与支护结构相互作用的规律。

(1)计算工况设置(表 9-12、表 9-13)。

**数值模拟工况设置** 表 9-12

| 工 况 类 型 | 支 护 方 式 | 工 况 类 型 | 支 护 方 式 |
|---|---|---|---|
| 1 | 无支护 | 3 | 复合式衬砌支护 |
| 2 | 单层衬砌支护 | | |

**复合式衬砌参数表** 表 9-13

| 衬砌类型 | 初期支护 | | | 二次衬砌 |
|---|---|---|---|---|
| | 锚杆 | 钢筋网 | 喷混 | |
| 复合式衬砌 | 药卷锚杆,$L=2.5$m,梅花形布置,1.5m×1.5m | $\phi$6.5 钢筋 25cm×25cm | C20 喷射混凝土,厚 12cm | C25 注模混凝土,厚 35cm |

(2)模型的建立(图 9-37、表 9-14 ~ 表 9-16)。

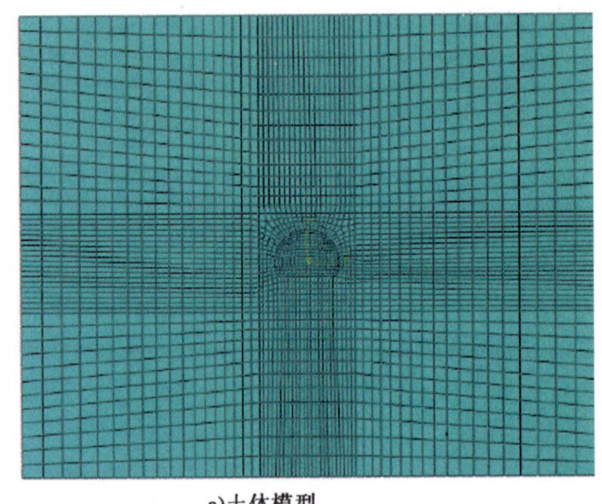

a)土体模型

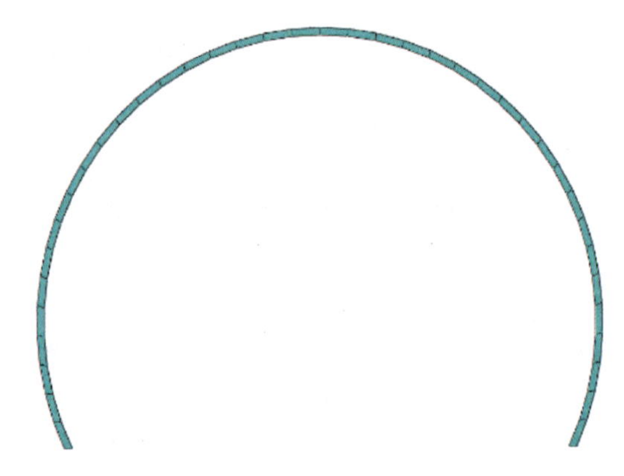

b)衬砌模型

图 9-37 模型示意图

**围岩物理力学参数** 表 9-14

| 围 岩 级 别 | 密度(kg/m$^3$) | 弹性模量(GPa) | 泊松比 | 内摩擦角(°) | 黏聚力(MPa) |
|---|---|---|---|---|---|
| Ⅲ | 2500 | 10 | 0.3 | 38 | 0.8 |

单层衬砌力学参数　　　表 9-15

| 衬　砌 | 弹性模量(GPa) | 泊 松 比 | 密度(kg/m$^3$) | — |
|---|---|---|---|---|
| 喷混 C25 | 23 | 0.2 | 2400 | — |
| 衬砌 | 弹性模量(GPa) | 截面直径(mm) | 抗拉强度(MPa) | 抗压强度(MPa) |
| 加筋肋钢筋 | 20 | 22 | 300 | 300 |

复合式衬砌物理力学参数　　　表 9-16

| 衬　砌 | 弹性模量(GPa) | 泊　松　比 | 密度(kg/m$^3$) |
|---|---|---|---|
| 喷混 C20 | 21 | 0.18 | 2200 |
| 注模 C25 | 28 | 0.2 | 2400 |

(3)数值模拟结果

①围岩变形

通过有限元模型，分析不同的支护形式情况下，围岩位移变化情况，如图 9-38 和图 9-39 所示。

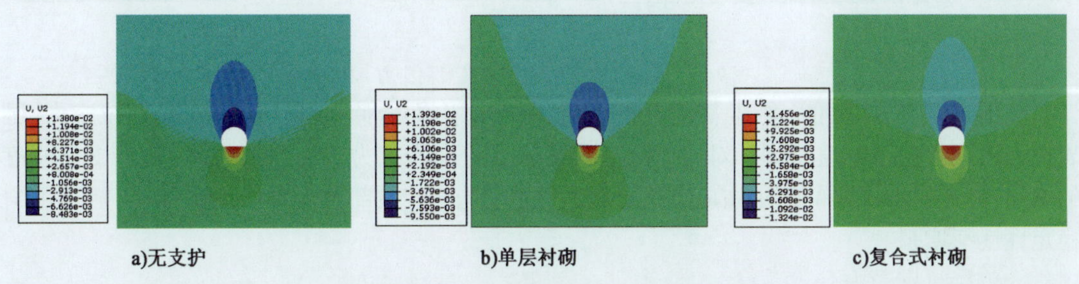


图 9-38　不同支护条件下围岩竖向位移云图

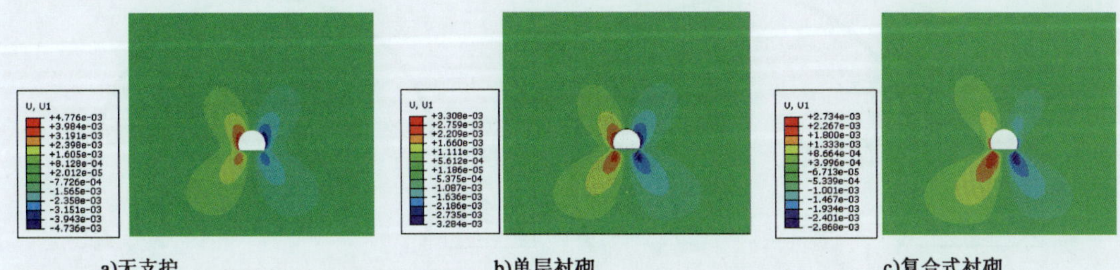


图 9-39　不同支护条件下围岩水平位移云图

分析三种不同支护条件下的拱顶沉降值，无支护时的拱顶最大沉降为 13.2mm，采用单层衬砌支护拱顶最大沉降为 9.6mm，采用复合式衬砌拱顶最大沉降为 8.5mm。复合式衬砌变形较小，单层衬砌较大，采用单层衬砌支护围岩条件下，隧道围岩在约束作用下缓慢变形，体现了单层衬砌柔性支护的特点，既能使围岩不断变形，也能起到约束围岩变形的作用。二次衬砌的刚度较大，对围岩变形的约束作用更强，导致其产生变形较小。

②隧道围岩应力

通过有限元模型,分析不同的支护形式情况下,隧道围岩应力变化情况,如图9-40和图9-41所示。

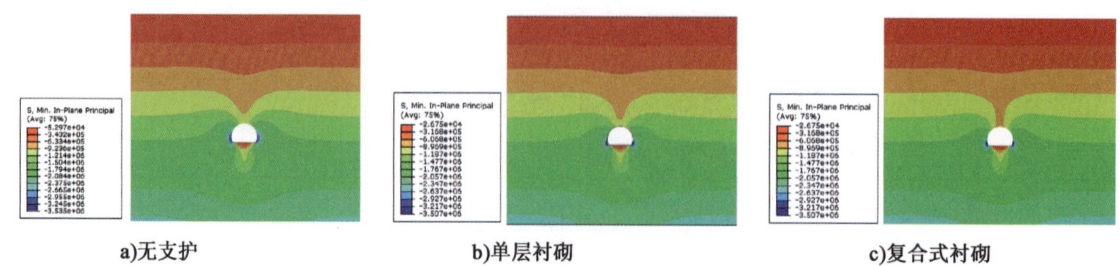


图9-40　不同支护条件下围岩最小主应力云图

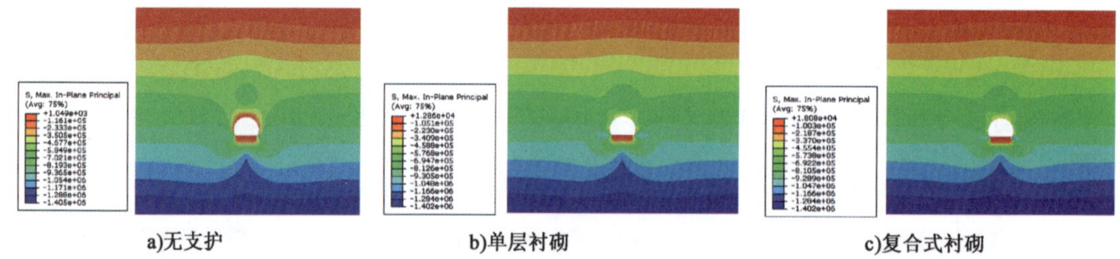


图9-41　不同支护条件下围岩最大主应力云图

从围岩应力云图可以看出,隧道开挖以后,隧道周边围岩仰拱部产生了明显的拉应力,围岩最大压应力位于隧道拱脚。对比不同支护情况下的围岩应力云图,可以看出随着支护刚度的增加,隧道拱部围岩的最小主应力逐渐增大,同时隧道拱顶部位受拉区范围减小,隧道围岩稳定性逐渐增强。

③单层衬砌受力

通过有限元模型,分析锚喷单层衬砌结构应力情况,如图9-42所示。

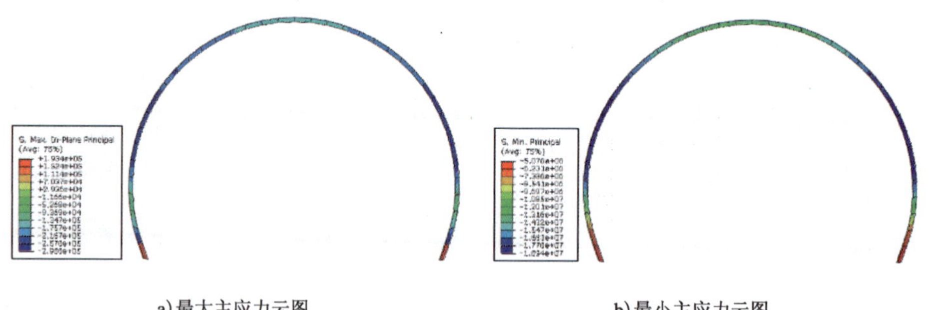


图9-42　单层衬砌应力云图

从应力云图可以看出,隧道采用单层衬砌进行支护时,衬砌结构受力主要以压应力为主,衬砌最大压应力为18.9MPa,位于隧道拱脚处,最小压应力为5.1MPa,位于隧道拱腰。隧道单层衬砌受力主要以拉应力为主,衬砌最大压应力位于隧道拱脚处,拱顶处衬砌受力相对较小,这与现场实测结果相一致,实测结果与数值计算结果得到的衬砌应力均远远低于衬砌的抗拉抗压极限强度,衬砌安全性较好。

④复合式衬砌受力

通过有限元模型,分析复合式衬砌初期支护和二次衬砌的应力情况,如图9-43和图9-44所示。

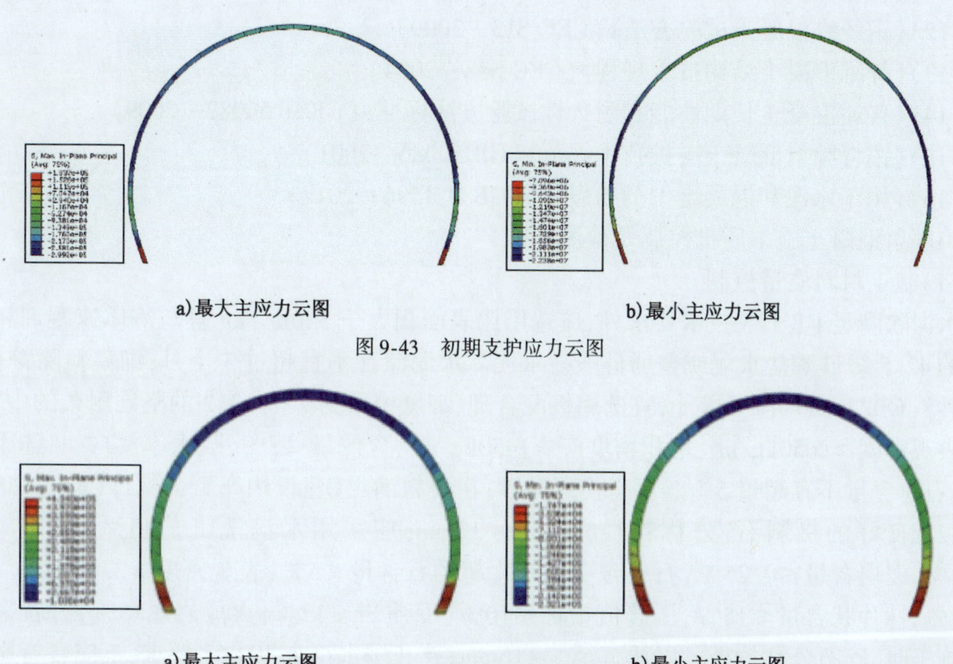

a)最大主应力云图　　b)最小主应力云图

图9-43　初期支护应力云图

a)最大主应力云图　　b)最小主应力云图

图9-44　二次衬砌应力云图

从初期支护应力云图中可以看出,隧道采用单层衬砌进行支护时,复合式衬砌初期支护结构受力主要以压应力为主,衬砌最大压应力为22.3MPa,位于隧道拱脚处,最小压应力为7.1MPa,位于隧道拱腰,这与单层衬砌受力特征类似。

从二次衬砌应力云图可以看出,在此地层条件下,隧道采用复合式衬砌进行支护时,二次衬砌的受力是较小的,衬砌最大压应力为0.23MPa,最小压应力为0.017MPa,受力远远低于衬砌的抗拉抗压极限强度。可见在围岩条件较好的地层中,采用复合式衬砌虽然能保证足够的安全性,但是在经济上是不合理的。

### 9.3.3　锚喷单层衬砌施工质量控制及工程验收标准

1)控制标准

(1)《普通混凝土配合比设计规程》(JGJ 55—2011)

(2)《公路隧道施工技术规范》(JTG F60—2009)

(3)《公路隧道施工技术细则》(JTG/T F60—2009)

(4)《混凝土外加剂应用技术规范》(GB 50119—2013)

(5)《通用硅酸盐水泥》(GB 175—2007)

(6)《混凝土用水标准》(JGJ 63—2006)

(7)《建设用卵石、碎石》(GB/T 14685—2011)

(8)《建设用砂》(GB/T 14684—2011)

(9)《高强高性能混凝土用矿物外加剂》(GB/T 18736—2017)

(10)《喷射混凝土用速凝剂》(JC 477—2005)

(11)《公路工程水泥及水泥混凝土试验规程》(JTG E30—2005)

(12)《钢纤维混凝土试验方法》(CEC S13—2009)

(13)《纤维混凝土结构技术规程》(CEC S38—2004)

(14)《普通混凝土长期性能和耐久性试验方法标准》(GB/T 50082—2009)

(15)《锚杆喷射混凝土支护技术规范》(GB 50086—2001)

(16)《用于水泥和混凝土中的粉煤灰》(GB/T 1596—2017)

2)喷射混凝土施工质量控制及检测标准

(1)施工材料质量控制

水泥除满足 GB 175 技术要求外,应选用比表面积大于 $350m^2/kg$ 且与液体速凝剂相容性较好的 42.5 级硅酸盐水泥或普通硅酸盐水泥。水泥储存不宜超过 3 个月;细集料除符合《建设用砂》(GB/T 14684)要求外,宜选用级配合理,细度模数为 2.7 ~3.2 的坚硬耐久的中粗砂,砂的表观密度≥$2650kg/m^3$,堆积密度应≥$1450kg/m^3$,含泥量≤3%、吸水率≤1%。选用机制砂时,石粉含量不宜超过 5%。不得使用海砂;粗集料满足《建设用卵石、碎石》(GB 14685)要求的级配良好的机制石,公称粒径宜为 5 ~ 12mm,应采用水淘洗工艺和筛分工艺,含泥量≤1%、泥块含量≤0.25%,石粉含量≤5%,超径石含量≤5%,表观密度≥$2.65g/cm^3$,吸水率≤1%,针片状含量≤15%,压碎值指标≤10%(变质岩≤12%,火成岩≤13%)。若采用机械化施工时,碎石公称粒径可以放宽至 5 ~16mm;拌和用水符合 JGJ 63 要求,不应含有影响水泥正常凝结与硬化的有害杂质,不得使用污水及 pH 值小于 4 的酸性水和含硫酸盐量按 $SiO_2$ 计算不大于 0.22% 的水;减水剂除符合 GB 8076、GB 8077 要求外,宜选用减水率 25% 以上、碱含量($Na_2O + 0.658K_2O$) <10%、$Na_2SO_4$ 含量≤10%,氯离子含量 <0.2% 的聚羧酸盐类高效减水剂;液体速凝剂应采用无碱速凝剂。要求黏度 <500MPa · s,且无分层、沉淀较少;要求掺量 <8%,能满足初凝≤5min,终凝≤12min;混凝土 1d 强度 >5MPa,28d 强度保持率在 90% 以上;碱含量≤1%;硅灰 $SiO_2$ 含量≥92%,比表面积≥$18000cm^2/g$,其他性能应符合现行国家标准 GB/T 18736 的有关规定。钢纤维类型有圆直型、熔抽型和剪切型钢纤维,常用钢纤维的弹性模量为 200GPa,抗拉强度为 380 ~1300MPa,极限延伸率 3% ~30%。其长度分为各种不同规格,最佳长径比为 40 ~70。其他性能符合国家行业标准 CEC S38—2004 的有关规定。粉煤灰的等级不应低于Ⅱ级,烧失量不应大于 5%,其他性能应符合现行国家标准GB/T 1596的有关规定。

(2)施工质量控制要点

施工中应该做好以下几点:施工前做好必要的准备工作;喷射混凝土施工需要分区分程进行;控制喷射距离、喷射角度、喷射速度和一次喷射厚度四个环节;加强混凝土养护;混凝土各组分的原料应符合工程要求,严格按照配合比用量,速凝剂在喷射时经湿喷机速凝剂系统按照配比用量加入;接头处结构的连续性;接头处的防水处理。

(3)喷射混凝土施工验收指标

材料必须满足规范或设计要求。喷射前要检查开挖断面的质量,处理好超欠挖。喷射前,岩面必须清洁。喷射混凝土支护应与围岩紧密黏结,结合牢固,喷层厚度应符合要求,不能有空洞,喷层内不容许添加片石和木板等杂物,必要时应进行黏结力测试,喷射混凝土严禁挂模喷射,受喷面必须是原岩面。支护前应做好择水措施,对渗漏水孔洞、缝隙应采取引捧、堵水措施,保证喷射混凝土质量。用钢纤维喷射混凝土时,钢纤维抗拉强度不得低于380MPa,且不得有油渍及明显的锈蚀。钢纤维直径宜为0.3~0.5mm,长度为20~25mm,且不得大于25mm。钢纤维含量宜为混合料质量的1%~3%。

(4)锚杆支护施工质量控制及检测标准

①基本要求:锚杆的材质、类型、规格、数量、质量和性能必须符合设计和规范的要求;锚杆插入孔内的长度不得短于设计长度的95%;砂浆锚杆和注浆锚杆的灌浆强度应不小于设计和规范要求,锚杆孔内灌浆密实饱满;锚杆垫板应满足设计要求,垫板应紧贴围岩,围岩不平时要用M10砂浆填平;锚杆应垂直于开挖轮廓线布设。对沉积岩,锚杆应尽量垂直于岩层面。

②外观鉴定:钻孔方向应尽量与围岩和岩层主要结构面垂直,锚杆垫板与岩面紧贴。

3)平整度控制

锚喷单层衬砌的施工,一方面为了更好地控制喷混凝土的厚度和衬砌总厚度,同时还要保证衬砌的外观质量,即真正实现"内实外美"。为此,单层衬砌喷混凝土的平整度控制是实现"外美"的重要环节,而找平层是平整度控制的关键工序。

(1)平整度控制措施

①埋设标志物

为确保喷射作业的安全和喷混凝土与围岩之间的密贴,首先把可能落下的浮石等清除干净,并用高压风或高压水把待喷面上的灰尘冲洗干净;然后用激光断面仪对整个开挖轮廓进行检测,沿开挖轮廓线准确确定定位点,按每1.0m设一个断面,埋设$\phi6$或$\phi8$的钢筋作为标志,间隔埋设5个钢筋标志(左右侧的墙中、拱脚和拱顶),施工中部分地段全部断面视情况增加钢筋标志,如图9-45所示。

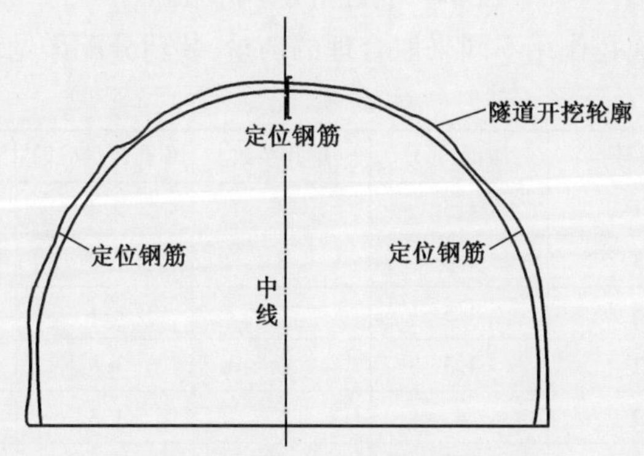


图9-45 单层衬砌平整度控制示意图

②严格控制爆破效果

隧道开挖质量是整个隧道工程质量的第一关,同时隧道的光面爆破也是施工中控制的重点,光面爆破质量的优劣对喷射混凝土质量、断面平整度乃至施工成本、效益等有极其重要的影响。此外,单层衬砌支护技术因平整度要求和超欠挖回填经济性等原因,对此有着更为严格的要求。因此采用单层衬砌施工时要尤为注意做好光面爆破,提高爆破效果。炮眼布置图如图9-46、图9-47所示。

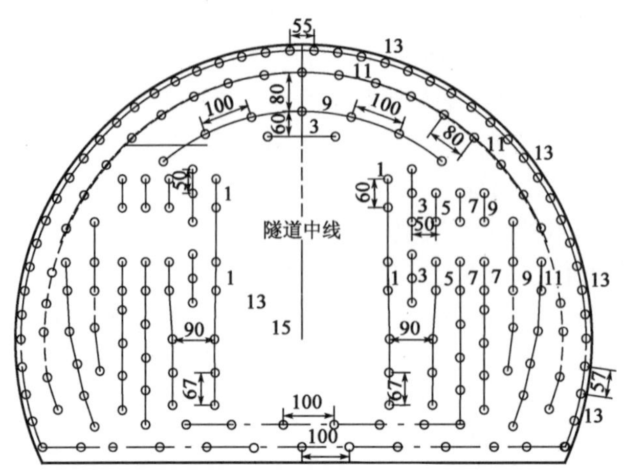


图 9-46　炮眼布置平面图(尺寸单位:cm)

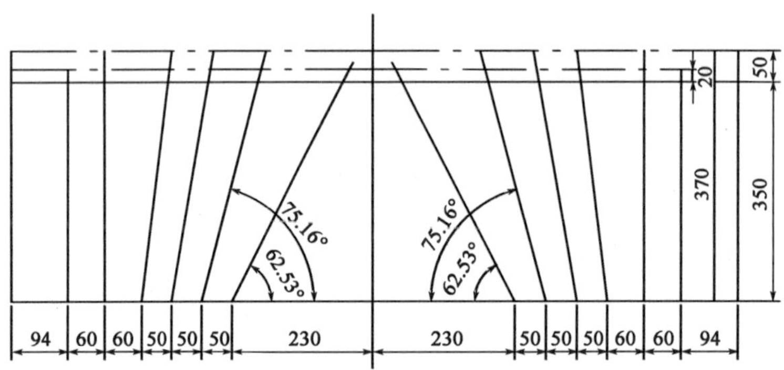


图 9-47　剖面图(尺寸单位:cm)

各单孔药量根据各炮孔作用不同采取合理的药量,装药分配详见表 9-17。

**炸药分配表**　　表 9-17

| 炮眼名称 | 段号 | 眼深(m) | 单孔条数 | 单孔药量(kg) | 个数 | 总药量(kg) |
|---|---|---|---|---|---|---|
| 内掏槽眼 | 1 | 4.5 | 8 | 2.4 | 14 | 33.6 |
| 外掏槽眼 | 3 | 4.8 | 8 | 2.4 | 18 | 43.2 |
| 辅助眼 | 5 | 4.5 | 7 | 2.1 | 16 | 29.4 |
| 扩槽眼 | 7 | 4.3 | 6 | 1.8 | 18 | 32.4 |
| 掘进眼 | 9 | 4 | 5 | 1.5 | 16 | 24 |
| 内圈眼 | 11 | 3.7 | 5 | 1.5 | 27 | 40.5 |
| 周边眼 | 13 | 3.7 | 4 | 1.2 | 46 | 55.2 |
| 二台眼 | 13 | 3.7 | 4 | 1.2 | 12 | 14.4 |
| 底板眼 | 15 | 3.7 | 5 | 1.5 | 14 | 21 |
| 合计 | — | — | — | — | 181 | 293.7 |

采用该爆破方案后,可见隧道开挖轮廓线较圆顺,断面平整度较好。从图中可看出隧道爆破后断面半孔残留明显,半孔率达到 90% 左右,成型良好,超欠挖控制在 80mm 以内,渣石块

度均匀,大块率保持在5%以下。

(2)平整度检测标准

目前,缺乏针对喷射混凝土作为永久支护的平整度控制相关规范。《公路隧道施工技术规范》(JTG F60—2009)中关于复合式衬砌喷射混凝土表面平整度的规定:

$$\frac{D}{L} \leqslant \frac{1}{6}$$

式中:$L$——衬砌表面相邻量凸面间的距离;

$D$——衬砌表面相邻量凸面间凹进去的深度。

## 9.4 应用前景

单层衬砌与复合式衬砌的本质区别就是支护层间不设防水板,通过各混凝土层间径向和纵向上的抗滑移性,使得各混凝土层形成共同承载体系。比复合式衬砌产生的内力要小,所以可适当减薄衬砌厚度,同时也减少了开挖量和衬砌圬工量,节约投资。而且取消了防水板,取而代之的是耐水性很好的防水混凝土喷层,施工操作方便,可保证防水质量,有利于缩短工期。总结得出,与复合式衬砌相比,有如下特点:

(1)整个支护作业是用喷射方法多次完成,从根本上改变了隧道衬砌的施工工艺。

(2)各支护间不设置防水板,一方面可简化施工工序,另一方面可通过各混凝土层形成共同承载体系,提高承载能力。

(3)单层衬砌结构可降低工程造价,缩短工期;同时便于维修养护。

单层衬砌在梨花井隧道付诸实施后,收到了明显的工程效益,为后续山区高速公路隧道工程建设积累经验,预期将具有广泛的推广应用前景。

# 第10章 隧道照明太阳能利用技术

## 10.1 技术背景

随着我国基础建设速度的加快,公路隧道规模越来越大,截至2016年底,全国公路隧道为15181处、1403.97万m,隧道建设规模和速度均居世界首位。而隧道是一种半封闭的结构,需要进行昼夜不间断照明以保证行车安全,从而消耗大量电能,一些路段每公里照明年电费高达40万元。照明用电已成为公路隧道运营中的最大开支,更是营运管理单位的沉重负担。隧道照明设备配得起、用不起,已成为公路运营部门难以化解的共同问题。一些偏远地区为降低运营成本,很多隧道灯甚至常年不开,存在巨大安全隐患。

贵州地处崇山峻岭,受地形限制,贵州高速公路建设桥隧比大,随着贵州公路建设进程的加大,隧道数量日益增多,隧道建设及后期运营能耗问题逐日凸显。盘兴高速公路作为"678"网的第七纵,地处云贵高原,公路沿线隧道众多,共有14座隧道,所有隧道长度均超过200m,全长共16.1km,占路线全长的18.6%,隧道所占比例高,长度大。根据《公路隧道照明设计细则》(JTG/T D70/2-01—2014)规定,长度大于200m的高速公路隧道应设置照明设施,结合盘兴高速公路的隧道数量和长度,盘兴高速公路隧道照明能耗巨大可见一斑,面临的节能压力巨大。

另一方面,随着传统能源的日趋紧缺,党的十七大提出把节约能源资源作为基本国策,发展循环经济,保护生态环境,加快建设资源节能型、环境友好型,促进经济发展与人口、资源、环境相协调。交通运输部副部长冯正霖指出"城市交通要围绕综合交通、智慧交通、绿色交通、平安交通'四个交通'战略目标,着力构建绿色交通体系"。2014年6月,交通运输部召开行业节能减排降碳工作会议,强化节能减排降碳,促进绿色交通发展,力争到2020年基本建成绿色循环低碳交通运输体系。同时,交通运输部副部长王昌顺指出,发展绿色交通是实现交通运输现代化的必然选择,各地区、各部门在要"四个交通"战略导向引领下,全面贯彻落实《2014—2015年节能减排低碳发展行动方案》,加大投入,切实做好交通运输节能减排降碳各项工作。

针对这些问题,本项技术立足于节能减排、发展绿色交通的基本国策,将隧道行车的视觉特性与隧道照明的安全性和节能性有效结合起来,在隧道照明节能设计参数研究的基础上,通过研发一系列具有自主知识产权的创新技术,将洞外太阳光通过反射镜反射和光纤导入技术引入隧道出入口段照明,实现复合式的太阳光直接照明隧道技术,为隧道照明节能减排提供一种全新的新能源利用方案。并且,针对盘兴高速公路交通特点及隧道照明要求,对隧道照明进行节能运营技术研究,在安全前提下为盘兴高速公路实现节能运营管理提供技术支持。该项技术不仅使盘兴高速公路隧道照明在满足人眼视觉特性的前提下与洞外环境亮度及洞内环境保持较高的协调一致性,并且在实现隧道照明绿色低碳的前提下将隧道环境融入当地的自然环境,结合按需照明的节能运营策略,有助于提升隧道照明的品质,从而有效提升贵州省在公路隧道节能减排的设计和管理技术水平,为贵州省公路隧道工程科学、合理、安全、环保、优质建设提供强有力的技术支撑。该技术成果的示范与推广对提高我国道路运营安全水平、降低高速公路隧道运营成本,具有重大的社会效益和经济效益。

## 10.2　技术概要

### 10.2.1　技术原理

隧道照明工程是公路交通的重点耗能工程之一。在我国,目前主要采用不同的电光光源来实现隧道照明的运营安全问题,但由于能耗高,照明安全与节能始终是隧道照明不可化解的矛盾问题,在很大程度上阻碍了我国公路交通照明品质的提升。因此,研发新型、节能的隧道照明技术是支撑我国绿色公路建设发展的重大课题。

太阳光直接照明技术由于不需要消耗传统能源,直接将太阳光从隧道洞外引至隧道内部,理论上具有100%的节能优势,并且与电光照明相比,更具有节能环保、安全健康、布置灵活、便于维护等优点,更可实现其亮度变化与洞外亮度实时一致的优点,已成为隧道照明领域一个新型的节能发展方向。其主要原理如图10-1所示,图中采光系统根据原理不同可采用不同的技术。

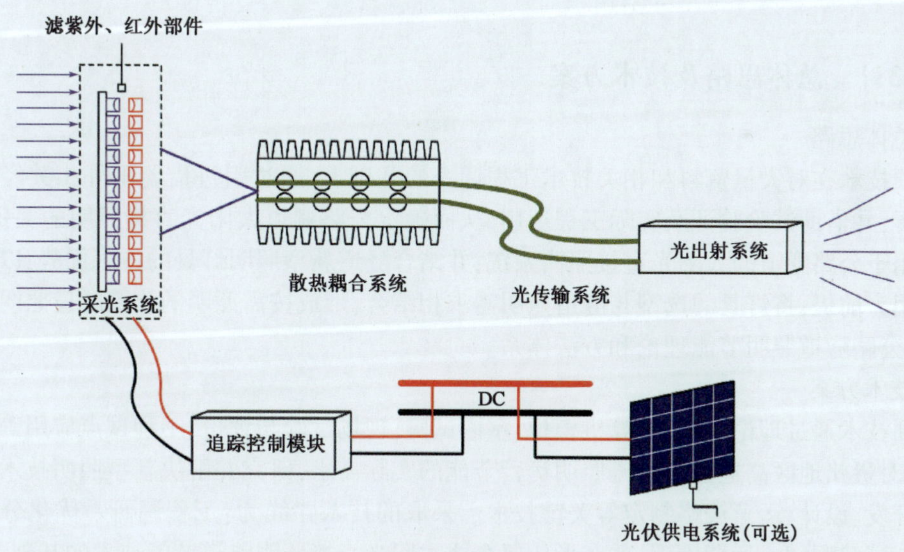


图10-1　太阳光直接照明技术实现原理

在具体应用上,为克服不同天气由于太阳光能的不足实现不同天气下隧道照明的实际需求,可将太阳光直接照明与传统的电光照明相结合,形成系统性的隧道照明节能设计与应用方案,并根据贵州省高速公路交通量特点以及不同季节气候及不同照明时段的隧道照明要求,制定符合隧道行车视觉需求的照明亮度参数,并以此为依据,制定不同照明要求下的隧道照明控制方案,提出利于隧道照明节能的运营管理方法。

### 10.2.2 技术性能

本项技术在制定技术方案和路线的基础上，系统开展了结合太阳光直接照明技术的公路隧道照明的理论研究、技术开发、实验研究与工程应用研究，本项技术的主要性能指标如下：

(1)太阳光直接照明技术是一种新型的隧道绿色照明技术，解决与隧道照明相关的太阳光直接照明系统各组成部分的结构以及对应的性能。

(2)提出不同太阳光直接照明技术在公路隧道内应用的适用条件、适用范围以及相应的照明方式。

(3)结合依托工程的工程特点，提出应用复合式太阳光直接照明技术的实施方案。

(4)结合隧道照明各项节能技术及隧道照明要求，形成按需照明的隧道照明节能与安全的运营管理方案，并根据节能技术的应用现状，形成集成式隧道照明节能评估系统，从而从系统上完善公路隧道节能减排的理论体系和技术方法。

### 10.2.3 应用领域

本项技术是一种革命性的、新型的公路隧道照明节能技术，可广泛应用于新建和改建隧道的建设和运营，也可以在城市地铁车站、城建等建设领域推广应用。

## 10.3 工 程 示 范

### 10.3.1 总体思路及技术方案

1)总体思路

本项技术在对大量资料和相关技术工程调查的基础上，通过引进借鉴国外相关经验结合理论分析，并借助试验验证及实际工程运用，从而确定公路隧道太阳光直接照明的关键技术，开发适用于公路隧道的太阳光直接照明系统；并结合隧道新型照明灯具的技术优势，以太阳光优先利用为前提，将灯具的选型与隧道照明需求相结合，形成按需照明的公路隧道照明运营策略，完善公路隧道照明节能理论和方法体系。

2)技术方案

本项技术通过理论计算、计算机模拟、室内试验、现场试验与评价、工程试点应用等方面的研究，针对贵州地区高速公路隧道照明运营节能的实际需求，研究并解决新型照明技术应用下的技术开发、设计、运营策略制定等关键技术。采取的技术路线为：工程调研→优化分析→系统设计→试验测试→运营管理，并在形成复合式太阳光直接照明隧道节能技术的基础上，进一步形成系统性隧道照明节能设计技术，并建成了系统的按需隧道照明节能运营策略与照明节能评价体系。

### 10.3.2 太阳光直接照明的适应性分析

1)公路隧道照明需求分析

根据隧道行车视觉适应性规律，公路隧道照明需求主要受行车速度、交通量和洞外亮度等因素影响。

(1)车速

影响隧道照明安全与节能的一个重要参数是车速。在实际情况下,隧道设计确认车速和流量通常是相互关联的,预期交通流量高的道路应选择高的设计车速。车速越高,则要求有更好的能见度,因此一般需要更高的亮度。

在隧道照明设计上,设计车速直接影响到停车视距 SD,它是两段道路长度的总和,反应时间内的行驶距离 $x_0$ 和制动时间内的行驶距离 $x$,总的停车视距可由下式表示:

$$\mathrm{SD} = ut_0 + \frac{u^2}{2g(f \pm s)} \tag{10-1}$$

式中:$u$——制动开始时汽车的恒定行驶速度;

$t_0$——反应时间;

$f$——道路与轮胎间的摩擦系数;

$g$——重力加速度;

$s$——坡度,$s=\tan\beta$,由于 $\cos\beta$ 通常接近单位值,因此可以忽略不计。

在交通行为学理论中,通常将反应时间设定为 2.5s,并根据标准湿路面曲线上为 $f$ 取值,作为设计车速的函数,可以得到不同车速下的停车视距,如表 10-1 所示。

**照明停车视距 SD(m)** 表 10-1

| 设计速度 $v_t$ (km/h) | 纵坡 (%) | | | | | | | | |
|---|---|---|---|---|---|---|---|---|---|
| | −4 | −3 | −2 | −1 | 0 | 1 | 2 | 3 | 4 |
| 120 | 260 | 245 | 232 | 221 | 210 | 202 | 193 | 186 | 179 |
| 100 | 179 | 173 | 168 | 163 | 158 | 154 | 149 | 145 | 142 |
| 80 | 112 | 110 | 106 | 103 | 100 | 98 | 95 | 93 | 90 |
| 60 | 62 | 60 | 58 | 57 | 56 | 55 | 54 | 53 | 52 |
| 40 | 29 | 28 | 27 | 27 | 26 | 26 | 25 | 25 | 25 |
| 20~30 | 20 | 20 | 20 | 20 | 20 | 20 | 20 | 20 | 20 |

停车视距 SD 的不同,不管采用洞外亮度法还是光幕亮度法,均会导致视场范围内的亮度影响区域增大。图 10-2 采用洞外亮度法时,不同停车视距下驾驶员在 $L_{20}$ 视场范围内,所观察

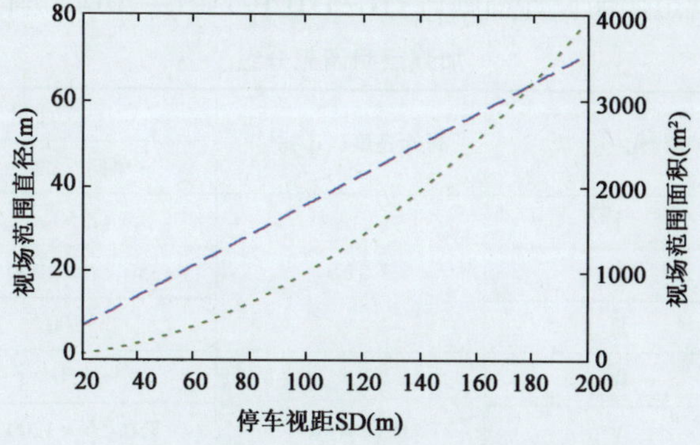


图 10-2 $L_{20}$(S)法不同停车视距下的视场范围直径和视场范围面积

区域的直径及视场面积，随着停车视距的增加，视场范围及观察面积随之增加，对应的不同建筑物比例不同，从而所观测到的洞外亮度值就不同。一般情况下，随着观测区域的增加，洞外亮度测量值就会增加，特别是视场范围内天空比例不为 0 的时候。图 10-3 为隧道实际测量的不同停车视距下的洞外亮度测量值。

a) $L_{20}$(S)=1220cd/m²

b) $L_{20}$(S)=1850cd/m²

图 10-3　不同停车视距下的隧道洞外亮度值

因此，在隧道照明需求确立中，通常根据设计车速在进行照明设计参数的取值，在我国《公路隧道照明设计细则》(JTG/T D70/2-01—2014)中，亮度折减系数 $k$ 直接与设计车速相关。

(2)交通量

在隧道交通行为中，在交通量很小，车辆处于自由行驶状态，基本不可能发生尾撞或占道超车的情况，故照明需求较低；随着交通量的增大，车辆不能完全自由行驶，可能有占道超车行为发生，故照明需求大。

因此，在交通量未处于饱和状态时，车辆处于自由行驶或非自由行驶状态，并且行驶车道存有安全行驶间隙，此时对于设计速度一定的隧道，照明需求随交通量的增加而增加，在具体设计上，可根据《公路隧道照明设计细则》(JTG/T D70/2-01—2014)进行设计(表 10-2)。

**加强照明调光分级**　　表 10-2

| 季节及天气 | 调光分级 | 洞外亮度(cd/m²) | 交通量 $N$[veh/(h·ln)] | |
|---|---|---|---|---|
| | | | 单向交通 | 双向交通 |
| 夏季晴天 | Ⅰ | $L_{20}$(S) | ≤350 | ≤180 |
| | Ⅱ | | 350 < $N$ < 1200 | 180 < $N$ < 650 |
| | Ⅲ | | ≥1200 | ≥650 |
| 其他季节晴天/夏季云天 | Ⅳ | 0.5$L_{20}$(S) | ≤350 | ≤180 |
| | Ⅴ | | 350 < $N$ < 1200 | 180 < $N$ < 650 |
| | Ⅵ | | ≥1200 | ≥650 |

续上表

| 季节及天气 | 调 光 分 级 | 洞外亮度(cd/m²) | 交通量 N[veh/(h·ln)] | |
|---|---|---|---|---|
| | | | 单向交通 | 双向交通 |
| 其他季节云天/夏季阴天 | Ⅶ | $0.25L_{20}(S)$ | ≤350 | ≤180 |
| | Ⅷ | | 350 < N < 1200 | 180 < N < 650 |
| | Ⅸ | | ≥1200 | ≥650 |
| 其他季节阴天/重阴天 | Ⅹ | $0.13L_{20}(S)$ | ≤350 | ≤180 |
| | Ⅺ | | 350 < N < 1200 | 180 < N < 650 |
| | Ⅻ | | ≥1200 | ≥650 |

因此,结合交通量和设计车速,公路隧道照明需求确定的中设计参数——亮度折减系数 $k$ 由交通量和车速共同决定,即由表10-3取值。

**入口段亮度折减系数 k**　　表10-3

| 设计小时交通量 N[veh/(h·ln)] | | 设计速度 $v_t$(km/h) | | | | |
|---|---|---|---|---|---|---|
| 单向交通 | 双向交通 | 120 | 100 | 80 | 60 | 20~40 |
| ≥1200 | ≥650 | 0.070 | 0.045 | 0.035 | 0.022 | 0.012 |
| ≤350 | ≤180 | 0.050 | 0.035 | 0.025 | 0.015 | 0.010 |

注:当交通量在其中间值时,按线性内插取值。

(3)洞外亮度

另一影响隧道照明的重要参数是洞外亮度,洞外亮度主要与隧道洞口环境有关,不同的洞口环境组成不同,对洞外亮度的取值影响很大。如图10-4所示。公路隧道洞外亮度 $L_{20}(S)$ 是由国际照明委员会(CIE)提出并定义的,欧美、日本一般按照该定义制定本国设计规范,我国《公路隧道照明设计细则》(JTG/T D70/2-01—2014)也参照CIE技术指南制定。

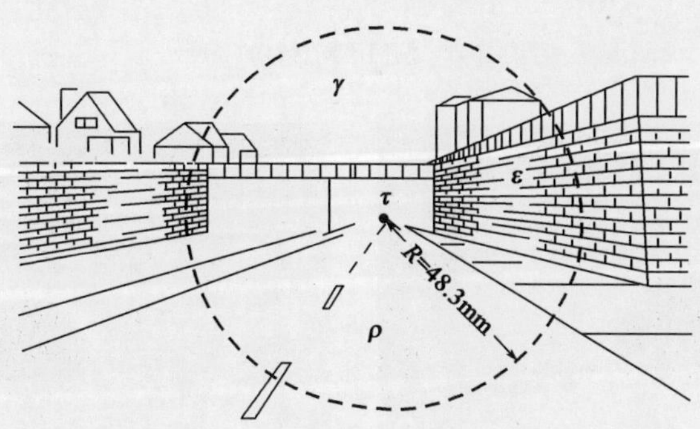


图10-4　洞外亮度计算范围示意图

不同洞门环境构成对洞外亮度的影响不同,根据现场实测,在晴天状态下洞门不同材料的亮度如图10-5所示。

由于不同洞门环境构成直接影响了洞外亮度的取值,通过对典型的隧道进行洞外亮度实测,如图10-6所示。

a)深色绿化600cd/$m^2$

b)浅色绿化1400cd/$m^2$

c)深色护坡800cd/$m^3$

d)浅色护坡1200cd/$m^2$

e)深色端墙1000cd/$m^2$

f)浅色端墙3800cd/$m^2$

g)深色护坡1500cd/$m^2$

h)浅色护坡2500cd/$m^2$

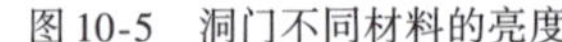

图 10-5　洞门不同材料的亮度

a)3403cd/$m^2$

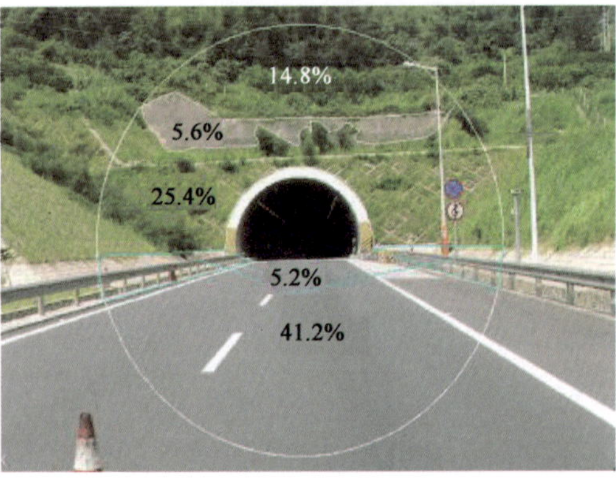


b)2795cd/$m^2$

图 10-6　不同洞门结构的洞外亮度测量值

显然，在相同天气情况下，洞门环境为植被为主的洞外亮度值要低于端墙式洞门的洞外亮度值。

根据隧道照明环境对洞外亮度的影响分析结果，在采用合理的洞门环境设计之后，不同的洞外亮度直接影响了隧道照明的节能效果。表 10-4 表明了洞外亮度取值降低所带来的营运电费减少，即节能效益。

**照明系统节能效益对比表**（沥青路面）　　表 10-4

| $L_{20}$(S)取值 (cd/m²) | 5000 | 4500 | 4000 | 3500 | 3000 | 2500 | 2000 |
|---|---|---|---|---|---|---|---|
| 5000 | — | -10.03% | -18.81% | -28.37% | -39.42% | -45.45% | -54.70% |
| 4500 | — | — | -9.76% | -20.38% | -32.67% | -39.37% | -49.65% |
| 4000 | — | — | — | -11.78% | -25.39% | -32.82% | -44.21% |
| 3500 | — | — | — | — | -15.43% | -23.85% | -36.76% |
| 3000 | — | — | — | — | — | -9.96% | -25.23% |
| 2500 | — | — | — | — | — | — | -16.95% |

当洞外亮度取值从 4000cd/m² 降至 3000cd/m² 时，照明能耗可以节约 25% 以上，如采用减光设施使洞外亮度减至 2000cd/m²，照明能耗的节约可达 40% 以上。因此，在隧道照明设计中必须根据隧道洞口实际情况对洞外亮度进行合理取值，同时根据隧道所在位置进行洞外减光设施的合理设计，可以大幅度减少电能的耗费、保护环境，也节约了隧道的营运电费，带来巨大的节能效益和经济效益。

2）隧道太阳光直接照明系统适用范围的确定

本书从技术参数的角度研究隧道太阳光直接照明系统的使用范围。根据大气光学理论，地面太阳直射光的法向照度为：

$$E_n = E_0 \tau^m \tag{10-2}$$

式中：$E_n$——地面太阳法向照度；

$E_0$——大气层外太阳法向照度常数，随日地距离的变化而变化，可取其平均值为 126800 lx；

$\tau$——大气透光率，非常晴朗时取 0.85，一般晴天取 0.75，霾较多的晴天取 0.55；

$m$——大气光学质量，$m = \csc h_s = \dfrac{1}{\sin h_s}$，其中，$h_s$ 为太阳高度角。

为了便于分析计算，以太阳高度角 $h_s = 90°$ 为例进行分析计算，此时 $m = 1$，式(10-3)为：

$$E_n = E_0 \tau \tag{10-3}$$

太阳光直接照明系统适用的地面太阳法向照度 $E_n$ 为 98000lx，即适用的大气透过率 $\tau$ 为：

$$\tau = \frac{E_n}{E_0} = \frac{98000}{126800} \approx 0.77 \tag{10-4}$$

即基本适用于一般晴天（$\tau = 0.75$）以上的条件。

根据《公路隧道照明设计细则》（JTG/T D70/2-01—2014），隧道照明需求与洞外亮度、设计车速及交通量等因素有关，隧道入口段亮度由亮度折减系数和洞外亮度决定。

假定某一隧道洞外亮度为 $L_{20}$(S),根据《公路隧道设计细则》规定,隧道两侧 2m 高范围内的平均亮度,不宜低于路面平均亮度的 60%。因此,隧道的光通量要求可用下式表示:

$$
\begin{aligned}
\Phi_s &= \Phi_r + \Phi_w \\
&= (E_{th} \cdot S_{th} + E_{tr} \cdot S_{tr} + E_{in} \cdot S_{in} + E_{ex} \cdot S_{ex}) + (E_{th\cdot w} \cdot S_{th\cdot w} + E_{tr\cdot w} \cdot S_{tr\cdot w} + E_{in\cdot w} \cdot S_{in\cdot w} + \\
&\quad E_{ex\cdot w} \cdot S_{ex\cdot w}) \\
&= (E_{th} \cdot WD_{th} + E_{tr} \cdot WD_{tr} + E_{.} \cdot WD_{in} + E_{ex} \cdot WD_{ex}) + 2 \times 0.6 \times \\
&\quad (E_{th} \cdot h_W \cdot D_{th} + E_{tr} \cdot h_W \cdot D_{tr} + E_{in} \cdot h_W D_{in} + E_{ex} \cdot h_W D_{ex}) \\
&= (W + 1.2h_W)(E_{th} \cdot D_{th} + E_{tr} \cdot D_{tr} + E_{in} \cdot D_{in} + E_{ex} \cdot D_{ex})
\end{aligned}
\tag{10-5}
$$

式中: $E_{th}$——表示入口段路面照度, $E_{th} = 0.2qL_{th} = 0.2qkL_{20}$ (S);

$E_{tr}$、$E_{in}$、$E_{ex}$——过渡段、中间段和出口段路面照度,由交通量和设计时速决定;

$D_{th}$、$D_{tr}$、$D_{in}$、$D_{ex}$——隧道入口段、过渡段、中间段和出口段长度;

$W$——隧道路面宽度;

$\Phi_s$——该短隧道所需总光通量;

$\Phi_r$——路面所需光通量;

$\Phi_w$——两侧墙面所需光通量;

$k$——亮度折减系数;

$q$——平均亮度与平均换算系数,不同材质的路面该换算系数不同;

$h_W$——墙面高度,根据《公路隧道照明设计细则》(JTG/T D70-2-01—2014)要求取 2m。

根据式(10-5),只要隧道洞外亮度、设计车速、交通量、隧道结构已知,该短隧道的照明需求就可以获得。

由于不同地区太阳辐射强度不同,地理纬度和太阳高度不同,当地的太阳辐射强度不同,加之不同隧道的设计参数及工况不同,对应的照明需求亦不同。因此,在采用太阳光直接照明系统时,需综合考虑当地的实际情况和隧道的照明需求,进行太阳光直接照明系统的规模设置分析,为系统的设计安装提供工程依据。

以上述隧道为例,在式(10-5)所示的隧道照明光通量需求情况下,假定当地太阳辐射直接照度为 $E_s$,在现有太阳光直接照明技术前提下,假定在光传输过程中,太阳光采集系统的光透过率为 $\eta_1$,光耦合传输效率为 $\eta_2$,光出射效率为 $\eta_3$。在满足上述隧道照明需求前提下太阳光光纤照明系统的规模为 $S$,根据式(10-5)可以得出太阳光直接照明系统与隧道照明需求之间的关系,具体如式(10-6)表示:

$$E_s \cdot S \cdot \eta_1 \cdot \eta_2 \cdot \eta_3 \cdot M \cdot \eta = \Phi_s \tag{10-6}$$

式中:$M$——灯具的维护系数;

$\eta$——灯具的利用系数。

所需太阳光直接照明系统,即:

$$S = \frac{\Phi_s}{E_s \cdot \eta_1 \cdot \eta_2 \cdot \eta_3 \cdot M \cdot \eta} \tag{10-7}$$

以某一隧道为例，该隧道长为206m，设计速度80km/h，洞外亮度取值2500cd/m$^2$，亮度折减系数为0.025。根据《公路隧道照明设计细则》(JTG/T D70/2-01—2014)规定，入口段1的亮度取值为12.5cd/m$^2$，$E_{th1}$ = 187.5lx，入口段2的亮度取值为6.25cd/m$^2$，$E_{th2}$ = 93.25lx，中间段亮度取值为2cd/m$^2$，$E_{in}$ = 30lx，出口段1和出口段2的照度分别为90lx和150lx，当地在2500cd/m$^2$的洞外亮度的太阳辐射照度为60000lx。可得太阳光直接照明系统的规模为$S$ = 20.38m$^2$。根据每套太阳光直接照明系统的采光面积，即可得到系统的装机规模。

从上述计算可以看出，对于任一隧道，只要隧道结构和长度已知，如果该隧道照明全部由直接照明系统提供，则可根据上式得出所需的太阳光直接照明系统的规模。根据规模大小和经济性情况确定其适用性。

3)隧道太阳光直接照明的构成及照明方式研究

太阳光光纤照明技术的应用原则与当地的太阳资源或日照条件、洞口日照时间长度和是否具备采光器安装条件等因素有关。

(1)当地太阳光资源条件

由于我国不同地区光气候差别较大，总体太阳光资源较为丰富，其中有2/3以上地区年日照时数大于2000h，年辐射量在5000MJ/m$^2$。通常对于不同地区的年辐射量有两种表达方式，即年辐射量(以MJ/m$^2$表示)和年平均总照度(以klx表示)，辐射量通常针对全光谱范围能量而言，照度只针对可见光范围的光能而言。其中，年辐射量$\Phi_s = \sum_i \int S_0 P_i^{\frac{1}{\sin h_i}} \sin h_i$，$i$表示一年中的每一天，$\int$表示对每一天的辐射量进行积分；年平均总照度$\overline{E_s} = \frac{1}{N}\sum_{i=1}^{N} E_0 P^{\frac{1}{\sin h_i}}$。年辐射量$\Phi_s$和年平均总照度$\overline{E_s}$之间的关系可用$\overline{E_s} = \frac{1}{N} 683 \int_{380}^{780} \Phi_s V(\lambda)\phi_e(\lambda)\mathrm{d}\lambda$表示，其中$N$表示采集的数据数量。

采用太阳光直接照明技术的原则须与经济性建立一定的联系。由于采用该技术可以实现入口段的亮度变化与洞外亮度变化实时一致的特点，因此，最常见的是将该技术用于入口段，因此，在判断其适用性原则上，通常将其用于入口段时在一定的生命周期内与电光照明技术相比，确定其适应性原则。

对于某一隧道，如入口段的照度要求为$E_{th}$，长度为$L_{th}$，则入口段的光通量需求为：

$$\Phi_{th} = a\rho k L_{20}(\mathrm{S}) \times (W + 2 \times 0.6 \times 2) \times L \tag{10-8}$$

式中：$a$——不同短隧道的入口段亮度折减系数；

$W$——隧道路面宽度。

对于该光通量要求的隧道入口段，如果采用电光照明，则$N$年内电光照明系统的成本(包括建设费和运营费)$M_{ds}$可表示为：

$$M_{ds} = \frac{\Phi_{th}}{w\eta} \cdot m_{dg} + M_{dp} + M_{dw} \tag{10-9}$$

式中：$w$——灯具的维护系数；

$\eta$——灯具效能(lm/W)；

$m_{dg}$——灯具的单价(元/W)；

$M_{dp}$ ——电光照明系统配电箱及电缆等建设成本;

$M_{dw}$ ——电光照明系统 $N$ 年内的运营成本,包括运营电费和维护费。

如果采用太阳光直接照明系统,则系统的成本可表示为:

$$M_{ts} = \frac{\Phi_{th}}{\eta_t \cdot \overline{E_s} \cdot S_t} \cdot p_{tc} + \frac{L_{th}}{2} \cdot \frac{\Phi_{th}}{\eta_t \cdot \overline{E_s} \cdot S_t} \cdot n_t \cdot p_{tg} + \frac{\Phi_{th}}{\eta_t \cdot \overline{E_s} \cdot S_t} \cdot n_t \cdot p_{tw} + \frac{\Phi_{th}}{\eta_t \cdot \overline{E_s} \cdot S_t} \cdot m_t \cdot N \tag{10-10}$$

式中:$\eta_t$ ——太阳光直接照明系统的光能利用率;

$S_t$ ——每套太阳光阳光采集器的采光面积;

$p_{tc}$ ——阳光采集器的单价;

$n_t$ ——每套阳光采集器所连的出射系统数量;

$p_{tg}$ ——传输系统单价(元/m);

$p_{tw}$ ——出射系统单价;

$m_t$ ——每套阳光采集器每年的维护成本。

由于太阳光直接照明系统不需要消耗传统能源,其节能性是毋庸置疑的,要体现该系统的经济性,只需在 $N$ 年的运营期内保证 $M_{ts} \leqslant M_{ds}$ 即可,由于 $M_{ts}$ 与年平均总照度 $\overline{E_s}$ 相关,从而可得出采用太阳光直接照明系统的太阳光资源条件:

$$\overline{E_s} \geqslant \frac{\Phi_{th} \cdot \left(p_{tc} + \frac{L_{th}}{2} \cdot n_t \cdot p_{tg} + n_t \cdot p_{tw} + m_t \cdot N\right)}{\left(\frac{\Phi_{th}}{w \cdot \eta} \cdot m_{dg} + M_{dp} + M_{dw}\right) \cdot \eta_t \cdot S_t} \tag{10-11}$$

本书研究以 10 年周期为例,分析了某隧道入口段采用太阳光直接照明系统时,保证系统经济性的太阳光照资源条件为 $\overline{E_s} \geqslant 40000\text{lx}$。

(2)安装条件选择原则

太阳光直接照明的安装主要涉及阳光采集器、传输系统和出射系统的安装,因此其安装条件也跟这三部分有关。其中对安装条件需求最高的是阳光采集器。

为保证在日照较强时,太阳光直接系统可以起到补偿入口段的视觉适应性需求,就必须要求阳光采集器可以接受充足的阳光,根据不同隧址的地理位置和隧道朝向,要求隧道洞外阳光充足时,隧道入口段的光照可以与洞外亮度相协调。因此,阳光采集器应布置于隧道洞口阳光不被山体遮挡区域,受照时间大于当地整体日照时间的 70% 以上,且保证洞外有较大的安装平面安装所需的采集器数量,使得相邻两台阳光采集器的布置间距不应小于 1m。

### 10.3.3 公路隧道太阳光直接照明系统开发

1)太阳光光纤照明系统开发

太阳光光纤照明是通过光纤把自然光引至指定区域的一种照明方式。光纤照明的发展主要取决于光纤的发展,光纤照明系统是由聚光装置、传导装置(光纤)和光输出装置(尾灯)组成,如图 10-7 所示。光纤照明的基本原理是光纤与光源耦合,太阳光透过聚光装置耦合到传导装置(光纤)中,并在光纤不同折射率的芯皮界面上发生全发射,以实现其在光纤中传输,并通过与光输出装置(尾灯)组合,使输出光达到所需的照明效果。

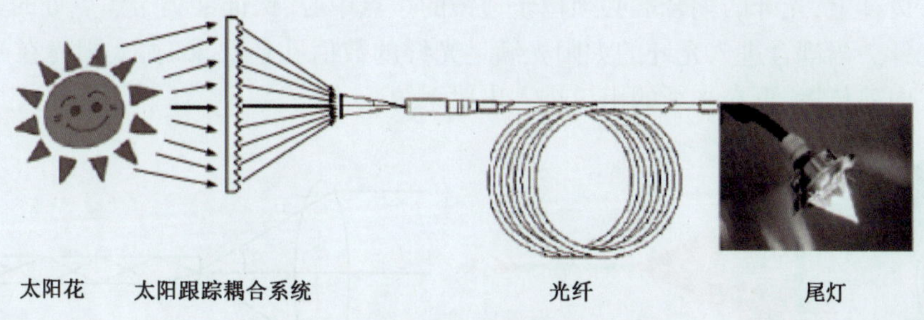


图 10-7　太阳光光纤照明系统结构示意图

根据公路隧道高光能的照明需求,目前国内外所有的太阳光光纤照明系统均存在光能利用率低的问题,因此,针对公路隧道太阳光直接照明的技术发展,专门进行了高光能的太阳光光纤照明系统的研发。

(1)太阳光采光照明系统

目前,国内外用于太阳光光纤系统的阳光采集器所用透镜有菲涅尔透镜和光学玻璃透镜两种,不同生产厂家根据用户需求不同采用不同的透镜,主要分为小尺寸光学玻璃透镜和大尺寸菲涅尔透镜,图 10-8 和图 10-9 分别为小尺寸光学玻璃透镜和大尺寸菲涅耳透镜结构的阳光采集器,但由于分别受到光学加工工艺条件和成本限制以及性能限制,不管哪一类采光器均存在光能采集率低的问题。

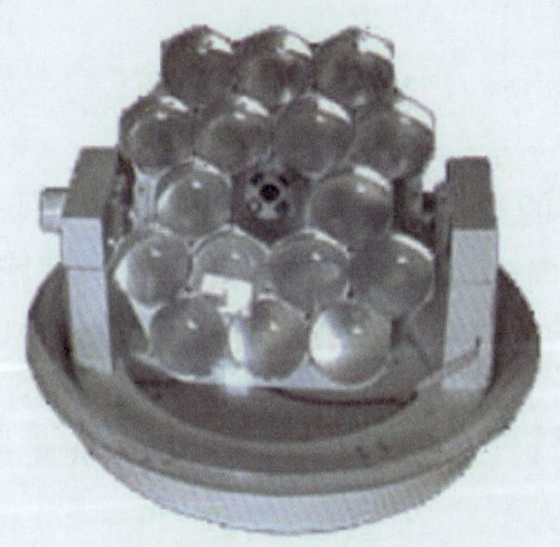

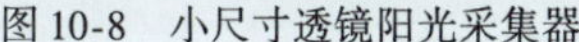

图 10-8　小尺寸透镜阳光采集器

图 10-9　大尺寸透镜阳光采集器

针对现有小尺寸光学玻璃透镜阳光采集器和现有大尺寸菲涅耳透镜结构的阳光采集器的问题,项目研究从几何光学原理出发,采用光线追踪的方法对光采集器的透镜结构进行重新设计,设计出了自由曲面透镜,保证从透镜出射的光均能会聚到焦点,从而大大提高了太阳光的利用率,其结构与光线追迹效果如图 10-10 所示,根据仿真分析,在采用该结构透镜对太阳光进行会聚时,可使太阳光利用率达到 80% 以上,并且该结构的透镜在设计时,可以根据设计要求确定焦距位置,实现在保证较大采用面的同时具有较小的焦距,满足系统对光采集部分“轻薄”的要求。

(2)太阳光传输系统

如图 10-11 所示为太阳光耦合传输原理图,经过阳光采集器的太阳光会聚在传输光纤的耦合端。在设计上,光纤的耦合端必须位于透镜的焦点中心,保证聚集于焦点处的太阳光可以耦合进入光纤。当耦合进入光纤的太阳光满足光纤的数值孔径要求时,太阳光在光纤内以全反射的形式向前传播,再在光纤的出口进入出射系统。

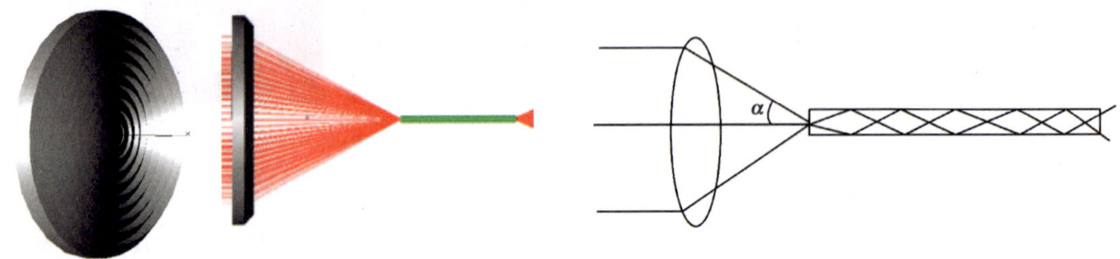


图 10-10 所设计的自由曲面透镜的出射光效果

图 10-11 太阳光耦合传输原理

光束在光纤中传输受到光纤数值孔径的限定,光纤数值孔径表示为:

$$NA = \sqrt{n_1^2 + n_2^2} \approx n_1 \sqrt{2\Delta} \tag{10-12}$$

光束在透镜系统中传输受到透镜数值孔径的限定,透镜的数值孔径为:

$$NA = \frac{D/2}{f} \tag{10-13}$$

式中:$n_1$、$n_2$——光纤芯层和包层的折射率;

$D$——透镜通光孔径;

$f$——透镜的焦距。

只有当耦合透镜的 NA 和光纤的 NA 完全匹配,才能实现空间光束的理想耦合,耦合效率的理论值达到最大。否则即使所有光均照射在光纤端面,也只有一部分光在光纤内传输,其余光以数值孔径折射的形式透射出光纤。因此,在系统的设计上,需要保证采光系统透镜的数值孔径与光纤的数值孔径保持一致。

此外,太阳光在光纤传输过程中,由于芯层材料散射、吸收等原因,传输的总能将逐步衰减。在长度为 $L$ 的光纤中传输的能量,出射能流密度为:

$$F_{out} = F_{in} T_{in} T_{out} e^{-\gamma L} \tag{10-14}$$

式中:$L$——光路长度;

$F_{in}$——入射能流密度;

$T_{in}$、$T_{out}$、$-\gamma$——入射、出射漏损系数以及衰减系数。

一般情况下,$T_{in} = 0.94$,$T_{out} = 0.96$。$\gamma$ 与入射辐射的波长和入射辐射的角度相关。

通过光学软件仿真分析,当太阳入射辐射为 $1000\text{W/m}^2$,传输光导管接收到的聚光辐射强度最大值为 $4.5 \times 10^5 \text{W/m}^2$,经过传输到末端的辐照强度为 $2.0 \times 10^5 \text{W/m}^2$。当传输光导的镜面反射率为 0.99,吸收率为 0.01 时,接近全反射的情况,光纤面接收到的能量为 6.46W,光纤末端的输出能量为3.75W,能量传递效率约为58%。接收面的光斑直径为2mm,末端直径为1mm。当吸收率增大为0.05时,输出端面得到的能量为1.10W,传递效率降为17%,如图10-12所示。可见,来自光纤壁面的吸收或泄漏是影响传输效率的关键因素。采用全反射的光纤,是提高光能传输效率的保证。

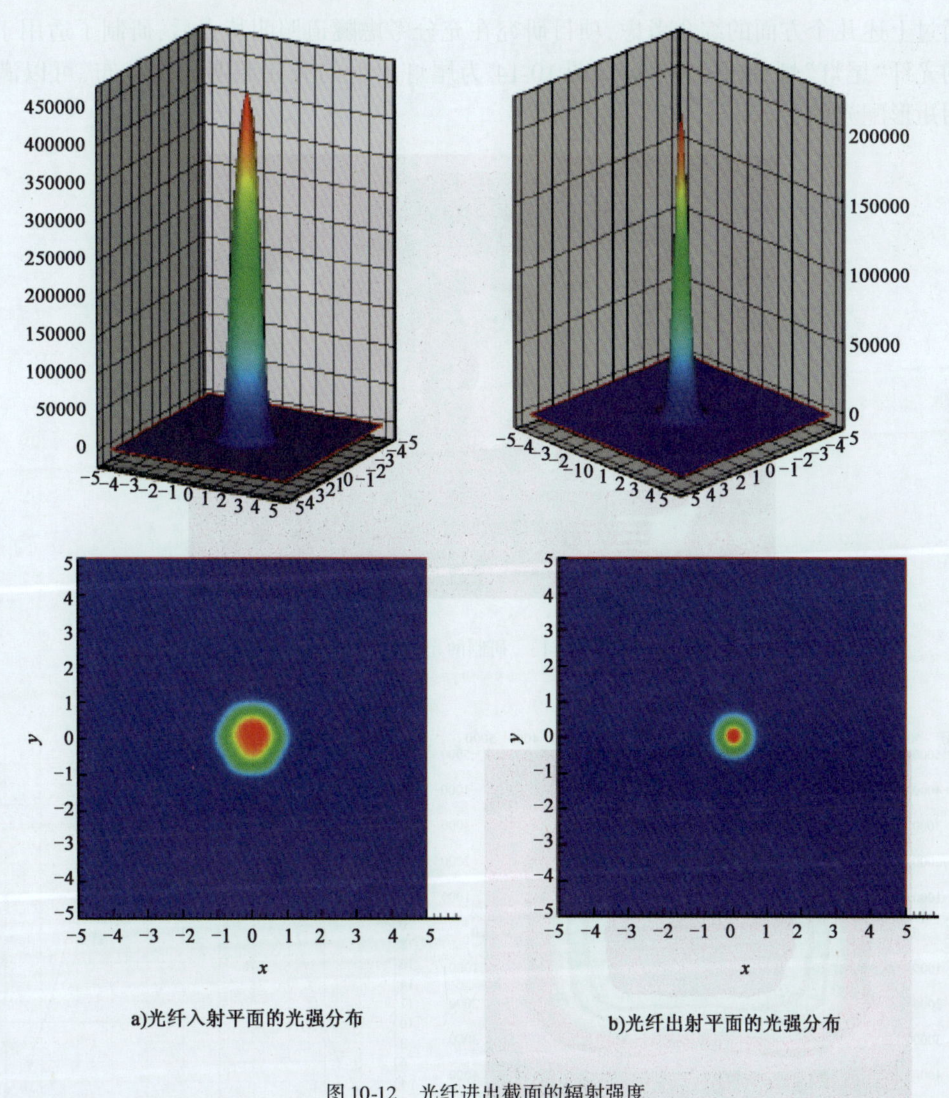


图10-12 光纤进出截面的辐射强度

(3)太阳光出射系统

太阳光出射系统的作用是把经光纤传输的光在指定照明位置根据照明需要对出射光进行重新分配,以提高出射光的利用率,使得照明区域环境获得设计所需的照明效果。由于公路隧道照明与建筑、景观照明有显著区别,其照明需要综合考虑驾驶员的安全性和舒适性,特别是要注意隧道出入口与相邻照明段的视觉适应过程。因此,在进行适合隧道照明的太阳光直接照明出射系统时该考虑以下几个方面的内容:

①合理的配光。

②较高的光利用效率。

③便捷的安装维护。

④良好的防尘防水和耐腐蚀性能。

⑤方便的角度调整。

通过上述几个方面的综合考虑,项目研究在充分考虑隧道照明特点后,研制了适用于隧道照明的光纤“尾灯”灯具(图 10-13)。图 10-14 为尾灯出射的光在照明面的分布,可以满足隧道照明矩形配光的要求。

图 10-13　研制的光纤尾灯

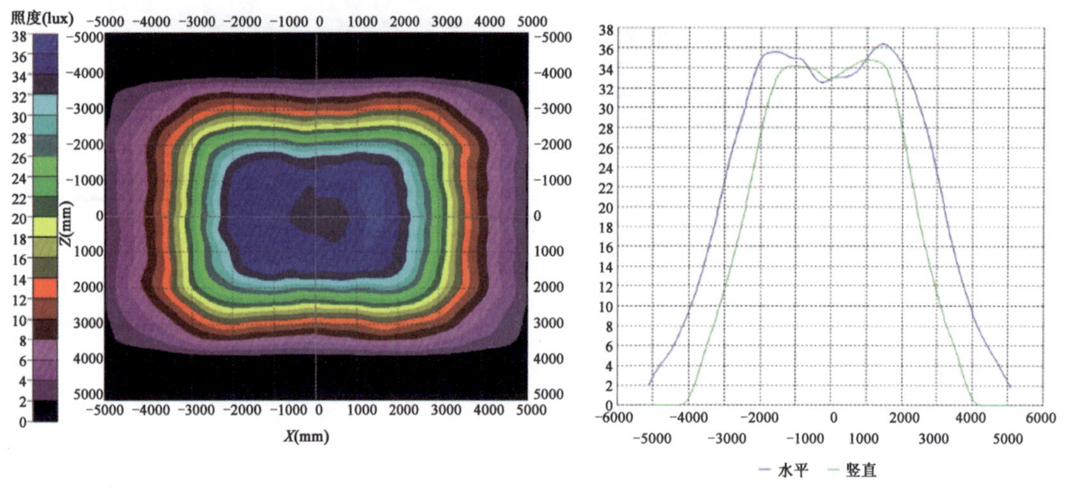


图 10-14　光纤尾灯的出射光强分布

对所开发的太阳光光纤尾灯进行出射光的光学特性测量,其光强分布如图 10-15 所示,通过二次配光,使出射的太阳光更多地射向隧道行车方向,提高了太阳光的利用率。

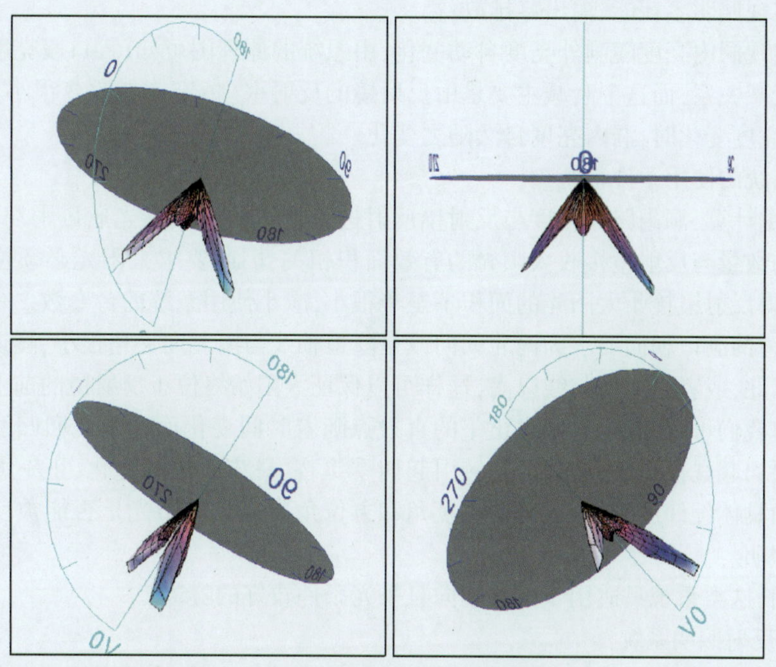

图 10-15　光纤尾灯光强分布的三维网格分布

2)太阳光反射照明系统开发

反射式光学照明是指利用平面镜反射,将太阳光导入隧道内进行照明或辅助照明。结合不同朝向隧道采光的方便,公路隧道反射式阳光照明系统可以分为单面反射镜式、两面反射镜式及多面反射镜式。

(1)单次反射照明系统

单次反射照明系统是由一级凹面反射镜与太阳光跟踪控制两部分组成,其原理图如图 10-16所示。采光系统采用一面凹面反射镜对平行的太阳光进行汇聚后发散直接用于路面照明,跟踪控制系统使得反射镜始终能将太阳光传输到指定位置进行照明。

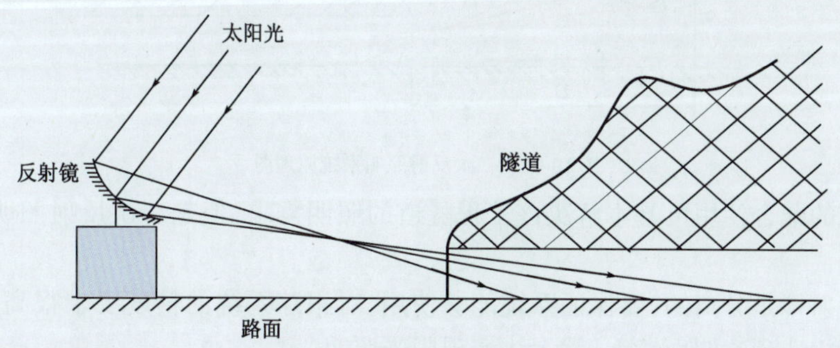


图 10-16　单次反射照明系统原理图

该系统的优点是:

①只采用一级反射镜,假设反射镜所反射的光能能够全部利用于照明,则其光能利用率只与反射镜的反射率相关,将大大提高光能利用率;

②可以实现照明零耗能、输出零排放；

③可以实现洞内亮度随洞外亮度自动变化，由系统的原理图可知，入口段亮度与洞外亮度之间呈比例衰减关系，而这个衰减主要是由反射镜的反射率（恒定或者改变很小）和维护系数决定，当洞外亮度变化时，洞内亮度自然随之变化。

但是该系统的使用条件很苛刻：

首先，根据计算，洞内路面照度与反射镜反射进入隧道的太阳光光通量密切相关，而太阳光的光通量的数量与反射镜接收太阳光的有效面积相关，因此要求太阳光必须位于反射镜前上方，才能使得反射镜接收太阳光的面积不至于很小，减小使用系统的台套数。

其次，隧道的洞口朝向要求为南北朝向或是隧道轴线与南北向夹角很小，隧道入口要求位于北回归线以北，或者是南回归线以南，这样可以保证太阳始终位于反射镜的前上方。根据地球的运动规律我们可以知道：太阳光正午的直射点随着时间变化而在南北回归线内变化。地球的自转主要引起昼夜更替；地球的公转引起四季更替，昼夜长短的变化、正午太阳高度的变化。对于地面具体经纬度位置，太阳的高度角和方位角决定了太阳光是否能被反射镜反射进入洞内实现照明。

研究表明，这类系统只适用于南北朝向且采光条件较好的隧道。

（2）二次反射照明系统

通过平面镜与凹面镜的配合，实现反射太阳光对隧道入口段的增强照明。如图10-17所示，具体工作方式是：当太阳位于反射镜后方时，由平面镜将太阳光线反射至凹面镜上，经过凹面镜的作用将接收到的太阳光经过汇聚后发散进行照明；当太阳位于反射镜前方时，凹面镜单独工作，其原理同单次反射照明系统。

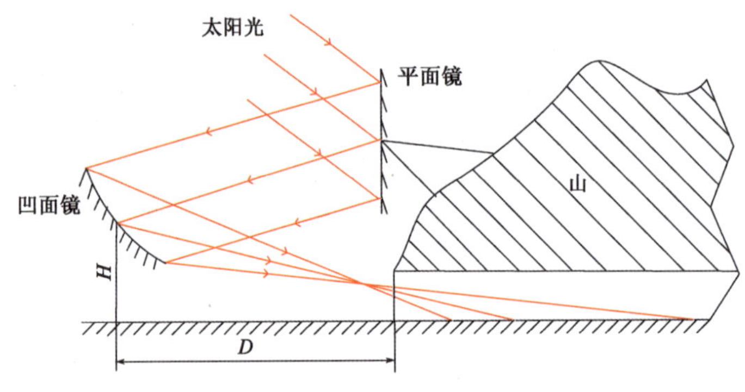


图10-17　二次反射照明系统原理图

两套系统的配合使用可基本解决该工程隧道的照明需求，但是二次反射照明系统也存在较大的问题：

①两面反射镜是分离的，要保证系统能够使用，对跟踪系统的精度要求很高，一旦经过平面镜的出射光无法到达凹面镜上，就无法实现阳光照明；

②每一面反射镜都有单独的跟踪系统，大大增加了系统的软件成本。

（3）阳光定向出射系统

由于以上系统存在控制及适用性的问题，提出采用三面反射镜组成的阳光定向出射系统，其工作原理如图10-18所示。三块平面镜如图所示的位置进行放置，三块平面镜均与 $XOY$ 平面相交于其对应的一条平行于 $Y$ 轴的直线，并在 $XOZ$ 平面上的投影均为 45°(反射镜为 -45°)。$X$ 轴穿过入射镜和反射镜镜面中心，$Y$ 轴穿过反射镜镜面中心，$Z$ 轴穿过反射镜和出射镜镜面中心。

①右端有一个以 $X$ 轴为轴心的电机对入射镜进行控制，入射镜随电机运转做以 $X$ 轴为轴心的自转运动，运动范围 ±90°。

②反射镜和固定入射镜的底座共同位于下方的运动基座上，基座下方有一个以 $Z$ 轴为轴心的电机对反射镜和入射镜的位置进行控制，随着电机运转，整个基座以 $Z$ 轴为轴心做自转运动，运动范围 ±90°，其中，反射镜以 $Z$ 轴为轴心做自转运动，入射镜以 $Z$ 轴为轴心做公转运动。

③出射镜以经过与 $Z$ 轴交点平行于 $Y$ 轴的一条直线为轴心做自转运动，运动范围为 ±10°。

太阳高度角是指太阳光的入射方向和地平面之间的夹角，专业上讲太阳高度是指某地太阳光线与通过该地与地心相连的地表切面的夹角，用 $h$ 表示；方位角又称地平经度(Azimuth angle)，是在平面上量度物体之间的角度差的方法之一。方位角是从某点的指北方向线起，依顺时针方向到目标方向线之间的水平夹角，用 $A$ 表示。通过高度角和方位角的结合，可以确定太阳光照射时光线的入射角度。通过自动控制手段不断调整阳光定向器的入射角和反射镜，无论太阳光线角度如何变化，也可以保持出射角度不变。高度角和方位角如图 10-19 所示。

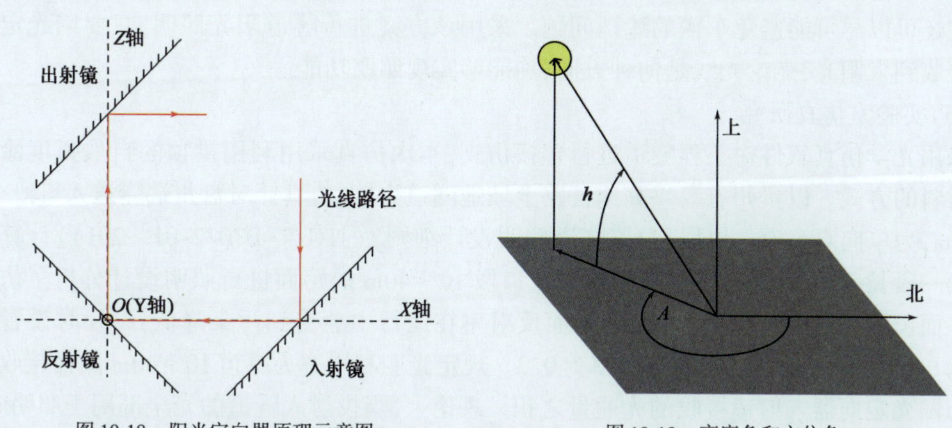


图 10-18　阳光定向器原理示意图

图 10-19　高度角和方位角

因为入射镜与反射镜都被固定在同一个旋转托盘上，所以两平面镜工作时，当反射镜调整角度时，入射镜随着反射镜的旋转也在做和本身自转周期相同的公转，无须再做单独的位移运动即可与反射镜耦合。阳光定向器通过调整入射镜的角度，可以使任意高度角照射的光线经过反射水平出射；通过调整反射镜的角度，可以使任意方位角的光线经过反射竖直向上出射到达出射镜；最后再由出射镜将光线出射，即可完成阳光定向反射照明工作。根据以上分析可知，阳光定向器可以做到无死角地将任意角度太阳光反射至需要照明的指定位置，且可以通过控制器实时地检测太阳光角度的变化，保持出射光线的出射角度不变，因此，这种结构的反射光照明系统可以满足不同朝向隧道的照明需求。

(4)研发整体方案

本技术研究的整体方案由阳光定向器、平面反射镜、拱顶漫射装置及跟踪系统组成。其工作原理示意图如图 10-20 所示。阳光定向器将任意方向的太阳光经过两级反射镜后变换为垂直地面出射，然后出射镜将阳光定向器出射的光线反射到洞顶，再经过洞顶的散射作用对路面进行发散照明。

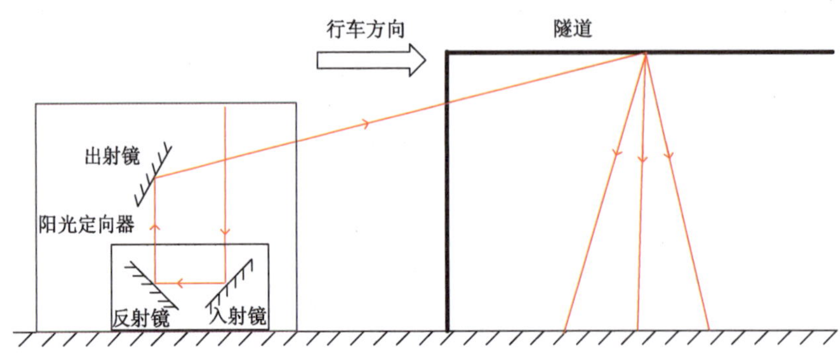


图 10-20　基于阳光定向器的反射式照明系统整体方案原理

该系统将阳光定向器的出光方向向上设计，可以省去因避免挡光而使用的轴承成本；平面出射镜将太阳光反射至洞顶，再由洞顶的反射涂层将阳光进一步漫射至路面进行照明，达到了分散照明的效果，使得光线在路面照射范围更广、分布更均匀；只要系统的布置方式合理，采用该方式还可以尽可能避免车辆的遮挡问题。采用该方案进行隧道阳光照明，只要阳光定向器能够接收到太阳光，无论光线是何种方向，均能够实现照明功能。

(5)实验室仿真研究

采用光学仿真软件对工程隧道进行建模仿真，本次仿真采用利用拱顶的自然弧度涂覆漫反射材料的方式。以贵州省盘兴高速公路上坡地隧道为例，仿真针对盘州端隧道入口段，隧道长 222m，为单向双车道。根据《公路隧道照明设计细则》(JTG/T D70/2-01—2014)计算出入口段第一段长度约为 42m，本书针对隧道入口段 10～40m 的路面进行照明设计分析。仿真时采用平面镜的反射率为 0.85，考虑到镜面反射率在运行中会受到污染降低，设计时设置维护系数为 0.6，拱顶漫反射涂层的吸收率为 0.2。规定光能利用率为隧道 10～40m 路面接收的光通量与阳光定向器入射镜接收的光通量之积。理论上，当投射入隧道的光全部用于照明时，系统的光能利用率 $\eta$ 为 0.58。如图 10-21 所示的是采用一套阳光定向器时，投射点离洞口 25m 处的仿真结果，仿真得到路面光能利用率为 0.34。

当采用多套系统配合使用时，考虑到少部分光线的发散损失并没有用于路面照明。根据《公路隧道照明设计细则》(JTG/T D70/2-01—2014)的照明要求，可得出所需的阳光定向器套数。计算中，以某次现场实测洞外环境数据为初始数值，从理论上初步确定所需要的阳光定向器套数为 10 套：

$$N \geqslant \frac{S_0}{S} = \frac{\dfrac{\Phi}{E}}{S} = \frac{E \cdot W \cdot (d_{\text{end}} - d_{\text{sta}})}{E \cdot S} = \frac{315 \times 7.5 \times (40 - 10)}{60000 \times \pi \times 0.35^2} \approx 9.59 \qquad (10\text{-}15)$$

根据阳光定向器的原理可知，阳光定向器最终的出射光线将会处于原理图中的与 $XOZ$ 平面平行的两个平面内，即阳光定向器的安放角度最终将会影响到阳光定向器的出射光线角度，如何安排阳光定向器在公路隧道反射式阳光照明系统之中的位置也将会影响到阳光定向器最终的照明效果。公路隧道反射式阳光照明系统中，道路同一边的装置不能有相互遮挡，影响阳光定向器的出光强度，所以阳光定向器之间的排列间距、角度均会对公路隧道反射式阳光照明系统的出光效果造成影响。在设置阳光定向器的位置和出射角度时,可采用同向和交叉出射的方式。

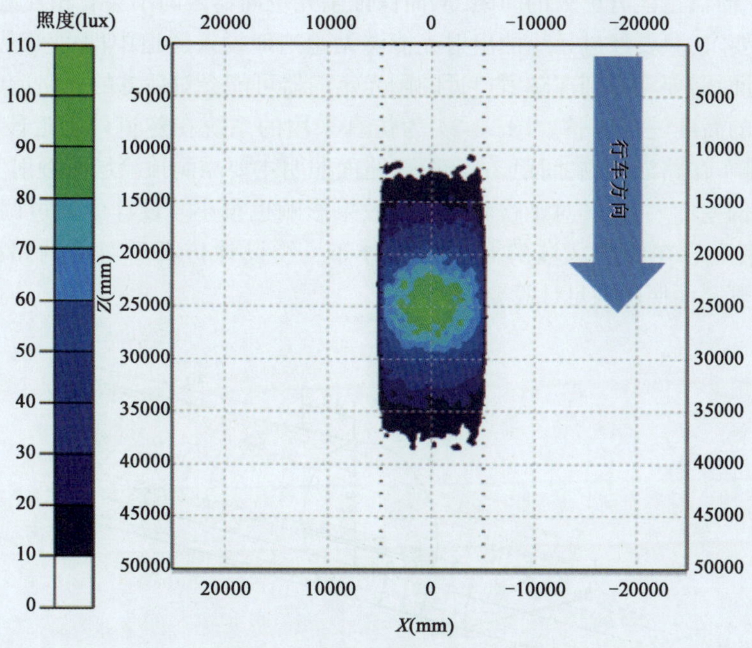


图 10-21　单套系统仿真路面效果图

如图 10-22 所示,阳光定向器基于隧道道路两端对称安放,所以第一种方法就是道路一边的阳光定向器照明同一侧隧道内壁。这种方法的优点是光线不会穿过车道,不会对驾驶员的视觉造成干扰从而引发交通事故;缺点是因为道路两遍都有隔离带、下水道等必要的基础设施,安放时需要在此类设施的外围进行安置,所以阳光定向器的可安装角度就会变得非常小,甚至有些情况下无法照射到同侧内壁。第二种方法就是交叉排列式,如图 10-23 所示。即道路对面的阳光定向器分别照射对面隧道的内壁。这种方法的缺点是光线会穿过道路的中轴线,从而对驾驶员的驾驶

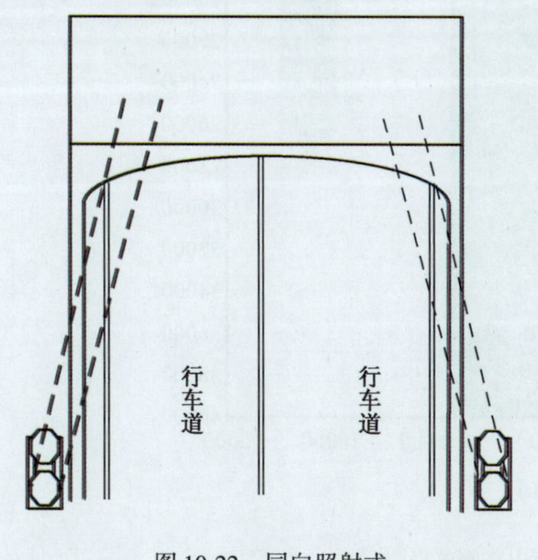


图 10-22　同向照射式

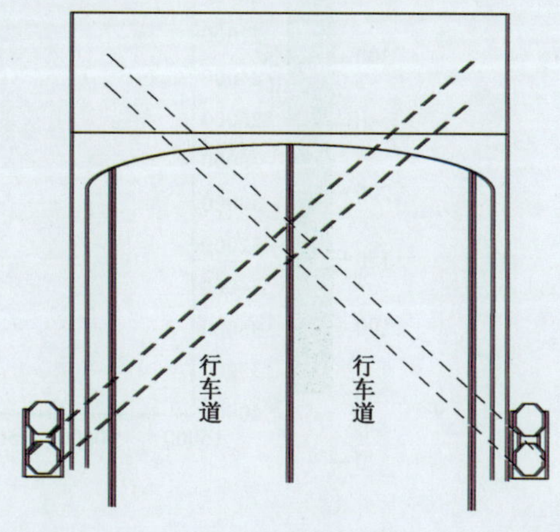


图 10-23　交叉照射式

视觉产生影响;但是优点非常突出,因交叉排列这种方式,道路两边的隔离带、下水道等基础设施对公路隧道反射式阳光照明系统的安装难度要求就大大减小,所以可以有很大的可调节安装角度,阳光定向器也能有更大的间距,从而保证阳光定向器之间不会有相互遮挡。

根据照明要求,只要经过系统的出射光能够无遮挡地投入隧道中即可实现入口段加强照明,在系统设计时需要考虑到离隧道口近的阳光定向器可能会对后方的光路造成遮挡,应对各定向器出射镜的高度进行调整。图 10-24 为仿真采用的系统在隧道外临近段安装位置示意图,所有系统排布在路沿两侧,间距 2m。由于路面照明主要靠洞顶涂层的漫射实现,当出射光在洞顶的位置偏差不大时,其对于路面照明的效果影响也很小。设计中通过调整各出射镜的角度,让各光束中心在照明区域的洞顶均匀分布。经设计仿真后对应的路面照明效果如图 10-25所示,其路面照度满足计算要求。

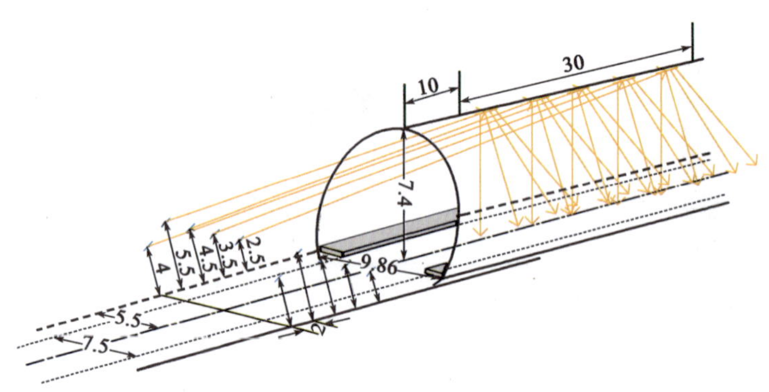


图 10-24　系统安装位置示意图(尺寸单位:m)

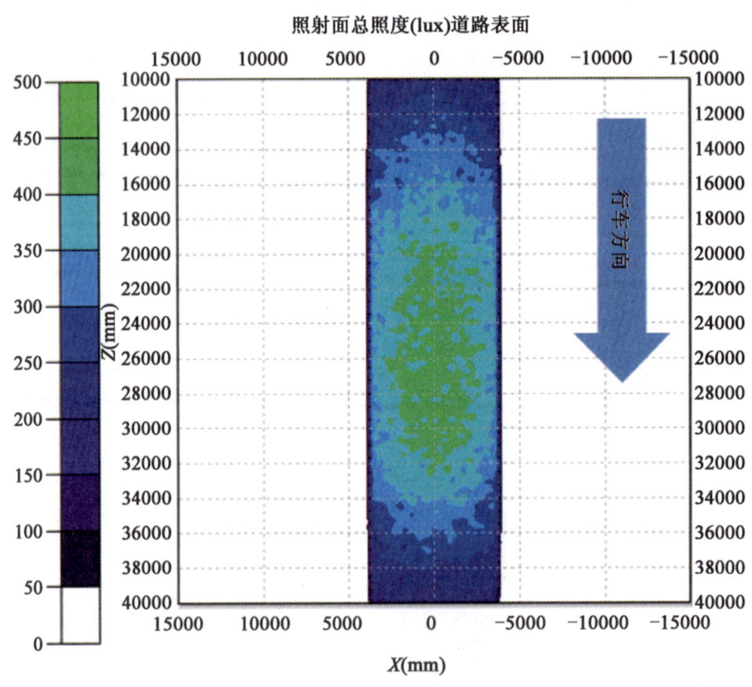


图 10-25　多套系统配合作用路面效果图

### 10.3.4 太阳光直接照明技术应用研究

太阳光直接照明技术由于具有与隧道洞外亮度变化实时一致的优点，可主要用来解决隧道入口段的视觉适应性。

研究表明，采用顺光照明方式，可以提高隧道入口段前方车辆的可辨识性，提高驾乘人员的视觉适应性。不管采用太阳光光纤照明技术或采用太阳光反射照明技术，均可以以顺光照明的方式进行入口段的照明，如图10-26所示。

图10-26 顺光照明示意图

图10-27为顺光照明方式下，路面小目标的辨识度情况[图10-27a)]以及实际隧道前方车辆的可辨识情况[图10-27b)]。图10-28为采用Dialux软件模拟的未采用顺光照明[图10-28a)]和采用顺光照明[图10-28b)]下的入口段车辆的可辨识情况，从图中可见，在采用这种照明方式，可以较大程度地提高入口段的整体光照环境及目标物的可辨识性。

a)

b)

图10-27 顺光照明下的目标物和车辆识别情况

根据顺光照明方式，项目研究对所开发的系统进行了顺光照明的实体隧道照明研究，图10-29为采用太阳光反射技术时，将太阳光分别往拱顶照明[图10-29a)]和往地面照明[图10-29b)]的效果图，与计算和模拟结果基本一致。

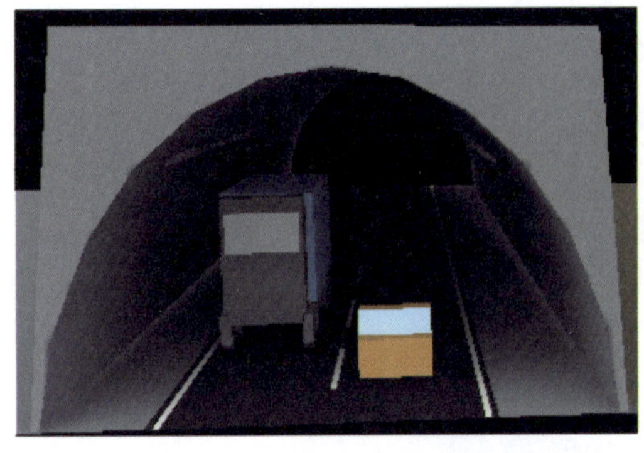

a)

b)

图 10-28 仿真分析未采用顺光照明和采用顺光照明的车辆辨识情况

a)

b)

图 10-29 采用太阳光反射照明在隧道内的照明效果

### 10.3.5 公路隧道按需照明智能控制技术

由于不同天气太阳光能不同,为满足不同天气下采用太阳光照明时,隧道内的照明始终满足隧道内的照明需求,在采用太阳光直接照明技术前提下,可采用太阳光与电光照明相结合的方式,根据太阳光强的大小实现隧道内的按需照明控制。根据上述隧道内照明需求的确定方法来制定太阳光与电光照明相结合的智能控制策略,具体步骤如下所示:

步骤一:确定隧道各照明段的照明方式。照明方式有两种:第一种,仅有电光照明;第二种,布有电光照明,还有太阳光直接照明系统。

步骤二:实时检测隧道中各照明段的照明光通量。

步骤三:判断中间段的照明光通量是否小于中间段的所需照明光通量。若小于,则调节中间段的电光照明功率,使中间段的照明光通量等于中间段的所需照明光通量;如不小于,则进入步骤四。

步骤四:分别判断隧道中除中间段外,其他照明段的照明光通量是否小于各照明段对应的所需照明光通量。若有照明段的照明光通量小于该照明段的所需照明光通量,则进入步骤五。若各照明段的照明光通量都不小于各照明段对应的所需照明光通量,则回到步骤二。

步骤五:计算除中间段外采用第二种照明方式的照明段中太阳光直接照明系统提供的照明光通量。

步骤六:分别判断除中间段外采用第二种照明方式的各照明段中太阳光直接照明系统提供的照明光通量是否小于中间段的照明光通量。

若有照明段的太阳光直接照明系统提供的照明光通量小于中间段的照明光通量,则调节该照明段中电光照明灯的照明光通量,使该照明段的照明光通量等于中间段的照明光通量。

调节照明段中电光照明的照明光通量有两种情况:将电光照明的照明光通量增大;将电光照明的照明光通量降低。

隧道中各照明段在晚上的照明光通量应等于中间段的照明光通量,因此从黄昏到晚上过渡的这段时间,隧道外亮度逐渐降低趋近于0,太阳光直接照明系统提供的照明光通量也随之逐渐降低趋近于0,小于中间段的照明光通量,需要增加电光照明的照明光通量来补充。反之,从晚上到黎明过渡的这段时间,随着隧道外亮度逐渐增加,太阳光直接照明系统的照明光通量逐渐变大,需要减少电光照明的照明光通量来使照明段的照明光通量等于中间段的照明光通量。

若除中间段外的采用第二种布灯方式的各照明段中,太阳光直接照明系统提供的照明光通量都不小于中间段的照明光通量,则进入步骤七。

步骤七:按照各照明光通量理论值,调节除中间段外其余仅布有电光照明段的照明光通量;返回到步骤二。

隧道各照明段的所需照明光亮度即照明光亮度设计值,符合下式的变化规律:

入口段≥过渡段1≥过渡段2≥过渡段3≥中间段≤出口段

当照明段的照明光亮度不小于该照明段的所需照明光亮度时,表明隧道外亮度比较高,此时采用第二种布灯方式的照明段的照明光通量由太阳光直接照明系统提供照明,采用第一种布灯方式的照明段的照明光通量由电光照明提供照明。

当照明段的照明光亮度小于该照明段的所需照明光亮度时,表明隧道外亮度比较低,各照明段的所需照明光亮度也随着隧道外亮度降低,采用第二种布灯方式的照明段的太阳光直接照明系统,此时提供的照明光通量也相应降低。

若太阳光直接照明系统提供的照明光亮度不小于中间段照明光亮度,表明太阳光直接照明系统提供的照明光通量仍然满足对应照明段的所需照明光通量,此时除中间段外采用第一种布灯方式的照明段的所需照明光通量也降低,因此调整这些照明段的电光照明的照明光通量,使之与相邻靠前的照明段的照明光亮度一致。

若太阳光直接照明系统提供的照明光亮度小于中间段照明光亮度,表明太阳光直接照明系统提供的照明光通量已不能满足对应照明段的所需照明光通量,甚至连隧道照明段的最低照明光通量即中间段的照明光通量也不能满足,此时就需要调节该照明段的电光照明的照明光通量来补充,使太阳光直接照明系统和电光照明共同提供的照明光通量,以满足该照明段的最低照明光通量即中间段的照明光通量。

## 10.4 应用前景

本项技术研发的太阳光直接照明技术是满足绿色公路建设和运营需要而开发的一种革命性的、创新性强的绿色照明技术。其核心是利用贵州省高速公路桥隧比高,隧道照明能耗高的问题而开发的一种高效节能的绿色技术。不仅不需要消耗传统能耗,而且具有亮度变化与洞外亮度变化实时一致的优点,是一种纯绿色环保、无任何能耗的照明方式,具有绿色、环保、健康、智能等优点,将是交通行业照明节能发展的新方向。

本项技术成果解决了公路隧道照明领域普遍存在的照明安全与节能的矛盾问题,为我国公路隧道绿色节能技术的发展提供了新的方向,一旦技术成熟并推广应用,可以为公路隧道照明节能带来巨大的经济效益和社会效益,不仅可以减少传统能源的消耗,更可减少大量排放,起到低碳环保的作用,为改善高速公路健康持续发展具有重要的推动作用,社会效益显著。随着我国绿色交通建设的进一步发展和传统能源的日益枯竭,采用这种直接利用太阳光资源又无须进行能量转换的新型技术将是公路交通照明技术发展的新方向。

# 第 11 章　块片石自密实混凝土施工技术

## 11.1　技 术 背 景

贵州省是我国典型的山区省份,石灰岩质块片石资源十分丰富。近年来,在公路建设快速发展的背景下,贵州省公路建设领域,长期存在的施工缓慢、成本高、块片石资源利用率低、施工质量难以保证等问题日益凸显,已成为制约贵州省公路建设快速、健康发展的重要因素。因此,研发先进、高效的新型混凝土施工技术是支撑贵州省乃至全国公路建设快速发展的重大课题。

传统的片石混凝土,也是我们常说的、有关规范、定额上说的毛石混凝土,是目前我国公路建设挡墙等大体积混凝土工程主要采用的施工技术。但传统片石混凝土施工中,对块片石掺入量、块片石粒径、块片石间隙、块片石投入方式等有严格的规定,尤其块片石掺入量一般不超过 20% ,且存在施工效率低、人工成本较高等缺点。

针对这些传统片石混凝土的这些技术问题,本项目创新性地提出了块片石自密实混凝土技术,其利用贵州地区石灰岩质作为混凝土集料制备的一种超流态机制砂自密实混凝土。其施工技术是首先将满足一定粒径要求的块片石直接放入施工仓,形成有一定空隙的块片石体,然后在块片石体表面浇筑特定的超流态机制砂自密实混凝土,依靠自重,完全填充块片石空隙,超流态机制砂自密实混凝土硬化后与块片石形成完整、密实、低水化热的混凝土结构。其混凝土强度等级可满足不同设计要求。

将自密实混凝土最新技术与传统的片石混凝土技术结合起来,形成贵州地区块片石自密实混凝土,是根据贵州地区混凝土原材料特点与混凝土技术快速发展而开发的一种革命性的、新型的超流态自密实混凝土。该项技术大大突破了传统技术的块片石掺量,使块片石掺量从 20% 提高到 60% 。其不仅改变了传统的片石混凝土施工工艺,而且具有显著提高片石混凝土质量、降低人工劳动成本、提高施工效率、促进资源循环利用、改善施工环境等优点。该技术的研发对促进贵州地区乃至全国公路建设快速、健康发展具有重要意义。

## 11.2　技 术 概 要

### 11.2.1　技术原理

混凝土工程是公路建设的主要工程之一。在我国,尤其是山区公路建设领域长期存在挡墙等混凝土工程施工缓慢、成本高、块片石资源不能得到有效利用等问题,在很大程度上阻碍了我国公路建设的发展。因此,研发先进、高效的混凝土施工技术是支撑我国公路建设快速发展的重大课题。

自密实混凝土作为一种新型高性能混凝土,其新拌混凝土因具有良好的工作性,使混凝土的填充性、密实性、均匀性得到显著提高,能够在自重下无须振捣而自行填充模板的空间,形成均匀密实的混凝土结构,目前,自密实混凝土已经成为高性能混凝土的一个重要研究方向。

片石混凝土,一般多用于基础工程与挡墙工程,如片石混凝土带形基础、片石混凝土垫层等。浇筑混凝土墙体较厚时,也掺入一定量的片石,如片石混凝土挡土墙等。但传统片石混凝土施工中,对片石掺入量、片石粒径、片石间隙、片石投入方式等有严格的规定。

将自密实混凝土最新技术与传统的片石混凝土技术结合起来,形成块片石自密实混凝土,其是一种机制砂超流态自密实片块石混凝土,是根据贵州地区混凝土原材料特点与混凝土技术快速发展而研发的一种革命性的、新型的超流态自密实混凝土。其施工技术首先是将满足一定粒径要求的大块石/片石直接放入施工仓,形成有一定空隙的片石体,然后在片石体表面浇筑特定的超流态自密实混凝土,依靠自重,完全填充片石空隙,超流态自密实混凝土硬化后与片石形成完整、密实、低水化热的混凝土结构,其混凝土强度等级可满足不同设计要求。这不仅改变了传统的片石混凝土施工工艺,而且大大提高片石混凝土质量、降低人工劳动成本、提高施工效率、改善施工环境的作用。

### 11.2.2 技术性能

本项技术在制定了合理的研究技术方案与路线的基础上,系统开展了贵州地区块片石自密实混凝土的理论研究、试验研究与工程应用研究,本项技术主要性能指标如下:

(1)块片石自密实混凝土是一种新型的混凝土,解决片石的堆积程度与空隙率控制技术、超流态机制砂自密实混凝土的配制技术、施工技术、养护技术,可广泛应用与大体积混凝土、挡墙等各类混凝土工程中。

(2)通过二维计算机模拟机制砂自密实片石混凝土的片石堆放过程及堆放程度,结果表明,块片石的最大粒径及最小粒径、集料均匀系数、堆放区域面积等对块片石堆积程度及孔隙率的影响十分显著。模拟计算表明,挡墙块片石自密实混凝土设计中,块片石最小粒径应不小于30cm,最大粒径应不大于挡墙结构最小几何尺寸的3/4。块片石的适宜体积掺量一般在45%~60%之间。

(3)通过选择合理的原材料,优化混凝土配合比的参数,配制出粉煤灰掺量大于50%、坍落度大于25cm、扩展度大于70cm、倒坍落度筒流出时间小于5s的C20超流态自密实混凝土。

(4)将自密实混凝土技术引入片石混凝土,大大突破传统技术的片石掺量,使片石掺量从20%提高到60%,在提高工程质量的同时,还可缩短工期,降低建设成本。

### 11.2.3 应用领域

本项技术是一种革命性的、新型的块片石自密实混凝土及其施工技术,可广泛应用于公路建设挡墙等各类大体积混凝土工程的设计施工,也可在铁路、水利、海工、城建等建设领域推广应用。

# 11.3 工程示范

## 11.3.1 总体思路及技术方案

1)总体思路

本项技术针对块片石自密实混凝土研究与应用中存在的关键技术难题或问题:如何控制块片石的堆积程度及空隙率;超流态机制砂自密实混凝土能否完全填充块片石之间的空隙;块片石与超流态机制砂自密实混凝土的界面黏结如何;机制砂自密实片石混凝土的整体力学性能是否满足设计要求等,从理论、计算、配制、施工、控制等方面开展系统研究,重点开展块片石的堆积程度与空隙率控制技术、超流态机制砂自密实混凝土的配制技术、块片石自密实混凝土施工、养护及现场检测技术等关键技术。

2)技术方案

本项技术通过理论计算、计算机模拟、室内试验、现场试验与评价、工程试点应用等方面研究,针对贵州地区块片石自密实混凝土的性能需求分析,研究并解决其配合比设计、配制、块片石堆码、施工、养护、控制等关键技术。采取的技术路线为:贵州混凝土原材料调研与文献调查→调研报告→提出研究大纲→进行室内外试验→试验结果分析→提出贵州地区块片石自密实混凝土的配制技术,引进和分析先进试验仪器和技术,形成初步研究成果→依托工程的室内试验和现场检测数据→数据反馈分析,修改完善初步研究成果→工程应用与技术指导→再次完善研究成果→指导工程→工程示范与推广应用→技术总结。

## 11.3.2 块片石自密实混凝土力学特性与堆积分析

1)公路挡土墙设计与施工分析

块片石自密实混凝土主要用于公路挡墙的修筑,重点研究挡墙类型及其受力情况,并对挡墙的受力进行理论系统分析,从而可以得到挡墙混凝土及施工的需求,这对于在公路挡墙中应用块片石自密实混凝土意义重大。

重力式挡土墙是以强身自重来维持挡土墙在土压力作用下的稳定,它是我国目前最常用的一种挡土墙形式。重力式挡土墙多用浆砌片(块)石砌筑,缺乏石料地区有时可用混凝土预制块作为砌体,也可直接用混凝土浇筑,一般不配钢筋或只在局部范围配置少量钢筋,这种挡土墙形式简单,施工方便,可就地取材,适应性强,因而应用广泛。

仰斜墙背所受的土压力较小,用于路堑墙时,墙背与开挖面边坡较贴合,因而开挖量和回填量均较小,但墙后填土不易压实,不便施工。当墙趾处地面横坡较陡时,采用仰斜墙背将使墙身增高,断面增大,所以仰斜墙背适用于路堑墙及墙趾处地面平坦的路肩墙或路堤墙。

俯斜墙背所受土压力较大,其墙身断面较仰斜墙背的大,通常在地面横坡陡峭时,借陡直的墙面,以减小墙高。俯斜墙背可做成台阶形,以增加墙背与填土间的摩擦力。

垂直墙背的特点介于仰斜和俯斜墙背之间。

凸形折线墙背系由仰斜墙背演变而来,上部俯斜,下部仰斜,以减小上部断面尺寸,多用于路堑墙,也可用于路肩墙。

衡重式墙背在上下墙间设有衡重台,利用衡重台上填土的重力使全墙重心后移,增加了墙身的稳定。因采用陡直的墙面,且下墙采用仰斜墙背,因而可以减少墙身高度,减少开挖工作量。适用于山区地形陡峻处的路肩和路堤墙,也可用于路堑墙。

挡土墙可能的破坏形式有:滑移、倾覆、不均匀沉陷和墙体断裂等。因此挡土墙的设计保证在自重和荷载作用不发生全墙的滑动和倾覆,并保证墙身截面有足够的强度、基底应力小于地基承载能力和偏心距不超过容许值。这就要求在拟定墙身断面形式及尺寸之后,对上述几方面进行验算。挡土墙验算方法有两种:一是采用总安全系数的容许应力法:二是采用分项安全系数的极限状态法。

从挡墙受力分析来看,采用大型的片块石砌筑挡墙,可完全满足其受力需求。石料应经过挑选,采用结构密实、质地均匀、不易风化且无裂缝的硬质石料,其抗压强度不小于30MPa。在冰冻及浸水地区,应具有耐冻性和抗侵蚀性能。尽量选用较大的石料砌筑。块石形状应大致方正、上下面大致平整。混凝土的强度等级不小于C15,砌筑挡土墙用的砂浆标号应按挡土墙类别、部位及用途选用。

因此,重力式挡墙采用先堆砌大块片石后填充大流动混凝土的新型施工工艺浇筑而成,可完全满足设计与施工需求。

2)块片石自密实混凝土力学特性分析

(1)不同粒径块片石自密实混凝土构件力学性能

不同粒径块片石自密实混凝土构件不同部位回弹抗压强度如表11-1所示。

**不同粒径块片石自密实混凝土构件回弹抗压强度** 表11-1

| 混凝土构件 | 回弹抗压强度(MPa) | | | |
|---|---|---|---|---|
| | 上部平均 | 下部平均 | 整体平均 | |
| HASCC(30~60cm) | A | 40.9 | 40.5 | 40.7 |
| | B | 39.0 | 38.0 | 38.5 |
| LASCC(10~30cm) | A | 35.9 | 36.3 | 36.1 |
| | B | 34.0 | 34.1 | 34.1 |
| NASCC(0.5~2cm) | A | 39.0 | 37.6 | 38.3 |
| | B | 39.0 | 38.7 | 38.9 |

从表11-1可以看出,HASCC与NASCC回弹抗压强度相差不大,LASCC强度相对较低,主要是因为超流态砂浆中不含粗集料,自身强度较低,然而由于其粉煤灰掺量较高,所以后期强度会继续提高。此外,三者各自不同部位混凝土回弹抗压强度相差不大,说明SFSCC与SFM在超大粒径集料与大粒径集料堆积体内部填充密实,混凝土结构整体性良好,且NASCC混凝土无离析,构件均匀性良好。

(2)不同粒径块片石自密实混凝土构件内部密实程度

不同粒径块片石自密实混凝土构件超声波速测试结果如表11-2所示,其中$C$代表波速,单位为km/s;$A$代表波幅,单位为dB。

不同粒径块片石自密实混凝土构件超声波测试情况　　表 11-2

<table>
<tr><td rowspan="3">测点</td><td colspan="4">HASCC</td><td colspan="4">LASCC</td><td colspan="4">NASCC</td></tr>
<tr><td colspan="2">构件 A</td><td colspan="2">构件 B</td><td colspan="2">构件 A</td><td colspan="2">构件 B</td><td colspan="2">构件 A</td><td colspan="2">构件 B</td></tr>
<tr><td>C</td><td>A</td><td>C</td><td>A</td><td>C</td><td>A</td><td>C</td><td>A</td><td>C</td><td>A</td><td>C</td><td>A</td></tr>
<tr><td>1</td><td>5.319</td><td>74.26</td><td>4.990</td><td>74.42</td><td>5.219</td><td>67.08</td><td>5.155</td><td>60.94</td><td>4.708</td><td>90.00</td><td>4.613</td><td>91.91</td></tr>
<tr><td>2</td><td>5.531</td><td>66.91</td><td>5.495</td><td>69.23</td><td>5.365</td><td>67.45</td><td>5.219</td><td>61.63</td><td>4.845</td><td>87.66</td><td>4.780</td><td>86.62</td></tr>
<tr><td>3</td><td>5.353</td><td>67.90</td><td>5.682</td><td>61.91</td><td>5.187</td><td>58.36</td><td>5.388</td><td>55.87</td><td>4.798</td><td>86.33</td><td>4.570</td><td>88.17</td></tr>
<tr><td>4</td><td>5.285</td><td>70.26</td><td>5.155</td><td>61.91</td><td>5.112</td><td>59.42</td><td>5.274</td><td>67.15</td><td>4.845</td><td>77.69</td><td>4.735</td><td>86.04</td></tr>
<tr><td>5</td><td>5.252</td><td>73.43</td><td>5.319</td><td>61.99</td><td>5.400</td><td>60.07</td><td>5.208</td><td>61.94</td><td>4.771</td><td>88.69</td><td>4.717</td><td>90.13</td></tr>
<tr><td>6</td><td>5.631</td><td>70.43</td><td>5.459</td><td>57.87</td><td>5.319</td><td>57.08</td><td>5.263</td><td>64.07</td><td>4.960</td><td>81.23</td><td>4.744</td><td>84.80</td></tr>
<tr><td>7</td><td>5.580</td><td>64.86</td><td>5.519</td><td>61.99</td><td>5.605</td><td>64.64</td><td>5.435</td><td>63.20</td><td>4.826</td><td>90.59</td><td>4.780</td><td>85.90</td></tr>
<tr><td>8</td><td>5.297</td><td>70.09</td><td>5.040</td><td>61.35</td><td>5.459</td><td>60.44</td><td>5.342</td><td>59.67</td><td>4.931</td><td>82.43</td><td>4.780</td><td>88.73</td></tr>
<tr><td>9</td><td>5.423</td><td>66.02</td><td>5.482</td><td>71.00</td><td>5.580</td><td>63.80</td><td>5.400</td><td>60.61</td><td>4.717</td><td>85.48</td><td>4.753</td><td>89.32</td></tr>
<tr><td>10</td><td>5.593</td><td>58.08</td><td>5.519</td><td>63.97</td><td>5.482</td><td>60.05</td><td>5.330</td><td>63.27</td><td>4.826</td><td>82.98</td><td>4.744</td><td>87.47</td></tr>
<tr><td>11</td><td>5.643</td><td>67.17</td><td>5.297</td><td>61.08</td><td>5.342</td><td>63.06</td><td>5.435</td><td>67.30</td><td>4.630</td><td>82.09</td><td>4.735</td><td>87.74</td></tr>
<tr><td>12</td><td>5.388</td><td>67.17</td><td>5.435</td><td>64.75</td><td>5.297</td><td>58.81</td><td>5.376</td><td>61.52</td><td>4.763</td><td>84.64</td><td>4.726</td><td>85.49</td></tr>
<tr><td>13</td><td>5.423</td><td>70.85</td><td>5.470</td><td>69.44</td><td>5.241</td><td>63.54</td><td>5.353</td><td>61.49</td><td>4.529</td><td>87.32</td><td>4.717</td><td>88.86</td></tr>
<tr><td>14</td><td>5.482</td><td>64.59</td><td>5.353</td><td>66.74</td><td>5.580</td><td>59.33</td><td>5.353</td><td>58.69</td><td>4.699</td><td>83.64</td><td>4.753</td><td>86.91</td></tr>
<tr><td>15</td><td>5.814</td><td>58.19</td><td>5.411</td><td>62.76</td><td>5.241</td><td>67.05</td><td>5.102</td><td>64.98</td><td>4.464</td><td>87.61</td><td>4.717</td><td>83.91</td></tr>
<tr><td>16</td><td>5.376</td><td>56.04</td><td>5.252</td><td>56.82</td><td>5.187</td><td>56.70</td><td>5.081</td><td>71.35</td><td>4.735</td><td>82.00</td><td>4.717</td><td>86.60</td></tr>
<tr><td>17</td><td>5.580</td><td>69.07</td><td>5.400</td><td>62.76</td><td>5.051</td><td>64.77</td><td>5.400</td><td>64.80</td><td>4.488</td><td>82.64</td><td>4.735</td><td>89.17</td></tr>
<tr><td>18</td><td>5.376</td><td>68.51</td><td>5.568</td><td>69.98</td><td>5.123</td><td>61.59</td><td>5.230</td><td>65.39</td><td>4.708</td><td>86.33</td><td>4.690</td><td>86.30</td></tr>
<tr><td>19</td><td>5.708</td><td>63.93</td><td>5.618</td><td>61.66</td><td>5.274</td><td>67.02</td><td>5.274</td><td>66.64</td><td>4.570</td><td>86.33</td><td>4.726</td><td>90.59</td></tr>
<tr><td>20</td><td>5.423</td><td>66.97</td><td>5.263</td><td>65.95</td><td>5.543</td><td>66.90</td><td>5.241</td><td>70.52</td><td>4.638</td><td>90.59</td><td>4.735</td><td>88.13</td></tr>
<tr><td>平均</td><td>5.474</td><td>66.74</td><td>5.386</td><td>64.38</td><td>5.330</td><td>62.36</td><td>5.293</td><td>63.55</td><td>4.723</td><td>85.31</td><td>4.723</td><td>87.64</td></tr>
</table>

结合构件破损后的断面图(图 11-1)可以看出,超流态自密实混凝土和超流态砂浆,在超大粒径和大粒径集料之间填充密实,与集料黏结良好。超流态自密实混凝土和砂浆的低黏度、高流动性、高黏聚性对于其填充性能十分重要。

a)HASCC

b)LASCC

c)NASCC

图 11-1　构件破损断面

此外，HASCC、LASCC 和 NASCC 波速逐渐降低，主要原因是超大粒径集料自身比混凝土更加密实，超声波在其中传播更快，所以 HASCC 和 LASCC 中超声波波速更高。而波幅相对较低，主要是由于集料和混凝土存在界面区，超声波在穿过界面区过程中发生反射和散射，声能被衰减，因此接收信号的波幅有所降低。

(3)不同粒径块片石自密实混凝土构件应力应变性能

研究发现，不同粒径块片石自密实混凝土构件受拉区和受压区应力应变规律明显，但 HASCC 和 LASCC 混凝土构件局部测点存在波动，这主要是由集料尺寸效应引起。对受弯构件来说，超大粒径集料及大粒径集料的存在，使得构件局部产生应力集中，尤其是集料和超流态混凝土或砂浆的界面区，受力过程中容易被破坏，从而形成裂缝。HASCC 和 LASCC 与 NASCC 混凝土构件的裂缝发展情况类似，即受拉区混凝土开裂，裂缝逐渐延伸并扩展至构件上部，如表 11-3 所示。NASCC-B 裂缝图为摄像机捕捉的破坏瞬间。

**不同粒径块片石自密实混凝土构件破坏裂缝** 表 11-3

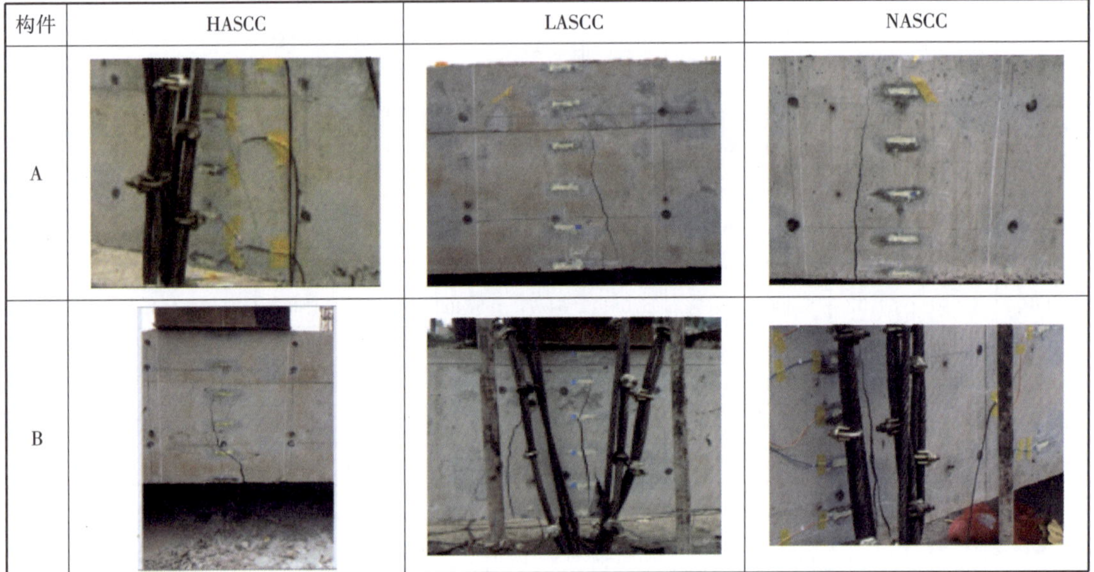

| 构件 | HASCC | LASCC | NASCC |
|---|---|---|---|
| A | | | |
| B | | | |

此外，HASCC 和 LASCC 混凝土构件的极限破坏荷载为 300 ~ 350kN，NASCC 混凝土构件则为 500 ~ 660kN，相差近一倍；而前期研究表明对于 1m × 1m × 4m 构件，HASCC 和 LASCC 混凝土构件与 NASCC 混凝土构件极限破坏荷载仅相差 10% ~ 20%，由此可知，当构件所受弯矩增大时，大粒径集料的尺寸效应增强，其对构件受弯性能影响增大。

超大粒径集料和大粒径集料的堆积程度、分布状态、界面黏结情况及构件所受弯矩大小是影响构件受力性能，尤其是抗弯拉性能和抗剪切性能的关键因素。

3)挡墙中块片石堆积计算机模拟与分析

从理论上分析块片石自密实混凝土中块片石堆积过程与堆积程度，分析在实际施工过程中块片石的堆积程度及空隙率的控制因素，根据实际施工工况，采用计算机编程设计模拟了块片石堆积过程，并分析了其关键控制参数。

集料堆积过程的计算机模拟由于三维实现难度较大，现在国内外仍处于探索和研究阶段。一般认为，对混凝土块片石挡墙来说，从宏观尺度上来看，集料的三维堆积是均匀的。因此，在本书研究中,采用二维模型方法来简化模拟过程。本书对传统二维模拟方法算法进行了大幅度的改进,大大提高了计算机程序的运行效率,而且使集料堆放堆积过程更加接近实际情况。主要创新点在于运用角度法来判断多边形的凸凹性,比传统的面积法和射线法的运算效率高,而且稳定性好;此外,传统的二维模拟中,集料都是在指定区域内部随机生成,不但计算运行效率低下,而且不能模拟集料堆放的真实过程,本书中借鉴了俄罗斯方块的游戏规则,可以进行从下到上、从左到右边的投料,能够极为逼真地模拟块片石在挡墙中的堆放过程。集料堆积整体程序设计思路如图 11-2 所示,模拟效果如图 11-3 ~ 图 11-5 所示。

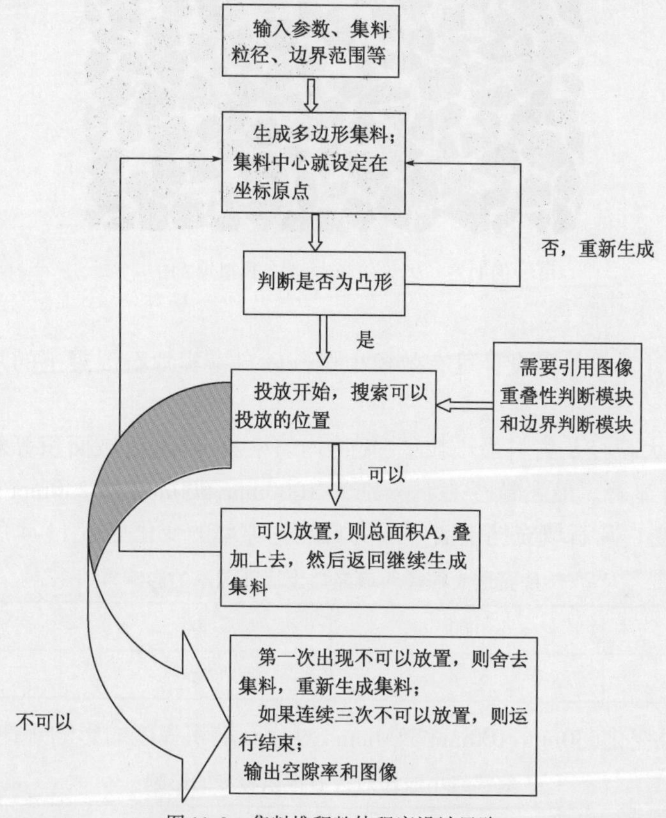


图 11-2　集料堆积整体程序设计思路

图 11-3　$D_{max}$ = 1000mm 时的模拟效果图

图 11-4　$D_{max}$ = 500mm 时的模拟效果图

图 11-5　$D_{max}$ =250mm 时的模拟效果图

主要结论：

(1)采用二维计算机编程设计可有效模拟机制砂自密实片石混凝土的片石堆放过程及堆放程度。

(2)片石的最大粒径及集料最小粒径、集料均匀系数、堆放区域面积等对片石堆积程度及空隙率的影响十分显著。最大粒径 $D_{max}$ 分别为 1000mm、500mm 和 250mm 时(保持最小粒径为 $D_{min}$ =30mm 不变),片石填充挡土墙形成的自然孔隙率的变化如表 11-4 所示。

**片石最大粒径对填充挡土墙孔隙率的影响**　　表 11-4

| $D_{max}$(mm) | 1000 | 500 | 250 |
|---|---|---|---|
| 孔隙率(%) | 31.8 | 28.6 | 24.8 |

集料最小粒径变化(30mm、100mm、200mm)对片石堆积程度的影响规律如表 11-5 所示。

**集料最小粒径对片石堆积程度的影响**　　表 11-5

| $D_{min}$(mm) | 30 | 100 | 200 |
|---|---|---|---|
| 孔隙率(%) | 31.8 | 35.0 | 36.9 |

集料均匀性系数 $q$ 可以在 0 ~ 1 之间取值;$q$ 越接近于 0,集料形状越接近正多边形;$q$ 越接近于 1,集料的不规则性增强。选择 $D_{max}$ = 1000mm,$D_{min}$ = 200mm;研究集料均匀性系数的变化对片石填充程度的影响规律(表 11-6)。

**集料均匀性系数对片石填充程度的影响**　　表 11-6

| $q$ | 0.2 | 0.5 | 0.8 |
|---|---|---|---|
| 孔隙率(%) | 30.6 | 36.9 | 37.8 |

(3)对不同的堆积区域面积,通过选择片石的最大粒径及最小粒径,可有效控制片石堆体中堆积程度与空隙率。堆积区域面积大小对片石堆积程度的影响研究如表 11-7 所示。

堆积区域面积大小对片石堆积程度的影响　　表 11-7

| 堆积区域($m^2$) | 1×1 | 2×2 | 4×4 |
|---|---|---|---|
| 孔隙率(%) | 48.6 | 36.9 | 30.8 |

(4)片石最小粒径应不小于30cm,最大粒径应不大于挡墙结构最小几何尺寸的3/4。

(5)一般情况下,片石的适宜掺量在45%~60%。

### 11.3.3　超流态机制砂自密实混凝土制备技术

1)大掺量粉煤灰超流态机制砂自密实混凝土配制关键技术

超流态机制砂自密实混凝土是一种黏度极低、流动性很好且黏聚性好的新型特种混凝土。与常规混凝土相比,超流态机制砂自密实混凝土对于工作性能的要求更高。主要通过以下方法与步骤进行试验室试配研究。其自密实性能与胶凝材料的细度、化学成分,砂石料的粒形、级配,外加剂的性能及其与水泥、粉煤灰等材料的适应性均有密切关系。拌和物的性能要求:初始坍落度270mm±20mm,坍落扩展度>650mm坍落度保持性要求1h后坍落度不小于250mm,坍落扩展度不小于650mm;倒流扩展度不小于500mm;混凝土常压泌水率≤1.0%;混凝土初凝时间应不大于10h,终凝时间应不大于24h;混凝土含气量应小于4.0%;倒坍落度流出时间不大于6s。

(1)选择优质原材料,优化配合比的参数可以配制出满足要求的C20超流态机制砂自密实混凝土。

粗集料采用石灰岩轧制的碎石,用5~10mm连续级配;细集料(砂)采用机械加工的石灰岩质机制砂,石粉含量约为15%;水泥用42.5的普通硅酸盐水泥。

(2)混凝土的工作性和强度存在一定的矛盾,工作性较好的各组强度难以达到要求,但是选用优质水泥及控制原材料含水率可以实现目标;通过前期的试验选择基准配合比,如表11-8所示。

基准配合比　　表 11-8

| 原材料 | 水泥 | 粉煤灰 | 水 | 砂 | 石子 | 减水剂 | 特种外加剂 |
|---|---|---|---|---|---|---|---|
| 用量 | 190 | 285 | 176 | 879 | 720 | 2.85 | — |

以基准配合比为基础,掺入不同比例的外加剂,通过试验对比如表11-9所示。

外加剂对混凝土强度的影响　　表 11-9

| 编号 | 水胶比 | 外加剂种类及掺量 | 特种外加剂 | 初始 | | | 立方体抗压强度(MPa) | | |
|---|---|---|---|---|---|---|---|---|---|
| | | | | T/K | 倒 Ts | 倒 K | 7d | 28d | 60d |
| 1-1 | 0.347 | 马-18 0.8% | 温0.05‰ | 27.5/75.5 | 5.12 | 71.5 | 21.34 | 29.2 | 34.6 |
| 1-2 | 0.351 | 马-18 0.6% | 温0.05‰ | 27/67.5 | 7.45 | 70 | 19.19 | 24.0 | 34.6 |
| 1-3 | 0.351 | 马-16 0.67% | 温0.03‰ | 27/81 | 5.7 | 71 | 21.47 | 27.2 | 35.6 |
| 1-4 | 0.348 | 马-16 0.6% | 温0.03‰ | 27.5/77 | 4.12 | 75 | 21.30 | 26.0 | 32.0 |
| 1-5 | 0.332 | 淘正 0.68% | 温0.03‰ | 28/78 | 3.85 | — | 25.30 | 31.8 | 41.8 |
| 1-6 | 0.333 | 马-16 0.8% | 温0.03‰<br>引0.02‰ | 27/76 | 6.49 | 71 | 22.92 | 30.1 | 37.5 |
| 1-7 | 0.355 | 马-16 0.5% | 引0.02‰ | 27/77.5 | 3.88 | 74 | 18.11 | 26.0 | 29.8 |

从表 11-9 中可以看出,1-7 组混凝土的扩展度和坍落度较大,此外,倒坍落度筒流出时间仅为 3.88s,不离析、不泌水;满足设定的目标,而且其各龄期的强度均满足要求,富余不严重。

(3)水胶比对混凝土强度影响显著;而胶凝材料用量、粉煤灰掺量及砂率对混凝土早期影响较大,对后期强度影响较小;就工作性而言,随着胶凝材料用量的增大,混凝土的流动性显著增大,而粉煤灰掺量和砂率的变化均对混凝土流动性有较大影响;水胶比的变化对混凝土工作性的影响如表 11-10 所示。

**水胶比的变化对混凝土工作性的影响** 表 11-10

| 编号 | 水胶比 | 砂率 | 粉煤灰掺量 | 胶材总量 | 外加剂掺量 | 初始 T/K | 倒 Ts | 倒 K | 状态描述 |
|---|---|---|---|---|---|---|---|---|---|
| 2-1 | 0.325 | 55% | 60% | 475 | 0.55% | 26/73 | 4.44s | 70 | 轻微堆料,但倒 T 时不堆料 |
| 3-2 | 0.337 | 55% | 60% | 475 | 0.5% | 26/72.5 | 3.69s | 64 | 混凝土状态不错,较重 |
| 2-2 | 0.373 | 55% | 60% | 475 | 0.4% | 27/72 | 1.53s | 69 | 很轻,状态好,表面有少量浆体 |

水胶比对混凝土的黏度影响较大,增大用水量(相应地降低减水剂的用量)可以很好地实现类似水一样的混凝土,但是水胶比为 0.373 时,是否强度能够达到要求需要进一步观测强度结果。此外,在减水剂掺量低于 0.5% 时,可以考虑掺入减水剂 1% 的缓凝剂以增强保坍性。水胶比对混凝土强度的影响如表 11-11 所示。

**水胶比对混凝土强度的影响** 表 11-11

| 编号 | 水胶比 | 外加剂掺量 | 初始 T/K | 倒 Ts | 倒 K | 立方体抗压强度(MPa) | | |
|---|---|---|---|---|---|---|---|---|
| | | | | | | 7d | 28d | 60d |
| 2-1 | 0.325 | 0.55% | 26/73 | 4.44s | 70 | 17.74 | 30.3 | — |
| 3-2 | 0.337 | 55% | 60% | 475 | 0.5% | 15.84 | 23.5 | 37.6 |
| 2-2 | 0.373 | 0.4% | 27/72 | 1.53s | 69 | 10.60 | 21.2 | — |

砂率对 C20 超流态混凝土性能影响非常大,砂率较低时(50%)混凝土的保水性差,整体需水量小,容易泌水,但混凝土较为黏稠;砂率较大时混凝土的流动性很大,而且很稀,综合两组砂率变化和基准组,可以考虑优化砂率值为 57% 或 58%,对比情况如表 11-12 所示。

**砂率的变化对混凝土工作性的影响** 表 11-12

| 编号 | 水胶比 | 砂率 | 初始 T/K | 倒 Ts | 倒 K | 立方体抗压强度(MPa) | | |
|---|---|---|---|---|---|---|---|---|
| | | | | | | 7d | 28d | 60d |
| 2-3 | 0.325 | 50% | 25.5/71 | 5.86s | 62 | 15.00 | 28.6 | — |
| 3-2 | 0.337 | 55% | 26/72.5 | 3.69s | 64 | 15.84 | 23.5 | 37.6 |
| 2-4 | 0.336 | 60% | 27/72 | 2.79s | 68 | 9.35 | 22.3 | — |

粉煤灰的掺量对混凝土的流动性也有一定的影响,掺量较低时保水性差,易于泌水,扩展度小。掺量在 60% 及以上时,粉煤灰对混凝土的减水效果明显。从工作性角度考虑,粉煤灰掺量在 60% ~70% 间都可以,粉煤灰的掺量将直接影响混凝土的工作性和强度,分别对比,如表 11-13、表 11-14 所示。

粉煤灰掺量的变化对混凝土工作性的影响　　表11-13

| 编号 | 水胶比 | 砂率 | 粉煤灰掺量 | 胶材总量 | 外加剂掺量 | 初始 T/K | 倒 Ts | 倒 K | 状态描述 |
|---|---|---|---|---|---|---|---|---|---|
| 2-5 | 0.346 | 55% | 50% | 475 | 0.5% | 26/67 | 4.37s | 66 | 流动性不是特别好,轻微板结 |
| 3-2 | 0.337 | 55% | 60% | 475 | 0.5% | 26/72.5 | 3.69s | 64 | 混凝土状态不错,较重 |
| 2-6 | 0.334 | 55% | 70% | 475 | 0.5% | 26.5/72 | 3.85s | 68 | 很稀,表面有少量浆体浮出 |

粉煤灰掺量对混凝土的抗压强度的影响　　表11-14

| 编号 | 水胶比 | 粉煤灰掺量 | 外加剂掺量 | 初始 T/K | 倒 Ts | 倒 K | 立方体抗压强度(MPa) | | |
|---|---|---|---|---|---|---|---|---|---|
| | | | | | | | 7d | 28d | 60d |
| 2-5 | 0.346 | 50% | 0.5% | 26/67 | 4.37s | 66 | 16.27 | 24.9 | — |
| 3-2 | 0.337 | 60% | 0.5% | 26/72.5 | 3.69s | 64 | 15.84 | 23.5 | 37.6 |
| 2-6 | 0.334 | 70% | 0.5% | 26.5/72 | 3.85s | 68 | 9.83 | 21.7 | 25.8 |

粉煤灰掺量对混凝土早期强度影响较大,但是对28d强度影响较小。这点和砂率的变化较为类似。

(4)用低强度水泥配制的混凝土,各龄期强度较高,应该重复验证,重现性较好,可以采用32.5普通硅酸盐水泥来配制C20超流态机制砂自密实混凝土,降低工程造价。

(5)超流态机制砂自密实混凝土中粉煤灰用量高到50%～70%,因而对于大体积混凝土工程而言,水化热温升较低,可以有效降低混凝土绝热温升,温控相对容易,简化温控措施。

从块片石超流态机制砂自密实混凝土具有超低黏度、高流动性与黏聚性。通过选择合理的原材料,优化混凝土配合比的参数,配制出满足挡墙性能要求的C20、C30超流态机制砂自密实混凝土。

2)倒坍落度流出时间—超流态机制砂自密实混凝土评价技术

流动性是反映超流态自密实混凝土工作性的重要指标,也是其关键技术之一。如何快速、简易地评价超流态机制砂自密实混凝土的工作性,是确保混凝土施工质量的关键。研究提出了倒坍落度流出时间来评价超流态机制砂自密实混凝土工作性的方法,解决了生产与施工现场混凝土质量评价与控制难题(图11-6)。

### 11.3.4　块片石自密实混凝土成套施工应用技术

1)块片石自密实混凝土设计与现场施工技术

(1)现场试验施工流程与基本要求

自密实片石混凝土现场试验浇筑流程如图11-7所示。

(2)块片石入仓的要求

①片石的运输宜采用自卸车直接入仓的方式。为避免车轮带入泥土,应在入仓道路上设置冲洗台,对车轮进行冲洗。

②当没有合适的入仓道路时,片石也可以采用吊车、缆车、人工等其他方式入仓。

③在片石过程中,小于300mm的片石含量不得超过5%。

图 11-6　倒坍落度筒流出时间现场评价方法

(3)模板的要求

①模板形式除采用传统模板外,也可采用砌石墙或预制混凝土块作为模板(砌石厚度根据不同浇筑体积或几何断面尺寸确定砌石厚度,一般不应小于 50cm)。

②模板及其支护部件应根据工程结构形式、荷载大小、地基土类别、施工程序、施工机具和材料供应等条件进行选择。

③模板及其支护应具有足够的承载能力、刚度和稳定性,尽可能承受浇筑超流态机制砂自密实混凝土的侧压力及施工过程中产生的荷载。

④成型的模板应构造紧密、不漏浆,不影响机制砂自密实片石混凝土均匀性及强度发展,并能保证结构(成型几何尺寸)的形状正确、规整。

⑤模板的支撑立柱应置于坚实的地(基)面上,并应具有足够的刚度、强度和稳定性,间距适度,防止支撑沉陷,引起模板变形。上下层模板的支撑立柱应对准。

(4)超流态机制砂自密实混凝土的生产要求

①各种固体原材料的计量均应按质(重)量计,水和液体外加剂的计量可按体积计。

②原材料的计量允许偏差应符合表 11-15 的规定。

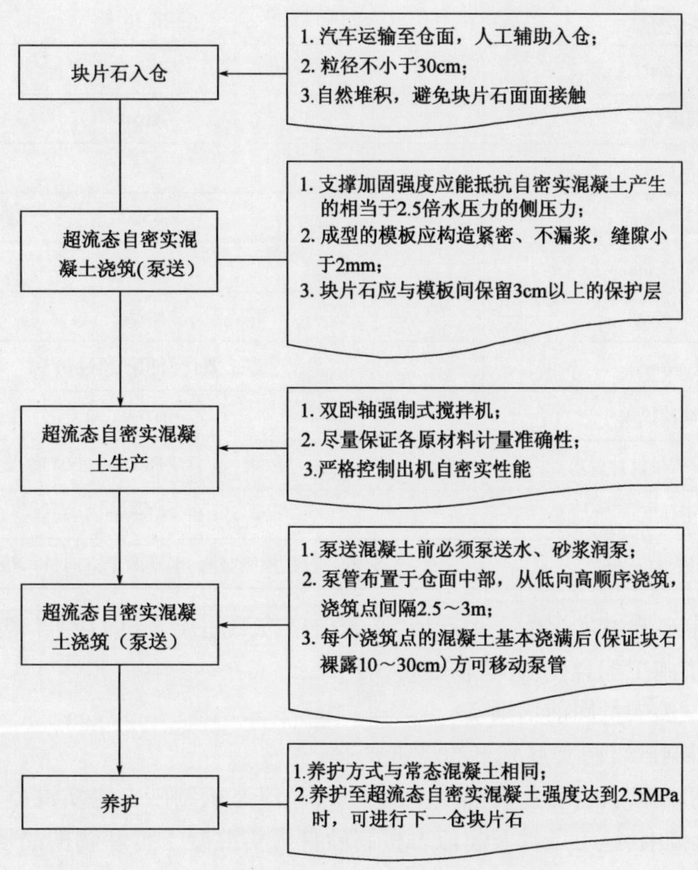


图 11-7　自密实片石混凝土现场试验浇筑流程图

**原材料计量允许偏差**　　表 11-15

| 序号 | 原材料品种 | 水泥(%) | 集料(%) | 水(%) | 外加剂(%) | 掺和料(%) |
|---|---|---|---|---|---|---|
| 1 | 每盘计量允许偏差 | ±2 | ±3 | ±1 | ±1 | ±2 |
| 2 | 累计计量允许偏差 | ±1 | ±2 | ±1 | ±1 | ±1 |

注:累计计量允许偏差是指每一运输车中各盘超流态机制砂自密实混凝土的每种材料计量和的偏差,该指标只适用于采用微机控制的搅拌站。

③与生产普通混凝土相比应适当延长搅拌时间(延长 10～20s)。

④生产过程中应测定集料的含水率,每一个工作班应不少于 2 次。当含水率有显著变化时,应增加测定次数,并依据检测结果及时调整用水量及集料用量,不得随意改变配合比。

⑤超流态机制砂自密实混凝土配合比使用过程中,应根据原材料的变化或超流态机制砂自密实混凝土质量动态信息及时进行调整。

⑥超流态机制砂自密实混凝土的工作性能可采用坍落扩展度试验、V 漏斗试验检测,倒流度用坍落度筒检测其指标应符合表 11-16 的要求。

超流态机制砂自密实混凝土自密实性能及结构物质量评定指标　表 11-16

| 检 测 项 目 | 合 格 指 标 |
| --- | --- |
| 坍落度(mm) | 270 ± 20 |
| 坍落扩展度(mm) | ≥650 |
| 倒流度(S) | ≤6 |
| 倒流扩展度(mm) | ≥500 |
| 倒流扩展度(mm) | ≤500 |
| 1h 坍损(mm) | ≤25 |
| 蜂窝麻面($m^2$) | 每 $m^2$ 累计面积不超过 0.5% |
| 是否有缺棱掉角 | 有/无 |
| 几何尺寸是否满足设计要求 | 是/否(按 JTG F80/1—2004)验收 |
| 混凝土强度 | 在合格标准内 |
| 大面积平整度(mm) | 5(2m 直尺:检测竖直、水平两个方向,每 $20m^2$ 测 1 处) |

⑦超流态机制砂自密实混凝土生产前,必须严格按照超流态机制砂自密实混凝土生产配料单的要求计算出施工配合比,并严格计量。

⑧加强现场试验人员岗前培训

(5)超流态机制砂自密实混凝土的浇筑要求

①为了保证机制砂自密实片石混凝土的质量,超流态机制砂自密实混凝土浇筑时应考虑结构的浇筑区域、范围、施工条件及超流态机制砂自密实混凝土拌和物的品质,并选用适当机具与浇筑方法。

②超流态机制砂自密实混凝土浇筑之前必须检查模板及支架、预埋件等的位置、尺寸,确认正确无误后,方可进行浇筑。为防止浇筑不均匀及表面气泡,可在模板外侧辅助敲击。

③当采用泵送入仓时,应根据试验结果及施工条件,合理确定混凝土泵的种类、输送管径、配管距离等,并应根据试验结果及施工条件确定超流态机制砂自密实混凝土的浇筑速度。

④超流态机制砂自密实混凝土的泵送和浇筑应保持其连续性,当因停泵时间过长,混凝土不能达到要求的工作性时,应及时清除泵及泵管中的混凝土,重新浇筑。

⑤对现场浇筑的混凝土要进行监控,运抵现场的混凝土坍落扩展度低于设计扩展度下限值时不得施工,可采取经试验确认的可靠方法调整坍落扩展度。

⑥严禁在中雨条件下施工,有抗冲耐磨和有抹面要求的机制砂自密实片石混凝土不得在雨天施工。

⑦浇筑时的最大自由落下高度宜在5m( <2m)以下,大于2m 以上应采取串筒或其他辅助措施,防止混凝土入模落差过大。

⑧在浇筑过程中,当浇筑点混凝土溢满后方可移动,浇筑点应单向从低高程向高高程移动,移动距离不宜超过 3m,应避免在浇筑点的反复浇筑。

⑨浇筑时要防止模板、定位装置等的移动和变形。

⑩当分层浇筑连续混凝土时，为使上、下层混凝土一体化，应在下一层混凝土初凝前将上一层混凝土浇筑完毕。

⑪上述规定外，其他可按普通混凝土相关标准规定执行。

⑫机制砂自密实片石混凝土收仓时，除达到结构物设计顶面高程以外，超流态机制砂自密实混凝土浇筑应以大量块石高出浇筑面100～300mm为宜，以加强层面结合。

⑬机制砂自密实片石混凝土抗压强度达到2.5MPa以前，不得进行下一仓面的准备工作。

⑭对有防渗要求的机制砂自密实片石混凝土，施工水平缝宜采用25～50MPa高压水冲毛机。也可采用低压水、风砂枪、刷毛机或人工凿毛等方法对浇筑完毕的超流态机制砂自密实混凝土表面进行处理。

⑮超流态机制砂自密实混凝土生产浇筑工序的质量可采用下述超流态机制砂自密实混凝土浇筑工序质量评定方法进行评定。

(6)超流态机制砂自密实混凝土的养护要求

①养护是防止机制砂自密实片石混凝土产生裂缝的重要措施，应充分重视，并制定养护方案，派专人负责养护，养护龄期不少于14d。

②混凝土浇筑完毕，应及时进行养护，对有特殊要求的部位宜适当延长养护时间。

③浇筑后的机制砂自密实片石混凝土可采用覆盖、洒水、喷雾或用薄膜保湿、喷养护剂(液)等养护措施。

④机制砂自密实片石混凝土浇筑完毕，混凝土抗压强度达到2.5MPa后，必要时可松动模板，离缝3～5mm，在顶部架设淋水管，喷淋养护。拆除模板后，应在表面覆挂麻袋或草帘等覆盖物，避免阳光直照机制砂自密实片石混凝土表面，连续喷水养护时间应根据工程环境条件确定。

⑤冬期施工时，不能向裸露部位的机制砂自密实片石混凝土直接浇水养护，应用保温材料和塑料薄膜进行保温、保湿养护。保温材料的厚度应经热工计算确定。

2)块片石自密实混凝土现场评价技术与方法

为了更为真实、客观地了解机制砂自密实块片石混凝土的实际施工质量与性能，提出如下评价技术与方法：

(1)超流态机制砂自密实混凝土出机性能检测方法

检测并记录每仓超流态机制砂自密实混凝土的出机工作性能，在混凝土生产前准备好记录表格和检测工具。

(2)超流态机制砂自密实混凝土力学性能测试方法

在超流态机制砂自密实混凝土生产浇筑过程中，每仓应留取15cm标准立方体试块，根据《水工混凝土试验规程》(DL/T 5150—2017)中的相关规定，检测超流态机制砂自密实混凝土3d、7d、28d、90d不同龄期的抗压强度以及与芯样抗压试验同龄期检测，养护方式均采用标准养护。

针对所获得的30组28d龄期标准试块抗压强度和30组90d龄期标准试块抗压强度，分别对超流态机制砂自密实混凝土28d和90d龄期强度的进行统计分析，计算得到实际生产超流态机制砂自密实混凝土时强度的标准偏差，根据《混凝土强度检验评定标准》(GB/T 50107—2010)

评定超流态机制砂自密实混凝土 28d 和 90d 龄期强度等级。

(3)机制砂自密实片石混凝土密实度检验方法

机制砂自密实片石混凝土的密实度可采用两种检验方法进行检测，预埋橡胶抽拔棒注水法与预埋 $\phi$10mm PVC 管成孔超声波测桩法。实际工程中，只需选择其中一种检验方法对机制砂自密实片石混凝土的密实度进行检测。

①预埋橡胶抽拔棒注水法

在片石入仓之前，应在浇筑体中预埋橡胶抽拔棒，并在浇筑的超流态机制砂自密实混凝土终凝前拔出。橡胶抽拔棒直径宜选用 100mm。预埋深度不应小于每次浇筑高度的一半。预埋橡胶棒的数量不得少于 3 个。钻孔间距每 3m 一个，对浇筑尺寸小的结构，钻孔间距宜适当减小，但取样数量不应少于 3 个。

在拔出孔中灌满水，观察并记录拔出中水渗漏情况，记录 1h、2h、4h、8h、24h 的水位下降高度。测试过程中，应注意保持钻孔口覆盖密封，防止水分受外界环境影响蒸发。当 24h 水位下降高度 $h$ 小于 50mm 时，判定机制砂自密实片石混凝土密实度良好。

②超声波测桩法

采用超声波测桩法检验混凝土密实度时，应在挡墙模板支撑时，预埋 $\phi$10mm PVC 管成孔作为声测管。在片石堆码与混凝土浇筑过程中，应防止声测管的弯曲变形。声测管应每 5m 预埋一根声测管。对浇筑尺寸小的结构，钻孔间距宜适当减小。超声波测桩法具体测试方法应参照《公路工程基桩动测技术规程》(JTG/T F81-01—2004)执行。

3)块片石自密实混凝土现场评价

为了更为真实、客观地了解块片石自密实混凝土的实际施工质量与性能，制定了详细的监测方案。对在惠兴高速公路建设工程采用块片石自密实混凝土技术进行施工的混凝土，通过一系列的研究，从理论到现场配置试验、现场浇筑试验得出了一系列的研究数据，对试验成品进行各种方式的质量检验，其质量检验结果均达到和超出预期，综合评定很好。具体现场评价检测评价结果如下：

(1)超流态机制砂自密实混凝土出机性能检测

①坍落度均不小于 270mm ±20mm；

②坍落扩展度均不小于 650mm；

③倒坍落度筒流出时间小于 5s。

完全满足超流态机制砂自密实混凝土性能设计要求。

(2)超流态机制砂自密实混凝土抗压强度

对现场同条件成型、标准养护后混凝土试件，测试 28d、90d 的强度分别达到 28.9MPa、34.2MPa，超过设计要求。

(3)超流态机制砂自密实混凝土密实度检测

对试验段剖面及内部芯样进行观察，发现超流态机制砂自密实混凝土和机制砂自密实片石混凝土均完全密实。

检验采用破坏检查和超声波检查如图 11-8、图 11-9 所示。

(4)表面状态检测

拆模后，检测浇筑的挡墙表观状态，经观察，外观表面光滑、无缺陷，表面无气孔、蜂窝麻面等,表面状态良好。如图11-10、图11-11所示。

图11-8　块片石自密实混凝土破坏检查

图11-9　块片石自密实混凝土超声波检查

图11-10　浇筑完成后的片石混凝土表面

图11-11　试验墙(几何尺寸6m×2.5m×1.5m)

(5)混凝土抗压强度取芯检测

对现场取芯的试样,测试28d龄期时的混凝土抗压强度,测定轴心抗压强度达到27.1MPa,也完全符合设计要求。如图11-12、图11-13所示。

图11-12　试验墙混凝土芯样圆柱体轴心抗压试验

图11-13　试验墙混凝土芯样抗弯拉试验

(6)混凝土抗弯拉强度取芯检测

现场取芯2个,测试并计算出28d龄期时现场取芯的混凝土抗弯拉强度。取芯抗弯拉强度结果表明,机制砂自密实片石混凝土的抗弯拉强度完全满足设计要求。

### 11.3.5 块片石自密实混凝土成套施工应用技术

本项技术在贵州省十余条高速公路进行了成功推广应用。尤其是于2015年被交通运输部列为绿色公路示范项目的盘兴高速公路,更是将块片石自密实混凝土施工技术列为盘兴绿色公路重点支撑项目,在本条高速公路建设中得到了大规模推广应用和重点示范。本项技术在盘兴高速公路进行了全线推广(图11-14～图11-17),应用工程结构包括挡土墙、路肩墙、护肩、路堤、护脚墙等,全线共使用块片石自密实混凝土28.8万$m^3$,与使用传统混凝土相比,减少水泥用量2.7万t,减少水用量10.8万$m^3$,减少砂用量8.6万$m^3$,利用隧道弃渣9.6万$m^3$。大大节约了社会资源,取得了显著的经济效益和社会效益。

图11-14 块片石入仓

图11-15 块片石自密实混凝土浇筑

图11-16 块片石自密实混凝土挡墙外观效果

图11-17 块片石自密实混凝土挡墙剖面效果

本项技术通过在贵州地区大规模应用,取得了很好的效果,相对传统施工技术质量得以提高、施工周期缩短、工程成本减少、最大限度地保护了环境,同时解决了山区大量片石混凝土挡墙施工缓慢的难题。现场各项检测表明,块片石自密实混凝土的外观表面光滑、无缺陷,内部结构密实，混凝土完全填充块片石的内部孔隙，块片石自密实混凝土结构力学性能完全满足挡墙混凝土的设计需求。

## 11.4　应用前景

本项技术研发的块片石自密实混凝土是随着混凝土技术快速发展与施工技术需求而开发的一种革命性的、新型混凝土。其核心是利用贵州地区块片石作为混凝土集料制备的一种超流态自密实混凝土。其不仅改变了传统的片石混凝土施工工艺，而且具有大大提高片石混凝土质量、降低人工劳动成本、提高施工效率、改善施工环境等优点。

本项技术成果解决了山区大量片石混凝土挡墙施工缓慢的难题，加快了施工进度，减少了施工辅助设备及人力资源，降低了施工成本，施工质量易控制，安全可靠。项目成果已经在贵州省盘兴、惠兴等十余条高速公路得到成功推广应用，产生了巨大的直接经济效益。如果将该技术推广至全国公路工程建设领域，经济效益将相当巨大。同时，使用本项研究成果施工，一方面可节约大量的水泥用量，减少生产水泥的能源消耗及大气污染；另一方面，还可大大提高隧道弃渣利用率，促进资源循环利用，符合可持续发展战略，对改善区域生态环境具有重要的推动作用，社会效益显著。

本项技术成果的推广应用可达到降低工程风险、节约工程投资、提高工程施工及运行质量的目的，并使我国混凝土工程的施工技术达到新的水平，对推动我国混凝土技术进步具有重要意义，可广泛应用于公路建设大体积挡墙等各类混凝土工程的设计施工，也可应用于铁路、水利、海工、城建等建设领域。依托本项目研究成果制定出国家级工法《贵州地区石灰岩质块片石自密实混凝土施工工法》和地方标准《超流态机制砂自密实片石混凝土应用技术规程》，为块片石自密实混凝土施工技术在贵州地区乃至全国大规模推广应用奠定了基础，推广应用前景十分广阔。

# 第12章　温拌沥青路面技术

## 12.1　技术背景

按照国家公路路网规划的建设目标，至2020年，我国公路通车里程将达到450万km，其中高速公路突破10万km。截至目前，仍有接近30万km的建设任务亟待完成。国民经济社会发展“十三五”纲要明确提出了“生产方式绿色、低碳水平上升，能源资源开发利用效率大幅提高，能源和水资源消耗、碳排放总量得到有效控制”的目标要求，实现环境质量总体改善的经济社会发展基本理念。与此同时，全球性能源紧张以及气候变化已成为国际社会普遍关注的重大问题，节能减排已经成为国际社会的共同责任。交通行业是能源消耗大户，是建设资源节约型、环境友好型社会的重要领域，是温室气体和大气污染排放的重要来源。据估算，2016年我国交通运输业的二氧化碳排放量约为5.22亿t，2030年将达到11.08亿t。为此，交通运输部颁布了《公路水路交通节能中长期规划纲要》，要求大力发展绿色交通运输体系，加强高效环保、气候友好的交通领域科学技术的研究和推广。

在公路建设领域，采用沥青路面温拌技术，降低沥青混合料施工温度，减少温室气体及有害气体排放，可大幅度实现节能减排的目标。沥青路面温拌技术分为机械发泡类与添加剂类。机械发泡类温拌技术（泡沫温拌沥青技术），具备高效节能、绿色环保、缩短施工周期、增加混合料生产和易性、降低混合料老化程度、保证路面压实度等特点。同时，不需要添加剂，仅需沥青量2%的水，具有经济性的优势。目前美国温拌技术中80%采用泡沫温拌沥青技术，取得了一定的研究成果，但国内泡沫温拌沥青技术研究与应用刚刚起步。

## 12.2　技术概要

温拌技术首先于1995年在欧洲由Shell和Kola Veidekke研制开发。1997年11月制定的《京都议定书》规定，到2010年所有发达国家二氧化碳、甲烷、氧化亚氮等6种温室气体的排放量要比1990年减少5.2%，环保节能的要求促进了温拌技术进一步的发展。2000年，欧洲沥青国际会议上第一次正式提出温拌技术之后，世界各国开始大力研究、应用温拌技术，欧洲和美国开发了大量的温拌技术方法。

早期欧洲发展的温拌技术主要是有机添加剂类或泡沫沥青类。有机添加剂加入沥青胶结料中降低黏度和提高润滑性，这些材料的熔点都低于热拌沥青混合料的生产温度。当温度高于熔点时，这些材料降低沥青胶结料的黏度。当温度低于熔点时，这些材料可以增加沥青胶结料的劲度。泡沫沥青温拌技术指在低的生产温度下，采用发泡技术提升沥青裹覆性能和工作性能。当少量的水加入热沥青中，水分蒸发，并且水蒸气包裹在沥青中。此时沥青膨胀发泡，沥青体积暂时增大，黏度下降，提高裹覆性能与工作性能。美国和欧洲开发了表面活性温拌技术。美国使用的第一代表面活性温拌技术是2005年的Evotherm，其中的活性组分可以改善低温下的裹覆性能、工作性能和黏结性能。随后是Evotherm ET（乳化技术），乳液中含有70%的沥青胶结料。然后是Evotherm DAT（分散添加技术），减少了水分的加入。第三代表面活性温拌技术是Evotherm 3G。

温拌技术的发展如雨后春笋，在发达国家特别是欧美很多科研机构和大型公司都开发了相关产品。迄今为止，已有三大类数十种温拌沥青混合料技术，见表12-1～表12-4。

温拌技术分类 表12-1

| 温拌技术类别 | 典型技术 |
|---|---|
| 泡沫沥青温拌技术 | Aspha-min，Ultrafoam GX，Terex，Double Barrel Green，Stansteel，Aquablack，ECOFOAM-Ⅱ，Meeker WMA，AquaFoam，Tri-Mix |
| 有机降黏剂法 | Sasobit，Asphatan B，Rediset WMX，CECABASE RT® SAK，Sasowax，SLA，SonneWarmix，Thiopave，LEADCAP |
| 表面活性温拌技术 | Evotherm（ET，DAT，3G），REVIX（Evotherm 3G），Cecabase RT，Iterlow-T，HyperTherm，Quali Therm，Rediset LQ |

美国温拌沥青混合料用量 表12-2

| 年份 | 沥青混合料总量（万t） | 温拌沥青混合料用量（万t） | 温拌混合料占比（%） |
|---|---|---|---|
| 2009 | 32700 | 1920 | 5.9 |
| 2010 | 32700 | 4760 | 14.6 |
| 2011 | 36597 | 6870 | 18.8 |
| 2012 | 36029 | 8670 | 24.1 |
| 2013 | 35100 | 10640 | 30.3 |
| 2014 | 35200 | 11380 | 32.3 |
| 2015 | 36490 | 11980 | 32.8 |

美国温拌技术应用状况 表12-3

| 类别 | 2009年 | 2010年 | 2011年 | 2012年 | 2013年 | 2014年 | 2015年 |
|---|---|---|---|---|---|---|---|
| 表面活性温拌技术 | 15% | 6% | 3.8% | 9.6% | 12.1% | 15% | 25.2% |
| 有机降黏剂法 | 0.3% | 1% | 0.3% | 0.2% | 0.7% | 0.5% | 0.7% |
| 发泡添加剂 | 2% | 1% | 0.2% | 2.1% | 0.3% | 0 | 2.1% |
| 机械发泡 | 82.7% | 92% | 95.7% | 88.1% | 86.9% | 84.5% | 72.0% |

欧洲温拌技术应用状况 表12-4

| 国家 | 2010年（万t） | 2011年（万t） | 2012年（万t） | 2013年（万t） |
|---|---|---|---|---|
| 西班牙 | 125 |  | 50 |  |
| 丹麦 |  |  | 49 |  |
| 法国 | 100 | 125.9 | 263.3 | 353 |
| 芬兰 | 80 | 69 | 49 |  |

续上表

| 国　家 | 2010年(万t) | 2011年(万t) | 2012年(万t) | 2013年(万t) |
| --- | --- | --- | --- | --- |
| 瑞士 | 78 | 85 | | |
| 瑞典 | 60 | 60 | 78 | |
| 德国 | <50 | | | |
| 英国 | | <75 | | |
| 罗马尼亚 | | 12.6 | 150 | |

1)泡沫沥青温拌技术

泡沫沥青温拌技术主要包括机械发泡类、沸石类等方法。具体包括:Aspha-min,Advera,Ultrafoam GX,Terex,Double Barrel Green,Stansteel,Aquablack,ECOFOAM-Ⅱ, Meeker WMA,AquaFoam,Tri-Mix。

(1)机械发泡类:包括Astec,Gencor,Tamac,Terex,Meeker,Stansteel,Adesco,Maxam等。

美国Astec设备公司,基于其厂拌热再生连续式双滚筒拌和楼,在沥青添加口增加发泡喷嘴排杆,开发了名为“绿色双滚筒”的温拌技术。这种设备利用带有十个喷嘴的集合管制作泡沫,以降低沥青黏度,从而降低沥青混合料的拌和温度。

(2)沸石类:包括PQ公司、Eurovia公司等开发的产品。

法国Eurovia公司开发的Aspha-min温拌沥青混合料技术,采用一种吸水性强的合成沸石矿物,加入沥青中发泡,从而降低沥青黏度,可使混合料生产拌和温度降低30℃左右。世界上最大的硅酸盐生产供应商美国PQ公司生产了一种内部含水的合成沸石Advera。

此外,壳牌公司Shell和Kolo Veidekke公司一起开发的两阶段泡沫沥青温拌技术,它的结合料分两阶段加入,即先将软沥青与集料混合,然后加入发泡的硬质沥青。美国McConnaughay公司的LEA技术,将湿冷的沙子(细集料)搅拌到120~160℃干燥的覆盖有热沥青的粗集料里,水汽从集料里逸出并激发出泡沫,泡沫化的沥青完全拌和并覆盖了集料,最终形成了温拌沥青混合料。

2)有机降黏剂法

有机降黏剂法使用降黏剂减小沥青结合料的高温黏度,但不降低其低温黏度。这样可降低沥青混合料的拌和温度,而又不影响其路用性能。通常使用的沥青降黏剂为南非Sasol Wax公司生产的Sasobit温拌降黏剂。该降黏剂为细晶体,长链脂肪烃,使用费托方法从煤炭液化中获取,因此得名FT石蜡。德国Romonta公司生产的AsphaltanB酯类化合物(一种低分子量的酯化蜡),专为碾压沥青所配制,是褐煤中甲苯提取物的副产品,其推荐掺量在2%~4%之间,其熔点大约100℃。

荷兰Akzo Nobel公司针对沥青路面水损害现象比较严重,开发了Rediset。Rediset降低沥青表面的张力,使沥青对集料获得比水更大的吸附力,将集料表面和沥青中的水分置换掉,增强了黏附性能和沥青的内聚力,使沥青和集料黏结得更好。同时它也降低了沥青混合料的黏度,使混合料的拌和与压实温度明显地降低。Akzo Nobel公司建议掺加的Rediset占混合料的质量百分率为2%,这能够使沥青混合料的生产温度降低15℃。

壳牌公司生产了专利产品硫黄强化沥青改性剂。一方面可以作为黏结料,替代普通沥青混合料中18% ~26%的沥青；另一方面，该降黏剂熔点接近115℃，可在熔解后完全溶于沥青，并显著降低其黏度，使得沥青混合料的生产温度和压实温度降低20~30℃。此外，还有SAK、Sasowax、SLA（脂肪酰胺化合物）等技术。

3）表面活性温拌技术

表面活性型技术路线的特点是，少量的表面活性降黏剂（0.5% ~1%）、水与热沥青在拌和过程中共同作用，借助拌和的强大分散能力实现彼此融合。表面活性剂富集于残留微量水和沥青的界面，三者共同作用，暂时性地在胶结料内部形成较为稳定的结构性水膜。由于水膜润滑作用不受温度影响，温度下降时，水膜润滑作用能够很大程度抵消沥青黏度增大的作用，从而实现温拌效果。这类技术的典型代表产品是美国美德维实伟克公司生产的Evotherm。Evotherm技术最初采用ET模式，后来升级为直投式添加模式（DAT技术），不久前又开发稳定中性水溶性型浓缩液（Evotherm 3G技术）。试验结果表明，乳化沥青温拌沥青混合料的性能与热拌沥青混合料处于同一水平。采用乳化温拌沥青混合料技术可以降低混合料的拌和与碾压温度20~40℃，同时达到与热拌沥青混合料相同的路用性能。此类技术的特点是需要对设备进行一定的改造，设置专用浓缩液的投放管路。对温拌添加液需进行调酸处理，过高的酸性将可能对拌和楼设备产生腐蚀破坏。

## 12.3 工程示范

### 12.3.1 工程概况

2016年11月23日在盘兴高速公路路面工程第五合同段，开展了泡沫温拌SBS改性沥青中面层Sup-20试验段试铺工作，进行了过程控制与施工质量检测，主要包括：后场拌和楼控制、施工现场摊铺、碾压、沥青混合料性能试验（级配、油石比、体积性能指标）、压实度、渗水系数检测等。试铺段施工概况如表12-5所示。

**PXGS-05标泡沫温拌Sup-20中面层试验段基本情况** 表12-5

| 工程名称 | 贵州省盘兴高速公路第五合同段 |
|---|---|
| 试铺段桩号 | YK8 +750 ~ YK8 +980 |
| 设计厚度 | 6cm |
| 混合料类型 | SBS改性沥青Sup-20中面层（泡沫温拌） |
| 集料产地 | K22料场 |
| 试铺时间 | 2016.11.23 |
| 天气 | 晴 |

### 12.3.2 生产配合比设计

依据盘兴高速公路路面5标K22拌和楼改性沥青Sup-20中面层生产配合比设计结果（表12-6、表12-7），混合料各项体积指标均满足《盘兴高速公路沥青路面施工指导意见汇编（试行版）》要求。

生产配合比各材料比例 表 12-6

| 混合料类型 | 下列各种材料所占比例(%) | | | | | | 沥青用量(%)* |
|---|---|---|---|---|---|---|---|
| | 1号 | 2号 | 3号 | 4号 | 5号 | 矿粉 | |
| Sup-20 | 26 | 7 | 20 | 18 | 27 | 2 | 4.0 |

注:* 油石比为4.2%。

生产配合比设计级配 表 12-7

| 筛孔级配 | 通过下列筛孔(方孔筛,mm)百分率(%) | | | | | | | | | | |
|---|---|---|---|---|---|---|---|---|---|---|---|
| | 26.5 | 19.0 | 13.2 | 9.5 | 4.75 | 2.36 | 1.18 | 0.6 | 0.3 | 0.15 | 0.075 |
| 合成级配 | 100.0 | 98.2 | 70.9 | 54.0 | 33.6 | 23.9 | 14.3 | 9.0 | 6.8 | 5.5 | 4.9 |

根据旋转压实体积指标试验结果,选择沥青用量4.0%(油石比为4.2%)为最佳沥青用量。采用马歇尔击实法对生产配合比设计结果进行验证,马歇尔试验体积指标及性能指标验证结果均满足要求。

### 12.3.3 试验路铺筑

盘兴高速公路路面工程第五合同段K22拌和楼于2016年11月23日在YK8+750~YK8+980段落进行了泡沫温拌改性沥青SUP-20中面层试验段施工。为将泡沫温拌实施效果与热拌实施效果进行对比,监控咨询组会同施工单位制定泡沫温拌试验段实施方案如表12-8所示。

泡沫温拌实施方案 表 12-8

| 序号 | 出料温度(℃) | 施工段落 |
|---|---|---|
| 1 | 175 | YK8+980~YK9+100 |
| 2 | 165 | YK8+750~YK8+860 |
| 3 | 155 | YK8+860~YK8+980 |

1)拌和楼控制

监控咨询组在拌和楼内观察了当日拌和楼部分生产情况,从拌和楼实时生产显示的单盘料的生产周期来看,单盘料生产周期相对较为稳定,平均生产周期为50~60s,净拌时间为35s,平均拌和楼产量为220t/h左右,拌和楼各项参数见表12-9。

拌和机拌和观测记录表 表 12-9

| 观测记录项目 | | 观测值 | 备注 |
|---|---|---|---|
| 拌和机型号 | | 中交西筑JD-4000 | — |
| 拌和数量 | | 3.8t/盘 | — |
| 每盘料生产周期 | | 50~60s | — |
| 175℃热拌混合料温度控制 | 沥青温度 | 165~175℃ | — |
| | 矿料温度 | 175~185℃ | — |
| | 出料温度 | 170~180℃ | — |
| 165℃出厂温度(温拌) | 沥青温度 | 160~170℃ | — |
| | 矿料温度 | 165~175℃ | — |
| | 出料温度 | 160~170℃ | — |

续上表

| 观测记录项目 | | 观 测 值 | 备 注 |
|---|---|---|---|
| 155℃出厂温度(温拌) | 沥青温度 | 160~170℃ | — |
| | 矿料温度 | 160~170℃ | — |
| | 出料温度 | 150~160℃ | — |
| 拌和时间 | 干拌时间 | 5s | — |
| | 湿拌时间 | 35s | — |
| 注水剂量 | | 2%(沥青质量) | — |

拌和楼采用中交西筑 JD-4000 型拌和楼,拌和楼生产由计算机全程自动控制,未配有自动打印设备进行实时打印。生产过程中,监控咨询组随机对生产记录跟踪,对拌和楼的生产记录进行分析:拌和楼整体生产较为稳定,各料仓计量波动偏差基本满足允许误差要求;从拌和的混合料外观看,沥青裹覆均匀,未出现花白料现象。

2)沥青混合料运输

混合料运输采用大吨位自卸汽车,车厢周围加装保温层,车厢顶部覆盖物采用双层油毡布中间夹放一层棉絮进行覆盖,如图 12-1 所示。

图 12-1 运输车保温装置

根据泡沫温拌实施方案,监控咨询组随机抽检热拌沥青混合料、降 10℃温拌混合料、降 20℃温拌混合料出厂温度,抽检结果如表 12-10 所示。并对各类混合料施工过程进行现场跟踪,同时对实施效果进行评估。

**沥青混合料出厂温度检测**

表 12-10

| 出厂温度条件 | 175℃热拌出厂温度 | | | 165℃温拌出厂温度 | | | 155℃温拌出厂温度 | | |
|---|---|---|---|---|---|---|---|---|---|
| 位置车序 | 前部 | 中部 | 尾部 | 前部 | 中部 | 尾部 | 前部 | 中部 | 尾部 |
| 1 | 173 | 175 | 175 | 162 | 165 | 161 | 155 | 156 | 151 |
| 2 | 176 | 176 | 174 | 165 | 168 | 164 | 158 | 158 | 154 |
| 3 | 173 | 178 | 173 | 166 | 167 | 166 | 156 | 158 | 155 |
| 4 | 172 | 175 | 175 | 163 | 167 | 164 | 154 | 156 | 155 |

拌和站混合料出厂温度控制较稳定,如图 12-2 所示,175℃热拌混合料出厂温度波动区间为 170~180℃,165℃温拌混合料出厂温度波动区间为 160~170℃,155℃温拌混合料出厂温度波动区间为 150~160℃。

3)沥青混合料摊铺

为保证下承层清洁度,混合料摊铺前对下承层进行清扫干净,然后进行黏层油洒布,待黏层油完全破乳后进行中面层沥青混合料施工。盘兴高速公路路面 5 标采用一台天顺长城 SP 1850 型摊铺机进行全幅摊铺施工,摊铺方向与通车后行驶方向相同,调整好摊铺机熨平板的宽度,对摊铺机熨平板进行预热,温度不低于 100℃时即进行卸料摊铺,螺旋布料器内的混合料料位略高于螺旋布料器2/3高度。试验段松铺系数暂定采用1.2。试验段起始阶段摊铺速度控制在2m/min,稳定后摊铺速度控制在3m/min,如表12-11、表12-12所示。监控咨询组对各类混合料的摊铺温度进行随机抽检。

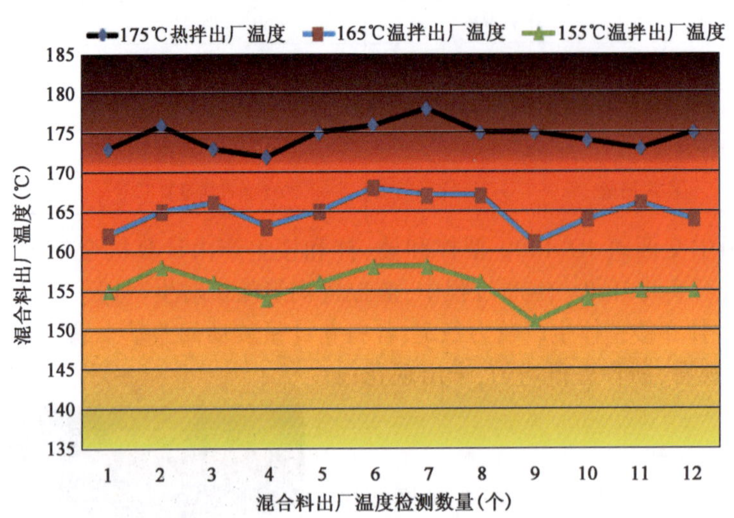


图12-2 各类型混合料出厂温度折线图

试验段摊铺机工作状况 表12-11

| 摊铺机前等待卸料运料车数量 | | 2~3辆 |
|---|---|---|
| 摊铺机情况 | 型号 | 天顺长城SP-1850 |
| | 数量 | 1 |
| 摊铺机行驶速度(m/min) | | 3m/min |
| 螺旋布料器中料位 | | 整体料位基本能达到2/3以上的理想状态 |
| 摊铺机找平方式 | | 平衡梁 |
| 铺面效果 | | 铺面整体效果较均匀,摊铺机中间和两边存在轻微离析现象 |

现场摊铺沥青混合料温度随机抽检结果 表12-12

| 施工温度 | 出厂温度条件 | | | | | | | | | | | |
|---|---|---|---|---|---|---|---|---|---|---|---|---|
| | 175℃热拌出厂温度 | | | | 165℃温拌出厂温度 | | | | 155℃温拌出厂温度 | | | |
| 摊铺温度 | 171 | 172 | 173 | 170 | 162 | 160 | 159 | 163 | 152 | 156 | 145 | 154 |
| | 172 | 168 | 169 | 172 | 166 | 162 | 159 | 160 | 152 | 148 | 148 | 151 |

对于局部混合料明显离析、拖痕的段落,采用人工补料方式进行点补。为防黏结混合料,补料用的铁锹涂刷少量隔离剂。

4)沥青混合料压实

依据热拌SBS改性沥青SUP-20现场碾压方案,制定温拌SBS改性沥青SUP-20中面层试验段碾压方案为:初压采用两台双钢轮压路机前静后振稳压2遍,复压采用两台胶轮压路机随后紧跟碾压6~8遍,终压采用一台双钢轮压路机静压收光。具体碾压方案如表12-13所示。

碾压组合方式 表 12-13

| 碾压阶段 | 压路机类型 | 碾压遍数 |
|---|---|---|
| 初压 | 双钢轮压路机(2 台) | 前静后振共 2 遍 |
| 复压 | 胶轮压路机(2 台) | 静压 6～8 遍 |
| 终压 | 双钢轮压路机(1 台) | 静压 2 遍 |

监控咨询组在试铺现场,随机抽检了几组碾压温度,如表 12-14 所示。

现场沥青混合料碾压温度检测 表 12-14

| 施工温度 | 出厂温度条件 | | | | | | | | | | | |
|---|---|---|---|---|---|---|---|---|---|---|---|---|
| | 175℃热拌出厂温度 | | | | 165℃温拌出厂温度 | | | | 155℃温拌出厂温度 | | | |
| 初压开始温度 | 165 | 162 | 167 | 163 | 160 | 156 | 157 | 159 | 150 | 153 | 148 | 150 |
| 复压开始温度 | 142 | 145 | 140 | 141 | 140 | 135 | 138 | 136 | 130 | 133 | 131 | 132 |
| 碾压终了温度 | 98 | 92 | 93 | 91 | 88 | 89 | 85 | 87 | 83 | 82 | 84 | 81 |

## 12.3.4 试验段路性能检测

1)渗水试验

对泡沫温拌试验段渗水系数进行检测,检测结果如表 12-15 所示,并绘制渗水系数分布图(图 12-3)。从渗水系数检测结果看,降低 10℃泡沫温拌段落现场渗水系数检测结果最佳,合格率为 100%;降低 20℃泡沫温拌段落渗水系数合格率为 90%;热拌段落检测 4 个点,3 个点合格,合格率为 75%,由于热拌段落检测点较少,合格率不具有代表性,但从检测结果依然可看出,泡沫温拌段落渗水系数与热拌段落相比,具有较好的封水效果。

**PXGS-05 标泡沫温拌 Sup-20 路面渗水试验结果** 表 12-15

<table>
<tr><th>桩号</th><th>试验位置</th><th>渗水系数(mL/min)</th><th>技术要求(mL/min)</th><th>备注</th></tr>
<tr><td>YK9 +050</td><td>行车道</td><td>0</td><td rowspan="15">≤100</td><td rowspan="4">175℃段落合格点数 3/4,合格率 75%</td></tr>
<tr><td>YK9 +050</td><td>超车道</td><td>35</td></tr>
<tr><td>YK9 +100</td><td>行车道</td><td>110</td></tr>
<tr><td>YK9 +100</td><td>超车道</td><td>10</td></tr>
<tr><td>YK8 +750</td><td>行车道</td><td>40</td><td rowspan="11">165℃出厂温度段落合格点数 10/10,合格率 100%</td></tr>
<tr><td>YK8 +755</td><td>超车道</td><td>20</td></tr>
<tr><td>YK8 +780</td><td>行车道</td><td>0</td></tr>
<tr><td>YK8 +790</td><td>超车道</td><td>0</td></tr>
<tr><td>YK8 +800</td><td>行车道</td><td>0</td></tr>
<tr><td>YK8 +820</td><td>超车道</td><td>10</td></tr>
<tr><td>YK8 +840</td><td>超车道</td><td>20</td></tr>
<tr><td>YK8 +840</td><td>行车道</td><td>40</td></tr>
<tr><td>YK8 +860</td><td>超车道</td><td>30</td></tr>
<tr><td>YK8 +860</td><td>行车道</td><td>0</td></tr>
<tr><td>YK8 +880</td><td>行车道</td><td>30</td></tr>
</table>

续上表

| 桩　　号 | 试 验 位 置 | 渗水系数(mL/min) | 技术要求(mL/min) | 备　　注 |
|---|---|---|---|---|
| YK8 +880 | 超车道 | 25 | ≤100 | 155℃出厂温度段落合格点数 9/10，合格率 90% |
| YK8 +900 | 行车道 | 0 | | |
| YK8 +900 | 超车道 | 20 | | |
| YK8 +930 | 行车道 | 120 | | |
| YK8 +930 | 超车道 | 70 | | |
| YK8 +950 | 行车道 | 50 | | |
| YK8 +950 | 超车道 | 0 | | |
| YK8 +980 | 行车道 | 10 | | |
| YK8 +980 | 超车道 | 20 | | |

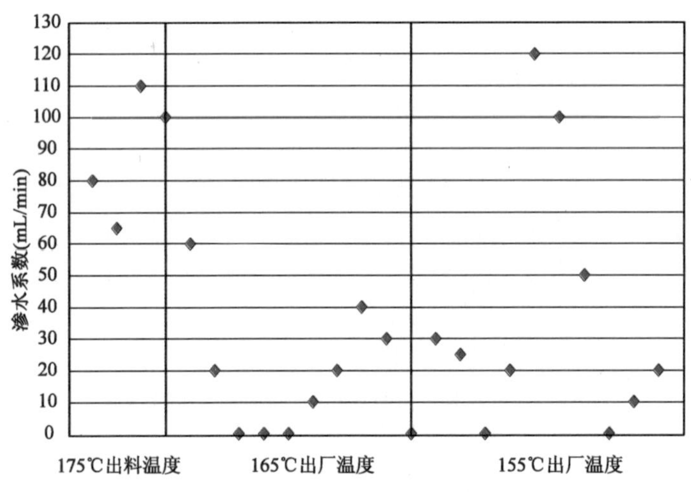


图 12-3　渗水系数散点图

2)压实度检测

对泡沫温拌 SUP-20 中面层试验段进行了压实度检测，芯样位置、芯样描述及芯样压实度如表 12-16 所示，各类型混合料压实度合格率为 100%。压实度检测结果表明，泡沫温拌段落 SUP-20 压实度与热拌相比无明显降低，在相对较低的出料温度下依然可保证混合料的有效碾压密实，如图 12-4 所示。

**PXGS-05 标泡沫温拌 Sup-20 路面芯样压实度**　　　　表 12-16

| 芯样桩号 | 取芯位置 | 芯样密度 | 标准密度 | 马氏压实度(%) | 理论压实度(%) | 旋转压实度(%) |
|---|---|---|---|---|---|---|
| YK8 +750 | 行车道 | 2.433 | 温拌 165℃<br>出厂温度<br>马氏密度:2.440<br>理论密度:2.541<br>旋转密度:2.461 | 99.7 | 95.7 | 98.9 |
| YK8 +750 | 超车道 | 2.396 | | 98.2 | 94.3 | 97.4 |
| YK8 +800 | 行车道 | 2.411 | | 98.8 | 94.9 | 98.0 |
| YK8 +800 | 超车道 | 2.430 | | 99.6 | 95.6 | 98.7 |
| YK8 +850 | 行车道 | 2.391 | | 98.0 | 94.1 | 97.2 |
| YK8 +850 | 超车道 | 2.425 | | 99.4 | 95.4 | 98.5 |

续上表

| 芯样桩号 | 取芯位置 | 芯样密度 | 标准密度 | 马氏压实度(%) | 理论压实度(%) | 旋转压实度(%) |
|---|---|---|---|---|---|---|
| YK8 +890 | 行车道 | 2.443 | 温拌155℃出厂温度<br>马氏密度:2.432<br>理论密度:2.541<br>旋转密度:2.449 | 100.5 | 96.1 | 99.8 |
| YK8 +890 | 超车道 | 2.412 | | 99.2 | 94.9 | 98.5 |
| YK8 +940 | 行车道 | 2.389 | | 98.2 | 94.0 | 97.6 |
| YK8 +940 | 超车道 | 2.403 | | 98.8 | 94.6 | 98.1 |
| YK8 +980 | 行车道 | 2.402 | | 98.8 | 94.5 | 98.1 |
| YK8 +980 | 超车道 | 2.391 | | 98.3 | 94.1 | 97.6 |
| YK9 +050 | 行车道 | 2.390 | 热拌175℃出厂温度<br>马氏密度:2.420<br>理论密度:2.548<br>旋转密度:2.446 | 98.8 | 93.8 | 97.7 |
| YK9 +050 | 超车道 | 2.387 | | 98.6 | 93.7 | 97.6 |
| YK9 +150 | 行车道 | 2.413 | | 99.7 | 94.7 | 98.7 |
| YK9 +200 | 超车道 | 2.387 | | 98.6 | 93.7 | 97.6 |
| 要求 | | — | | ≥98 | 93 ~ 97 | ≥97 |

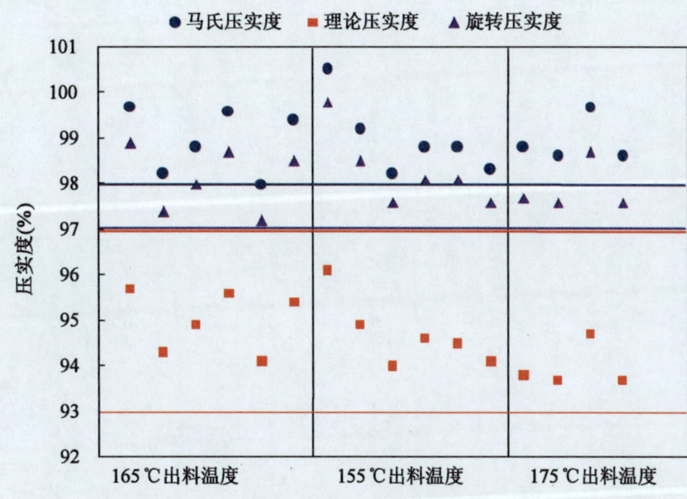


图 12-4　取芯压实度散点图

## 12.4　应用前景

1)社会效益

采用泡沫温拌沥青混合料在拌和生产过程中所排放的有害气体大大降低,其中与温室气体相关的二氧化碳和氮氧化合物气体排放分别下降 61.5% 和 73.5%;二氧化硫和烟尘排放量分别下降 74.6% 和 53.8%,具有重要的社会效益。

2)经济效益

泡沫温拌沥青技术,相比热拌沥青混合料,每吨泡沫温拌沥青混合料节约重油 1.21kg,节能 18.8%,具有显著的经济效益。

3)行业技术发展的推动作用

泡沫温拌沥青混合料技术适应国家经济社会发展绿色低碳发展需求,提高沥青路面耐久性,解决特殊条件低温施工问题,促进沥青路面技术创新,实现全寿命周期效益最大化,具有重要的现实指导意义,应用前景广阔。

# 第 13 章　Superpave 高性能沥青路面技术

## 13.1 技术背景

### 13.1.1　沥青路面建设需求

1)沥青路面建设现状

目前贵州省高速公路建设路面技术类型相对单一,沥青路面主要采用 AC 型混合料。贵州已建成的高速公路沥青路面典型结构有两种,分别为典型结构Ⅰ"普通沥青 AC-25C + 普通沥青 AC-20C + 改性沥青 AC-13C"和典型结构Ⅱ"普通沥青 AC-25C + 普通沥青 AC-20C + 改性沥青 SMA-13",如图 13-1 所示。其中典型结构Ⅱ为贵州境内国家高速公路沥青路面结构,典型结构Ⅰ为贵州省级高速沥青路面结构,也是目前贵州高速公路主要沥青路面结构。

图 13-1　贵州高速公路沥青路面典型结构

2)沥青路面建设面临的难题

(1)气候条件的恶劣性

贵州省夏季高温多雨,且雨热同期,在高温条件下,沥青路面易发生车辙变形。同时,贵州全年雨水充沛,年平均降水量达 1000mm 以上,且多集中在夏季,6 ~9 月降水量平均达全年降水量的 70% ~80%。由于降雨较多,贵州高速公路对沥青路面的抗水损害性能提出了更高的要求。

(2)重载、超载的普遍性

贵州省煤炭、磷矿、硫铁矿、冶金用砂岩等自然矿产资源丰富,高速公路作为矿产资源重要的交通运输通道,重载、超载现象普遍,对路面结构抗车辙性能及沥青混合料的稳定性提出了更高要求。特别是对于长大纵坡、弯道路段,重载、超载进一步加大了路面层间受力的复杂性,在苛刻的层间力学受力条件下,沥青路面易发生失稳破坏。

(3)现有高速公路典型沥青路面结构的局限性

目前贵州高速公路沥青路面典型结构Ⅰ、结构Ⅱ存在一定的局限性。对于结构Ⅰ采用普通沥青 AC-20C 中面层、普通沥青 AC-25 下面层,但作为沥青路面车辙主要发生层位,已不能满足贵州日益普遍的重载、超载使用需求,抗车辙能力不足。同时随着交通量的日益增长及雨水的冲刷作用,早期水损害频发,AC-13C 上面层逐渐暴露出路面性能衰减迅速、耐久性不足的缺点。结构Ⅱ也存在中面层抗车辙性能不足的缺点。

3)沥青路面建设需求

近年来,贵州对高速公路施工质量、行车舒适性、耐久性和环保性提出了更高的要求。《贵州省公路水运工程质量发展纲要(2016—2020 年)》也明确提出以施工规范、工程优质、造价经济、质量耐久为目标,以推进品质工程为核心,全力推进全省交通建设工程优质发展,全面提升贵州省公路水运工程建设质量水平。可以说,围绕质量发展目标,全面提升路面路用性能和耐久性能已成为高速公路建设内在和外在的双重需求和要求。“十三五”期间,贵州省高速公路将迎来新的发展机遇,如何在现有工程质量基础上进一步提升路面路用性能和耐久性,是贵州省高速公路建设亟须解决的新课题。从贵州高速公路目前建设现状看,高速公路建设需求主要体现在以下几个方面:

①提高桥隧、长大纵坡、弯道等特殊路段沥青路面结构的稳定性,提高特殊路段在高温、重载等复杂受力条件下的抗车辙性能和耐久性,同时改善沥青路面表面层构造深度,提高抗滑性能,保证行车安全性。

②改善沥青路面抗水损害性能,减少路面早期水损害,延长路面使用寿命,提高耐久性。

### 13.1.2 技术研发的意义

基于贵州高速公路建设上述背景,根据国内外沥青路面技术研究和应用现状,高性能沥青路面 Superpave 技术在提高路面耐久性方面具有明显的技术优势,可有效提高沥青路面高温抗车辙性能,同时 Superpave 技术具有较好的施工均匀性、封水效果和表面构造,可有效提高路面抗水损害性能,改善雨天、长大纵坡、弯道路段的抗滑性能,提高行车安全性。

综上,引进国内外沥青路面耐久性技术最新的科研成果 Superpave 技术,进行贵州省本土化的研究、消化、吸收,形成相关研究成果,全面提升贵州省高速公路沥青路面施工质量、高温抗车辙性能、抗水损害性能,延长路面施工寿命。因此本技术的开发对于提高贵州高速沥青路面耐久性,减少运营期养护资金投入具有重要意义。同时可进一步丰富贵州省高速公路沥青路面典型结构类型,为后续高速公路建设技术的选择提供参考和借鉴,对于推动贵州省高速公路建设质量的全面提升具有重要意义。

## 13.2 技术概要

### 13.2.1 Superpave 技术简介

Superpave 技术体系在原材料技术标准、混合料设计方法和性能分析方面都取得了重大的突破,代表了美国热拌沥青混合料的国家水平,是解决路面早期损害,特别是车辙问题的有效工具。Superpave 技术主要包括三个方面:

①沥青胶结料性能规范;

②沥青混合料体积设计方法;

③沥青混合料性能预测。

1)材料性能规范

在原材料性能规范方面,Superpave 设计体系提出了一套沥青胶结料和集料规范。

(1)沥青胶结料体系

Superpave 采用改进的体系对沥青胶结料进行试验、规范和选择。Superpave 胶结料规范,即 AASHTO M320-10,是唯一的建立在性能基础上的规范。须根据使用地区的气候和交通条件来选择满足性能要求的胶结料(沥青 PG 分级)。性能分级(PG)胶结料由诸如 PG64-22 的术语来定义,前面的数字 64 为"高温等级",意思是胶结料在高达 64℃温度时仍具有足够的物理特性,相应于胶结料所期望的服务气候的路面高温。同样,后面的数字(22)为"低温等级",意指胶结料在路面温度降至 -22℃时仍具有足够的物理特性。因此第一个指标(温度)越高,沥青胶结料抵抗高温车辙及推移变形的能力越强,同样,第二个指标(PG 温度)越低,其抵抗低温开裂的性能越好,高温、低温的标识在各自的方向(高、低)以 6℃递增,这样使其可能的分级几乎是无限的。

(2)集料体系

在 Superpave 体系中对两种集料特性做了规定:认同特性(Consensus properties)和料源特性(Source Properties)。认同特性是 SHRP 研究者认为获得高性能 HMA 最关键的集料特性。这些特性必须满足取决于交通量和路面所处位置的不同水准,大交通量和面层混合料要求更严格的认同特性值。Superpave 的认同特性包括:

①粗集料棱角性(用颗粒破碎面来评价);

②细集料棱角性;

③扁平与细长颗粒(规准仪法评价);

④黏土含量(用砂当量试验评价)。

料源特性是通常用来鉴定当地集料资源是否合格的指标。这些特性虽然重要,但由于资源的特殊性,Superpave 的规范不对料源特性的临界值作出规定。Superpave 中确认的料源特性为:

①韧度(磨耗值);

②安定性;

③有害物质(黏土块、软弱颗粒)。

2)混合料设计规范

(1)压实方法

Superpave 体系的一个主要特性是改变了试验室压实方法,室内压实是用 Superpave 旋转压实仪(SGC)完成(图 13-2)。Superpave 混合料设计旋转压实次数取决于所设计路面的交通量大小及应用环境,采用 SGC 压实试件,根据体积指标设计要求确定沥青用量。图 13-3 所示为常用的几款旋转压实仪。

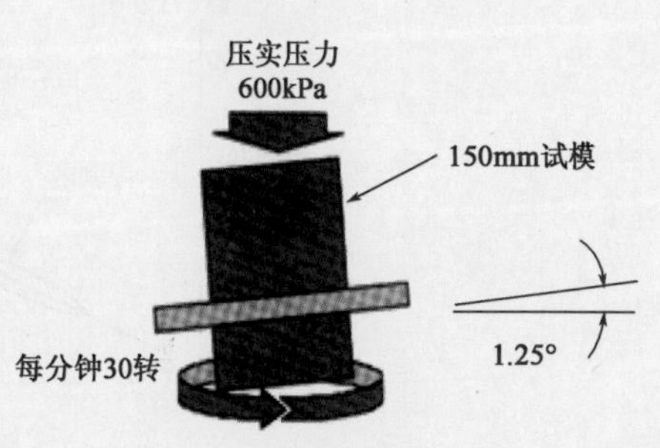


图 13-2 SGC 旋转压实示意图

旋转压实次数的确定及体积指标要求如表 13-1 所示。

图 13-3 常用的几款旋转压实仪

**Superpave 旋转压实次数**

表 13-1

| 设计年限交通量(百万次)* | 压实参数 | | | 应用的典型道路 |
|---|---|---|---|---|
| | $N_{初始}$ | $N_{设计}$ | $N_{最大}$ | |
| <0.3 | 6 | 50 | 75 | 很轻的交通量(地方/县级道路;货车被禁止通行的城市街道) |
| 0.3~3 | 7 | 75 | 115 | 中等交通量(集散道路;大多数县级道路) |
| 3~30 | 8 | 100 | 160 | 中等至重交通量(城市街道;省道;国道;一般高速公路) |
| ≥30 | 9 | 125 | 205 | 重交通量(大交通量高速公路;爬坡道路;货车称重站) |

注:* 表格中交通量的化参照美国的标准轴载 80kN 进行划分,两者换算系数为 2.64。

(2)级配设计

Superpave 混合料设计时,采用限制区、控制点对混合料级配进行控制,级配曲线总体呈"S"形(图 13-4)。控制点控制了集料级配必须通过的主要范围,控制点设在最大公称尺寸、中间尺寸以及最小尺寸(0.075mm)处,控制点值依据公称最大尺寸大小而变化。限制区位于沿最大理论密度线,且在中间尺寸(4.75mm 或 2.36mm)与 0.3mm 尺寸间附近,限制区形成一个区域,通常建议级配不要在这个区域内通过。

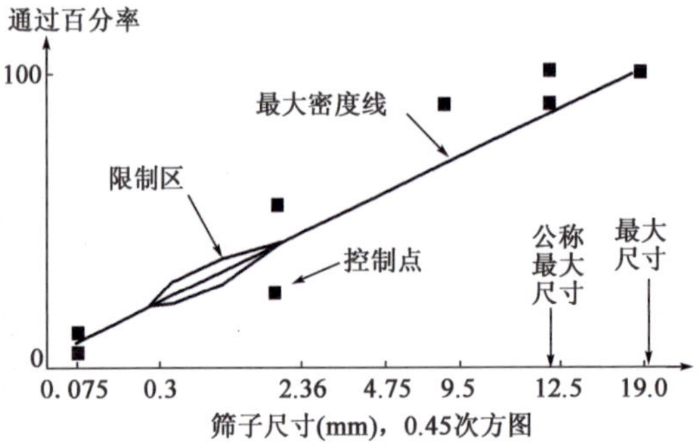


图 13-4 Superpave 级配设计示意图

Superpave 技术体系级配设计控制点及限制区表 13-2、表 13-3 所示。

**Superpave 集料级配控制点** 表 13-2

| 筛孔尺寸 | 公称最大尺寸——控制点(通过率,%) | | | | | | | | | |
|---|---|---|---|---|---|---|---|---|---|---|
| | 37.5mm | | 25.0mm | | 19.0mm | | 12.5mm | | 9.5mm | |
| | 最小 | 最大 | 最小 | 最大 | 最小 | 最大 | 最小 | 最大 | 最小 | 最大 |
| 50.0mm | 100 | | | | | | | | | |
| 37.5mm | 90 | 100 | 100 | | | | | | | |
| 25.0mm | | 90 | 90 | 100 | 100 | | | | | |
| 19.0mm | | | | 90 | 90 | 100 | 100 | | | |
| 12.5mm | | | | | | 90 | 90 | 100 | 100 | |
| 9.5mm | | | | | | | | 90 | 90 | 100 |
| 4.75mm | | | | | | | | | | 90 |
| 2.36mm | 15 | 41 | 19 | 45 | 23 | 49 | 28 | 58 | 32 | 67 |
| 0.075mm | 0 | 6 | 1 | 7 | 2 | 8 | 2 | 10 | 2 | 10 |

**集料级配限制区界限** 表 13-3

| 限制区筛孔尺寸 | 不同集料公称最大尺寸的筛孔最大和最小界限(最小和最大通过率,%) | | | | | | | | | |
|---|---|---|---|---|---|---|---|---|---|---|
| | 37.5mm | | 25.0mm | | 19.0mm | | 12.5mm | | 9.5mm | |
| | 最小 | 最大 | 最小 | 最大 | 最小 | 最大 | 最小 | 最大 | 最小 | 最大 |
| 0.3mm | 10.0 | 10.0 | 11.4 | 11.4 | 13.7 | 13.7 | 15.5 | 15.5 | 18.7 | 18.7 |
| 0.6mm | 11.7 | 15.7 | 13.6 | 17.6 | 16.7 | 20.7 | 19.1 | 23.1 | 23.5 | 27.5 |
| 1.18mm | 15.5 | 21.5 | 18.1 | 24.1 | 22.3 | 28.3 | 25.6 | 31.6 | 31.6 | 37.6 |
| 2.36mm | 23.3 | 27.3 | 26.8 | 30.8 | 34.6 | 34.6 | 39.1 | 39.1 | 47.2 | 47.2 |
| 4.75mm | 34.7 | 34.7 | 39.5 | 39.5 | — | — | — | — | — | — |

(3)体积指标要求

Superpave 混合料设计空隙率为4.0%,在此空隙率条件下,旋转压实试件体积指标需满足如表 13-4 所示技术要求,体积指标也是沥青用量确定的主要参考指标。

**Superpave 混合料体积设计要求** 表 13-4

<table>
<tr><td rowspan="3">设计<br>$ESAL_S(10^6)$[①]</td><td colspan="3">要求密实度(最大理论密度,%)</td><td colspan="5">矿料间隙率(%)最小</td><td rowspan="3">沥青<br>填隙率<br>(%)</td><td rowspan="3">粉胶比</td></tr>
<tr><td rowspan="2">$N_{初始}$</td><td rowspan="2">$N_{设计}$</td><td rowspan="2">$N_{最大}$</td><td colspan="5">最大公称尺寸(mm)</td></tr>
<tr><td>37.5</td><td>25.0</td><td>19.0</td><td>12.5</td><td>9.5</td></tr>
<tr><td><0.3</td><td>≤91.5</td><td rowspan="2">96.0</td><td rowspan="2">≤98.0</td><td rowspan="2">11.0</td><td rowspan="2">12.0</td><td rowspan="2">13.0</td><td rowspan="2">14.0</td><td rowspan="2">15.0</td><td>70～80[②]</td><td rowspan="2">0.6～1.2[⑤]</td></tr>
<tr><td>0.3～3</td><td>≤90.5</td><td>65～78[③]</td></tr>
</table>

续上表

| 设计 $ESAL_S^a(10^6)$① | 要求密实度(最大理论密度,%) | | | 矿料间隙率(%)最小 | | | | | 沥青填隙率(%) | 粉胶比 |
|---|---|---|---|---|---|---|---|---|---|---|
| | $N_{初始}$ | $N_{设计}$ | $N_{最大}$ | 最大公称尺寸(mm) | | | | | | |
| | | | | 37.5 | 25.0 | 19.0 | 12.5 | 9.5 | | |
| 3~10 | ≤89.0 | 96.0 | ≤98.0 | 11.0 | 12.0 | 13.0 | 14.0 | 15.0 | 65~75④ | 0.6~1.2⑤ |
| 10~30 | | | | | | | | | | |
| ≥30 | | | | | | | | | | |

注:①设计 ESALs 是 20 年设计车道预期的当量累计单轴荷载作用次数,而不管实际设计寿命是多少年,确定了 20 年设计的 $ESAL_S$,从而选择相应的 $N_{设计}$次数。

②对于最大公称尺寸 9.5mm 混合料,设计交通量 ESALs≥3×$10^6$,VFA 为 73%~76%。

③最大公称尺寸 25.0mm 混合料,设计交通量 ESALs<0.3×$10^6$,VFA 最小为 67%。

④最大公称尺寸 37.5mm 混合料,所有交通量水平的 VFA 最小为 64%。

⑤如果集料级配通过禁区下方,可考虑粉胶比从 0.6~1.2 增加到 0.8~1.6。

(4)混合料性能验证

完成级配设计及最佳沥青用量确定后,应重新拌制沥青混合料进行性能评价,以评估所设计的沥青混合料是否满足路用性能要求。一般情况下,开展的混合料性能评价包括水敏感性、高温稳定性、低温抗裂性。水敏感性主要进行 AASHTO(美国州公路及运输协会)T283 冻融劈裂强度比及浸水马歇尔残留稳定度指标对混合料的水敏感性进行评价;高温稳定性进行车辙试验,通过恒定的温度(60℃)和轮压(0.7MPa)下测试变形 1mm 需要的车轮行走次数进行评价;低温抗裂性通过测试沥青混合料在规定温度(-10℃)和加载速度条件下(50mm/min),弯曲破坏的力学性质进行评价。Superpave 混合料性能验证需要满足表 13-5 所示技术要求。

**Superpave 沥青混合料性能验证指标** 表 13-5

| 级配类型 | 劈裂强度比 TSR(%) | 残留稳定度 $MS_0$(%) | 动稳定度(次/mm) | 破坏应变(με) |
|---|---|---|---|---|
| Sup-25(普通沥青) | ≥80 | ≥85 | ≥1000 | ≥2000 |
| Sup-20(改性沥青) | ≥80 | ≥85 | ≥2800 | ≥2500 |
| Sup-13(改性沥青) | ≥80 | ≥85 | ≥2800 | ≥2500 |

### 13.2.2 Superpave 技术与 AC 对比

Superpave 技术与 AC 相比,在胶结料规范体系、混合料设计理念及路用性能等方面均存在明显的区别。

1)沥青胶结料规范区别

(1)传统沥青三大指标的缺陷

①沥青三大指标并未给出材料的基本性能,存在较大变异性,与路用性能无直接联系。

②黏度仅给出高温时的流动性,信息有限,指导意义不强。

③三大指标和黏度试验覆盖的温度范围不宽。

④没有反映沥青弹性性能。

⑤对于改性沥青适用性不强。

(2)Superpave 沥青胶结料体系

Superpave 设计体系提出了一套沥青胶结料规范,与现行我国沥青针入度和黏度规范相比,这套规范开发了一系列沥青胶结料性能评价试验方法,综合考虑环境、气候和交通特点等因素,提出路面特定条件下的特定的标准(PG 体系)。其试验温度随特定条件的改变而改变,增加了低温指标,并且模拟了沥青路面在施工及使用过程中的老化过程。测定出的胶结料性能分别与车辙、低温开裂和疲劳开裂相联系。

2)沥青混合料设计方法

传统 AC 混合料设计时,规范中明确提出级配上、下限,Superpave 设计方法采用 0.45 次方图,通过控制点和限制区设计级配,级配更趋近于“S”形曲线,骨架嵌挤结构明显(图 13-5)。

3)成型方法

在成型方式上采用不同于 AC 型混合料马歇尔法冲击压实方式,Superpave 采用旋转压实成型方法,更有效模拟沥青路面压实工艺和评估 HMA 混合料的抗剪强度。旋转压实成型方法与路面施工胶轮压路机的揉搓作用更为匹配,室内设计的指标与现场施工获得的指标比 AC 更为接近,避免了施工过程因马氏压实度频繁超百而人为降低马氏密度和减少现场碾压设备和碾压遍数,获得的路面实际性能与室内设计差距较大。

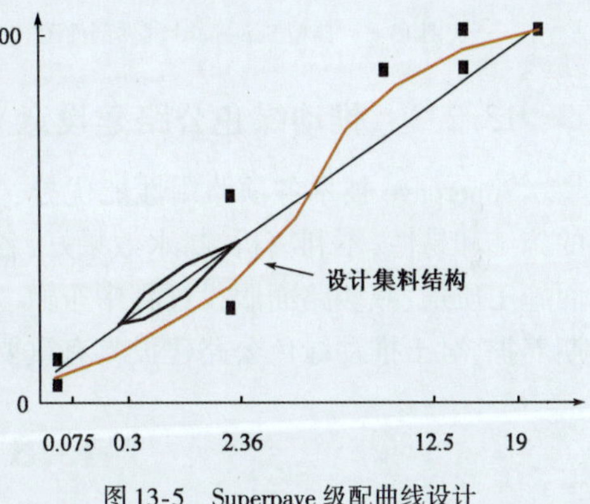


图 13-5　Superpave 级配曲线设计

4)体积指标

Superpave 设计以体积设计为核心,与 AC 型混合料设计空隙率在 3% ~6% 内即可不同,Superpave 旋转压实设计混合料设计空隙率恒定为 4%(必要时可调整),此设计空隙率与现场实际碾压密实度的匹配性更好。

5)路用性能

(1)突出的路面施工均匀性及封水效果

与 AC 型沥青混合料相比,Superpave 沥青混合料在设计时增加了粗集料的用量,粗细集料比例更为接近,铺面均匀性更好,不易离析,封水效果好,抗水损害性能突出,可有效预防和减少水损病害的发生。

(2)突出的高温抗车辙性能

Superpave 采用的“S”形连续级配骨架密实结构赋予沥青路面更好的高温抗车辙性能,同时路面抗滑能力和抗疲劳性能更强、使用寿命更长。同时与 AC 型混合料相比,成本无明显增加,被誉为穷人的“SMA”(图 13-6、图 13-7)。

(3)节约养护成本

从沥青路面全寿命分析,与常规 AC 型路面相比,可有效减少 10% ~20% 的养护成本。已有的工程经验表明,Superpave 沥青路面与 AC 型路面相比,平均明年可节约养护成本 10 万元/km。

图 13-6　典型 Superpave 试件剖面图

图 13-7　典型 SMA 试件剖面图

### 13.2.3　推动绿色公路建设意义

Superpave 技术各项路用性能优异，尤其高温抗车辙性能较 AC 明显提高，同时具有较好的施工和易性，不利离析，封水效果好，各项路面施工质量指标均高于 AC，可全面提高沥青路面施工质量，减缓路面服役过程中车辙、水损害等病害的发生，有效延长路面使用寿命，减少后期养护，对于推动绿色公路建设具有重要意义。

## 13.3　工 程 示 范

### 13.3.1　技术应用方案

Superpave 技术在盘兴高速公路的应用思路如图 13-8 所示。立足于贵州高速公路建设需求，基于盘兴高速公路项目所在地地理、气候环境、交通量特点，提出通过引进 Superapve 技术，并进行针对性研究、设计，依托本土化的研究研究成果，在盘兴高速公路上、中、下面层采用 Superpave 沥青混合料替代原设计的 AC 型混合料，具体路面应用方案如图 13-9 所示，并实施相关试验段，验证其施工效果，进而实现盘兴高速公路沥青路面建设质量的全面提升，特别是沥青中面层混合料高温动稳定度的大幅提升，延长路面使用寿命。

### 13.3.2　技术指标

1）原材料性能指标

（1）沥青胶结料性能指标

①气象数据统计

根据 Superpave 沥青路面设计温度确定方法，考虑贵州省各地区气候间的差异，研究过程中调研了项目所在地的气象观测站数据，观测站范围精确到盘县和兴义两个观测站，所采集数据包括 1986—2015 年这 30 年多年连续 7 天最高气温平均值及标准差、多年最低气温平均值及标准差，调研结果如表 13-6 所示。数据由国家气象数据中心华云信息科技有限公司提供。

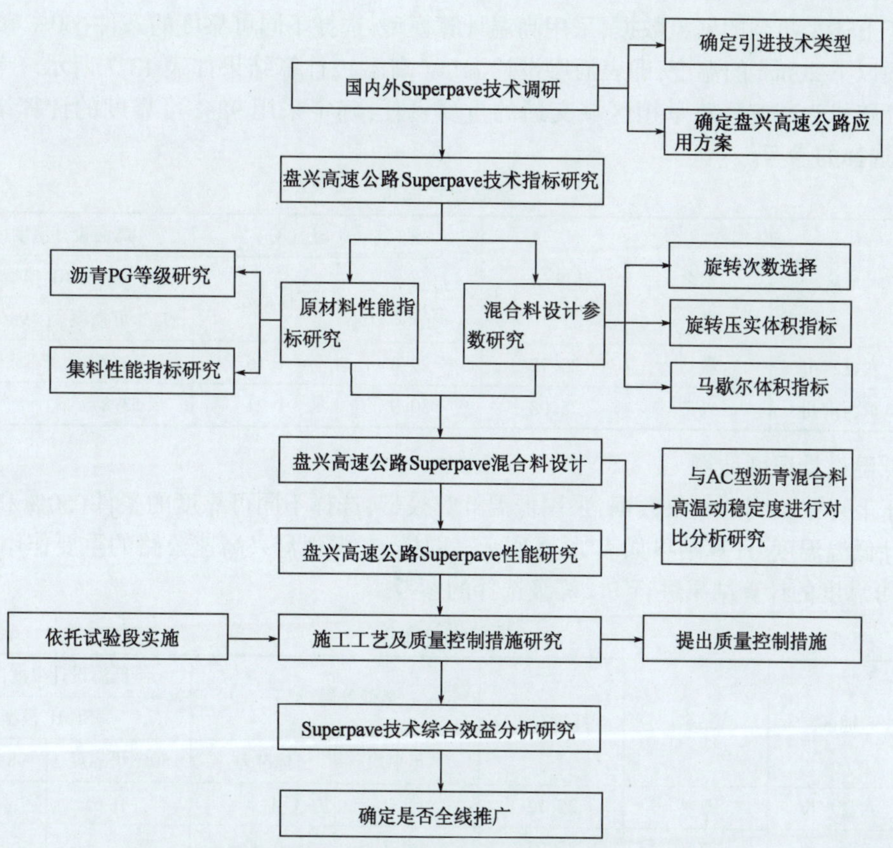


图 13-8　盘兴高速公路 Superpave 应用思路

| 原路面设计结构 | 路面结构优化 |
|---|---|
| 4cm SBS改性沥青AC-13 | 4cm SBS改性沥青Sup-13 |
| 6cm SBS改性沥青AC-20 | 6cm SBS改性沥青Sup-20 |
| 8cm普通沥青AC-25 | 8cm普通沥青Sup-25 |

图 13-9　盘兴高速公路 Superpave 技术应用方案

**贵州省各观测站气候数据(1986—2015 年)**　　表 13-6

| 序号 | 地区 | 站名 | 纬度(°) | 最高气温(℃) | | 最低气温(℃) | |
|---|---|---|---|---|---|---|---|
| | | | | 最热 7 天多年平均 | 标准差 | 多年平均 | 标准差 |
| 1 | 六盘水市 | 盘县 | 25.72 | 29.8 | 1.15 | -2.7 | 1.2 |
| 2 | 黔西南州 | 兴义 | 25.08 | 30.9 | 1.21 | -0.7 | 0.96 |

②高温设计温度计算

基于上述采集到的气象数据,采用高温计算模型,选择不同可靠度的条件(50%和98%),计算路面以下20mm的温度,即表面层设计温度(高温),计算结果如表13-7所示。考虑到盘兴高速公路作为高速公路承担区域交通的重要责任,确定采用98%可靠度的计算结果进行PG等级选择的参考。

**高温设计温度** 表13-7

| 序号 | 地区 | 站名 | 纬度(°) | 最高气温(℃) | | 高温设计温度(℃) | |
|---|---|---|---|---|---|---|---|
| | | | | 最热7天多年平均 | 标准差 | SHRP模型 | |
| | | | | | | 95%可靠度 | 98%可靠度 |
| 1 | 六盘水市 | 盘县 | 25.72 | 29.8 | 1.15 | 52.7 | 55 |
| 2 | 黔西南州 | 兴义 | 25.08 | 30.9 | 1.21 | 53.8 | 56.2 |

③低温设计温度计算

基于上述采集到的气象数据,采用低温计算模型,选择不同可靠度的条件(50%和98%),计算设计低温温度,计算结果如表13-8所示。同样,考虑到盘兴高速公路的重要作用,建议采用98%可靠度的计算结果进行PG等级选择的参考。

**低温设计温度** 表13-8

| 序号 | 地区 | 站名 | 纬度(°) | 最低气温(℃) | | 低温设计温度(℃) | |
|---|---|---|---|---|---|---|---|
| | | | | | | SHRP模型 | |
| | | | | 多年平均 | 标准差 | 50%可靠度 | 98%可靠度 |
| 1 | 六盘水市 | 盘县 | 25.72 | -2.7 | 1.2 | -0.6 | -3.1 |
| 2 | 黔西南州 | 兴义 | 25.08 | -0.7 | 0.96 | 1.1 | -0.9 |

④初步确定沥青胶结料的等级

按98%保证率,盘县和兴义的沥青胶结料PG等级初选结果如表13-9所示。

**盘县、兴义沥青胶结料PG等级初选结果** 表13-9

| 序号 | 地区 | 站名 | 路面设计高温计算结果(℃) | 路面设计低温计算结果(℃) | PG等级初选结果 |
|---|---|---|---|---|---|
| 1 | 六盘水市 | 盘县 | 55 | -3.1 | PG58-10 |
| 2 | 黔西南州 | 兴义 | 56.2 | -0.9 | PG58-10 |

⑤盘兴高速公路交通量及设计时速

根据设计文件,盘兴高速公路主干线累计当量轴载达$2.42\times10^7$(次/车道),交通等级为重交通等级,设计速度为80km/h,根据Superpave沥青PG等级跳级的规定,应上调一个等级,同时考虑到盘兴高速公路作为我国绿色低碳示范公路,可进一步提高沥青胶结料低温性能等级要求,综上确定盘兴高速公路普通沥青胶结料性能等级要求为“PG64-22”,改性沥青等级应相比与普通沥青再上调一级,即要求为“PG70-22”。

(2)集料性能指标

结合我国规范以及Superpave集料规范,提出盘兴高速公路Superpave沥青路面集料性能指标,粗集料和细集料技术指标分别如表13-10和表13-11所示。

盘兴高速公路 Superpave 沥青路面粗集料性能指标　　表 13-10

| 指　　标 | 单　　位 | 技术指标 | 试验方法 |
|---|---|---|---|
| 石料压碎值　不大于 | % | 26 | T 0316 |
| 洛杉矶磨耗损失　不大于 | % | 28/30① | T 0317 |
| 表观相对密度　不小于 | — | 2.6 | T 0304 |
| 吸水率　不大于 | % | 2 | T 0304 |
| 坚固性　不大于 | % | 5 | T 0314 |
| 针片状颗粒含量(混合料)　不大于 | % | 15/18② | T 0312 |
| 水洗法 <0.075mm 颗粒含量　不大于 | % | 1 | T 0310 |
| 软石含量　不大于 | % | 5 | T 0320 |
| 棱角性(破碎面)　大于 | % | 100/100③ | T 0346 |
| 与沥青黏附性　不小于 | 级 | 4/5④ | T 0616、T 0663 |

注:①表面层要求为 28%,中下面层要求为 30%。

②表面层要求为 15%,中面层要求为 18%。

③100/100 指集料破碎面要求至少为 2 个及 2 个以上。

④表面层黏附性要求为 5 级,中下面层要求为 4 级。

盘兴高速公路 Superpave 沥青路面细集料性能指标　　表 13-11

| 指　　标 | 单　　位 | 技术指标 | 试验方法 |
|---|---|---|---|
| 表观相对密度　不小于 | — | 2.5 | T 0316 |
| 坚固性(>0.3mm 部分)　不小于 | % | 5 | T 0317 |
| 含泥量　不大于 | % | 3 | T 0304 |
| 砂当量　不小于 | % | 60 | T 0304 |
| 棱角性(空隙率)　不小于 | % | 45 | AASHTO T304 方法 A |
| 棱角性(流动时间)　不小于 | s | 实测 | T 0312 |

2) Superpave 设计参数

(1)旋转压实次数选择

根据 Superpave 技术规范,旋转次数主要根据项目交通量进行选择,在 Superpave 中,设计旋转压实次数 $N_{设计}$ 是交通水平的函数。对于不同的交通水平 Superpave 规范选择标准如表 13-12所示。

Superpave 规范混合料设计旋转次数要求　　表 13-12

| 设计 ESALs ($10^6$) * | 压实参数 | | | 应用的典型道路 |
|---|---|---|---|---|
| | $N_{初始}$ | $N_{设计}$ | $N_{最大}$ | |
| <0.11 | 6 | 50 | 75 | 很轻的交通量(地方/县级道路;货车被禁止通行的城市街道) |
| 0.11~1.14 | 7 | 75 | 115 | 中等交通量(集散道路;大多数县级道路) |

续上表

| 设计 ESALs ($10^6$)* | 压实参数 | | | 应用的典型道路 |
|---|---|---|---|---|
| | $N_{初始}$ | $N_{设计}$ | $N_{最大}$ | |
| 1.14～11.36 | 8 | 100 | 160 | 中等至重交通量(城市街道;州公路;国家公路;一些乡村州际公路) |
| ≥11.36 | 9 | 125 | 205 | 重交通量(大多数州际公路;爬坡道路;货车称重站) |

注:* 按照我国轴载标准的交通量标准进行分类。

其他两种旋转水平也很重要,初始压实次数 $N_{初始}$ 和最大压实次数 $N_{最大}$。用 $N_{初始}$ 旋转次数进行试验时试件的压实,可以估计混合料的压实性能,在混合料特性确定以后,$N_{最大}$(用另外的 SGC 试件)可以作为检验以保证在超过设计交通量过多时不会发生塑性破坏,同时模拟模拟路面使用末期时路面交通压实情况。$N_{初始}$ 和最大压实次数 $N_{最大}$ 均由 $N_{设计}$ 用下列公式进行计算:

$$\log N_{最大} = 1.10\log N_{设计}$$

$$\log N_{初始} = 0.45\log N_{设计}$$

盘兴高速公路主干线累计当量轴载达 $2.42\times10^7$(次/车道),根据表 13-12 要求混合料设计时采用的旋转压实次数应为 125 次,但考虑与现场碾压设备的匹配性,盘兴高速公路 Superpave 混合料设计时 $N_{设计}$ 选定为 100 次。

(2)体积指标要求

根据 Superpave 技术手册及在我国已有的高速公路应用案例,提出盘兴高速公路 Superpave 混合料旋转压实设计体积指标要求如表 13-13 所示。

**Superpave 混合料设计旋转压实体积指标要求** 表 13-13

| 沥青混合料类型 | 压实度(%) | | | VMA (%) | VFA (%) | 粉胶比 (%) |
|---|---|---|---|---|---|---|
| | $N_{初始}$ | $N_{设计}$ | $N_{最大}$ | | | |
| Sup-25 | ≤89 | 96 | ≤98 | ≥12 | 65～75 | 0.6～1.2* |
| Sup-20 | ≤89 | 96 | ≤98 | ≥13 | 65～75 | 0.6～1.2* |
| Sup-13 | ≤89 | 96 | ≤98 | ≥14 | 65～75 | 0.6～1.2* |

注:* 当级配在禁区下方通过时,粉胶比可取值 0.8～1.6。初始压实次数取 8,设计压实次数取 100,最大压实次数取 160。

沥青混合料相关体积指标关系如图 13-10 所示。

(3)马歇尔验证体积指标要求

盘兴高速公路作为 Superpave 技术在贵州高速公路的首次应用,旋转压实仪新型混合料配合比设计仪器,现场并未配备。因此有必要对采用传统马歇尔击实仪进行 Superpave 混合料试验相关体积指标进行研究,便于现场混合料性能的抽检与控制。

根据 Superpave 技术在国内的应用研究成果,提出马歇尔体积指标及性能应满足表 13-14 要求。考虑到 Superpave 混合料抗水损害性能的优越性,基于已有工程案例的统计结果,Sup-25 水稳定性指标与我国规范要求有所提升,相关指标要求与 Sup-20、Sup-13 一致。

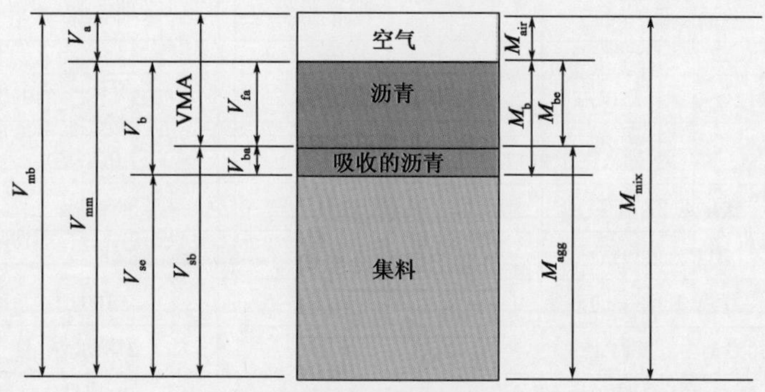


图 13-10　沥青混合料体积指标关系图

VMA-矿料间隙率；$V_{mb}$-压实混合料的毛体积密度；$V_{mm}$-铺路混合料无间隙体积；$V_{se}$-矿料体积（以有效密度计）；$V_{sb}$-矿料体积（以毛体积密度计）；$V_a$-空隙体积；$V_b$-沥青胶结料体积；$V_{ba}$-吸收的沥青胶结料体积；$V_{fa}$-充进沥青的空隙体积；$M_{agg}$-有效沥青胶结料质量；$M_b$-空气质量，为 0；$M_{be}$-沥青有效胶结料质量；$M_{air}$-集料质量；$M_{mix}$-沥青混合料总质量

**Superpave 混合料马歇尔体积指标技术要求**　　表 13-14

| 混合料类型 | 空隙率（%） | 稳定度（kN） | 流值（0.1mm） | VFA（%） | VMA（%） | 残留稳定度（%） | 冻融劈裂强度比（%） |
|---|---|---|---|---|---|---|---|
| Sup-25 | 4～6 | ≥8.0 | 20～40 | 60～70 | ≥12 | ≥85 | ≥80 |
| Sup-20 | 4～6 | ≥8.0 | 20～50 | 60～70 | ≥13 | ≥85 | ≥80 |
| Sup-13 | 4～6 | ≥8.0 | 20～50 | 60～70 | ≥14 | ≥85 | ≥80 |

3）混合料性能标准

根据 Superpave 混合料性能指标、我国现有规范及设计文件，盘兴高速公路 Superpave 混合料高温性能、抗水损害性能、低温性能要求应满足上文中表 13-14 相关技术指标要求。

### 13.3.3　Superpave 混合料设计及性能

1）原材料性能检测

（1）沥青胶结料性能检测

对盘兴高速公路沥青胶结料 PG 等级进行试验检测，主要包括 70 号基质沥青和 SBS 改性沥青 PG 等级检测，结果如表 13-15 所示，普通沥青、改性沥青常规性能检测结果如表 13-16 和表 13-17 所示。

**沥青胶结料 PG 等级检测结果**　　表 13-15

| 沥青胶结料 | PG 等级试验结果 | PG 等级技术要求 | 是否满足要求 |
|---|---|---|---|
| 70 号沥青 | 64～22 | 64～22 | 是 |
| SBS 改性沥青 | 76～22 | 70～22 | 是 |

**70 号普通沥青常规指标性能检测结果** 表 13-16

| 序号 | 检测项目(单位) | | 技术指标 | 检测结果 | 结果判定 |
|---|---|---|---|---|---|
| 1 | 针入度试验 | 针入度 25℃,5s,100g (0.1mm) | 60~80 | 71 | 合格 |
| | | 针入度指数 PI(-) | — | -0.89 | — |
| 2 | 软化点 R&B(℃) | | ≥46 | 48.0 | 合格 |
| 3 | 10℃延度(cm) | | — | 58 | — |
| 4 | 15℃延度(cm) | | ≥100 | >100 | 合格 |
| 5 | 60℃动力黏度(Pa·s) | | ≥160 | 218.8 | 合格 |
| 6 | 闪点(℃) | | ≥260 | 266 | 合格 |
| 7 | 溶解度(%) | | ≥99.5 | 99.72 | 合格 |
| 8 | 密度 15℃($g/cm^3$) | | 实测记录 | 1.020 | — |
| 9 | 蜡含量(%) | | ≤2.2 | 1.4 | 合格 |
| 10 | 薄膜加热试验 | 质量变化(%) | — | -0.17 | — |
| | | 残留针入度比 25℃ (%) | — | 68.1 | — |
| | | 残留延度 10℃(cm) | — | 10 | — |
| | | 残留延度 15℃(cm) | — | 92 | — |

**SBS 改性沥青常规指标性能检测结果** 表 13-17

| 序号 | 检测项目(单位) | | 技术指标 | 检测结果 | 结果判定 |
|---|---|---|---|---|---|
| 1 | 针入度试验 | 针入度 25℃,100g,5s (0.1mm) | 40~60 | 56 | 合格 |
| | | 针入度指数 PI(-) | ≥0 | 0.91 | 合格 |
| 2 | 软化点 $T_{R\&B}$(℃) | | ≥45 | 75.5 | 合格 |
| 3 | 5℃延度(cm) | | ≥20 | 33 | 合格 |
| 4 | 60℃动力黏度(Pa·s) | | — | 21500.7 | — |
| 5 | 闪点(℃) | | ≥230 | 258 | 合格 |
| 6 | 溶解度(%) | | ≥99 | | |
| 7 | 弹性恢复 25℃(%) | | ≥75 | 97 | 合格 |
| 8 | 旋转薄膜加热试验 | 质量变化(%) | ±1.0 | | |
| | | 残留针入度比 25℃ (%) | ≥65 | 71.3 | 合格 |
| | | 残留延度 5℃(cm) | ≥15 | 19 | 合格 |

沥青胶结料性能检测结果表明,70 号基质沥青及 SBS 改性沥青 PG 等级检测结果满足盘兴高速公路 PG 等级性能要求,同时常规指标检测结果满足规范级设计文件要求。

(2)集料性能检测

对盘兴高速公路下面层、中面层及上面层用集料进行性能检测,检测结果如表13-18~表13-20所示。从集料性能试验结果看,盘兴高速公路集料性能满足Superpave技术应用要求。

下面层集料性能检测结果 表13-18

| 试验项目 | | 试验值 | 技术标准 |
|---|---|---|---|
| 集料认同特性 | 粗集料棱角性(%) | 100 | 100/100 |
| | 细集料棱角性(%) | 46.7 | ≥45% |
| | 扁平、细长颗粒(%) | 9.4 | ≤18% |
| | 砂当量(%) | 65 | ≥60% |
| 集料料源特性 | 洛杉矶磨耗损失(%) | 21.0 | ≤30% |
| | 坚固性(%) | 2 | ≤5% |

中面层集料性能检测结果 表13-19

| 试验项目 | | 试验值 | 技术标准 |
|---|---|---|---|
| 集料认同特性 | 粗集料棱角性(%) | 100 | 100/100 |
| | 细集料棱角性(%) | 46.5 | ≥45% |
| | 扁平、细长颗粒(%) | 9.6 | ≤18% |
| | 砂当量(%) | 65 | ≥60% |
| 集料料源特性 | 洛杉矶磨耗损失(%) | 21.0 | ≤30% |
| | 坚固性(%) | 2 | ≤5% |

上面层集料性能检测结果 表13-20

| 试验项目 | | 试验值 | 技术标准 |
|---|---|---|---|
| 集料认同特性 | 粗集料棱角性(%) | 100 | 100/100 |
| | 细集料棱角性(%) | 47.9 | ≥45% |
| | 扁平、细长颗粒(%) | 6.7 | ≤15% |
| | 砂当量(%) | 65 | ≥60% |
| 集料料源特性 | 洛杉矶磨耗损失(%) | 18.0 | ≤28% |
| | 坚固性(%) | 3 | ≤5% |

2)混合料配合比设计

(1)集料结构设计

根据原材料筛分结果,初调粗、中、细三组级配,根据计算沥青用量,设计空隙率为4.0%,通过室内体积指标验证,确定各面层Superpave设计级配设计结果。如表13-21及图13-11~图13-13所示,设计级配呈"S"形骨架密实型级配,均未穿过限制区。

混合料目标配合比设计级配各筛孔通过率(%) 表13-21

| 筛孔尺寸(mm) | 37.5 | 26.5 | 19 | 13.2 | 9.5 | 4.75 | 2.36 | 1.18 | 0.6 | 0.3 | 0.15 | 0.075 |
|---|---|---|---|---|---|---|---|---|---|---|---|---|
| Sup-25 | 100 | 94.1 | 81.7 | 63.8 | 50.2 | 33.1 | 24.0 | 17.6 | 11.9 | 7.6 | 5.6 | 4.5 |
| Sup-20 | — | 100 | 98.0 | 76.1 | 58.4 | 39.2 | 28.9 | 21.2 | 14.1 | 8.9 | 6.5 | 5.1 |
| Sup-13 | — | — | 100 | 91.8 | 69.2 | 44.0 | 34.9 | 22.7 | 14.3 | 8.4 | 6.0 | 5.0 |

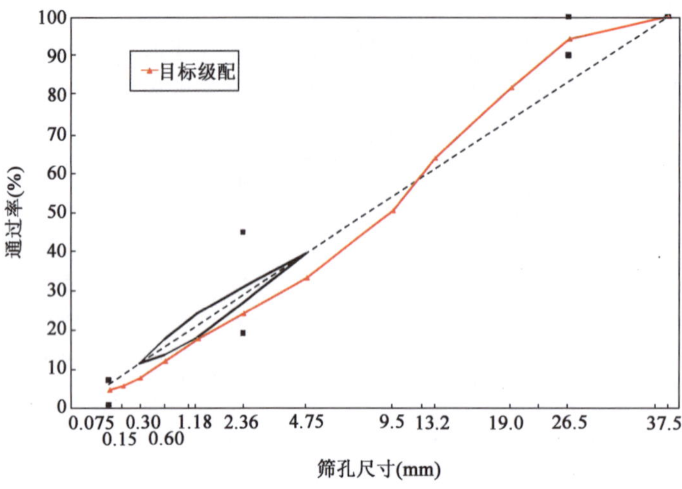


图 13-11　Sup-25 目标设计级配

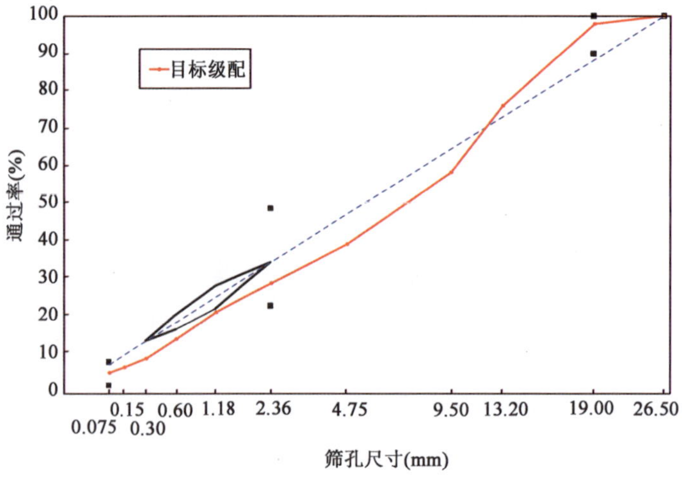


图 13-12　Sup-20 目标设计级配

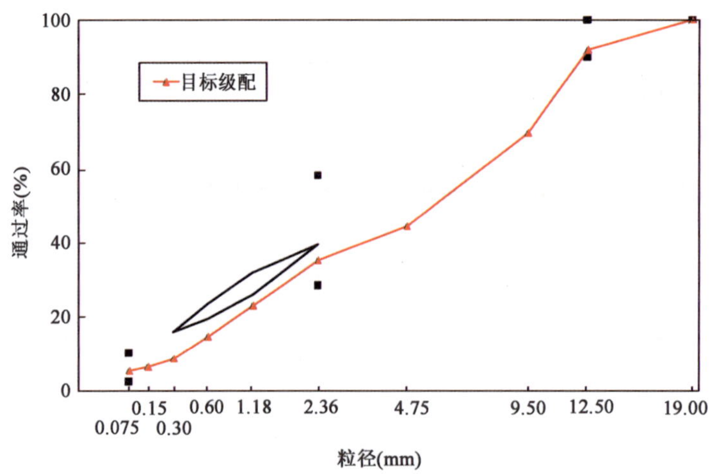


图 13-13　Sup-13 目标设计级配

(2)沥青胶结料用量选择

根据各层确定的混合料初选级配,采用100次的设计旋转次数,选择不同沥青用量进行混合料体积指标进一步研究,Sup-25、Sup-20、Sup-13体积指标试验结果如表13-22～表13-24所示。

**Sup-25不同沥青用量混合料体积指标试验结果** 表13-22

| 沥青用量(%) | 设计次数压实度(%) | VMA(%) | VFA(%) | DP | 初始次数压实度(%) |
|---|---|---|---|---|---|
| 3.4 | 94.7 | 12.5 | 57.9 | 1.52 | 84.0 |
| 3.9 | 96.0 | 12.4 | 67.6 | 1.30 | 85.3 |
| 4.4 | 97.1 | 12.5 | 76.9 | 1.14 | 87.0 |
| 4.9 | 98.3 | 12.6 | 86.7 | 1.01 | 88.7 |
| Superpave标准 | | ≥12.00 | 65～75 | 0.8～1.6 | ≤89 |

**Sup-20不同沥青用量混合料体积指标试验结果** 表13-23

| 沥青用量(%) | 设计次数压实度(%) | VMA(%) | VFA(%) | DP | 初始次数压实度(%) |
|---|---|---|---|---|---|
| 3.7 | 94.7 | 13.0 | 59.1 | 1.55 | 84.6 |
| 4.2 | 96.0 | 13.0 | 69.0 | 1.35 | 85.6 |
| 4.7 | 97.2 | 13.0 | 78.3 | 1.19 | 86.6 |
| 5.2 | 98.3 | 13.0 | 87.1 | 1.06 | 87.5 |
| 技术标准 | | ≥13 | 65～75 | 0.8～1.6 | ≤89 |

**Sup-13不同沥青用量混合料体积指标试验结果** 表13-24

| 沥青用量(%) | 设计次数压实度(%) | VMA(%) | VFA(%) | DP | 初始次数压实度(%) |
|---|---|---|---|---|---|
| 4.4 | 94.8 | 13.9 | 62.5 | 1.45 | 84.7 |
| 4.9 | 96.0 | 13.8* | 70.9 | 1.26 | 85.8 |
| 5.4 | 97.3 | 13.9 | 80.4 | 1.12 | 86.8 |
| 5.9 | 98.2 | 14.1 | 87.5 | 1.01 | 87.1 |
| Superpave标准 | | — | 65～75 | 0.8～1.6 | ≤89 |

采用如图13-14所示差值方法确定Superpave混合料最佳沥青用量,选择设计空隙率为4.0%,同时体积指标满足前文提出的指标要求的配合比为最佳配合比。根据试验结果,盘兴高速公路Sup-25、Sup-20、Sup-13最佳沥青用量分别为3.9%、4.2%、4.9%。盘兴高速公路各层Superpave混合料体积指标设计结果如表13-25所示。

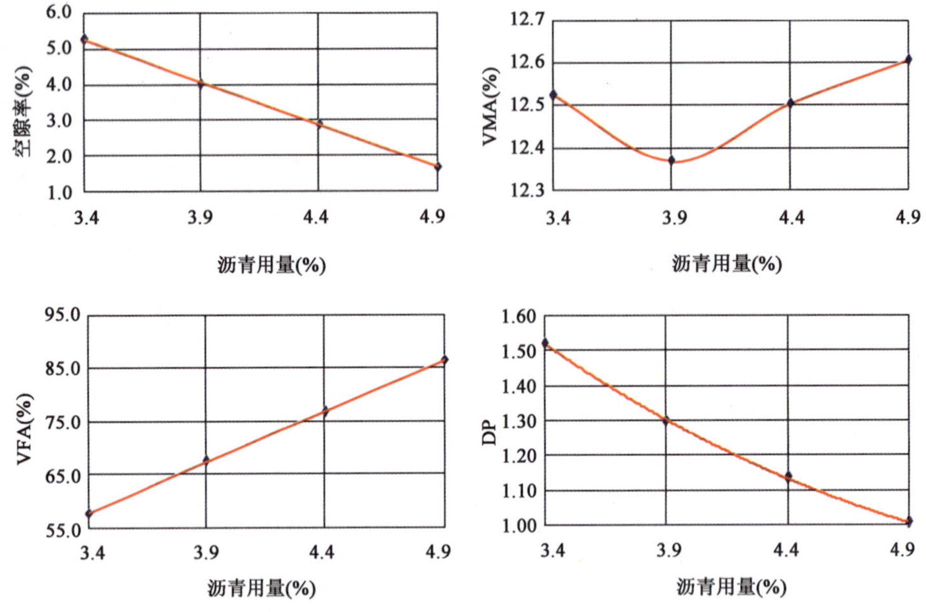


图 13-14 Sup-25 最佳沥青用量确定方法

**盘兴高速公路各层 Superpave 混合料体积指标设计结果** 表 13-25

| 混合料类型 | 沥青用量(%) | 在设计压实次数(100 次)时 | | | DP | 初始次数压实度(%)① | 最大次数压实度(%)② |
|---|---|---|---|---|---|---|---|
| | | 空隙率(%) | VMA(%) | VFA(%) | | | |
| Sup-25 | 3.9 | 4.0 | 12.4 | 67.6 | 1.30 | 85.3 | 97.4 |
| Sup-20 | 4.2 | 4.0 | 13.0 | 69.0 | 1.35 | 85.6 | 97.2 |
| Sup-13 | 4.9 | 4.0 | 13.8 | 70.9 | 1.26 | 85.8 | 97.2 |
| 技术标准 | | 4.0 | ≥12、13、14 | 65~75 | 0.8~1.6 | ≤89.0 | ≤98.0 |

注:①初始压实度为旋转压实 8 次对应的压实度。

②最大压实度为旋转压实 160 次对应的压实度。

盘兴高速公路各层 Superpave 混合料最大旋转压实次数下压实度均小于 98%,说明 Superpave 采用的"S"形骨架结构,可有效抵抗荷载的长期作用而不发生明显的流变变形。

3)混合料性能

基于配合比设计结果,对盘兴高速公路 Superpave 混合料性能进行试验研究,主要包括水稳定性能、高温性能和低温性能,具体试验结果如下。

(1)水稳定性

采用浸水马歇尔残留稳定度试验、AASHTO T283 冻融劈裂强度试验,对 Superpave 混合料水稳定性能进行试验研究。试验结果如表 13-26 所示。

**盘兴高速公路 Superpave 混合料水稳定性验证结果** 表 13-26

| 混合料类型 | 沥青用量(%) | 浸水马歇尔残留稳定度 $MS_0$(%) | 冻融劈裂强度比 TSR(%) |
|---|---|---|---|
| Sup-25 | 3.9 | 86.2 | 82.4 |

续上表

| 混合料类型 | 沥青用量(%) | 浸水马歇尔残留稳定度 $MS_0$(%) | 冻融劈裂强度比 TSR(%) |
|---|---|---|---|
| Sup-20 | 4.2 | 86.0 | 82.2 |
| Sup-13 | 4.9 | 89.4 | 81.0 |
| 技术要求 | — | ≥85 | ≥80 |

(2)低温性能

采用低温小梁弯曲试验对 Superpave 混合料低温性能进行试验研究,试验结果如表 13-27 所示。从试验结果可以看出,Superpave 混合料低温性能满足规范要求。

**盘兴高速公路 Superpave 混合料低温性能验证结果** 表 13-27

| 混合料类型 | 沥青用量(%) | 破坏应变(με) | 技术要求(με) |
|---|---|---|---|
| Sup-20 | 4.2 | 2583.7 | ≥2500 |
| Sup-13 | 4.9 | 2678.9 | ≥2500 |

(3)高温性能

采用车辙动稳定试验对 Superpave 混合料高温性能进行试验,试验结果如表 13-28 所示,可见 Superpave 混合料高温性能优异。

**盘兴高速公路 Superpave 混合料高温动稳定度验证结果** 表 13-28

| 级配类型 | 沥青用量(%) | 动稳定度(次/mm) | | | | | 变异系数(%) | |
|---|---|---|---|---|---|---|---|---|
| | | 1 | 2 | 3 | 平均 | 要求 | 实测值 | 要求 |
| Sup-25 | 3.9 | 2316 | 2342 | 2266 | 2308 | ≥1000 | 1.7 | ≤20 |
| Sup-20 | 4.2 | 6923 | 6702 | 7159 | 6928 | ≥3000 | 3.3 | ≤20 |
| Sup-13 | 4.9 | 7590 | 7778 | 7241 | 7536 | ≥3000 | 3.6 | ≤20 |

4)AC 型混合料性能对比

(1)与盘兴高速公路采用同一原材料 AC 混合料对比

采用盘兴高速公路同一原材料进行 AC 型混合料配合比设计,相关设计结果及性能统计结果如表 13-29、表 13-30 所示。

**盘兴高速公路 AC 混合料水稳定性验证结果** 表 13-29

| 混合料类型 | 沥青用量(%) | 浸水马歇尔残留稳定度 $MS_0$(%) | 冻融劈裂强度比 TSR(%) |
|---|---|---|---|
| AC-25 | 3.7 | 91.4 | 86.5 |
| AC-20 | 4.0 | 87.5 | 84.2 |
| AC-13 | 4.7 | 86.3 | 87.7 |
| 技术要求 | — | ≥85 | ≥80 |

**盘兴高速公路 AC 混合料高温动稳定度验证结果** 表 13-30

| 级配类型 | 沥青用量(%) | 动稳定度(次/mm) | | | | | 变异系数(%) | |
|---|---|---|---|---|---|---|---|---|
| | | 1 | 2 | 3 | 平均 | 要求 | 实测值 | 要求 |
| AC-25 | 3.7 | 1537 | 1703 | 1658 | 1633 | ≥1000 | 5.3 | ≤20 |
| AC-20 | 4.0 | 5352 | 4600 | 4350 | 4767 | ≥3000 | 10.9 | ≤20 |
| AC-13 | 4.7 | 4200 | 5250 | 5250 | 4900 | ≥3000 | 12.4 | ≤20 |

采用同一原材料的 AC 型混合料与 Superpave 混合料水稳定性能对比结果如图 13-15 所示。从对比结果可以看出,AC 型混合料与 Superpave 混合料室内水稳定性检测结果相当。

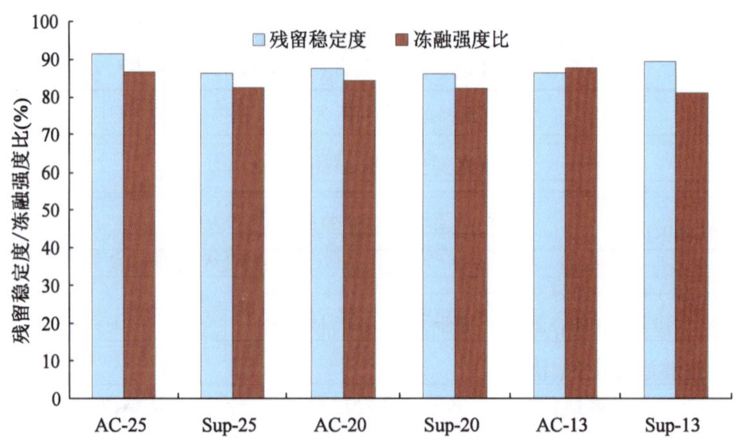


图 13-15 AC 型混合料与 Superpave 混合料水稳定性对比

采用同一原材料的 AC 型混合料与 Superpave 混合料高温稳定性对比结果如图 13-16 所示。

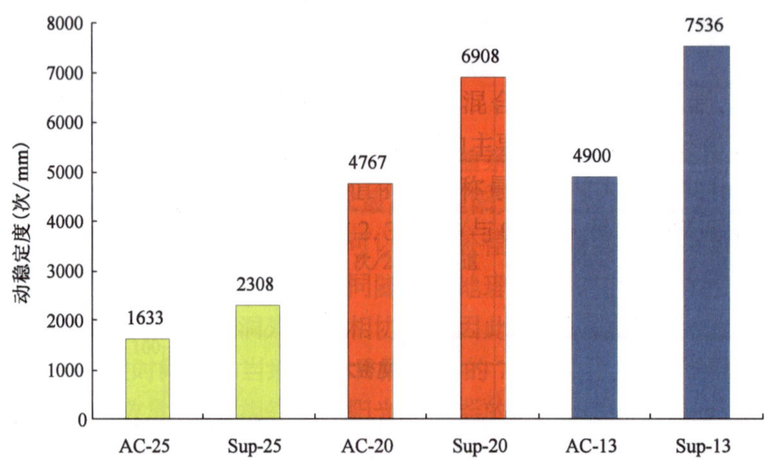


图 13-16 AC 型混合料与 Superpave 混合料高温动稳定度对比

AC 型混合料与 Superpave 混合料对比结果表明,Sup-25 混合料与采用同一原材料的 AC-25相比,动稳定度提高 41.3%;Sup-20 混合料与 AC-20 相比,动稳定度提高 44.9%;Sup-13 混合料与 AC-13 相比,动稳定度提高 53.8%。可见,盘兴高速公路采用 Superpave 技术后,三层沥青混合料动稳定度均得到了大幅度提升。

（2）与贵州典型工程 AC 混合料对比

统计贵州相关高速公路动稳定度试验结果，与盘兴高速公路 Superpave 混合料动稳定度进行对比，由于贵州已有高速公路工程中面层采用改性沥青的工程案例较少，因此采集到的中面层动稳定度数据为普通沥青 AC-20 混合料数据，具体统计结果如表 13-31 所示。

**Superpave 与 AC 动稳定度对比（次/mm）**　　表 13-31

| 层　位 | 盘兴高速公路 Sup | 贵州某高速公路 1（AC） | 贵州某高速公路 2（AC） | 贵州某高速公路 3（AC） |
|---|---|---|---|---|
| 下面层 | 2308 | 1439 | 1743 | 1698 |
| 中面层 | 6928（改性沥青） | 1655（普通沥青） | 1705（普通沥青） | 1785（普通沥青） |
| 上面层 | 7536 | 4217 | 4398 | 4683 |

从表中数据可看出，盘兴高速公路下面层 Sup-25 混合料，与贵州已有高速公路项目AC-25动稳定度平均值相比提升 41.9%；上面层改性沥青 Sup-13 混合料与贵州已有高速公路项目改性沥青 AC-13 平均值相比，动稳定度提升约 69.9%。

5）高温性能

鉴于 Superpave 混合料突出的高温性能，为进一步研究其在更高的温度条件下的高温性能表现，研究了将车辙试验温度提高到 70℃、80℃，并与采用同一原材料的 AC 型混合料进行对比，试验结果如表 13-32 所示。

**高温性能深入对比研究**　　表 13-32

| 层　位 | 混合料类型 | 车辙动稳定度 | | |
|---|---|---|---|---|
| | | 60℃ | 70℃ | 80℃ |
| 下面层 | Sup-25 | 2308 | 9473 | 9210 |
| | AC-25 | 1633 | 1471 | 9224 |
| 中面层 | Sup-20 | 6928 | 4914 | 2074 |
| | AC-20 | 4767 | 2487 | 1178 |
| 上面层 | Sup-13 | 7536 | 5192 | 1899 |
| | AC-13 | 4900 | 3328 | 2084 |

（1）Sup-25、AC-25 对比

Sup-25 与 AC-25 车辙动稳定度随试验温度升高变化趋势如图 13-17 所示。从试验结果可以看出，随着试验温度的增加，Sup-25、AC-25 车辙动稳定度无变化规律可循，主要是因为下面

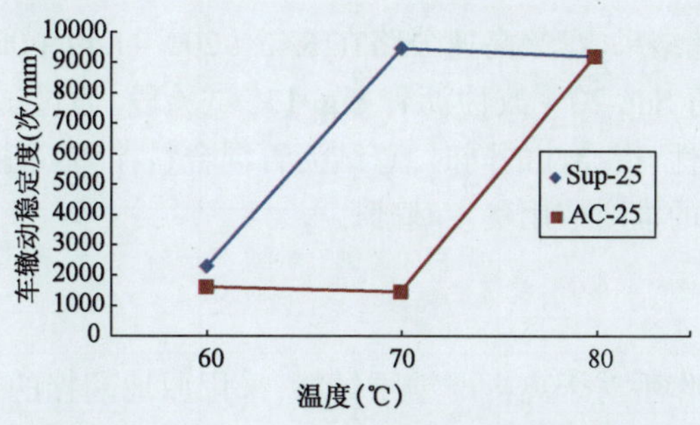


图 13-17　Sup-25、AC-25 车辙动稳定度随温度变化趋势

层采用70号普通沥青，根据沥青抽检结果，盘兴高速70号沥青软化点约为50℃，当试验温度提高到70℃、80℃时，普通沥青已完全软化，沥青混合料已难以保持稳定状态，因此试验结果呈现随意的变化性，特别是80℃时，两种混合料车辙动稳定度均达到了9000次/mm以上。

(2)Sup-20、AC-20对比

Sup-20与AC-20车辙动稳定度随试验温度升高变化趋势如图13-18所示。从试验结果看，随着试验温度的增高，Sup-20、AC-20车辙动稳定度均呈现下降趋势，但各温度条件下Sup-20车辙动稳定度均比AC-20车辙稳定度高；从衰减幅度看，70℃试验温度时，Sup-20、AC-20车辙动稳定度衰减幅度分别为29.1%、47.8%，Sup-20车辙动稳定度保持效果更佳；80℃试验温度时，Sup-20、AC-20车辙动稳定度衰减幅度分别为70%、75.3%，两者衰减幅度相当，但Sup-20的动稳定度值依然比AC-20高。因此Superpave混合料高温性能相比于AC更加优越。

(3)Sup-13、AC-13对比

Sup-13与AC-13车辙动稳定度随试验温度升高变化趋势如图13-19所示。从试验结果看，随着试验温度的增高，Sup-13、AC-13车辙动稳定度均呈现下降趋势。70℃试验温度时，Sup-13车辙动稳定度比AC-13车辙动稳定度高。从衰减幅度看，Sup-13、AC-13车辙动稳定度衰减幅度分别为31.1%、32.1%，两者衰减幅度相当；80℃试验温度时，AC-13、Sup-13车辙动稳定度相当。

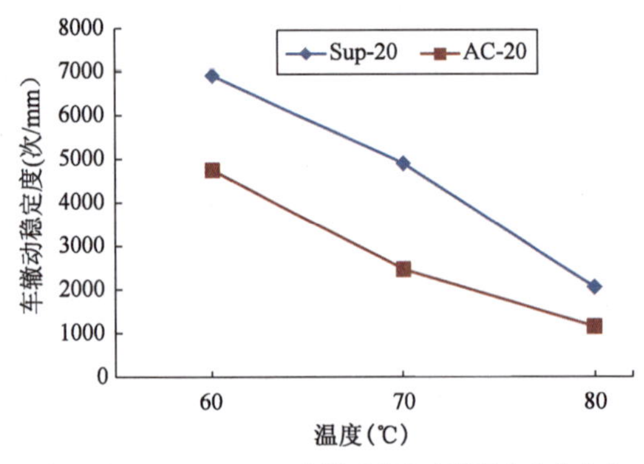


图13-18 Sup-20、AC-20车辙动稳定度随温度变化趋势

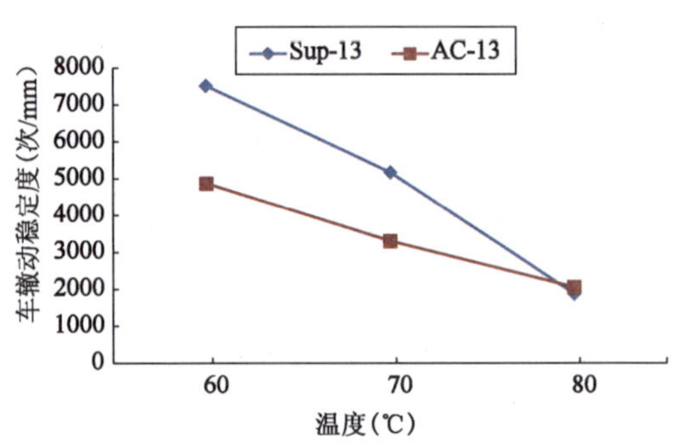


图13-19 Sup-13、AC-13车辙动稳定度随温度变化趋势

综上，不同温度条件下车辙动稳定度试验结果看，Superpave混合料高温稳定性能更佳，且Superpave混合料衰减幅度小。

### 13.3.4 现场试验段施工及实施效果

根据室内配合比设计结果，盘兴高速公路在K46+200～K49+00左幅实施了2.8km“普通沥青Sup-25+改性沥青Sup-20+改性沥青Sup-13”试验段，通过试验段的实施验证配合比设计结果的科学性、准确性、指导性的同时，总结沥青混合料拌和、运输、摊铺、碾压等关键施工工艺和控制要点，为后续的推广应用奠定基础。

1)施工关键工艺

(1)混合料拌和

①上料过程，要求操作手对于离析严重原材料，采用原地翻拌的方式，保证原材料级配的波动在可控范围内(图13-20、图13-21)。

图 13-20 沥青拌和楼

图 13-21 上料

②拌和生产过程,严格控制每盘混合料拌和时间,每盘混合料拌和时间控制在 45s 以上,保证混合料拌和均匀,集料表面沥青裹覆均匀,无“花白”料(图 13-22)。

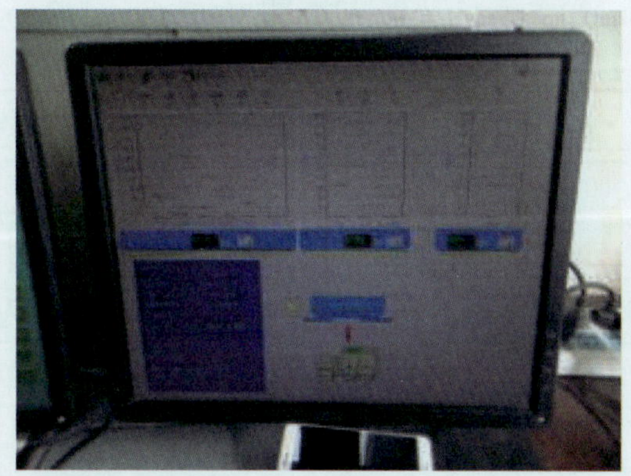

图 13-22 拌和楼自动称量

③严格控制出料温度:为保证现场混合料碾压效果,对出料温度进行严格控制。试验段实施过程中出料温度检测数据如表 13-33 所示,各层出料温度基本能满足要求。

**混合料出料温度(℃)** 表 13-33

| 混合料类型 | 1 | 2 | 3 | 4 | 5 | 6 | 7 | 8 | 技术要求 |
|---|---|---|---|---|---|---|---|---|---|
| Sup-25 | 160 | 161 | ***169*** | 165 | ***166*** | 162 | 158 | 163 | 150 ~ 165 |
| 改性沥青 Sup-20 | ***165*** | 171 | 175 | 172 | 171 | ***169*** | 174 | 173 | 170 ~ 180 |
| 改性沥青 Sup-13 | 170 | 172 | 173 | 170 | 171 | 176 | 175 | ***167*** | 170 ~ 180 |

(2)运输

①为避免运输离析现象,装料严格按照“前、后、中”顺序进行装料(图 13-23)。

②运输过程中采用篷布进行覆盖(图 13-24),防止温度散失过快。

(3)摊铺

①现场采用 SP1350 型摊铺机进行整幅全宽摊铺(图 13-25),摊铺前确保摊铺机前有 4 ~ 5 辆运料车等待卸料,避免停机等料现象。

图 13-23 运输车装料

图 13-24 运输车篷布覆盖

②根据工程经验,Sup-25、Sup-20、Sup-13 松铺系数均拟定为 1.2,根据设计厚度,Sup-25、Sup-20、Sup-13 松铺厚度分别为:9.6cm、7.2cm、4.8cm。

③确保现场摊铺温度满足要求,摊铺温度抽检结果如表 13-34 所示,均满足要求。

**现场摊铺温度(℃)** 表 13-34

| 混合料类型 | 1 | 2 | 3 | 4 | 5 | 6 | 7 | 8 | 技术要求 |
|---|---|---|---|---|---|---|---|---|---|
| Sup-25 | 154 | 158 | 162 | 160 | 152 | 156 | 158 | 153 | ≥135 |
| 改性沥青 Sup-20 | 165 | 163 | 168 | 170 | 167 | 169 | 164 | 162 | ≥160 |
| 改性沥青 Sup-13 | 170 | 162 | 165 | 164 | 161 | 166 | 165 | 162 | ≥160 |

(4)碾压

①采用"三钢+两胶"标准碾压设备组合进行碾压(图 13-26),现场设置专人进行碾压指导,做到钢轮、胶轮同步、协同碾压,避免钢轮和胶轮前后脱节。

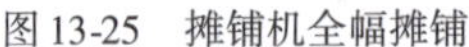

图 13-25 摊铺机全幅摊铺

图 13-26 "三钢+两胶"组合碾压

②为保证压实效果,采取的碾压工艺如表 13-35 所示。

**盘兴高速公路 Superpave 碾压工艺组合** 表 13-35

| 层 位 | 初 压 | 复 压 | 终 压 |
|---|---|---|---|
| Sup-25 下面层 | 钢轮前静后振 1 遍<br>振动碾压 1 遍 | 胶轮碾压 7～8 遍 | 钢轮静压收光 1～2 遍 |
| 改性沥青 Sup-20 | 钢轮静压 2 遍 | 胶轮碾压 6～8 遍 | 钢轮静压收光 1～2 遍 |
| 改性沥青 Sup-13 | 钢轮静压 2 遍 | 胶轮碾压 6～8 遍 | 钢轮静压收光 1～2 遍 |
| 橡胶沥青 Sup-20 | 钢轮静压 2 遍 | 胶轮碾压 6～8 遍 | 钢轮静压收光 1～2 遍 |
| 橡胶沥青 Sup-13 | 钢轮静压 2 遍 | 胶轮碾压 6～8 遍 | 钢轮静压收光 1～2 遍 |

(5)施工控制关键环节及温度控制

普通沥青 Sup-25、改性沥青 Sup-20、Sup-13 施工各环节温度控制如表 13-36、表 13-37 所示。

**普通沥青 Sup-25 施工温度控制** 表 13-36

| 沥青加热温度 | | 150～160℃ |
|---|---|---|
| 混合料出厂温度 | | 正常范围 150～165℃，超过 185℃废弃，最低不低于 145℃，最高不宜高于 175℃ |
| 混合料运输到现场温度 | | 不低于 145℃ |
| 摊铺温度 | 正常施工 | 不低于 135℃ |
| | 低温施工 | 不低于 150℃ |
| 开始碾压混合料内部温度 | 正常施工 | 不低于 130℃ |
| | 低温施工 | 不低于 145℃ |
| 碾压终了表面温度 | 钢轮压路机 | 不低于 80℃ |

**改性沥青 Sup-20、Sup-13 施工温度控制** 表 13-37

| 沥青加热温度 | 155～165℃ |
|---|---|
| 混合料出厂温度 | 正常范围 170～180℃，超过 195℃者废弃 |
| 混合料运输到现场温度 | 不低于 165℃ |
| 摊铺温度 | 不低于 160℃，低于 145℃作废 |
| 初压开始温度 | 不低于 160℃ |
| 初压最低温度 | 不低于 145℃ |
| 碾压终了表面温度 | 不低于 100℃ |

综合上述 Superpave 技术施工工艺要点，Superpave 施工与 AC 相比区别不大，施工的难点在于胶轮碾压的控制，胶轮复压必须在沥青混合料内部具有足够温度的条件下进行，一般对于普通沥青 Sup-25 要求复压初始温度不低于 130℃，对于改性沥青 Sup-20、Sup-13 胶轮复压初始温度不低于 140℃。Superpave 施工过程中各环节控制要点如表 13-38 所示。同时，针对施工中存在的问题，应重点关注施工细节性问题的控制，主要包括施工组织配合性、隔离剂选择、残

余混合料处治(界面污染控制)、边部离析控制、夜间施工质量控制等。

**Superpave 施工过程质量控制措施** 表 13-38

| 序号 | 工　序 | 控 制 措 施 |
|---|---|---|
| 1 | 施工前准备 | (1)气温、天气要求:温度低于 10℃、雨天不得施工;<br>(2)原材料:质量满足要求,备料量充足;<br>(3)机械准备:设备配置满足要求,确保正常运行;<br>(4)层间清洁度控制:施工前对下承层进行清理,防止污染;<br>(5)配合比调试:正式生产前进行试拌,确定生产参数 |
| 2 | 拌和 | (1)温度控制:严格按照施工指导意见进行生产各环节温度控制;<br>(2)级配控制:严格控制上料过程、各档热料掺量,保证混合料级配的稳定性;<br>(3)油石比控制:严格按照生产配合比进行生产,不得人为调整沥青掺量,并及时通过抽提检查沥青用量;<br>(4)拌和时间控制:每盘料拌和时间不小于 45s,保证混合料拌和均匀 |
| 3 | 运输 | (1)装料方式:严格按"前后中"顺序进行装料;<br>(2)篷布覆盖:运输途中采用篷布覆盖,避免温度散失过快;<br>(3)运输过程:不得随意停车、随意更改运输路线 |
| 4 | 摊铺 | (1)施工连续性控制:保证供料连续性,避免停机等料;<br>(2)温度控制:严格控制摊铺温度,出现温度异常,及时调整混合料生产温度;<br>(3)速度控制:2 ~ 4m/min,连续、均匀、不间断;<br>(4)离析控制:人工补料重点控制边部离析 |
| 5 | 碾压 | (1)碾压组合:"三钢 + 两胶"标准碾压机具组合,做到钢轮、胶轮协同碾压;<br>(2)碾压遍数控制:严格控制复压碾压遍数 6 ~ 8 遍;<br>(3)温度控制:严格控制碾压温度,保证沥青混合料复压在较高温度下充分压实,普通沥青不低于 130℃,改性沥青不低于 140℃ |

2)施工质量控制效果

(1)室内试验检测

①油石比控制

各结构层试验段油石比抽检结果如表 13-39 所示,均在控制范围内。

**混合料油石比抽检结果** 表 13-39

| 混合料类型 | 抽 检 日 期 | 抽提结果(%) | 设计值(%) | 技 术 要 求 |
|---|---|---|---|---|
| Sup-25 | 2016.6.26 | 3.9 | 3.9 | -0.1 ~ 0.2 |
| | 2016.6.30 | 3.9 | | |
| | 2016.7.5 | 4.1 | | |
| 改性沥青 Sup-20 | 2016.7.2 | 4.4 | 4.2 | -0.1 ~ 0.2 |
| | 2016.7.3 | 4.1 | | |
| 改性沥青 Sup-13 | 2016.7.8 | 4.9 | 5.0 | -0.1 ~ 0.2 |
| | 2016.7.9 | 5.0 | | |

②混合料级配抽检

各层 Superpave 混合料抽提结果如图 13-27 ~ 图 13-29 所示。从级配抽提结果可以看出，Sup-25 抽提结果 2 中 4.75mm 通过率超出控制范围，其余均在级配控制范围内；Sup-20 抽提结果 1 中 9.5mm 通过率、抽提结果 2 中 4.75mm 通过率超出控制范围，其余均在控制范围内；Sup-13 抽提结果 1 中 4.75mm 通过率、抽提结果 2 中 2.36mm 通过率超出控制范围，其余筛孔通过率均在控制范围内。

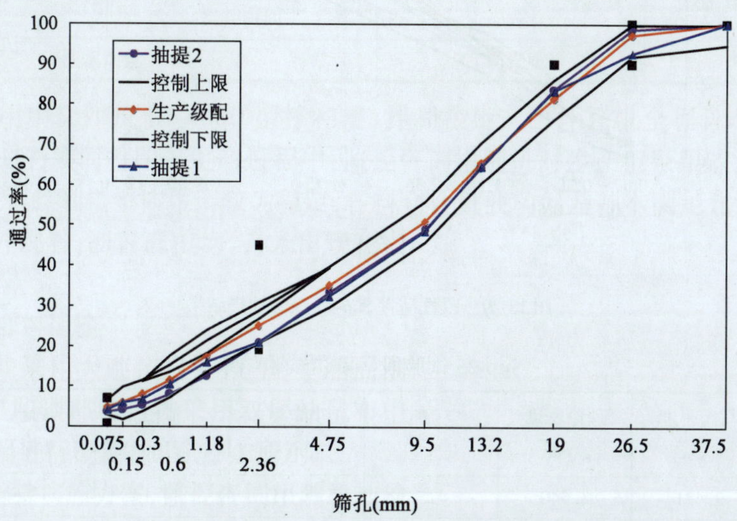


图 13-27 Sup-25 级配抽提结果

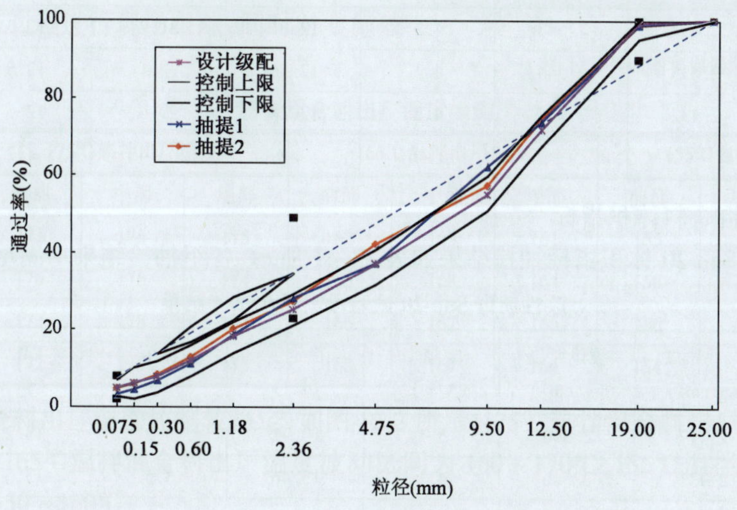


图 13-28 改性沥青 Sup-20 级配抽提结果

③混合料体积指标抽检

a. Sup-25 混合料体积指标抽检

Sup-25 混合料体积指标抽检结果如表 13-40 所示，抽检结果均能满足提出的 Superpave 混合料马歇尔体积指标要求。

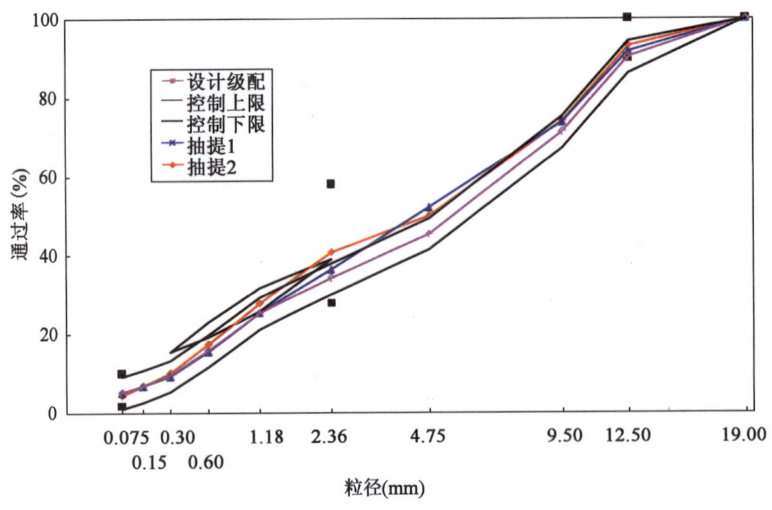


图 13-29　改性沥青 Sup-13 级配抽提结果

**Sup-25 试验段马歇尔试验结果**　　表 13-40

| 指标 | 马氏密度($g/cm^3$) | 理论密度($g/cm^3$) | 空隙率(%) | 稳定度(kN) | 流值(0.1mm) | VMA(%) | VFA(%) |
|---|---|---|---|---|---|---|---|
| 1 | 2.421 | 2.540 | 4.7 | 11.34 | 34.1 | 13.3 | 64.7 |
| 2 | 2.429 | 2.547 | 4.6 | 14.09 | 31.0 | 12.7 | 64.1 |
| 3 | 2.433 | 2.545 | 4.4 | 11.28 | 28.9 | 12.4 | 63.4 |
| 4 | 2.437 | 2.543 | 4.2 | 12.36 | 31.2 | 12.3 | 62.5 |
| 5 | 2.435 | 2.544 | 4.3 | 12.56 | 32.1 | 12.5 | 63.5 |
| 6 | 2.432 | 2.540 | 4.3 | 13.24 | 29.6 | 12.6 | 63.6 |
| 技术要求 | — | — | 4 - 6 | ≥8 | 20 ~ 40 | ≥12 | 60 ~ 70 |

b. Sup-20 混合料体积指标

改性沥青 Sup-20 体积指标抽检结果如表 13-41 所示,各组抽检结果均满足要求。

**改性沥青 Sup-20 试验段马歇尔试验结果**　　表 13-41

| 编号 | 马氏密度($g/cm^3$) | 理论密度($g/cm^3$) | 空隙率(%) | 稳定度(kN) | 流值(mm) | VMA(%) | VFA(%) |
|---|---|---|---|---|---|---|---|
| 1 | 2.417 | 2.546 | 5.1 | 10.71 | 3.2 | 13.2 | 61.8 |
| 2 | 2.431 | 2.546 | 4.1 | 13.46 | 3.5 | 13.0 | 65.4 |
| 3 | 2.404 | 2.546 | 5.6 | 13.46 | 3.5 | 14.0 | 60.2 |
| 4 | 2.416 | 2.549 | 5.2 | 13.87 | 2.9 | 13.5 | 61.2 |
| 技术要求 | — | — | 4 - 6 | ≥8 | 2 ~ 5 | ≥13 | 60 ~ 70 |

c. Sup-13 混合料体积指标

改性沥青 Sup-13 体积指标抽检结果如表 13-42 所示,各组抽检结果均满足要求。

改性沥青 Sup-13 试验段马歇尔试验结果 表 13-42

| 编号 | 马氏密度 (g/cm³) | 理论密度 (g/cm³) | 空隙率 (%) | 稳定度 (kN) | 流值 (mm) | VMA (%) | VFA (%) |
|---|---|---|---|---|---|---|---|
| 1 | 2.399 | 2.537 | 5.4 | 14.16 | 30.2 | 14.6 | 62.9 |
| 2 | 2.404 | 2.537 | 5.2 | 15.54 | 29.7 | 14.4 | 63.8 |
| 3 | 2.390 | 2.537 | 5.8 | 13.67 | 28.8 | 14.9 | 61.1 |
| 4 | 2.401 | 2.537 | 5.4 | 12.35 | 33.2 | 14.8 | 63.7 |
| 技术要求 | — | — | 4～6 | ≥8 | 2～5 | ≥13 | 60～70 |

(2)现场施工质量检测

各层试验段施工完成后,及时对路面施工质量进行检测,检测内容主要包括渗水、压实度和平整度及外观观测。

①铺面效果

盘兴高速公路 Superpave 各层试验段碾压完成后铺面效果如图 13-30～图 13-33 所示。从铺面效果看,Superpave 混合料铺面均匀性较好,离析现象少,表面密实性好,同时具有较好的表面构造。

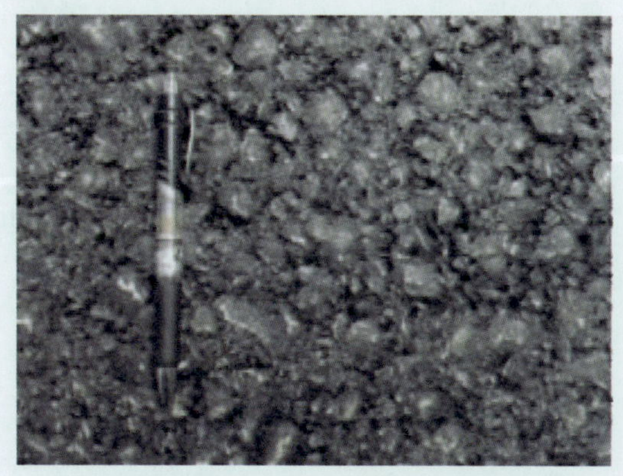

图 13-30 Sup-25 铺面效果

图 13-31 Sup-20 铺面效果

图 13-32 Sup-13 铺面效果

图 13-33 Superpave 施工效果

②渗水

Superpave 试验段各面层渗水系数检测结果如表 13-43 及图 13-34～图 13-37 所示。从现场检测结果来看，Sup-25、改性沥青 Sup-20、改性沥青 Sup-13 各层渗水系数检测合格率达到 90% 以上，特别是中、下面层，合格点渗水系数大都为零，渗水不合格点多为局部离析段落及边部段落。

各面层渗水系数检测结果　　表 13-43

| 层　位 | 检测点数 | 合格点数 | 合格率(%) | 技术要求(mL/min) |
| --- | --- | --- | --- | --- |
| Sup-25 | 14 | 13 | 92.9 | ≤150 |
| 改性沥青 Sup-20 | 20 | 18 | 90.0 | ≤100 |
| 改性沥青 Sup-13 | 17 | 16 | 94.1 | ≤60 |

图 13-34　现场渗水检测

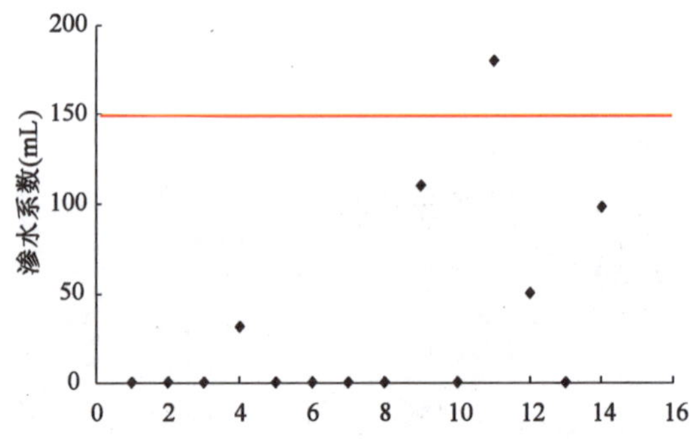


图 13-35　Sup-25 下面层渗水系数检测结果

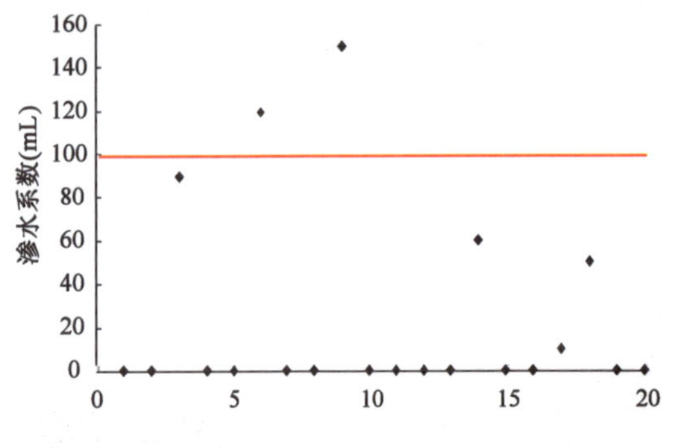


图 13-36　改性沥青 Sup-20 中面层渗水系数检测结果

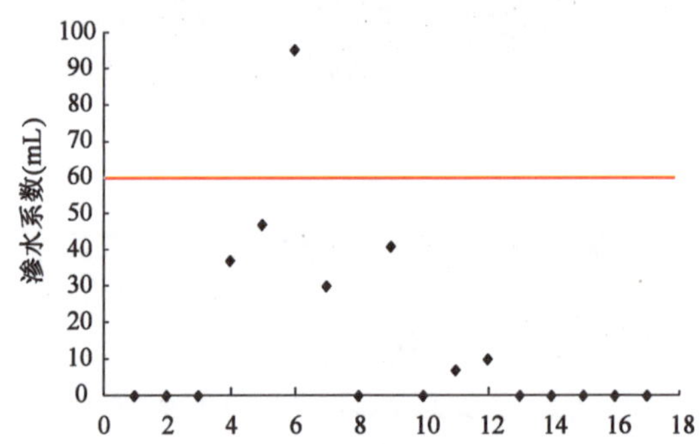


图 13-37　改性沥青 Sup-13 上面层渗水系数检测结果

③压实度检测

盘兴高速公路 Superpave 试验段实施过程中路面压实度采用马歇尔压实度、旋转压实度、理论压实度同时进行控制，现场取芯和各层压实度检测结果如表 13-44、图 13-38～图 13-41 所示，从压实度检测数据来看，Sup-25、改性沥青 Sup-20、改性沥青 Sup-13 各层压实度合格率均在 90% 以上，现场压实效果良好，压实度不合格点多集中在边部路段。同时，检测结果表明，马氏压实度超百现象较为明显，而旋转压实度超百率较低，说明旋转压实仪试件成型法的压实功与现场施工压路机实际碾压功率更为匹配。

**现场压实度检测结果** 　　表 13-44

| 层　位 | 检测点数 | 马氏压实度 | | 旋转压实度 | | 理论压实度 | |
|---|---|---|---|---|---|---|---|
| | | 合格点数 | 合格率(%) | 合格点数 | 合格率(%) | 合格点数 | 合格率(%) |
| Sup-25 | 27 | 26 | 96.3 | 25 | 92.6 | 25 | 92.6 |
| 改性沥青 Sup-20 | 11 | 11 | 100 | 10 | 90.9 | 9 | 90.9 |
| 改性沥青 Sup-13 | 12 | 12 | 100 | 11 | 91.7 | 11 | 91.7 |
| 橡胶沥青 Sup-20 | 8 | 6 | 75 | 6 | 75 | 6 | 75 |
| 橡胶沥青 Sup-13 | 5 | 3 | 60 | 3 | 60 | 3 | 60 |
| 技术要求 | — | ≥98% | | ≥97% | | 93% ~97% | |

图 13-38　现场取芯

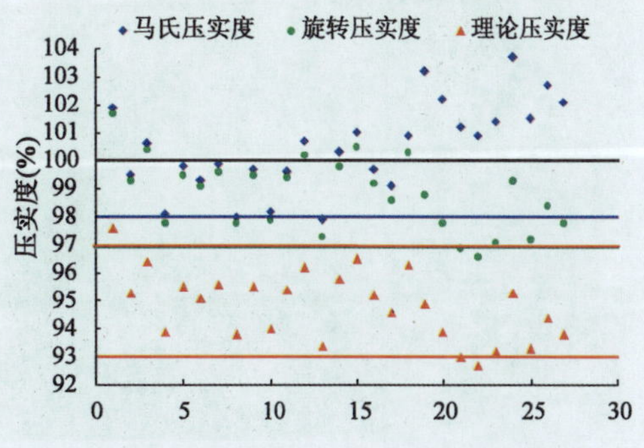


图 13-39　Sup-25 下面层压实度

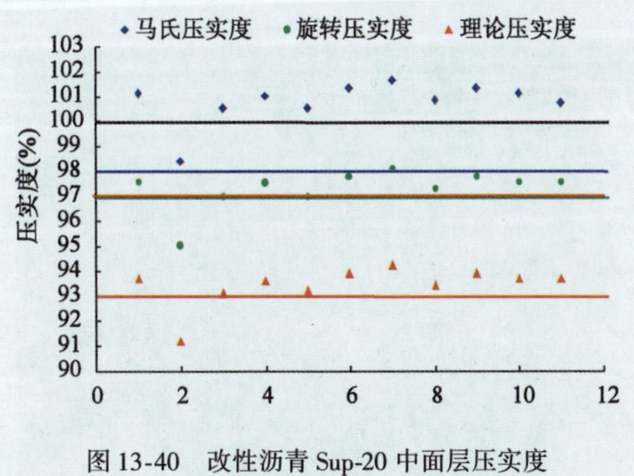


图 13-40　改性沥青 Sup-20 中面层压实度

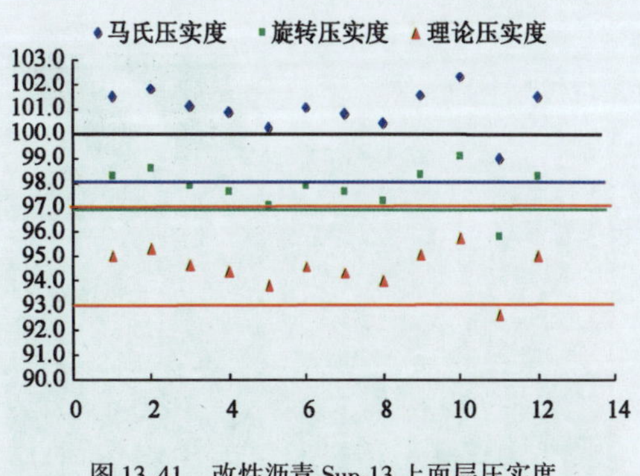


图 13-41　改性沥青 Sup-13 上面层压实度

盘兴高速公路各面层芯样及剖面如图 13-42 ~ 图 13-44 所示，芯样呈骨架嵌挤结构，密实性较好。

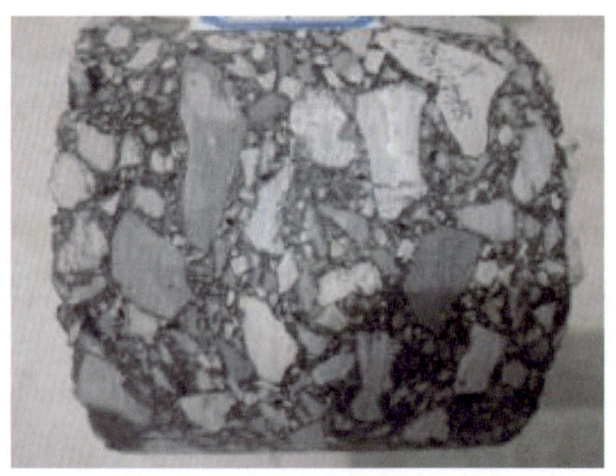
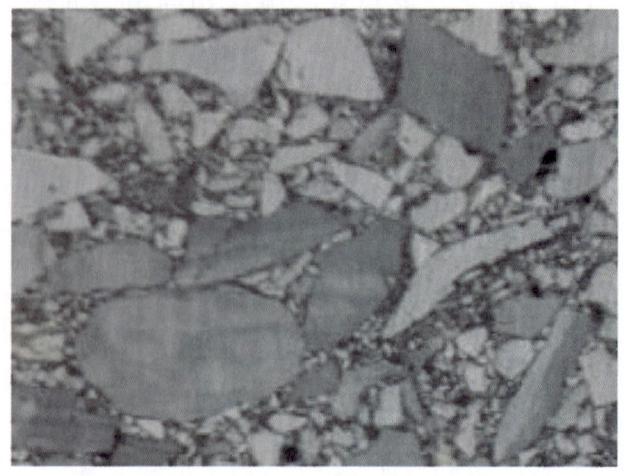

图 13-42　下面层 Sup-25 芯样及剖面图

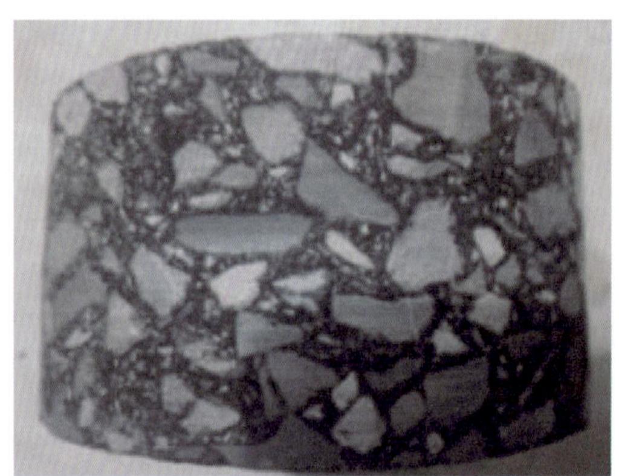
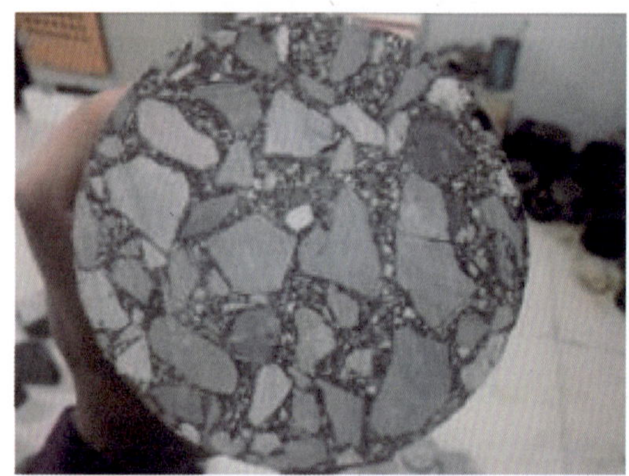

图 13-43　改性沥青 Sup-20 中面层芯样及剖面图

图 13-44　改性沥青 Sup-13 上面层芯样及剖面图

④平整度

盘兴高速公路 Superpave 沥青路面试验段各层平整度检测结果如表 13-45 所示，各层平整度控制良好。八轮平整度仪平整度检测如图 13-45 所示。

平整度检测结果　　表 13-45

| 层　位 | 检测结果平均值 | 合 格 率 | 技 术 要 求 |
|---|---|---|---|
| Sup-25 | 0.98 | 100 | ≤1.2 |
| 改性沥青 Sup-20 | 0.78 | 96.8 | ≤1.0 |
| 改性沥青 Sup-13 | 0.60 | 92.3 | ≤0.8 |

⑤构造深度检测

改性沥青 Sup-13 上面层构造深度检测结果如表 13-46 所示，路面构造深度检测如图 13-46 所示。构造深度检测结果表明，改性沥青 Sup-13 沥青上面层试验段平均构造深度为 0.90mm，与 AC-13 构造深度平均 0.7mm 相比，提升效果明显，具有较好的抗滑性能。

改性沥青 Sup-13 构造深度检测结果　　表 13-46

| 桩　号 | 检测结果（mm） | 贵州高速公路上面层 AC 构造深度（mm） | 是否合格 | 合 格 率 | 技 术 要 求 |
|---|---|---|---|---|---|
| ZK46 +500 | 0.71 | 0.7 | 是 | 100 | ≥0.55mm |
| ZK46 +680 | 0.98 | | 是 | | |
| ZK46 +800 | 0.88 | | 是 | | |
| ZK46 +910 | 1.01 | | 是 | | |
| ZK47 +100 | 0.95 | | 是 | | |
| ZK47 +400 | 0.90 | | 是 | | |
| ZK47 +600 | 0.68 | | 是 | | |
| ZK47 +720 | 0.99 | | 是 | | |
| ZK47 +900 | 0.88 | | 是 | | |
| ZK48 +100 | 0.92 | | 是 | | |
| ZK48 +300 | 0.81 | | 是 | | |
| ZK48 +550 | 0.98 | | 是 | | |
| ZK48 +800 | 1.05 | | 是 | | |
| 平均值 | 0.90 | — | — | — | — |

图 13-45　八轮平整度仪平整度检测

图 13-46　路面构造深度检测

⑥摩擦系数

采用摆式摩擦仪进行 Sup-13 上面层面层摩擦系数检测，检测结果如表 13-47 所示，检测结果均满足验评要求，合格率均为 100%。

**改性沥青 Sup-13 摩擦系数检测结果** 表 13-47

| 序号 | 桩号 | 车道 | 摆值 | 技术要求 |
| --- | --- | --- | --- | --- |
| 1 | ZK42 +700 | 行车道 | 54 | ≥45 |
| 2 | ZK42 +600 | 超车道 | 52 | |
| 3 | ZK42 +800 | 超车道 | 53 | |
| 4 | ZK43 +000 | 行车道 | 55 | |
| 5 | ZK43 +500 | 超车道 | 51 | |
| 6 | ZK43 +600 | 行车道 | 53 | |
| 7 | ZK43 +800 | 超车道 | 57 | |
| 8 | ZK44 +000 | 行车道 | 53 | |
| 9 | ZK44 +300 | 超车道 | 54 | |
| 10 | ZK44 +600 | 行车道 | 55 | |
| 11 | ZK44 +800 | 超车道 | 55 | |
| 12 | ZK45 +000 | 超车道 | 58 | |

(3) Superpave 施工质量检查标准

总结盘兴高速公路试验段实施过程中质量控制方法，提出 Superpave 混合料施工过程中质量抽检及控制标准，如表 13-48 ~ 表 13-50 所示。

**普通沥青 Sup-25 施工阶段的质量检查标准** 表 13-48

| 项目 | | 检查频度 | 质量要求或允许差 | 试验方法 |
| --- | --- | --- | --- | --- |
| 施工温度：沥青混合料出厂温度 | | 每车料 1 次 | 符合规定 | 温度计测定 |
| 运输到现场温度 | | | | |
| 初压温度 | | | | |
| 碾压终了温度 | | | | |
| 矿料级配，与生产设计标准级配的差(%) | 0.075mm | 逐盘在线检测 | ±2 | 计算机采集数据计算 |
| | ≤2.36mm | | ±5 | |
| | ≥4.75mm | | ±6 | |
| | 0.075mm | 逐盘检查，每天汇总 1 次，取平均值评定 | ±1 | 总量检验 |
| | ≤2.36mm | | ±2 | |
| | ≥4.75mm | | ±2 | |
| | 0.075mm | 每台拌和机每天上、下午各 1 次 | ±2 | 拌和厂取样，用抽取后的矿料筛分 |
| | ≤2.36mm | | ±4 | |
| | ≥4.75mm | | ±5 | |

续上表

| 项目 | | 检查频度 | 质量要求或允许差 | 试验方法 |
|---|---|---|---|---|
| 沥青含量(油石比),与生产设计的差(%) | | 逐盘在线检测 | ±0.3 | 计算机采集数据计算 |
| | | 逐盘检查,每天汇总1次,取平均值评定 | ±0.1 | 总量检验 |
| | | 每日每机上、下午各1次 | +0.2,-0.1 | 拌和厂取样,离心法抽提 |
| 马歇尔试验:稳定度(kN) 不小于 | | 每日每机上、下午各1次 | 8.0 | 拌和厂取样,室内成型试验 |
| 流值(0.1mm) | | | 20~40 | |
| 空隙率(%) | | | 4~6 | |
| 旋转压实试验 | 空隙率 | 每日每机上、下午各1次 | 生产配合比空隙率±1% | 拌和厂取样,室内成型试验 |
| | VMA | | 生产配合比VMA±1% | |
| 车辙试验动稳定度(次/mm) 不小于 | | 每周1次 | 1200 | 拌和厂取样,室内试验 |
| 压实度(%) | | 每层1次/200m/车道 | 不小于97(旋转压实密度),不小于98(马歇尔密度),93~97(最大理论密度) | 钻孔法 |
| 厚度 不超过 | | 1次/200m/车道 | -4mm | 钻孔检查并铺筑时随时插入量取,每日用混合料数量校核 |
| 平整度 不大于 | | 每车道连续检测 | 1.4mm | 用连续式平整度仪检测 |
| 宽度 | | 2处/100m | 不小于设计宽 | 用尺量 |
| 渗水系数 不大于 | | 与压实度相同 | 150mL/min | 改进型渗水仪 |

**改性沥青Sup-20施工阶段的质量检查标准** 表13-49

| 项目 | 检查频度 | 质量要求或允许差 | 试验方法 |
|---|---|---|---|
| 施工温度:混合料出厂温度 | 每车料1次 | 符合规定 | 温度计测定 |
| 运输到现场温度 | | | |
| 初压温度 | | | |
| 碾压终了温度 | | | |

续上表

| 项目 | | 检查频度 | 质量要求或允许差 | 试验方法 |
|---|---|---|---|---|
| 矿料级配,与生产设计标准级配的差(%) | 0.075mm | 逐盘在线检测 | ±2 | 计算机采集数据计算 |
| | ≤2.36mm | | ±5 | |
| | ≥4.75mm | | ±6 | |
| | 0.075mm | 逐盘检查,每天汇总1次,取平均值评定 | ±1 | 总量检验 |
| | ≤2.36mm | | ±2 | |
| | ≥4.75mm | | ±2 | |
| | 0.075mm | 每台拌和机每天上、下午各1次 | ±2 | 拌和厂取样,用抽取后的矿料筛分 |
| | ≤2.36mm | | ±4 | |
| | ≥4.75mm | | ±5 | |
| 沥青含量(油石比),与生产设计的差(%) | | 逐盘在线检测 | ±0.3 | 计算机采集数据计算 |
| | | 逐盘检查,每天汇总1次,取平均值评定 | ±0.1 | 总量检验 |
| | | 每日每机上、下午各1次 | +0.2,-0.1 | 拌和厂取样,离心法抽提 |
| 马歇尔试验:稳定度(kN) 不小于 | | 每日每机上、下午各1次 | 8.0 | 拌和厂取样,室内成型试验 |
| 流值(0.1mm) | | | 20~50 | |
| 空隙率(%) | | | 4~6 | |
| 旋转压实试验 | 空隙率 | 每日每机上、下午各1次 | 生产配合比空隙率±1% | 拌和厂取样,室内成型试验 |
| | VMA | | 生产配合比 VMA ±1% | |
| 车辙试验动稳定度(次/mm) 不小于 | | 每周1次 | 3000 | 拌和厂取样,室内试验 |
| 压实度(%) | | 每层1次/200m/车道 | 不小于97(旋转压实密度),不小于98(马歇尔密度),93~97(最大理论密度) | 钻孔法 |
| 厚度 不超过 | | 1次/200m/车道 | -4mm | 钻孔检查并铺筑时随时插入量取,每日用混合料数量校核 |
| 平整度 不大于 | | 每车道连续检测 | 1.0mm | 用连续式平整度仪检测 |
| 宽度 | | 2处/100m | 不小于设计宽 | 用尺量 |
| 渗水系数 不大于 | | 与压实度相同 | 100ml/min | 改进型渗水仪 |

**改性沥青 Sup-13 上面层路面施工质量检验要求** 表 13-50

| 项　目 | | 检 查 频 度 | 质量要求或允许差 | 试 验 方 法 |
|---|---|---|---|---|
| 外观 | | 随时 | 无油斑、离析、轮迹等现象 | 目测 |
| 接缝 | | 随时 | 紧密、平整、顺直、无跳车 | 目测、3m 直尺 |
| 施工温度 | | 1 次/车 | 符合要求 | 数显式温度计 |
| 矿料级配，与生产设计标准级配的差(%) | 0.075mm | 逐盘在线检测 | ±2 | 计算机采集数据计算 |
| | ≤2.36mm | | ±4 | |
| | ≥4.75mm | | ±5 | |
| | 0.075mm | 逐机检查，每天汇总1次，取平均值评定 | ±1 | 总量检验 |
| | ≤2.36mm | | ±2 | |
| | ≥4.75mm | | ±2 | |
| | 0.075mm | 每台拌和机每天上、下午各1次 | ±2 | 拌和厂取样，用抽取后的矿料筛分 |
| | ≤2.36mm | | ±3 | |
| | ≥4.75mm | | ±4 | |
| 沥青含量(油石比)，与生产设计的差(%) | | 逐盘在线检测 | ±0.3 | 计算机采集数据计算 |
| | | 逐机检查，每天汇总1次，取平均值评定 | ±0.1 | 总量检验 |
| | | 每日每机上、下午各1次 | +0.2，-0.1 | 拌和厂取样，离心法抽提 |
| 马歇尔试验：稳定度(kN)　不小于 | | 每日每机上、下午各1次 | 8.0 | 拌和厂取样，室内成型试验 |
| 流值(0.1mm) | | | 20-50 | |
| 空隙率(%) | | | 4~6 | |
| 旋转压实试验 | 空隙率 | 每日每机上、下午各1次 | 生产配合比空隙率±1% | 拌和厂取样，室内成型试验 |
| | VMA | | 生产配合比 VMA±1% | |
| 车辙试验动稳定度(次/mm)　不小于 | | 每周1次 | 3000 | 拌和厂取样，室内试验 |
| 渗水试验 | | 单幅10点/km | 不大于60mL/min | 用改进的渗水仪测定 |
| 压实度(%) | | 单幅10点/km | 不小于97(旋转压实密度)，不小于98(马歇尔密度)，93~97(最大理论密度) | 钻孔法 |
| 平整度(mm) | | 对每日铺筑的路段全线每车道连续测定 | 不大于0.8mm | 连续式平整度仪(标准差) |
| 摩擦系数 | | 1处/200m | 不小于45BPN | 摆式仪 |
| 构造深度 | | | 不小于0.55mm | 铺砂法 |

### 13.3.5 效益分析

1)经济效益分析

沥青路面建设成本主要包括原材料成本和施工成本,从这两方面对 Superpave 技术与传统 AC 型沥青路面建设成本进行对比分析。

(1)原材料成本

Superpave 混合料采用原材料与 AC 型一致,集料成本差异可忽略不计,主要区别在于油石比,即 Superpave 混合料与 AC 型相比,原材料成本差异主要体现在沥青油石比上。贵州近年主要高速公路建设项目采用 AC 型路面结构各层沥青混合料油石比统计结果如表 13-51 所示,整体而言,贵州 AC 型沥青混合料油石比与省外相比总体偏低,省外 AC 型混合料油石比统计结果如表 13-52所示。

**贵州高速公路项目 AC 型混合料沥青油石比统计结果** 表 13-51

| 混合料类型 | AC-25 | AC-20 | AC-13 |
|---|---|---|---|
| 油石比范围 | 3.7 ~ 4.0 | 3.9 ~ 4.3 | 4.6 ~ 4.9 |

**省外高速公路 AC 型混合料沥青油石比统计结果** 表 13-52

| 混合料类型 | AC-25 | AC-20 | AC-13 |
|---|---|---|---|
| 油石比范围 | 4.0 ~ 4.1 | 4.4 ~ 4.7 | 5.0 ~ 5.1 |

贵州干线公路 Superpave 油石比统计结果如表 13-53 所示。

**贵州干线公路 Sup 混合料沥青油石比统计结果** 表 13-53

| 混合料类型 | Sup-20 | Sup-13 |
|---|---|---|
| 油石比范围 | 4.5 ~ 4.7 | 4.9 ~ 5.1 |

盘兴高速公路 Superpave 试验段 Sup-25、Sup-20、Sup-13 油石比分别为 3.9%、4.2%、5.0%,Superpave 中、下面层混合料油石比与贵州传统 AC 型相比相差不大,且盘兴高速公路上面层用玄武岩为多孔玄武岩,吸油量大,油石比设计结果也收到原材料品质的影响。

从省外 AC 型混合料传统沥青油石比统计结果看,盘兴高速公路 Superpave 设计结果与省外 AC 型油石比基本相当。同时从贵州干线公路 Superpave 混合料设计结果看,盘兴高速公路上面层与干线公路设计油石比一致,中面层低于干线公路 Superpave 油石比。

综上,结合贵州干线公路 Superpave 油石比设计结果,参考贵州省内外 AC 型传统混合料沥青油石比,盘兴高速公路 Superpave 混合料油石比设计结果与 AC 型相近,可认为不增加沥青混合料油石比及其成本。

(2)施工成本

Superpave 混合料与 AC 型相比在施工过程中无须添加额外设备,盘兴高速公路仍采用 AC 型路面使用的“三钢 + 两胶”碾压设备,总碾压遍数相近,施工成本差异可忽略不计。

综上,盘兴高速公路 Superpave 建设成本与传统 AC 型建设成本相当,无明显增加,因此被称为“穷人的 SMA”。同时,由于具有更好的路用性能,可减少后期养护成本的投入,在全生命周期内,经济性更加显著。

2)社会效益分析

改性沥青 Superpave 与贵州传统 AC 型路面相比,高温车辙稳定度均得到大幅提升,有效抑制了路面车辙发生的可能性,同时施工均匀性更好,路面耐久性更佳;从路面构造深度检测结果看,改性沥青 Sup-13 构造深度平均值为 0.9mm,与 AC-13 平均构造深度相比,均得到了一定的提升,在贵州多雨气候环境下,雨天行车安全性更佳。同时,由于路面性能突出,减少了营运期路面养护对交通造成的干扰。因此,盘兴高速公路引进 Superpave 技术具有较好的社会效益。

## 13.4　应用前景

目前,贵州沥青面层各结构层主要采用 AC 型沥青混合料,在重载、高温多雨的交通、气候条件下,逐渐暴露出早期易产生水损害、车辙等病害,严重威胁沥青路面使用寿命,对贵州高速公路耐久性产生不利影响,同时影响后期行车的舒适性、安全性。

Superpave 技术是美国 SHRP 计划的研究成果,是解决路面早期损害,特别是车辙问题的有效手段,代表了美国热拌沥青混合料的国家水平。Superpave 在我国的推广应用已经 20 年,累计在超过 18 个省份应用 15000km 以上,技术成熟性和可靠性得到验证,并已成为江苏、山东和重庆等省和地区高速公路中、下面层典型混合料,有效支撑了上述省份路面长期性能保持和国检综合评分。2015 年起,Superpave 技术也在贵州省国省干线公路进行了推广应用,其高温抗车辙性能、施工均匀性和技术适用性得到有效验证。同时,盘兴高速公路在贵州高速公路率先引进 Superpave 技术后,室内车辙动稳定度试验结果与 AC 型混合料相比实现了大幅度提升,同时室内马歇尔残留稳定度均在 85% 以上,冻融劈裂强度比均在 80% 以上,具有较好的抗水损害性能。现场各面层渗水系数、压实度、平整度合格率均达 90% 以上,上面层构造深度平均值达 0.9mm,与贵州传统 AC 上面层构造深度 0.7mm 相比,提升效果明显,有效提高了路面抗滑性能。此外,与 AC 型沥青混合料相比,Superpave 沥青混合料沥青用量与之相当,施工设备与之相同,施工工艺与之相近,不增加施工成本和工程造价。

综上,采用该技术可实现沥青面层施工质量的全面提升,延长路面使用寿命,契合我国正在努力推行的绿色公路建设主题,在贵州高速公路建设过程中具有较好的推广应用前景。

# 第 14 章　大厚度水稳全幅全厚一次摊铺技术

## 14.1　技 术 背 景

### 14.1.1　水稳施工面临的难题和挑战

半刚性基层沥青路面由于其具有较高的强度、刚度以及承载力等优点，适应了我国公路发展经济、快速要求，已成为目前全国范围内高速公路路面基层的主要结构形式。水泥稳定碎石基层由于具有整体性强、承载力高、刚度大等优点，已成为全国最典型及应用最为广泛的半刚性基层。目前，贵州高速公路路面结构中水泥稳定碎石基层的厚度通常在 37 ~ 42cm，在实际施工过程中一般分两层进行摊铺、碾压。在施工和使用过程中，发现分层压实具有以下缺点：

(1) 分层施工中在对上层摊铺碾压过程中，容易对下层已经铺筑完毕的结构层造成二次松散和破坏。

(2) 不可避免地出现层间分离状态，降低了基层作为一个整体结构层的承载能力。

(3) 水泥稳定类材料在压实成型后需要最少 7 天的养生时间才可以达到规定的强度，两层施工需要两次养生，大大地延长了施工工期。

(4) 两次施工需要对同样的工序重复进行，人工、机械同样要加倍。

同时，贵州省地处云贵高原，高山、丘陵纵横，高速公路建设过程施工便道缺失，分层施工除存在上述共性不利影响外，还存在以下突出的挑战：级配设计不合理。目前贵州高速公路水泥稳定碎石基层级配多呈骨架悬浮结构，混合料本身抗收缩变形能力不佳；施工便道缺失，导致基层施工难度大，进度缓慢，同时加大了质量控制难度。

如能实现水泥稳定碎石基层一次碾压成型则有利于保证基层的整体性，节约人工、机械投入，同时有可能减少由于水分散失造成的基层干缩开裂。

### 14.1.2　技术开发的目的和意义

鉴于上述背景中提到的水泥稳定碎石基层分层施工诸多不利影响，为保证高速公路水泥稳定碎石基层的施工质量，提高基层整体强度、路面承载力，避免或减小山区高速公路施工便道缺失对路面施工的影响，目前国内及贵州开始尝试并逐渐推广双层连铺、大厚度一体化摊铺成型等施工工艺，以减小由于施工便道缺失对施工进度、质量控制的影响，缩短施工工期的同时，提高水稳基层施工的整体性、板体性，改善路面结构整体受力状况，提高路面整体耐久性。

但从国内相关工程案例实施的效果看，双层连铺总体控制难度较大，第二层铺筑时机掌握不佳或层间处治不当依然会导致层间分层,甚至在上基层施工过程中对尚未形成强度的底基层造成破坏性影响,不利于基层整体性、板体性的形成。工程经验表明,大厚度水泥稳定碎石基层一体化施工主要的技术障碍为摊铺离析控制、压实度控制和平整度的控制,特别是压实度的控制,在水稳基层厚度较厚、级配设计不合理的情况下,水稳基层底部碾压密实较为困难。

大厚度水稳一次摊铺成型研究的主要目的是基于盘兴高速公路现有路面结构的基础上,论证大厚度水稳一次摊铺成型技术在盘兴高速公路应用的可行性,同时从分析水泥稳定碎石混合料可压实性入手,通过级配设计优化,保证水泥稳定碎石基层可压实性的同时提高骨架密实效果,并系统研究抗离析大功率摊铺机和其相配套的施工工艺,提出大厚度水泥稳定碎石合理的施工方法,并基于现场实际实施效果及施工中存在的问题,对大厚度水泥稳定碎石基层原材料指标要求进行优化研究,提出质量标准及级配范围,确保盘兴高速公路大厚度水泥稳定碎石基层施工质量,缩短施工工期,节约工程造价,提高基层的耐久性和路面的整体使用性能。同时本技术的相关研究成果对于后续工程的推广应用具有重要的参考价值。

大厚度水稳一次摊铺成型可减少摊铺、碾压、养生一套施工工序,节约大量燃料,同时减少了由于重复施工造成的环境污染,节能减排效果显著。与传统分层施工相比减少一次养生,有效节约了水资源的同时,提高水稳基层施工的整体性,减少路面基层早期破损,延长路面使用寿命,减少营运期养护能耗。综上,采用大厚度水稳一体化全幅施工与传统分层施工工艺相比,节能减排效果显著,对于推动绿色公路建设具有重要意义。

### 14.1.3 国内外研究基础

从世界范围上看,以水泥稳定碎石基层为代表的半刚性基层路面,并非欧美等发达国家公路的主流结构形式,主要原因是水泥稳定碎石基层容易出现抗裂性不足、抗冲刷能力不足、抗冻性不好、与面层黏结差以及损坏后没有自愈能力且修补难度大等缺陷,因此,国外对水泥稳定碎石基层的研究相对较少,且主要集中在抗裂性研究方面。

虽然国外路面基层的主流形式是柔性基层,但是以水泥稳定碎石为代表的半刚性也有柔性基层无法比拟的优点:强度高,承载力大,水稳性好,板体性强、建设成本低。且我国是一个发展中国家,经济条件有限,要大力发展公路建设,选择水泥稳定碎石基层无疑是一个技术可行、经济合理的技术方案,因此水泥稳定碎石基层在我国应用极为广泛。同时,国内不少专家、学者对水泥稳定碎石基层进行了大量的研究,包括原材料性能要求、配合比设计方法、新型施工工艺等,不断给水泥稳定碎石基层注入强大的生命力。

1)骨架密实型水泥稳定碎石混合料

水泥稳定碎石基层选取水泥为胶结料,因此具有水泥材料的共性缺点,即收缩开裂。针对这种情况,国内学者进行了大量研究,探索水泥稳定碎石基层开裂的原因,研究结果表明,水泥剂量越高、含水率越大、级配越细的水泥稳定碎石越容易发生收缩开裂,因此目前主要从保证强度的前提下,通过控制水泥剂量和级配优化的方式,减少水泥稳定碎石基层的开裂,其中级配优化是最为有效的途径。

目前水泥稳定碎石混合料按粗细集料的含量及分布特点,主要分为骨架密实型、骨架空隙型、悬浮密实型三种,其中悬浮密实型应用最为广泛(图 14-1)。但悬浮密实型结构粗集料用量较少,细集料用量较多,导致较大颗粒被较小一级颗粒挤开,造成大颗粒以悬浮状态处于小颗粒之中,这种结构的混合料施工比较容易,强度易满足使用要求,但收缩开裂较为严重,且容易出现冲刷破坏。抗裂骨架密实型水泥稳定碎石是近年来针对传统悬浮型水泥稳定碎石基层的不足,提出的裂缝防治技术,该类型水泥稳定碎石基层,骨架互相嵌挤,细集料均匀填充粗集料嵌挤形成的空隙,形成骨架密实结构,可有效减少水稳基层收缩开裂的风险。目前已开展的一系列科研攻关和工程实践取得了一定的成果,已经在河南、河北、陕西、江苏等省份高速公路上进行了大量应用。

a)骨架密实型

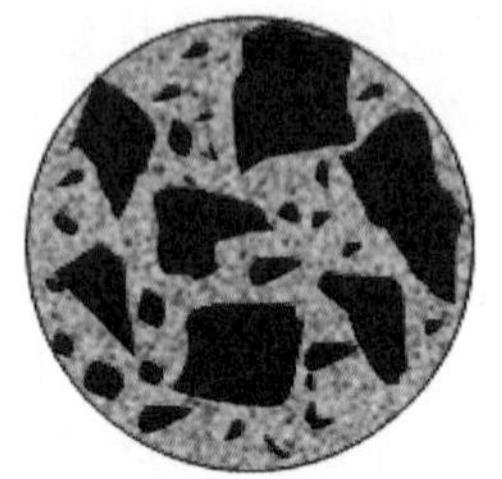

b)骨架悬浮型

图 14-1　不同类型水泥稳定碎石材料结构示意图

(1)水泥稳定碎石基层开裂影响因素

国外对水泥稳定碎石基层开裂的影响因素及防治措施进行了一定的研究。K. P. George 的研究结果表明,影响水泥稳定碎石基层开裂的主要因素有水泥剂量、含水率、龄期等,失水量越大,干缩系数越大。美国的 George、澳大利亚的 R. E. 洛林斯等认为,水泥稳定土干缩与下述因素有关:结合料的类型和剂量、被稳定土的类别、粒料的含量、小于 0.5mm 的细土含量和塑性指数、小于 0.002mm 的黏粒含量和矿物成分、室内试件含水率和龄期等。

随着传统疲劳破坏理论的发展,科研人员认识到路面破坏主要是荷载在路面材料中引起的重复加载疲劳应力超过了路面混合料的抗拉强度。美国、英国、俄罗斯以及德国等国相继开展了基于疲劳强度理论的重大设计改革,并为此展开了大量材料试验研究,成果显著。目前各国沥青类路面设计仍主要沿用这种疲劳强度理论。国外高等级公路路面中,半刚性基层多为水泥处治粒料。相应的观点是,半刚性基层在铺筑沥青面层前后必然要产生裂缝,并造成反射裂缝。卡兰卡马和胶尔在《水泥稳定土的收缩特性》一文中,把水泥稳定土的干燥收缩分为三个过程:高湿度下的毛细张力作用;中湿度下的吸收液体现象引起收缩;低湿度下的黏土收缩导致的干缩。并得出以下结论:收缩是由于内部水分的损失引起的,水泥稳定材料的收缩率和水泥掺量之间存在很大的联系。为减少水泥稳定基层的收缩裂缝,澳大利亚的水泥用量为 3% 以内,日本水泥稳定碎石基层混合料水泥用量一般仅为 2% 左右;德国冬季寒冷,水泥用量也较低,一般控制在 2% ~3%;南非是应用水泥稳定碎石基层较多的国家,其水泥用量也在较低的水平。

在半刚性材料温缩和干缩方面,张登良、郑南翔教授对多种半刚性材料的温缩性、干缩性进行了系统研究。对多种水泥稳定碎石分别在饱水状态、最佳含水率状态、半风干状态、风干状态和烘干状态五种不同状态做了电测法实验,得出了一些重要结论:①水泥稳定材料基层中掺加集料,可以明显降低温缩性和干缩性;②水泥稳定粒料类的温缩性和干缩性小于石灰粉煤灰稳定粒料的温缩性和干缩性,也小于石灰稳定粒料类的温缩性和干缩性;③水泥最大剂量不宜超过 6%;④对于烘干试件,温缩系数随龄期增大而不断增大,初期增大较快,后期增长较慢；⑤温度收缩最不利情况是：接近最佳含水率状态并在0～10℃温度区；⑥封闭状态下各种半刚性材料的温缩系数明显小于自由状态下的值。

张洪华通过对水泥稳定细粒土、水泥稳定中粒土和粗粒土的温缩性的研究，表明：①稳定粒料土的温缩系数明显小于稳定细粒土的温缩系数；②影响稳定粒料土温缩系数的主要因素有粒料土中粒料或土的含量；③水泥剂量对水泥稳定粒料土的温缩性影响显著；④在四种半刚性基层材料即石灰土砂砾、悬浮式石灰粉煤灰粒料、密实式石灰粉煤灰粒料及水泥砂砾中，水泥砂砾的温缩性最小。

长安大学胡力群博士对水泥稳定碎石进行研究时，按照半刚性基层混合料中4.75mm以上粗集料分布状态划分为四种结构类型悬浮均匀结构、悬浮密实结构、骨架密实结构和骨架空隙结构，并对后三种结构类型水泥稳定碎石路用性能进行研究，比较出三种结构在路用性能中的差异，认为骨架密实结构能够有效地改善半刚性基层的抗裂性能、抗冲刷能力。

江苏省交通科学研究院进行了"水泥稳定碎石抗裂设计方法"的研究，得出如下研究成果：水泥稳定碎石混合料基层水泥掺量越大，基层强度越高，刚度越大，但过高的水泥用量会导致抗裂能力的下降。室内研究表明：适量的外加剂能显著降低水泥稳定碎石混合料的干缩应变。混合料集料级配过粗(4.75mm通过率29%)时基层弯沉值较大，级配较细(规范中值)时细集料偏多，容易导致裂缝，因此建议集料级配宜控制通过率为34%左右。施工中水泥稳定碎石混合料含水率应控制为略高于最佳含水率。

(2)水泥稳定碎石基层抗裂措施研究现状

①胶结料对水泥稳定碎石基层抗裂性能的影响研究

国内研究表明对于水泥稳定类砂砾材料，就收缩性能而言，存在着一个最佳水泥范围。一般认为水泥剂量超过6%时，会导致干缩和温缩系数大幅度增长。很多研究试验表明，当水泥剂量在3%～6%时，其收缩性能没有明显的差异。对于半刚性材料，应提倡综合稳定，用粉煤灰代替部分水泥，可以抑制材料体积的部分收缩。

重庆交通学院杨锡武、梁富权等认为，应综合考虑混合料的强度、施工操作性和经济性。粒料比例除影响混合料强度外，还影响其收缩特性，粒料比例过大则施工中易出现离析现象，粒料比例太低则容易产生收缩裂缝，因此确定水泥(石灰)粉煤灰混合料中粒料的最佳比例范围，对保证其强度和良好的抗收缩性是必要的。综合粒料比例对强度的影响以及实际使用中粒料的比例经验，水泥(石灰)粉煤灰混合料粒料最佳比例范围是70%左右。这个比例既保证混合料具有足够强度，又使混合料具有良好的抗收缩能力，减少收缩裂缝。

②级配对水泥稳定碎石基层抗裂性能的影响

对于水泥稳定粒料基层材料级配的研究，国内专家学者进行了大量的研究。在级配的研究方面，均认为骨架密实型级配结构能够有效地改善水泥稳定粒料半刚性基层的抗裂性能、抗冲刷性能，并且对集料骨架密实型级配的设计取得了一定的研究成果，在这些研究中，指导思想都是首先强调主集料(一般是粒径在4.75mm以上的粗集料)的骨架作用，其次是细集料(包含结合料)对骨架间空隙的完全填充作用。

长安大学戴经梁教授、蒋应军博士通过大量试验得出，骨架密实抗裂型水泥稳定碎石能显著减小半刚性基层的收缩量，抗裂系数可提高50%左右。在不增加公路建设成本条件下，获得较好的抗裂效果。

严卫兵通过对抗裂水稳施工质量控制的研究，并与传统水泥稳定碎石施工效果进行对比。结果表明，施工过程中对水泥剂量、含水率、压实度实施检测和监督，取得的施工效果良好，与传统水泥稳定碎石单幅裂缝总长度2250m相比，抗裂型单幅裂缝长度为350m，其中路段总长为1.5km。

在级配优化方面，全国多家科研单位提出了自己的推荐级配范围，如表14-1所示。

骨架密实型水泥稳定碎石基层推荐级配范围　　表14-1

| 筛孔尺寸(mm) | | 31.5 | 26.5 | 19 | 9.5 | 4.75 | 2.36 | 0.6 | 0.075 |
|---|---|---|---|---|---|---|---|---|---|
| 天津市政工程研究院 | 上限(%) | 100 | — | 80 | 58 | 40 | 28 | 15 | 3.5 |
| | 下限(%) | 95 | — | 68 | 44 | 27 | 18 | 8 | 0 |
| 江苏省交通科学研究院 | 上限(%) | 100 | 100 | 86 | 58 | 42 | 28 | 15 | 3 |
| | 下限(%) | 100 | 95 | 68 | 38 | 22 | 17 | 8 | 0 |
| 贵州高速公路集团有限公司 | 上限(%) | 100 | — | 86 | 58 | 35 | 28 | 15 | 5 |
| | 下限(%) | 100 | — | 68 | 38 | 25 | 16 | 8 | 0 |
| 河南省高管局推荐级配1 | 上限(%) | 100 | — | 89 | 57 | 39 | 27 | 15 | 3.5 |
| | 下限(%) | 100 | — | 76 | 47 | 29 | 12 | 8 | 0 |
| 河南省高管局推荐级配2 | 上限(%) | 100 | — | 85 | 59 | 40 | 27 | 16 | 5 |
| | 下限(%) | 100 | — | 75 | 47 | 29 | 17 | 8 | 0 |
| 河南省高管局推荐级配3 | 上限(%) | 100 | — | 89 | 67 | 49 | 35 | 22 | 7 |
| | 下限(%) | 100 | — | 72 | 47 | 29 | 17 | 8 | 0 |

2)水泥稳定碎石基层施工工艺现状

在水泥稳定碎石基层现场压实方法研究方面，国内还是参照了国外对路基和面层压实方法，规定半刚性基层施工中进行的碾压作业时，无机结合料稳定类结构层应用12t以上的压路机碾压，一般每层的压实厚度不应超过20cm。对于稳定中粒土和粗粒土，采用能量大的振动压路机时，每层的压实厚度根据试验确定，压实厚度超过上述规定时，应分层铺筑，每层的最小压实厚度为10cm。

由于受到国外的影响，国内大厚度半刚性基层一般分为上、下两层施工，施工工艺也呈现出多样性。例如：在现场分层摊铺方面，既有采用间断施工方法，即摊铺碾压成型第一层，养生成型板结后，再铺筑第二层；也有采用连续施工工艺，即在第一层摊铺碾压合格后，立即摊铺第二层，但第二种施工工艺难度大。

随着科学技术的迅速发展，国内一些高速公路建设者进行了大胆的尝试，如长安大学筑路机械研究所、陕西中大机械集团和云南路桥公司从2002年起进行了水泥稳定基层大厚度施工探索。在河南岭南高速公路一次成型碾压水泥稳定碎石基层达36cm，云南思小高速公路一次成型碾压水泥稳定碎石基层达34cm，初步效果比较理想，长期效果有待检验，总体来看，还没有形成系统研究，还需要进行深入研究。

3)大厚度水稳一次摊铺成型工艺应用情况

水稳层大厚度一次性摊铺碾压成形，基层将形成一个整体的板块结构，相对于两次分层摊铺来说,其抗拉伸、抗冲击强度可以显著提高,并可以有效地避免和推迟早期路面的下沉、凹陷、龟裂脱落、坑洞等病害的产生。对于提高公路路面质量、延长公路寿命有重大的意义。国内相关学者对大厚度水稳一次摊铺成型技术进行一定的研究,并在全国范围内进行了尝试性推广,部分工程取得了较好的实施效果。

符俊在曲嵩高速公路尝试推广了一次摊铺大厚度、大宽度水泥稳定碎石基层,总结实施经验,提出对于大厚度、大宽度水稳层质量控制的难点主要在于前场:一是摊铺平整度控制,二是碾压工艺控制对压路机的搭配,应选择大吨位振动压路机担任主要碾压任务,配合使用胶轮压路机,以克服大吨位压路机超振后集料离析,并配备小吨位压路机,配合碾压边缘部位。同时,经济性分析表明,与传统的两层摊铺方案比较,大厚度水稳一次摊铺成型具有较高的经济价值,根据笔者对两条高速公路的施工经验,施工直接成本可以节约6.89%,加上节约的管理费、其他费用摊销,施工总成本可减少7.84%。

刘伟结合星哈(星星峡—哈密)高速公路大厚度水稳实施案例,深入分析了大厚度全幅全厚一体化摊铺工艺在抑制水稳基层摊铺离析和裂缝、增强基层整体性方面的优势。同时,实施工程的检测结果证明采用大厚度水稳一体化摊铺工艺的水稳基层满足设计的各项要求。星哈高速公路项目设计水稳基层厚度为30cm,最大达32cm。

蒋忠研究表明,大厚度水泥稳定碎石半刚性基层一次性摊铺施工技术作为一项全新的施工技术,能够有效地加快施工进度,提高半刚性基层的层间连接质量,具有非常明显的技术优势。但如果施工过程管理不当,极易造成压实度不合格等质量问题。因此,对于大厚度水泥稳定碎石半刚性基层的施工,应该强化材料质量控制,并严格按照施工作业技术规程进行管理,以压实度以及平整度作为质量控制重点,提高半刚性基层材料的整体施工质量。

高剑以图珲高速公路T3-02标段30cm厚度水稳基层施工为例,阐述大厚度水稳摊铺施工平整度控制要点,要保证水稳施工达到预期的平整度,水稳混合料的摊铺工艺至关重要,缓慢、连续、均匀、不间断地摊铺是提高路面平整度最主要的措施。

张国云等在晋侯高速公路32cm水泥稳定碎石全宽全厚摊铺试验路中,采用灌砂法分层测试压实度。分上、下层对水泥稳定碎石的压实度进行研究,压实度检测结果存在较大的偏差,建议以整体检测为主,辅以分层检测法进行对比分析。

目前,大厚度水泥稳定碎石一体化摊铺成型技术在全国高速公路中的应用情况如表14-2所示。

**我国大厚度水稳一体化施工典型工程案例**　　表14-2

| 高速公路名称 | 省　份 | 基层结构 |
|---|---|---|
| 景鹰高速公路 | 江西 | 30cm水稳基层+30(或25)cm级配碎石 |
| 德昌高速公路 | 江西 | 31cm水稳基层+20cm级配碎石 |
| 武吉高速公路 | 江西 | 32cm水稳基层+20cm水稳底基层 |
| 晋侯高速公路 | 山西 | 32cm水稳基层+20cm综合稳定土 |
| 成仁高速公路 | 四川 | 36cm水泥基层+20cm低剂量水稳底基层 |
| 星哈高速公路 | 新疆 | 32(或30)cm水稳基层+28cm天然砂砾底基层 |
| 丽龙高速公路 | 浙江 | 30cm水稳基层+22cm水泥稳定碎石底基层 |

续上表

| 高速公路名称 | 省　份 | 基 层 结 构 |
|---|---|---|
| 淮息高速公路 | 河南 | 34cm 水稳基层 +16cm 水泥稳定碎石底基层 |
| 子靖高速公路 | 陕西 | 34cm 水稳基层 +20cm 水泥稳定土底基层 |
| 衡邵高速公路 | 湖南 | 30cm 水稳基层 |

从表 14-2 可知，基层采用一体化摊铺成型时，对于底基层采用级配碎石的高速公路，基层厚度在 30cm 左右，若底基层采用水泥稳定类材料时，基层厚度最厚达 36cm，波动范围在 30～36cm。

## 14.2　技术概要

### 14.2.1　技术简介

水泥稳定碎石基层一体化摊铺成型施工技术，即水泥稳定碎石基层不分上、下层，一次摊铺、一次碾压成型，即大厚度一次性摊铺碾压整体成型。这种施工方案对施工设备要求高，与上述两种施工方案相比，一般需配备大功率摊铺、碾压设备。该方案设备要求、施工方案、优缺点如表 14-3 所示。与传统施工工艺相比，可保证水泥稳定碎石基层的整体性（图 14-2）。

**大厚度水稳一次摊铺成型施工方案**　　表 14-3

| | |
|---|---|
| 设 备 要 求 | （1）摊铺机：采用大功率抗离析摊铺机一台半幅全宽摊铺；<br>（2）碾压设备：大功率（如 32t）单钢轮振动压路机一台，13～17t 双钢轮压路机一台，大吨位（如 37t）胶轮压路机一台 |
| 施工方案 | 水泥稳定碎石基层不分上、下层，一次摊铺、一次碾压成型 |
| 优点 | （1）基层易形成一个整体板块结构，提高结构层的强度、刚度、延长路面的使用寿命；<br>（2）可提高施工效率，节省施工周期，缩短工期；<br>（3）为施工单位减少设备、人员的配备，降低成本，增加经济效益；<br>（4）相对于两次分层摊铺来说，其抗冲击强度可以显著提高，并可有效地避免和推迟早期路面的下沉、凹陷、龟裂脱落、坑洞等病害的产生 |
| 缺点 | （1）大厚度碾压易因碾压不到位，造成结构层下部压实度不能得到保证，容易造成底部松散不成型；<br>（2）采用大功率振动碾压，结构层表面易形成松散、部分石子易压碎；<br>（3）采用大功率振动碾压，两侧高程往往会低于设计值，需补料后再碾压；<br>（4）平整度难于控制，尤其是弯道和反坡路段，大功率碾压后会形成部分拥包；<br>（5）对底基层压实度要求较高；<br>（6）为保证基层完整成型需适当提高水泥剂量 |
| 技术难点 | （1）摊铺离析控制；<br>（2）压实度控制，特别是基层底部压实度；<br>（3）平整度控制 |

图 14-2 一体化施工芯样整体性良好

### 14.2.2 不同水稳施工工艺对比

目前，国内高速公路水泥稳定碎石基层普遍采用分层摊铺施工工艺，另双层连铺施工工艺也有一定程度的应用，两种施工工艺特点如下。

1）分层摊铺、两次成型施工技术

分层摊铺、两次成型，也称为间断施工法，即将较厚较大的水泥稳定碎石基层分为上、下两层施工（一般单层最大摊铺厚度不超过 20cm），分别摊铺、碾压成型。具体工艺为：摊铺碾压成型第一层，养生 7 天后，通过取芯确认成型板结情况，再铺筑第二层，该种施工方案为目前水泥稳定碎石基层施工中最普遍的施工方案。该方案设备要求、施工方案、优缺点如表 14-4、图 14-3所示。

分层摊铺、两次成型施工方案　表 14-4

| | |
|---|---|
| 设备基本要求 | （1）摊铺设备：摊铺机可选用大功率抗离析型摊铺机单机半幅全宽作业摊铺或选用双机梯队作业摊铺，双机摊铺时必须配备两台同一机型的摊铺机，以保证厚度一致；<br>（2）碾压设备：20t 以上单钢轮振动压路机不少于 2 台，30t 以上的轮胎压路机不少于 2 台，12t 的双钢轮振动压路机不少于 1 台 |
| 施工方案 | 摊铺碾压成型第一层，养生 7 天后再铺筑第二层，两层摊铺，分层成型 |
| 优点 | （1）平整度易于控制；<br>（2）压实度和成型效果有保证；<br>（3）施工工艺成熟，施工组织难度较小 |
| 缺点 | （1）第二层摊铺至少需在第一层完成 7 天养护之后才能进行摊铺，两次养生延长了施工工期，增加了工程造价；<br>（2）层间黏结效果不佳，常常出现层间分离现象，路面结构整体性差；<br>（3）在第二层摊铺时，大吨位振动压路机和运输车辆的碾压可对尚未完全形成强度的第一层结构造成损伤，影响基层整体板结效果 |

2)双层连铺、一次成型施工技术

双层连铺、一次成型施工技术是在摊铺碾压成型第一层,检测压实度满足要求后,即立即摊铺碾压成型第二层,该段完成后再紧接着第一层接缝处摊铺第一层,如此循环,可概括为“双层连铺、分层碾压、一次成型”。具体施工过程中,待第一层摊铺完成后调转摊铺机从起点接缝处开始摊铺第二层;也可采用两台半幅全宽型摊铺机分别间隔摊铺第一层、第二层,分层碾压成型,这样避免摊铺机周转,两层摊铺间隔为 80 ~ 100m 为宜。该方案设备要求、施工方案、优缺点如表 14-5、图 14-4 所示。

**双层连铺、一次成型施工方案** 表 14-5

| 设 备 要 求 | 施工设备要求与“分层摊铺、两次成型施工方案”一致 |
|---|---|
| 施工方案 | 摊铺碾压成型第一层,检测压实度满足要求后,即立即摊铺碾压成型第二层,双层连铺、分层碾压、一次成型 |
| 优点 | (1)保证水稳上、下两层的黏结效果和整体性;<br>(2)减少施工工期,降低工程造价;<br>(3)平整度易于控制,压实度和成型效果有保证;<br>(4)施工工艺与常用方案相近 |
| 缺点 | (1)施工组织难度大,运料车进场、两层摊铺转场复杂,存在安全隐患;<br>(2)水稳上层施工需在下层水泥初凝时间之前完成 |

图 14-3 分层摊铺、两次成型水稳基层芯样层间黏结较差

图 14-4 双层连铺、一次成型芯样层间黏结良好

## 14.3 工 程 示 范

### 14.3.1 技术应用思路

大厚度水稳一次摊铺成型技术在盘兴高速公路的应用思路如图 14-5 所示。基于国内外大厚度水稳成功应用典型工程案例的调研及盘兴高速公路路面结构,借助力学分析技术手段,以弯沉值指标为评价标准,采用 HPDS 软件,计算分析盘兴高速公路现有路面结构条件引进大厚度水稳一次摊铺成型技术的可行性,通过配合比设计方法的研究,对混合料级配进行优化,

保证水稳基层一次摊铺成型的可压实性的同时，提高整体抗裂效果，并通过试验段的实施，验证其施工效果，进而在全线进行推广应用。

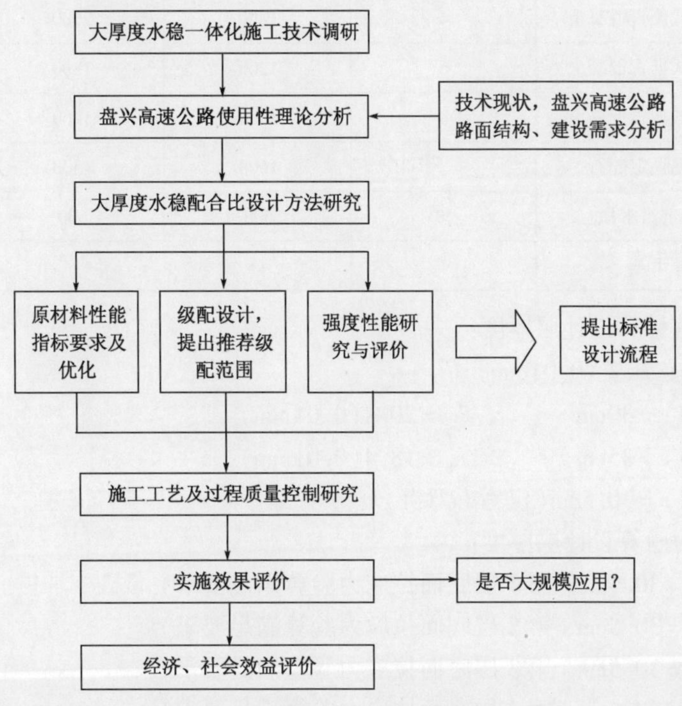


图 14-5　盘兴高速公路大厚度水稳应用思路

### 14.3.2　适用性

盘兴高速公路路面基层结构为“20cm 低剂量水泥稳定碎石底基层 + 32cm 水泥稳定碎石基层”，如图 14-6 所示。根据国内大厚度水稳一次摊铺成型成功应用经验，对于底基层采用低剂量水稳的，水泥稳定碎石基层厚度在 36cm 以下均可采用一体化摊铺成型技术进行施工，因此盘兴高速公路基于路面结构设计方案，水泥稳定碎石基层采用一体化摊铺成型技术进行施工。

| 32cm水泥稳定碎石 |
| --- |
| 20cm低剂量水泥稳定碎石 |

图 14-6　盘兴高速公路路面结构

(1)根据盘兴高速公路设计文件中的路面结构形式，采用 HPDS 软件对其路面承载力进行计算验证。

①新建路面结构厚度计算(表 14-6)

公路等级：　高速公路

新建路面的层数：　5

标准轴载：　BZZ-100

路面设计弯沉值：　20.2（0.01mm）

路面设计层层位：　4

设计层最小厚度：　15（cm）

**路面结构厚度计算**　　表 14-6

| 层位 | 结构层材料名称 | 厚度(cm) | 抗压模量(MPa) | 抗压模量(MPa) | 容许应力(MPa) |
|---|---|---|---|---|---|
| 1 | 细粒式沥青混凝土 | 4 | 1400 | 2000 | 0.37 |
| 2 | 中粒式沥青混凝土 | 6 | 1200 | 1800 | 0.26 |
| 3 | 粗粒式沥青混凝土 | 8 | 1000 | 1200 | 0.21 |
| 4 | 水泥稳定碎石 | ? | 1500 | 1500 | 0.22 |
| 5 | 低剂量水稳 | 20 | 600 | 600 | 0.13 |
| 6 | 土基 | | 45 | | |

按设计弯沉值计算设计层厚度：

$L_D$ = 20.2 (0.01mm)

$H(4)$ = 30cm　　$L_S$ = 20.4(0.01mm)

$H(4)$ = 35cm　　$L_S$ = 18.4(0.01mm)

$H(4)$ = 30.5cm(仅考虑弯沉)

按容许拉应力验算设计层厚度：

$H(4)$ = 30.5cm (第 1 层底面拉应力验算满足要求)

$H(4)$ = 30.5cm (第 2 层底面拉应力验算满足要求)

$H(4)$ = 30.5cm (第 3 层底面拉应力验算满足要求)

$H(4)$ = 30.5cm (第 4 层底面拉应力验算满足要求)

$H(4)$ = 30.5cm (第 5 层底面拉应力验算满足要求)

路面设计层厚度：

$H(4)$ = 30.5cm(仅考虑弯沉)

$H(4)$ = 30.5cm(同时考虑弯沉和拉应力)

②验算路面防冻厚度

路面最小防冻厚度:50cm

验算结果表明,路面总厚度满足防冻要求。

根据设计文件,盘兴高速路面结构设计水稳层厚度为 32cm,大于理论计算结果 30.5cm,说明该路面结构满足承载力要求。

(2)相同设计弯沉条件下,若底基层采用级配碎石,则水泥稳定碎石基层最小厚度要求为：

①新建路面结构厚度计算(表 14-7)

公路等级：　高速公路

新建路面的层数：　5

标准轴载：　BZZ-100

路面设计弯沉值：　20.2 (0.01mm)

路面设计层层位：　4

设计层最小厚度：　15 (cm)

路面结构厚度计算　　表 14-7

| 层位 | 结构层材料名称 | 厚度(cm) | 抗压模量(MPa) | 抗压模量(MPa) | 容许应力(MPa) |
|---|---|---|---|---|---|
| 1 | 细粒式沥青混凝土 | 4 | 1400 | 2000 | 0.37 |
| 2 | 中粒式沥青混凝土 | 6 | 1200 | 1800 | 0.26 |
| 3 | 粗粒式沥青混凝土 | 8 | 1000 | 1200 | 0.21 |
| 4 | 水泥稳定碎石 | ? | 1500 | 1500 | 0.22 |
| 5 | 级配碎石 | 20 | 220 | 220 | |
| 6 | 土基 | | 45 | | |

按设计弯沉值计算设计层厚度：

$L_D = 20.2$ (0.01mm)

$H(4) = 35$cm　　$L_S = 20.8$ (0.01mm)

$H(4) = 40$cm　　$L_S = 18.8$ (0.01mm)

$H(4) = 36.5$cm(仅考虑弯沉)

按容许拉应力验算设计层厚度：

$H(4) = 36.5$cm(第 1 层底面拉应力验算满足要求)

$H(4) = 36.5$cm(第 2 层底面拉应力验算满足要求)

$H(4) = 36.5$cm(第 3 层底面拉应力验算满足要求)

$H(4) = 36.5$cm(第 4 层底面拉应力验算满足要求)

$H(4) = 36.5$cm(第 5 层底面拉应力验算满足要求)

路面设计层厚度：

$H(4) = 36.5$cm(仅考虑弯沉)

$H(4) = 36.5$cm(同时考虑弯沉和拉应力)

②验算路面防冻厚度

路面最小防冻厚度:50cm

验算结果表明,路面总厚度满足防冻要求。

根据计算结果,若采用级配碎石作为底基层,满足设计弯沉要求,则水泥稳定碎石基层厚度至少为 36.5cm,难以采用大厚度水泥稳定碎石一体化摊铺技术施工。

盘兴高速公路底基层采用低剂量水泥稳定碎石,与传统级配碎石底基层相比,底基层的强度、刚度均得到有效提升,减少了压路机碾压功在底基层的消耗,有效提高了大厚度基层一体化施工的碾压效果。

因此盘兴高速公路设计的路面结构底基层采用低剂量水稳,在保证了路面承载力满足要求的前提下,减小水稳基层厚度到 32cm,又减少了压路机压实功在底基层的消耗,为大厚度水稳一体化摊铺创造了良好的应用条件。

### 14.3.3　配合比设计方法

根据已有的工程经验,大厚度水泥稳定碎石基层一次摊铺厚度一般都达到 30cm 以上,其混合料的可压实性直接影响大厚度水稳基层压实效果,特别是基层底部的密实性。同时混合料的级配组成,直接影响水稳基层施工完成后的骨架结构,进而影响水稳基层的抗裂效果,且级配组成的合理性也有利于对大厚度水稳施工过程中离析进行有效控制。已有的研究表明,水泥稳定碎石混合料水泥掺量对水稳层的抗裂效果具有重要影响。同时,对于骨架密实型水泥稳定碎石,4.75mm 关键筛孔通过率对于骨架结构的形成及整体密实性具有重要影响,因此合理的配合比设计结果使大厚度水泥稳定碎石基层具有较好的施工可压实性、离析及抗裂性能。

1)配合比设计

(1)原材料检测

依据相关规范及设计文件要求,对盘兴高速公路水泥、集料性能进行检测,检测结果如表 14-8 ~ 表 14-12 所示。盘兴高速公路水泥稳定碎石基层集料由 K51 自建料场供应,分为 0 ~ 5mm机制砂和 5 ~ 10mm、10 ~ 20mm、20 ~ 31.5mm 碎石四档,水泥为 P 档、5m,水泥、集料各项性能指标均满足相关规范及设计文件要求(图 14-7)。

**P.O.42.5 水泥性能要求及检测结果** 表 14-8

| 序号 | 检 测 指 标 | | 单 位 | 检测结果 | 技术要求 |
|---|---|---|---|---|---|
| 1 | 密度 | | $g/cm^3$ | 3.05 | 实测结果 |
| 2 | 比表面积 | | $cm^2/g$ | 3620 | ≥3000 |
| 3 | 标准稠度用水量 | | % | 26.8 | 实测结果 |
| 4 | 凝结时间 | 初凝 | min | 335 | ≥180 |
| 5 | | 终凝 | min | 407 | ≥360,≤600 |
| 6 | 安定性 | | — | 1.0 | ≤5.0 |
| 7 | 抗折强度 | 3d | MPa | 5.6 | ≥3.5 |
| 8 | | 28d | MPa | 8.6 | ≥6.5 |
| 9 | 抗压强度 | 3d | MPa | 29.2 | ≥17 |
| 10 | | 28d | MPa | 50.4 | ≥42.5 |

**细集料(0 ~ 5mm)性能要求及检测结果** 表 14-9

| 序号 | 检 测 指 标 | 单 位 | 检测结果 | 技术要求 |
|---|---|---|---|---|
| 1 | 表观相对密度 | — | 2.675 | ≥2.50 |
| 2 | 砂当量 | % | 68 | ≥60 |
| 3 | 水洗法 <0.075mm 的颗粒含量 | % | 7.6 | — |
| 4 | 塑性指数 $I_p$ | — | 3.6 | ≤12 |
| 5 | 吸水率 | % | 1.2 | <12 |

**粗集料(5 ~ 10mm)性能要求及检测结果** 表 14-10

| 序号 | 检 测 指 标 | 单 位 | 检测结果 | 技术要求 |
|---|---|---|---|---|
| 1 | 表观相对密度 | — | 2.718 | ≥2.60 |
| 2 | 针片状含量(小于 9.5mm 颗粒) | % | 3.2 | ≤18 |
| 3 | 水洗法 <0.075mm 的颗粒含量 | % | 0.6 | ≤1 |
| 4 | 坚固性 | % | 3.6 | ≤12 |
| 5 | 吸水率 | % | 0.4 | ≤2.0 |

粗集料(10～20mm)性能要求及检测结果 表14-11

| 序号 | 检 测 指 标 | 单 位 | 检测结果 | 技术要求 |
| --- | --- | --- | --- | --- |
| 1 | 表观相对密度 | — | 2.727 | ≥2.60 |
| 2 | 针片状含量(>9.5mm 颗粒) | % | 2.2 | ≤18 |
| 3 | 水洗法<0.075mm 的颗粒含量 | % | 0.3 | ≤1 |
| 4 | 坚固性 | % | 2.8 | ≤12 |
| 5 | 吸水率 | % | 0.3 | ≤2.0 |
| 6 | 压碎值 | % | 14.8 | ≤26 |

粗集料(20～30mm)性能要求及检测结果 表14-12

| 序号 | 检 测 指 标 | 单 位 | 检测结果 | 技术要求 |
| --- | --- | --- | --- | --- |
| 1 | 表观相对密度 | — | 2.738 | ≥2.60 |
| 2 | 针片状含量(>9.5mm 颗粒) | % | 2.6 | ≤18 |
| 3 | 水洗法<0.075mm 的颗粒含量 | % | 0.1 | ≤1 |
| 4 | 坚固性 | % | 3.6 | ≤12 |
| 5 | 吸水率 | % | 0.1 | ≤2.0 |

a)0～5mm机制砂

b)5～10mm碎石

c)10～20mm碎石

d)20～31.5mm碎石

图14-7 盘兴高速公路基层用集料

(2)成型方法选择

水泥稳定碎石类混合料最佳含水率和最大干密度是水泥稳定类路面基层材料重要参数,是进行材料性能研究和施工质量控制的基础。对于最佳含水率、最大干密度测试方法,目前国内采用的主要成型方法有重型击实法和振动击实法,考虑盘兴高速公路工地试验室条件的制约,采用重型击实法进行最佳含水率和最大干密度试验,采用静压法进行设计混合料的无侧限抗压强度试验。

(3)级配设计

考虑不同级配对水稳混合料性能的影响,盘兴高速公路设计了粗、中、细三种不同的级配。粗级配参照《江苏省高速公路抗裂型水泥稳定碎石基层施工指导意见》中抗裂级配范围,级配设计结果如表 14-13 和图 14-8 所示。

**水泥稳定碎石粗级配设计结果(%)** 表 14-13

| 筛孔尺寸(mm) | 31.5 | 19 | 9.5 | 4.75 | 2.36 | 0.6 | 0.075 |
|---|---|---|---|---|---|---|---|
| 粗级配 | 100 | 80.0 | 56.6 | 31.2 | 19.8 | 9.6 | 2.8 |
| 中级配 | 100 | 82.3 | 53.7 | 36.0 | 25.9 | 11.3 | 3.4 |
| 细级配 | 100 | 81.8 | 55.6 | 40.1 | 25.8 | 12.3 | 3.4 |
| 上限 | 100 | 86 | 62 | 42 | 30 | 15 | 3.5 |
| 下限 | 100 | 68 | 44 | 27 | 10 | 8 | 0 |

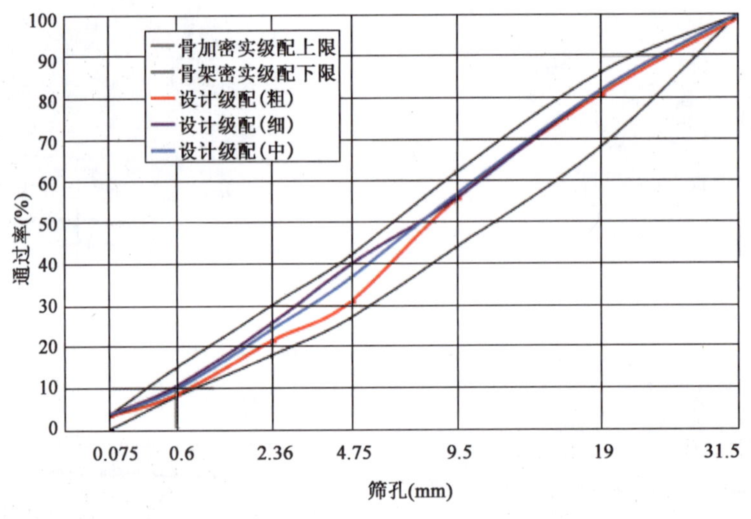


图 14-8 三种水泥稳定碎石级配对比

(4)水泥剂量的选择

水泥稳定碎石基层中水泥掺量对基层的施工质量有重要影响,水泥掺量过低,则强度不能满足要求,对路面的承载力不利;水泥掺量过高,成本较高,同时易导致收缩开裂,形成路面的反射裂缝,不利于路面的耐久性。因此对于水稳基层混合料的配合比设计,一般选择强度满足要求时的最低水泥剂量。

①细级配

根据已有的工程经验，对于细级配水稳混合料初步拟定5种水泥用量，水泥剂量分别为3.0%、3.5%、4.0%、4.5%、5.0%，配制不同水泥剂量的混合料，通过重型击实法确定每组配比最佳含水率、最大干密度，以此为依据采用静压成型法成型无侧限抗压强度试件，以各配比7d无侧限抗压强度为主要依据，确定水泥稳定碎石最佳配合比，细级配混合料击实试验及7d无侧限抗压强度试验结果如表14-14和图14-9所示。

**细级配水泥稳定碎石各配比试验结果** 表14-14

| 水泥剂量（%） | 最佳含水率（%） | 最大干密度（g/cm³） | 强度设计值（MPa） | 强度平均值（MPa） | 强度标准差 | 变异系数（%） | 强度代表值（MPa） |
|---|---|---|---|---|---|---|---|
| 3.0 | 4.0 | 2.346 | 4.5 | 4.5 | 0.3 | 6.1 | 4.0 |
| 3.5 | 4.4 | 2.354 | 4.5 | 5.7 | 0.4 | 5.7 | 5.2 |
| 4.0 | 4.6 | 2.361 | 4.5 | 6.9 | 0.4 | 6.4 | 6.2 |
| 4.5 | 4.7 | 2.372 | 4.5 | 7.8 | 0.5 | 6.1 | 7.0 |
| 5.0 | 4.9 | 2.385 | 4.5 | 8.9 | 0.4 | 4.3 | 8.3 |

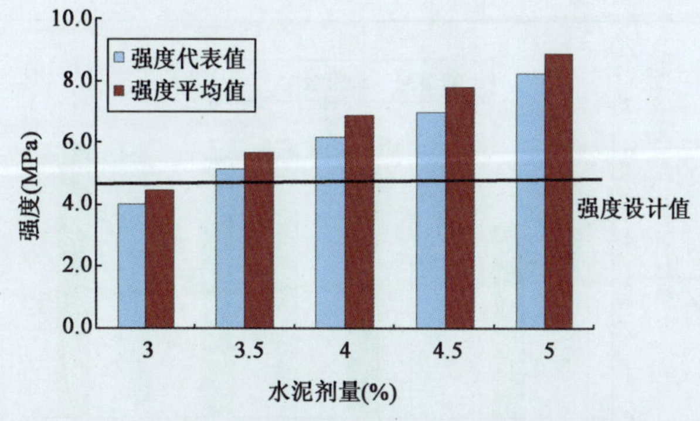


图14-9 不同水泥剂量细级配混合料7d强度试验结果

根据《公路路面基层施工技术细则》(JTG/T F20—2015)要求，室内试验强度代表值应不小于强度设计值要求，根据室内各配比试验结果，当水泥剂量大于等于3.5%时，强度试验结果满足规范和设计要求。在强度满足规范及设计要求的条件下，应尽可能选择低水泥剂量配比，避免后期水泥稳定碎石的收缩开裂，同时可以节约建设成本。因此综合考虑，细级配水泥稳定碎石水泥掺量选择3.5%，最大干密度为2.354g/cm³，最佳含水率为4.4%。

②粗、中级配

参照细级配配合比设计过程，对粗、中级配进行水泥用量选择，并依据击实试验干密度、含水率试验结果成型无侧限抗压强度试件，试验结果如表14-15所示。

**粗、中级配水泥稳定碎石混合料配比试验结果** 表14-15

| 级配 | 水泥剂量（%） | 最佳含水率（%） | 最大干密度（g/cm³） | 强度设计值（MPa） | 强度平均值（MPa） | 强度标准差 | 变异系数（%） | 强度代表值（MPa） |
|---|---|---|---|---|---|---|---|---|
| 粗级配 | 3.5 | 4.4 | 2.331 | 4.5 | 5.4 | 0.3 | 5.8 | 4.9 |
| 中级配 | 3.5 | 4.6 | 2.357 | 4.5 | 5.6 | 0.5 | 6.2 | 5.0 |

由试验结果可知，强度代表值大于强度设计值，满足“实施细则”及设计文件要求，因此粗级配配比设计结果为：水泥剂量为3.5%，含水率为4.4%，干密度为2.331g/cm³；中级配配合比设计结果为：水泥剂量为3.5%，含水率为4.6%，干密度为2.357g/cm³。

2）混合料强度发展规律

水稳基层的强度一方面来自水泥的胶结作用，另一方面来自集料之间的嵌挤、压实效果。通过对不同龄期水泥稳定碎石混合料强度发展规律的研究，有助于了解混合料强度形成过程，为水泥稳定碎石基层养生时间的选择提供依据。

细、中、粗三种级配不同龄期强度（3d、7d、14d、28d）试验结果如表14-16所示，强度发展规律如图14-10所示。

不同养护龄期三种级配混合料强度（MPa） 表14-16

| 级配 | 龄期 | | | |
|---|---|---|---|---|
| | 3d | 7d | 14d | 28d |
| 细级配 | 4.4 | 5.7 | 6.0 | 6.3 |
| 粗级配 | 4.1 | 5.4 | 5.8 | 6.1 |
| 中级配 | 4.4 | 5.6 | 5.9 | 6.2 |

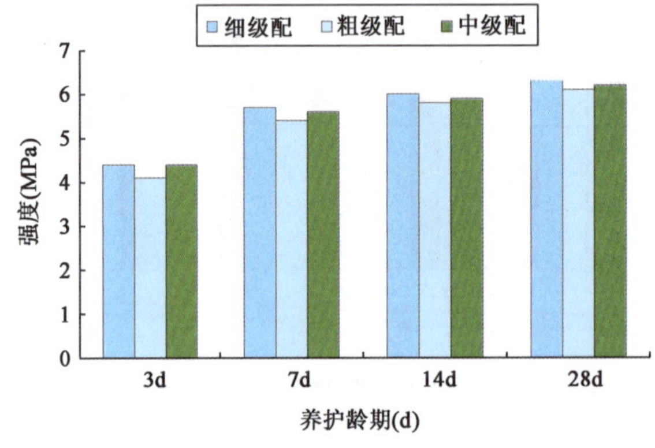


图14-10 细、中、粗三种级配水稳混合料强度发展规律

从表14-16及图14-10强度测试结果看，细级配水稳集料在各龄期强度均高于粗级配混合料，主要是因为细级配混合料在静压条件下易形成更为密实的结构。从不同龄期水稳混合料无侧限抗压强度试验结果看，水稳混合料3d强度未达到设计要求，三种级配均在7d龄期时达到设计强度要求。且随着养护龄期的进一步延长，强度提高不明显，从试验数据看，粗、细、中三种级配7d强度分别达到28d强度的88.5%、90.5%和90.3%。但此为室内理想养护条件下的强度试验结果，现场养生由于温度、湿度等条件不足，强度形成相对较慢，因此为了防止过早开放交通造成的水稳基层破坏，建议大厚度水稳养生龄期为7~10d。

3）原材料指标优化及标准设计方法

（1）集料性能指标优化

①粗集料

大厚度水泥稳定碎石基层施工时碾压遍数比传统分层施工相对较多，同时，有时为提高水稳基层的密实效果,采用大吨位碾压设备,粗集料压碎值低、针片状含量高将导致集料在施工过程中发生破碎,对基层施工的整体性造成不利影响,同时集料破碎部位,易形成应力集中,诱发基层破坏。因此采用大厚度一体化摊铺成型时,必须对粗集料压碎值、针片状含量指标要求提出更高的要求。

参照《公路路面基层施工技术细则》(JTG/T F20—2015)的要求,对于重载交通高速公路水泥稳定碎石基层压碎值、针片状指标要求分别为≤26%、≤22%,对于特重交通相应指标要求为≤22%、≤18%,盘兴高速公路属于重载交通,考虑采用大厚度一体化摊铺成型技术,建议将压碎值、针片状指标要求提高到≤22%、≤18%。

②细集料

细集料0.075mm通过率对混合料的干缩性能具有重要影响,细集料0.075mm通过率过高,将导致混合料0.075mm通过率偏高,诱发干缩开裂,因此必须控制细集料0.075mm通过率及其黏土杂质含量,建议0.075mm通过率不大于15%,同时采用砂当量指标对细集料的清洁度进行控制,建议砂当量不小于65%。细集料采用0~5mm不利于同时对4.75mm和2.36mm两个关键筛孔通过率的控制,建议细集料按0~3mm、3~5mm两种规格进行备料。

③贵州省集料性能统计

为验证上述指标要求在贵州省的适用性,调研了贵州省主要地区的集料性能进行抽检统计,统计结果如表14-17所示。

**贵州省各地区集料试验结果**　　表14-17

| 试验项目 | | 都匀 | 兴义 | 安顺 | 凯里 | 铜仁 |
|---|---|---|---|---|---|---|
| 粗集料 | 针片状颗粒含量(%) | 20.2 | 13.6 | 12.4 | 19.0 | 14.5 |
| | 压碎值(%) | 17.3 | 15.7 | 16.9 | 16.2 | **18.2** |
| 细集料 | 0.075mm通过率(%) | 13.4 | 14.5 | **17.3** | **15.6** | 13.6 |
| | 砂当量(%) | **66** | 63 | **68** | 61 | **67** |

从表14-17中数据可以看出,上述提出指标部分区域原材料指标不能满足,但压碎值指标贵州省各地区均能满足。存在不满足情况的指标主要是针片状、细集料砂当量及0.075mm通过率,但该三个指标均属于集料的生产特性,即可通过生产工艺的调整而使相应指标达标,因此上述提出的指标优化较为合理。

(2)推荐级配范围

根据室内试验结果,为同时保证大厚度水泥稳定碎石基层的骨架密实效果和施工过程中的可压实性,推荐级配范围如表14-18所示。混合料需严格控制4.75mm关键筛孔通过率,其通过率宜在32%~38%,0.075mm以下颗粒含量应尽量控制在3.5%以下。

**大厚度水稳推荐级配范围**　　表14-18

| 级配 | 通过下列筛孔(mm)的质量百分率(%) | | | | | | |
|---|---|---|---|---|---|---|---|
| | 31.5 | 19 | 9.5 | 4.75 | 2.36 | 0.6 | 0.075 |
| 范围 | 100 | 68~86 | 38~58 | 32~38 | 16~28 | 8~15 | 0~3.5 |

(3)大厚度水稳配合比设计标准流程

基于本章研究成果,对大厚度配合比设计标准流程进行总结归纳,如图14-11所示。

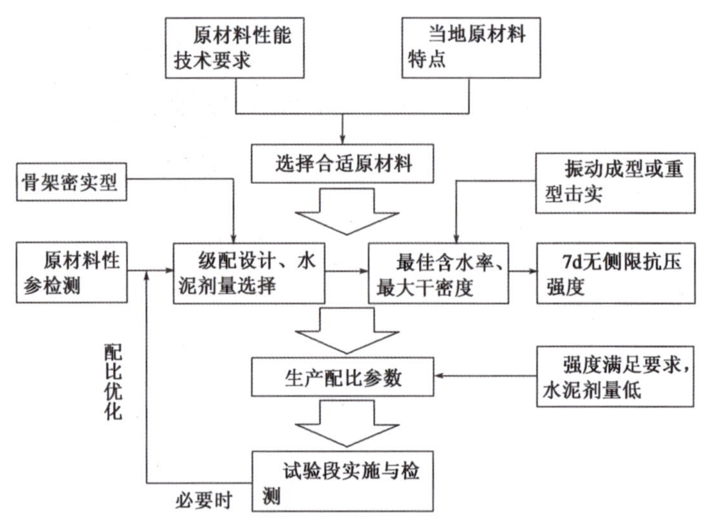


图 14-11　大厚度水稳配合比设计标准流程

### 14.3.4　现场试验段施工及实施效果

根据全国已有的工程经验，大厚度水稳一体化施工过程中的主要难点在于对混合料离析、压实度、平整度三方面的控制。为探究盘兴高速公路大厚度水泥稳定碎石基层一体化摊铺成型技术合理施工工艺，验证不同级配、不同 4.75mm 关键筛孔通过率混合料的现场实施效果，在 K51 +600 ~ K52 +200(左幅)共计实施了 600m 细级配试验段，在 K59 +505 ~ K59 +890(右幅)实施了 385m 粗级配试验段，在 K60 +000 ~ K61 +000(右幅)实施了 1000m 中级配试验段。

1)施工面准备

(1)底基层验收

水泥稳定碎石基层施工前，对底基层进行验收。底基层检测指标主要包括压实度、纵断高程、厚度、宽度、横坡、平整度、弯沉值及取芯等，验收合格后进行大厚度水泥稳定碎石基层施工。如图 14-12 ~ 图 14-14 所示。

图 14-12　底基层压实度检测

图 14-13　底基层平整度检测

图 14-14　底基层取芯

(2)底基层清扫

水泥稳定碎石基层施工前,需将底基层的松散颗粒及尘土清扫干净,并进行洒水,保证底基层湿润,以控制底基层顶部不发白为宜。如图 14-15 所示。

图 14-15　底基层清扫

(3)材料准备

施工前对所用原材料性能进行检测,确保满足设计及规范要求,同时施工所需原材料应准备充足,保证现场连续不间断施工。一般要求拌和场的备料能满足 3 ~ 5d 的摊铺用料,确保现场施工的连续性。拌和场集料应采取正确的堆料方式进行储备,避免原材料离析导致大厚度水泥稳定碎石混合料级配波动。推荐粗集料应进行分层堆积,每层厚度不应超过 1m,可采取水平式或斜坡式两种堆放方式。当采用斜坡式堆放时,坡度不应大于 3 : 1,推荐细集料采取分垛堆放的方式进行储备。

(4)机械准备

施工前对使用的机械设备及拌和站进行调试,保证各施工机械正常工作,试验段施工机械配置如表 14-19 所示。各机械示意如图 14-16 ~ 图 14-20 所示。

试验段施工机械配置　　表 14-19

| 序号 | 设 备 名 称 | 型号规格 | 国别产地 | 制造年份 | 额定功率（kW） | 生产能力 | 数量（台） |
|---|---|---|---|---|---|---|---|
| 1 | 水泥稳定碎石料拌和设备 | WCB-600 | 中国、泉州 | 2012 | 182 | 600t/h | 1 |
| 2 | 水泥稳定碎石摊铺机 | SP1850 | 北京 | 2015 | 285 | 1500t/h | 1 |
| 3 | 装载机 | ZL50 | — | 2011 | 154.5 | $3m^3$ | 4 |
| 4 | 双钢轮压路机 | CC624 | — | 2013 | — | 17t | 1 |
| 5 | 钢轮压路机 | SANY | 长沙 | 2011 | — | 26t | 1 |
| 6 | 钢轮压路机 | YZ32 | 西安 | 2013 | 220 | 32t | 1 |
| 7 | 轮胎压路机 | CLG626R | 柳州 | 2013 | 128 | 26t | 1 |
| 8 | 自卸汽车 | — | — | 2011 | — | 40t | 10 |
| 9 | 洒水车 | 东风 | — | — | — | — | 1 |

图 14-16　摊铺机

图 14-17　双钢轮压路机

图 14-18　单钢轮压路机

图 14-19　胶轮压路机

图 14-20　洒水车

(5)试验仪器准备

试验施工前,现场检测仪器配备齐全,并对相关仪器进行标定,确保及时、准确地对现场施工质量进行检测。

2)施工关键工艺研究

(1)混合料拌和

水泥稳定碎石混合料拌和的均匀性、稳定性是大厚度水泥稳定碎石基层一体化摊铺成型施工质量的前提保证。

①上料过程

拌和站上料方式的不合理性易导致集料的离析,对混合料级配稳定性产生不利影响,通过以下措施进行控制:

a.装载机在料堆的全高度和各个方位上进行采掘,以免由于料堆塌落而引起离析,如图 14-21 所示。

b.装载机手避免从料堆的底部取料,此处大都是粗料,而且含水率较大。

c.当发现粗细料离析时,装载机手将粗细料就地翻动重新混合后再装料,避免一斗粗料一斗细料地向冷料仓装料。

d.装载机手在向冷料仓装料时应仔细对准料仓,防止发生混装,为减少各档砂石料混装现象,在各冷料仓之间加装挡板,如图 14-22 所示。

图 14-21　铲料

图 14-22　上料

e. 装载机手及时向各料仓加料，使其保持相对的满仓状态。

②拌和过程控制

拌和过程是集料、水、水泥有效混合的过程，该过程的有效、合理控制，有利于保障混合料质量的稳定性，具体做法如下：

a. 设定好计流量后，单放某种材料，固定放料时间，确认实际取样量是否和电子秤读数相同，并确认配料比例的正确性。

b. 根据分仓校核结果配送料，取皮带上混合料进行筛分，校核集料配合比。

c. 通过试拌确定最佳拌和时间，保证混合料的均匀性（图 14-23）。

③混合料含水率控制

水泥稳定碎石含水率对混合料的可压实性具有较大影响。含水率过小，难以碾压密实，影响混合料的强度，且容易产生松散、起皮、裂纹等质量缺陷；含水率过大，碾压时容易产生“弹簧”现象，混合料压不实，同时，混合料大量蒸发散失水分，容易产生严重的干缩裂缝。试验段实施过程中对混合料含水率进行严格控制，保证现场碾压施工是在最佳含水率下进行，具体控制措施为：

a. 水泥稳定碎石混合料拌和时，含水率略大于最佳含水率，一般控制大于 1% ~2%，使混合料运到现场摊铺后碾压时的含水率不小于最佳含水率（控制不大于最佳含水率的 1% 为宜）。

b. 施工中根据施工现场的气候、气温、运距等环境因素综合考虑。

c. 每天拌和前对各档进行含水率测定，及时调整拌和时用水量。

（2）混合料运输

在料仓放料过程中采取前、后、中三次上料，保证车斗中心线与出料口对正并水平，形成厢内至少 3 ~5 个小料堆，减小放料过程中的离析（图 14-24、图 14-25）。

图 14-23　水泥稳定碎石拌和站

图 14-24　混合料装车

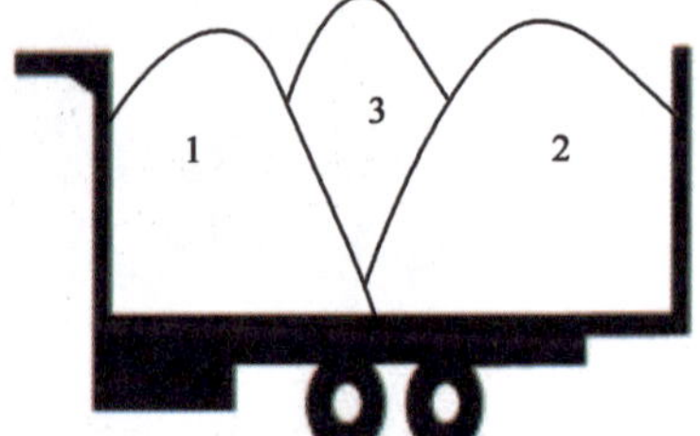


图 14-25　正确堆料方式

(3)混合料摊铺

由于一次摊铺较厚,摊铺离析是大厚度水稳一体化摊铺施工的控制难点,试验段摊铺过程中从以下几个方面进行控制:

①采用大功率抗离析摊铺机

试验段采用天顺长城SP1850型摊铺机,搅龙前挡板配备柔性挡料装置(图14-26),可避免大料滚落造成的高度方向离析。

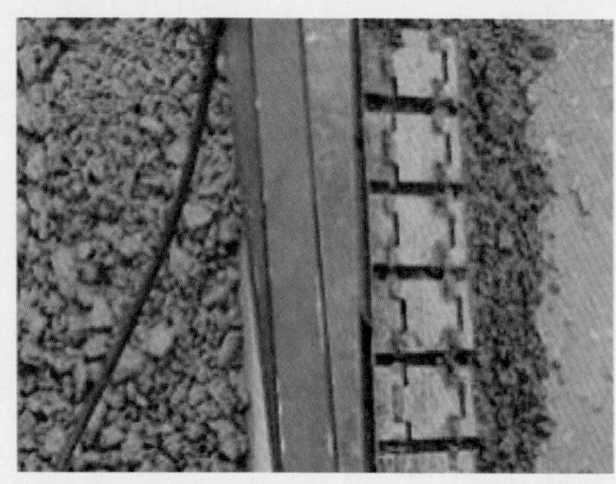

图14-26　搅龙前挡板柔性挡料装置

②摊铺厚度控制

试验段施工过程中通过高程控制,严格控制基层一次摊铺厚度,确保松铺厚度为43.2cm(松铺系数1.35),避免一次摊铺过厚,对压实产生不利影响。试验段施工过程中采用"基准钢丝法"对高程进行控制,在摊铺施工中,采用左右两侧挂线施工放样,根据基层摊铺厚度及摊铺机传感器位置确定钢丝绳高程。

③摊铺工艺控制

a.混合料输送到熨平板全宽度上,料位高度均匀一致,避免混合料离析。

b.摊铺速度控制在1.2m/min,确保低速、均匀、连续摊铺,摊铺机的混合料高度没过螺旋叶片,且全长一致,螺旋布料器在全部工作时间内低速、匀速转动,避免高速、停顿和启动,以防止混合料离析。

c.摊铺过程中随时注意观察混合料的离析情况,在连接处以及容易离析处设专人和三轮车备料,随时消除粗细集料离析现象。对于粗集料"窝"和粗集料"带",添加细集料,并拌和均匀;对于细集料"窝",应添加粗集料,并拌和均匀。将严重离析部位挖除后,用符合要求的混合料填补。试验段摊铺过程如图14-27所示。

(4)混合料碾压

试验段实施过程中前后共尝试了三种碾压工艺。细、粗、中三种级配试验段施工过程实际采用的碾压组合方案如表14-20所示。

①初压

三种碾压工艺初压均采用CC624型双钢轮全液压自行式振动压路机进行碾压:

a.由低到高进行碾压,左右边部各留30cm不碾压(防止溜肩现象)。

**试验段各段落实施实际采用的碾压组合** 表 14-20

| 序号 | 桩　　号 | 碾压工艺组合 |
| --- | --- | --- |
| 1 | K51 +600 ~ K51 +800,左幅 | 碾压组合 1:双钢轮初压 +26t 单钢轮振动碾压 1 遍 +32t 单钢轮振动碾压 2 遍(胶轮紧跟碾压 2 遍) + 双钢轮终压 |
| 2 | K51 +800 ~ K52 +000,左幅 | 碾压组合 2:双钢轮初压 +32t 单钢轮振动碾压 3 遍(后两遍胶轮紧跟碾压 2 遍) + 双钢轮终压 |
| 3 | K52 +000 ~ K52 +200,左幅 | 碾压组合 3:双钢轮初压 +26t 单钢轮振动碾压 4 遍(后两遍胶轮紧跟碾压 2 遍) + 双钢轮终压 |
| 4 | K59 +820 ~ K59 +890,右幅 | 碾压组合 3:双钢轮初压 +26t 单钢轮振动碾压 4 遍(后两遍胶轮紧跟碾压 2 遍) + 双钢轮终压 |
| 5 | K59 +760 ~ K59 +820,右幅 | 碾压组合 2:双钢轮初压 +32t 单钢轮振动碾压 3 遍(后两遍胶轮紧跟碾压 2 遍) + 双钢轮终压 |
| 6 | K59 +700 ~ K59 +760,右幅 | 碾压组合 1:双钢轮初压 +26t 单钢轮振动碾压 2 遍 +32t 单钢轮振动碾压 2 遍(胶轮紧跟碾压 2 遍) + 双钢轮终压 |
| 7 | K59 +505 ~ K59 +700,右幅 | 碾压组合 3:双钢轮初压 +26t 单钢轮振动碾压 4 遍(后两遍胶轮紧跟碾压 2 遍) + 双钢轮终压 |
| 8 | K60 +000 ~ K60 +500 右幅 | 碾压组合 3:双钢轮初压 +26t 单钢轮振动碾压 4 遍(后两遍胶轮紧跟碾压 2 遍) + 双钢轮终压 |

图 14-27　试验段摊铺过程

b. 压路机以 2.5m/min 的速度碾压,前进、后退均静压,每轮重叠 30cm,如图 14-28 所示。

c. 停机接头形成 45°梯形碾压一遍(图 14-29),使刚摊铺好的混合料经预压呈稳定状态。

②复压

根据图 14-30 试验段采用三种不同碾压组合进行复压,每段第二遍复压完成后,每复压一遍,进行压实度检测,直至压实度满足规范及设计要求为止(图 14-30 ~ 图 14-32)。

图 14-28　双钢轮初压

图 14-29　停机接头处 45°碾压

图 14-30　单钢轮复压

图 14-31　现场压实度检测

图 14-32　胶轮紧跟揉搓碾压

③终压

轮胎压路机紧跟收平后，采用 CC624 双钢轮进行终压直至表面无轮迹（图 14-33）。

图 14-33　终压

④碾压原则

a. 压实遵循先轻后重、先慢后快、先静后振、由低到高的原则，以达到平整、密实的效果，碾压中必须保证压路机行驶平稳、匀速无冲击现象，一般碾压段不能小于 50m。

b. 每遍碾压与上道碾压轮迹重叠 1/3，做到均匀压实无漏压，压实后表面应平整，无轮迹和隆起。

c. 严禁压路机及运输车辆在已完成或正碾压的路段上掉头和紧急制动。

（5）养生及交通管制

试验段采用节水养生薄膜封水保湿养生方式，并封闭交通，避免交叉施工机械对强度尚未形成的基层产生破坏，具体控制措施如下：

①水泥稳定碎石基层每一段施工完成且压实度检查合格后，立即设专人采用水车进行洒水湿润（图 14-34）。

图 14-34　洒水养生

②采用高分子节水保湿养生膜进行覆盖养生(图 14-35),并用沙袋固定,养生时间视天气情况而定,最少养生 7d。

③养生期间需封闭交通,在两头设置警示牌,禁止任何车辆通行。

图 14-35　覆盖节水保湿养生膜养生

3)施工质量控制效果

(1)级配稳定性控制效果

大厚度水泥稳定碎石基层施工过程中随机抽检混合料进行筛分,如图 14-36 所示,从筛分结果看,混合料级配控制总体较好,各筛孔通过率均在控制范围内。

(2)离析控制效果

试验段碾压成型后,水泥稳定碎石基层上表面颗粒均匀,基本无粗集料“窝”“带”现象;养生后,芯样垂直剖面粗细集料分布均匀,无粗细集料离析现象,粗级配铺面效果如图 14-37 所示,细级配试验段同一断面芯样如图 14-38 所示,可看出粗细集料分布均匀,无离析现象。

(3)压实度控制效果

①细级配试验段压实度控制效果

细级配试验段压实度检测结果如表 14-21 所示,各碾压工艺整体压实度均能满足规范要求。

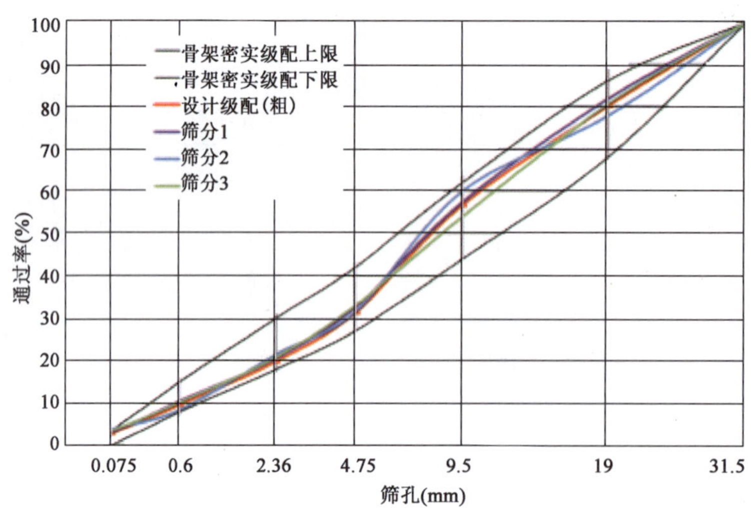


图 14-36　粗级配混合料级配抽检结果

图 14-37　粗级配碾压成型后铺面效果

图 14-38　细级配试验段芯样

**细级配试验段压实度检测结果**　　表 14-21

| 施 工 段 落 | 碾 压 方 式 | 压实度(%) | 是否合格 |
|---|---|---|---|
| K51 +600 ~ K51 +800 | 碾压组合 1:双钢轮初压 +26t 单钢轮振动碾压 1 遍 +32t 单钢轮振动碾压 2 遍(胶轮紧跟碾压 2 遍) + 双钢轮终压 | 99.5 | 是 |
| K51 +800 ~ K52 +000 | 碾压组合 2:双钢轮初压 +32t 单钢轮振动碾压 3 遍(后两遍胶轮紧跟碾压 2 遍) + 双钢轮终压 | 99.4 | 是 |
| K52 +000 ~ K52 +200 | 碾压组合 3:双钢轮初压 +26t 单钢轮振动碾压 4 遍(后两遍胶轮紧跟碾压 2 遍) + 双钢轮终压 | 99.5 | 是 |

②粗级配试验段压实度控制效果

粗级配试验段压实度检测结果如表 14-22 所示,压实度满足规范要求。

粗级配试验段压实检测结果　　表 14-22

| 施工段落 | 碾压方式 | 压实度(%) | 是否合格 |
|---|---|---|---|
| K59+820 ~ K59+890 | 碾压组合3:双钢轮初压+26t单钢轮振动碾压4遍(后两遍胶轮紧跟碾压2遍)+双钢轮终压 | 101.1 | 是 |
| K59+700 ~ K59+760 | 碾压组合1:双钢轮初压+26t单钢轮振动碾压2遍+32t单钢轮振动碾压2遍(胶轮紧跟碾压2遍)+双钢轮终压 | 103.5 | 是 |

③中级配实施效果

中级配试验段压实度检测结果如表14-23所示,压实度满足规范要求。

中级配试验段整体压实检测结果　　表 14-23

| 桩号 | 碾压方式 | 压实度(%) | 是否合格 |
|---|---|---|---|
| K60+050 | 碾压组合3:双钢轮初压+26t单钢轮振动碾压4遍(后两遍胶轮紧跟碾压2遍)+双钢轮终压 | 98.3 | 是 |
| K60+535 | | 99.0 | 是 |
| K60+880 | | 99.8 | 是 |
| K64+300 | | 101 | 是 |
| K64+900 | | 99.2 | 是 |
| K65+000 | | 99.7 | 是 |

(4)平整度控制效果

大厚度水稳施工过程中平整度控制是一大施工难题,本技术通过对碾压工艺的改善进行平整度控制。在保证压实功足够的条件下,尽可能使用吨位相对较低的单钢轮进行碾压,采用"低吨位,频碾压"的方式,避免一次碾压变形过大。施工过程中经胶轮碾压收平后及时采用3m直尺进行平整度检测(图14-39),对于平整度不满足要求路段,及时进行加压处理。

图 14-39　采用3m直尺进行平整度检测

①细级配平整度控制效果

细级配试验段平整度检测结果如表14-24 ~ 表14-26所示,检测结果均能满足规范要求。

**ZK51+600~ZK51+800平整度检测结果(碾压工艺1)** 表14-24

| 桩号 | 位置(m) | 平整度平均值(mm) | 平整度规定值(mm) |
|---|---|---|---|
| K51+600~K51+700 | 2.7 | 3.5 | 8 |
| K51+700~K51+800 | 5.6 | 4.1 | 8 |
| K51+800~K51+900 | 4.2 | 3.1 | 8 |
| K51+900~K52+000 | 6.4 | 3.6 | 8 |
| K52+000~K52+100 | 3.3 | 4.7 | 8 |
| K52+100~K52+200 | 3.3 | 4.8 | 8 |

**ZK51+800~ZK52+000平整度检测结果(碾压工艺2)** 表14-25

| 桩号 | 位置(m) | 平整度平均值(mm) | 平整度规定值(mm) |
|---|---|---|---|
| K51+800~K51+900 | 4.2 | 3.1 | 8 |
| K51+900~K52+000 | 6.4 | 3.6 | 8 |

**ZK52+000~ZK52+200平整度检测结果(碾压工艺3)** 表14-26

| 桩号 | 位置(m) | 平整度平均值(mm) | 平整度规定值(mm) |
|---|---|---|---|
| K52+000~K52+100 | 3.3 | 4.7 | 8 |
| K52+100~K52+200 | 3.3 | 4.8 | 8 |

②粗级配平整度控制效果

级配试验段平整度检测结果如表14-27所示,除K59+840~K59+870有一尺检测不合格外,其余检测结果均满足要求,现场平整度控制良好。

**粗级配试验段平整度检测结果** 表14-27

| 桩号 | 碾压工艺组合 | 最大值(mm) | 平均值(mm) | 不合格尺数 | 合格率(%) |
|---|---|---|---|---|---|
| K59+840~K59+870 | 碾压工艺3 | 10.2 | 4.5 | 1 | 90 |
| K59+770~K59+800 | 碾压工艺2 | 6.2 | 3.4 | 0 | 100 |
| K59+700~K59+730 | 碾压工艺1 | 5.2 | 2.6 | 0 | 100 |
| K59+560~K59+590 | 碾压工艺3 | 6.8 | 3.6 | 0 | 100 |

③中级配平整度控制效果

中级配试验段平整度检测结果如表14-28所示,检测结果均满足要求,现场平整度控制良好。

**中级配试验段平整度检测结果** 表14-28

| 桩号 | 碾压工艺组合 | 最大值(mm) | 平均值(mm) | 不合格尺数 | 合格率(%) |
|---|---|---|---|---|---|
| K60+000~K60+030 | 碾压工艺3 | 7.2 | 4.2 | 0 | 100 |
| K60+030~K60+060 | 碾压工艺3 | 5.4 | 3.6 | 0 | 100 |
| K60+070~K60+100 | 碾压工艺3 | 6.8 | 2.9 | 0 | 100 |
| K60+120~K60+150 | 碾压工艺3 | 7.6 | 3.8 | 0 | 100 |
| K60+150~K60+180 | 碾压工艺3 | 5.5 | 2.6 | 0 | 100 |
| K60+510~K60+540 | 碾压工艺3 | 6.7 | 4.4 | 0 | 100 |
| K60+540~K60+570 | 碾压工艺3 | 6.3 | 4.9 | 0 | 100 |
| K60+570~K60+600 | 碾压工艺3 | 5.9 | 4.1 | 0 | 100 |

(5)芯样密实性控制效果

①细级配芯样密实效果

细级配试验段养生7d后三种碾压方式芯样均能取出完整芯样，且芯样表面均无明显破损，粗细集料分布均匀，无离析现象，芯样底部密实性较好，但骨架嵌挤效果不足。细级配水稳芯样如图14-40所示。

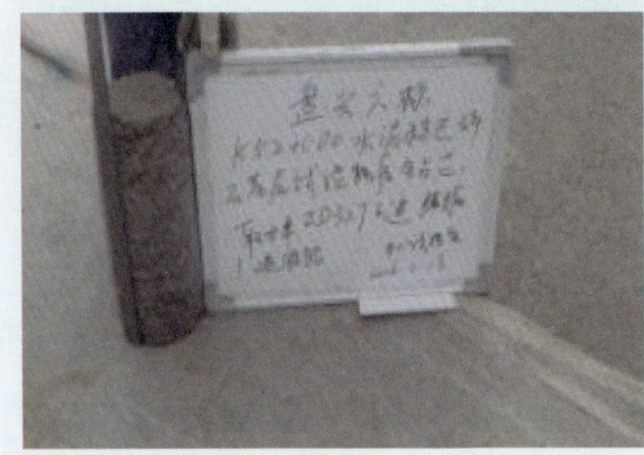

图14-40　细级配水稳芯样

②粗级配芯样密实效果

粗级配试验段实施过程中，养生7d后进行取芯检测从现场取芯效果来看，可取出完整芯样，且芯样粗、细集料分布总体较为均匀，呈骨架密实结构，但芯样下部密实性弱于上部(图14-41～图14-43)。

图14-41　K59+520芯样

图14-42　K59+780芯样

图14-43　K59+780芯样特写

③中级配试验段芯样

中级配养生 7d 后进行现场取芯，从现场取芯效果来看，养生 7d 后，可取出完整芯样，芯样粗、细集料分布较为均匀，呈骨架密实结构，相比于粗级配，芯样底部密实性相比于粗级配明显提高，无明显孔隙(图 14-44 ~ 图 14-46)。

图 14-44　K60 + 500 芯样

图 14-45　K60 + 300 芯样

图 14-46　K63 + 700 芯样

综合细、中、粗三种级配大厚度水泥稳定碎石基层现场实施效果，采用常规碾压设备可保证现场压实度满足规范要求。但从现场芯样的骨架密实情况及芯样底部的密实性分析，中级配混合料的综合实施效果最佳，因此前文提出的建议 4.75mm 关键筛孔通过率控制在 32% ~ 38%，既可获得骨架密实结构，又可保证混合料的底部密实性。为同时控制平整度、压实度，该技术宜按照“常规吨位、多次碾压”的工艺进行施工；推荐施工工艺组合为“双钢轮初压 + 26t 单钢轮振动碾压 4 遍(后两遍胶轮紧跟碾压 2 遍) + 双钢轮终压”。

### 14.3.5　效益分析

1)经济效益分析

大厚度水泥稳定碎石一体化摊铺技术与传统分层施工工艺相比，减少了机械设备、人员以及养生工作等重复工序的费用，同时缩短了施工工期，节约了时间成本，具有一定的经济性优势。依据盘兴高速公路基层一体化摊铺试验段实施相关施工成本参数,与传统分层施工工艺的水泥稳定碎石基层建设成本进行对比分析,各项成本参数及差异对比如表 14-29 所示。

**一体化施工与传统双层施工对比表**　　表 14-29

| 对比项目 | 大厚度一体化摊铺技术 | 传统双层施工技术 |
|---|---|---|
| 配合比 | 配合比一致 | |
| 原材料成本 | 基层原材料均一致,无成本差异 | |
| 拌和运输成本 | 拌和及运输过程一致,无特殊要求,成本无差异 | |
| 摊铺成本 | 天顺长城 SP1850 摊铺机<br>租金为 16 万元/月<br>每个台班施工 300m(全厚度) | 设备租金不变<br>租金为 16 万元/月<br>每个台班施工 400m(单层) |
| 碾压成本 | 三一 26t 压路机 2 台、双钢轮压路机及轮胎压路机各 1 台<br>租金 38000 元/月、34000 元/月、24000 元/月<br>每个台班施工 300m(全厚度) | 三一 26t 压路机 2 台、双钢轮压路机及轮胎压路机各 1 台<br>租金 38000 元/月、34000 元/月、24000 元/月<br>每个台班施工 400m(单层) |
| | 试验段大厚度水泥稳定碎石一体化摊铺碾压工艺为“双钢轮静压 1 遍→26t 单钢轮振动碾压 4 遍→胶轮压路机收平一遍→双钢轮清光一遍”,传统双层摊铺碾压工艺组合一般为“30t 静压 1 遍→30t 振动 1 遍→50t 振动 3 ~ 4 遍→30t 清光”。两种工艺碾压遍数相差不大,碾压工艺组合及设备差异造成的燃料成本差异可忽略不计 | |
| 养生成本 | 一体化施工只需养生一次,传统双层施工需养生两次,以盘兴全线计算,全幅大厚度一体化施工较双层施工约节约 100 万元 | |
| 施工工期 | 以盘兴高速公路全线计算,在理想状态下(不间断施工)能节约底基层、基层施工时间约 60d | |

从上表可以看出,大厚度水泥稳定碎石一体化摊铺技术施工成本差异主要体现在摊铺成本、碾压成本及养生成本三个方面。

(1)摊铺成本

以盘兴高速公路大厚度水稳施工里程 86km 为例进行计算,假设平均一天有一个台班施工,不考虑养生时间对分层摊铺施工的影响。

则一体化摊铺工艺摊铺设备租赁成本为:

$$(86000 \div 300) \times 1/30 \times 16 = 152.8(\text{万元})$$

分层摊铺工艺摊铺设备租赁成本为:

$$(86000 \times 2 \div 400) \times 1/30 \times 16 = 229.3(\text{万元})$$

与分层摊铺工艺相比,大厚度水稳一次摊铺成型工艺摊铺设备租赁成本节约 76.5 万元。

(2)碾压成本

以盘兴高速公路大厚度水稳施工里程 86km 为例进行计算,假设平均一天有一个台班施工,不考虑养生时间对分层摊铺施工的影响。

则一体化摊铺工艺碾压成本为:

$$(86000 \div 300) \times 1/30 \times (3.8 \times 2 + 3.4 + 2.4) = 128(\text{万元})$$

分层摊铺工艺碾压成本为：

$$(86000 \times 2 \div 400) \times 1/30 \times (3.8 \times 2 + 3.4 + 2.4) = 192.1(\text{万元})$$

与分层摊铺工艺相比，一体化摊铺工艺碾压设备租赁成本节约 64.1 万元。

(3)养生成本

一体化摊铺施工工艺与分层摊铺施工工艺相比，一体化摊铺工艺只需养生一次，传统分层摊铺工艺需养生两次，以盘兴高速公路全线计算，全幅大厚度一体化施工较双层施工节约保湿膜等养生成本约 100 万元。

(4)时间成本

一体化摊铺成型施工工艺可以明显缩短基层施工时间，以盘兴高速公路全线计算，在理想状态下(不间断施工)能节约基层施工时间约 60 天。若考虑基层工期缩短以及对整条高速公路施工进度的贡献，大厚度一体化施工技术经济性较好。

综上，以盘兴高速公路全线 86km 大厚度水稳为例，摊铺、碾压设备租赁成本比分层摊铺工艺节约 140.6 万元，节约养生成本 100 万元，经济性较好。

2)社会效益分析

与传统分层施工工艺相比，采用大厚度水稳一次摊铺成型技术，可减少摊铺、碾压、养生一套施工工序，节约大量燃料，减少了由于重复施工造成的环境污染，节能减排效果显著。同时与传统分层施工相比减少一次养生，有效节约了大量水资源。

同时，采用大厚度水稳一次摊铺成型技术可有效提高水稳基层的板体性、整体性，减少基层开裂的风险，提高路面使用寿命，减少养护频率。节约社会成本的同时，降低了路面养护对交通造成的干扰，社会效益显著。

## 14.4 应用前景

目前贵州主要采用分层摊铺、两次成型的工艺进行水泥稳定碎石基层的施工，该工艺无法保证上、下基层之间的有效黏结效果，同时水稳基层施工周期长，严重制约了高速公路建设进度。且分层摊铺需要进行两次养护，设备、人员、能源投入巨大，施工成本较高，传统的施工工艺已不能满足绿色公路建设需求。而大厚度水稳一次摊铺成型技术可有效解决目前贵州高速公路水稳基层分层摊铺施工工期长、能耗、建设成本高等难题，缩短施工工期、降低能耗的同时提高了路面施工质量。

随着科学技术的进步，现有的摊铺机、压路机，已能较好地解决大厚度水稳施工过程中存在的压实度、平整度、离析难以控制的技术难题，且可路面结构(低剂量水稳底基层)、配合比优化设计进一步提高大厚度水稳的可压实性。

综上，采用该技术可有效节约燃料等不可再生能源，减少施工过程中的温室气体排放，节约水资源，较为契合目前我国正在努力追求的绿色公路建设主题，在贵州高速公路建设过程中具有较好的推广应用前景。

# 第15章　粗填料高路堤工后沉降碾压-强夯控制技术

## 15.1　技术背景

随着山区高速公路建设的迅速发展,填石或土石等粗填料很多直接来源于公路施工中隧道或路堑开挖产生的块石。这种路堤填料颗粒粒度变化大,压实质量也难以控制,加上工期一般较紧,导致路堤无足够时间工后沉降。在运营过程中,由于粗填料高路堤自重大,在车辆等动荷载作用下,填石体产生挤密、破碎和颗粒重新排列等变形,往往存在较大的工后沉降。粗填料高路堤工后沉降和差异沉降是影响公路路面质量、路基稳定、使用寿命等的重要因素,并直接影响行车的安全和舒适性,可能造成因后期运营维护导致大量人力物力资源的浪费。绿色公路的建设必须解决粗填料高路堤的工后沉降问题。因此粗填料高路堤的压实及工后沉降的控制技术,已成为西部山区绿色高速公路修筑过程中亟待解决的关键问题之一。

贵州盘兴高路公路建设时,全线大多采用隧道及路堑开挖弃方填筑路基。路基填料多为粒径45~120cm的土石或石质弃方,路基填筑高度高达20~30m,为典型的粗填料高路堤。新实施的《公路路堤设计规范》对路堤压实度的要求又有所提高,下路堤、上路堤压实度分别从原来的90%和93%提高到93%和94%。对于粗填料高路堤而言,传统的压实质量控制技术难以满足填筑质量的控制要求,粗填料高路堤的工后沉降及不均匀沉降往往较大,因此迫切需要采取有效的工后沉降控制技术,用以确保粗填料高路堤的填筑施工质量。

盘兴高速公路粗填料高路堤在前期的填筑过程中,面临如下几个问题:

(1)传统常规的分层碾压压实方法难以保证粗填料高路堤分层及整体压实质量。

(2)粗填料高路堤分层填筑时缺乏有效、可靠的压实质量控制指标、标准及方法。

(3)粗填料高路堤若采用逐层强夯加固施工方法,虽然能够有效地保证施工质量,但带来了巨大进度和经济损失。

(4)粗填料高路堤分层填筑的控制粒径、最大摊铺厚度等填筑施工参数难以确定。

鉴于盘兴高速公路粗填料高路堤填筑过程中面临的上述难题,在确保粗填料高路堤填筑压实质量及施工进度的前提下,提出了大吨位分层振动碾压-强夯加固技术,用以控制粗填料高路堤的填筑质量。

## 15.2　技术概要

### 15.2.1　技术原理

粗填料高路堤工后沉降碾压-强夯加固控制技术:分层填筑利用大吨位压路机进行振动碾

压,待填筑至一定层厚时进行强夯补强加固。在高路堤填筑过程中,按照碾压-强夯加固控制技术施工参数,依次交替开展大吨位振动碾压、强夯加固施工技术,直至粗填料高路堤填筑至设计高程。

### 15.2.2 技术指标

采用碾压-强夯加固技术对粗填料高路堤的工后沉降进行控制,其主要性能指标如下:

(1)粗填料路基碾压过程中填料密度的测量。

(2)粗填料高路堤分层填筑振动碾压压实质量评价体系。

(3)粗填料高路堤分层填筑控制粒径、最大摊铺厚度等分层填筑施工参数。

(4)粗填料高路堤强夯加固夯击次数、夯点间距、夯点距路基边坡最小安全距离等强夯加固施工参数。

(5)粗填料高路堤强夯加固前分层填筑的最大累计厚度。

### 15.2.3 技术特性

采用碾压-强夯加固技术控制粗填料高路堤的工后沉降行,同目前同类技术相比较具有如下特性:

(1)提出了现场路基粗填料密度的测量方法,与常规灌水法、灌沙法相比,该密度测量方法可靠、便捷,无须破坏路基的原有结构,并进一步提出了适用于粗填料路基压实质量控制的压实质量评价体系,涉及压实质量评价指标、评价标准、评价方法。

(2)大吨位振动压路机碾压施工,克服了常规压路机压实质量差、压实功能不足的缺点,可以大幅提高粗填料的控制粒径、分层摊铺厚度。

(3)分层填筑振动碾压至一定累计厚度时进行强夯补强加固,在保证路基整体填筑质量的同时,避免了逐层强夯加固施工带来的工程进度、经济效益的巨大损失。

### 15.2.4 技术效益

贵州山区在修建高速公路时,路基填料大多为隧道及路堑开挖弃方块石。在利用碾压-强夯加固技术控制粗填料高路堤工后沉降的前提下,可以直接利用这些弃方石块进行填筑高路堤,避免了块石弃方随意堆放对当地生态环境造成的破坏。此外,利用碾压-强夯加固技术控制粗填料高路堤工后沉降,可以大大减小大粒径块石破碎解石的工作量,可以提高分层摊铺厚度,并结合强夯加固补强,在保证填筑质量的同时,可以加快粗填料高路堤的填筑施工进度,带来的巨大的经济和进度效益,对促进绿色公路建设具有重大意义。

## 15.3 工程示范

### 15.3.1 技术方案

贵州盘兴高速公路工程全线填石或土石混填高路堤在填筑过程中采用了碾压-强夯加固技术进行工后沉降控制,确保了粗填料高路堤的填筑质量。

盘兴高速公路工程建设初期，在第三合同段、第四合同段开展了现场试验，获得了该技术的相关参数，并指导了盘兴高速公路工程全线粗填料高路堤的填筑施工作业。技术方案如图15-1所示。

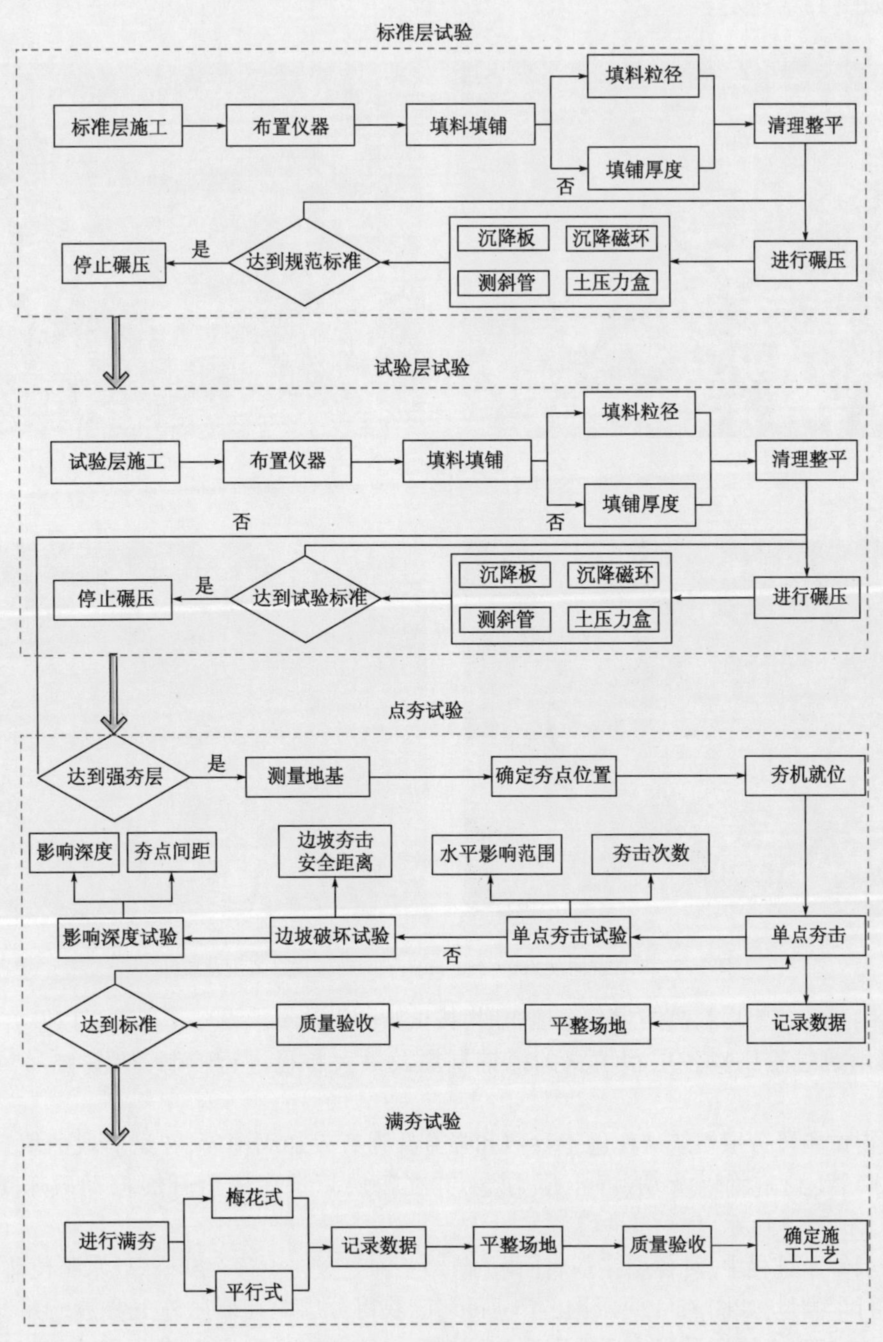


图15-1　技术方案

### 15.3.2 工程示范

盘兴高速公路第三合同段粗填料高路堤路基填料为大粒径灰岩块石，块石最大粒径接近1000mm，如图 15-2 所示。盘兴高速公路第四合同段粗填料高路堤路基填料为红砂岩土石混填碎石，如图 15-3 所示。

图 15-2 第三合同段 K52 + 600 ~ K52 + 700 灰岩碎石填料

图 15-3 第四合同段 K80 + 280 ~ K80 + 380 红砂岩土石混填填料

盘兴高速公路粗填料高路堤分层填筑时，按试验的设计要求设置了标准层以及各试验层，在试验段填筑过程中对各层粗填料的摊铺层厚及最大粒径进行控制，如图 15-4 ~ 图 15-7 所示。

为获得试验段分层填筑碾压施工参数和强夯补强有效加固深度，在试验段的填筑过程中埋设了沉降管、测斜管以及动、静土压力盒，并在每层填筑完成后开展振动碾压试验。如图 15-8 ~ 图 15-11 所示。

在分层碾压过程中，对各层路基表面沉降、路基深处竖向位移、路基深处水平位移、层底静土压力进行了测量，如图 15-12 ~ 图 15-15 所示，已获得分层振动碾压施工参数。并设计了密度箱试验，通过建立碾压过程中填料密度与层底静土压力的关系曲线，获得粗填料路基现场填料密度的测量方法，如图 15-16 所示。

图15-4　粒径控制

图15-5　卸料摊铺

图15-6　粒径控制

图15-7　摊铺整平

图15-8　测斜管埋设

图15-9　沉降管及沉降磁环埋设

图 15-10 动、静土压力盒埋设

图 15-11 碾压施工

图 15-12 摊铺层层面表面沉降测量

图 15-13 沉降管沉降磁环测量

图 15-14 测斜管测量

图 15-15 动、静土压力测量

按试验设计填筑填筑完各试验层后，开展了强夯加固单点夯击试验、强夯加固路基边坡试验、强夯加固有效影响深度试验，以获得强夯加固的单点夯击击数、夯点间距、夯击点距离路基边坡的最小安全距离以及强夯加固有效加固深度等参数，如图 15-17 ~ 图 15-19 所示。

图 15-16　密度箱试验

图 15-17　单点夯击试验

图 15-18　边坡破坏试验

图 15-19　影响深度试验

### 15.3.3　主要结论

按上述技术方案，开展技术参数试验段研究，获得了如下主要结论及成果，指导了盘兴高速公路全线粗填料高路堤的填筑施工：

1）粗填料高路堤路基用填料密度测量方法

目前，公路路基施工过程中常常采用压实度作为路基压实质量的控制指标。但是粗填料路基在碾压完成后，传统的环刀法、灌砂法及灌水法难以用于现场实测获得碾压后路基填料密度用以反映碾压压实的效果。本项技术提出一种采用密度箱装置测量填石路基碾压过程中填料密度的方法（已获国家实用新型专利：201521019843.2），采用该方法并通过现场碾压密度箱试验研究，得到的碾压遍数与路基用填料的密度之间的关系曲线以及路基用填料的密度与静土压力值之间的关系曲线图，为确定碾压施工参数提供了理论依据，使得在后续的施工过程中只需要在被测量的位置提前埋设好土压力盒，通过压力盒的读数，即可得到该位置处的密度，操作方便，实用性强。

2）粗填料高路堤压实质量控制指标及方法

目前公路路基施工规范中常以压实度作为压实质量的控制指标，并以碾压最后两遍沉降均值 <5mm 时停止碾压作为压实质量的控制方法。但是对于粗填料高路堤，由于难以进行室内试验确定粗填料的最大干密度，导致无法直接使用压实度作为压实质量控制指标。此外，以最后两遍碾压沉降均值 <5mm 时停止碾压作为压实质量的控制方法，并考虑填筑摊铺厚度的影响。粗填料高路堤分层填筑的摊铺厚度较大，当提高摊铺厚度时，碾压一定遍数后，路基表面沉降值虽能达到停压标准，但此时路堤深处并没有达到良好的压实效果。因此，本项技术针对粗填料高路堤压实质量的控制方法，开展了一系列的试验研究和理论分析。

密度箱试验结果和理论分析表明：粗填料高路堤在逐渐压实的过程中，表面沉降率和层底静土压力能够有效、可靠的表征粗填料的密实程度与传统的压实度有着较好的相关性，因此对于粗填料高路堤压实质量的控制，可以选择以达到停压标准时的表面沉降率和层底静土压力作为压实质量控制的双重控制指标。

针对粗填料高路堤压实质量的控制方法，提出了“标准层”的概念及利用标准层进行粗填料高路堤压实质量控制的方法。标准层按现有路基施工规范中路基填料摊铺时控制粒径和摊铺厚度之间关系（$d_{max} \leqslant 2/3H$）的要求设置。即标准层控制摊铺厚度80cm、控制粒径50cm或控制摊铺厚度100cm、控制粒径65cm，并按如下过程及图15-20进行粗填料高路堤的压实质量控制。

（1）以分层碾压完成后的表面沉降率及层底静土压力作为粗填料高路堤碾压压实质量的双重控制指标。

（2）在碾压试验段首先填筑标准层，标准层填筑厚度根据规范要求的其与填料粒径的关系进行控制，并按规范进行碾压压实后，获得标准层碾压压实后的表面沉降率及层底静土压力值。

（3）在标准层之上依次增大摊铺厚度填筑其他试验层，将各试验层碾压完成后的检测指标值与标准层的检测指标值进行对比，通过判断不同摊铺厚度层碾压后压实质量的达标情况，确定最大摊铺厚度。

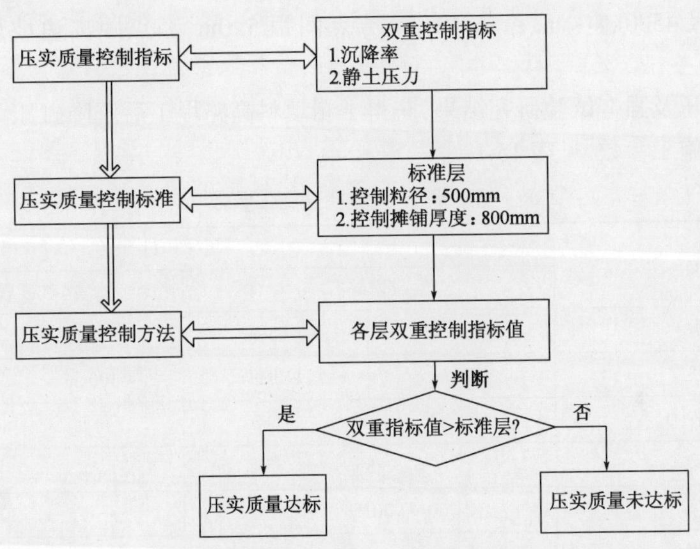


图15-20　粗填料路基压实质量控制体系

3）粗填料高路堤工后沉降碾压-强夯加固控制技术施工工艺

（1）当采用大吨位强激振力振动压路机进行粗填料路基的碾压压实施工时，施工参数尚未明确，并且现场关于分层填筑最大摊铺厚度为80cm的要求偏为保守，难以适应公路路基填筑快速化施工的要求。在满足质量控制的要求下，通过试验研究确定了粗填料高路堤分层填筑的最大摊铺厚度及相应的施工参数：

①填石高路堤激振力60t下碾压压实的有效影响深度在1.0～1.1m，确定该激振力下填石路基分层填筑的摊铺厚度应控制在1.0～1.1m。

②土石混填高路堤激振力80t下碾压压实的有效影响深度在1.0～1.2m，确定该激振力下土石混填路基分层填筑的摊铺厚度应控制在1.0～1.2m。

③填石路堤分层摊铺碾压施工参数：控制摊铺厚度1000～1100mm、激振力60t、振动碾压8遍。

④土石混填路堤分层摊铺碾压施工参数：控制摊铺厚度1000～1100mm、激振力80t、振动

碾压8遍。

(2)粗填料高路堤工后沉降控制强夯补强施工时强夯加固参数及夯前分层填筑最大累积厚度均尚未明确,通过开展相关研究,获得了强夯加固前的累积填筑厚度及强夯加固施工参数如下:

①填石高路堤在夯击能级3000kN·m下强夯加固的有效加固深度为4.3~4.5m,表明夯击能级3000kN·m下填石路堤强夯补强施工前分层填筑累积厚度应控制在4.3~4.5m。

②土石混填高路堤在夯击能级4500kN·m下强夯加固的有效加固深度为4.8~5.0m,表明夯击能级4500kN·m下,土石混填路堤强夯补强施工前分层填筑累积厚度应控制在4.8~5.0m。

③填石路堤强夯加固施工参数:分层填筑累积层厚达到4.3~4.5m后,进行强夯加固施工,夯击能级3000kN·m、夯击8击、夯点间距4.5m、夯点距离边坡最小安全距离为2.5m。

④土石混填路堤强夯加固施工参数:分层填筑累积层厚达到4.8~5.0m后,进行强夯加固施工,夯击能级4500kN·m、夯击12击、夯点间距5.0m、夯点距离边坡最小安全距离为3.0m。

根据上述碾压及强夯试验研究结果,获得了粗填料高路堤工后沉降碾压-强夯加固控制技术施工工艺主要施工参数,见表15-1。

**振动碾压-强夯补强施工参数**

表15-1

| 项　　目 | 填　　料 | | | |
|---|---|---|---|---|
| | 灰岩碎石 | | 红砂岩碎石土 | |
| 控制粒径 | <50cm | <65cm | <50cm | <65cm |
| 摊铺厚度 | 100cm | 110cm | 100cm | 110cm |
| 压路机激振力 | 60t | | 80t | |
| 碾压遍数 | 8 | | 8 | |
| 振动频率 | 30Hz | | 30Hz | |
| 碾压速度 | <4km/h | | <4km/h | |
| 夯前累积层厚 | 4.3~4.5m | | 4.8~5.0m | |
| 强夯能级 | 3000kN·m | | 4500kN·m | |
| 夯点间距 | 4.5m | | 5.0m | |
| 单点夯击击数 | 8击 | | 12击 | |
| 满夯夯击击数 | 2击 | | 2击 | |
| 距边坡安全距离 | 2.5m | | 3.0m | |

## 15.4 绿色效益

“十二五”以来,各地已相继开展以集约、节约、循环、低碳为主题的绿色公路建设,对绿色公路的内涵进行不断探索和实践。在贵州盘兴高速公路工程建设过程中,应用粗填料高路堤工后沉降碾压-强夯加固控制技术，对推动绿色公路建设的作用以及其产生绿色效益主要体现在如下几个方面：

1）环境效益

绿色公路是可持续发展的低碳环保公路，并应加强生态保护、注重自然和谐，应尽量避免对耕地面积、水系结构、原生植被等原有生态系统产生影响。盘兴高速公路沿线穿越贵州西部山区，公路建设过程中隧道及路堑开挖产生了大量的块石弃方，这些块石弃方如果不能有效处理，则需要占用大量耕地作为弃土场。盘兴高速公路建设过程中，在利用粗填料高路堤工后沉降碾压-强夯加固控制技术的背景下，路基在填筑过程中充分利用了隧道及路堑开挖块石弃方作为路基的填料，着力实现了“零弃方、少借方”的绿色公路建设原则。通过合理设计，统筹控制路基填挖平衡，大大减少了取、弃土场设置，有效地节约了土体资源，保护了沿线植被与自然环境，实现了最大限度地保护、最低程度地影响，实现了公路与生态的可持续发展。

2）经济效益

绿色公路是基于资源及能源节约型的公路，应以集约节约资源、降低能源耗用为重点，着眼周期成本、强化建养并重，坚持全生命周期思想。利用碾压-强夯加固技术对粗填料高路堤工后沉降进行控制时，在路堤填筑过程中：一方面，分层填筑振动碾压至一定累积层厚时进行强夯加固补强，在有效地控制填筑质量的同时，克服了逐层强夯加固的经济成本和时间成本，极大地节约了填筑质量控制所需能源消耗；另一方面，分层填筑振动碾压至一定累积层厚时进行强夯加固补强，采用强夯加固补强，是对前期分层填筑的路基填筑质量的进一步控制。由于块石填料的特殊性，振动碾压的压实功能有限，若单一采用振动碾压方法对各摊铺层的填筑质量进行控制直至填筑至路基设计高程，粗填料高路堤极易产生较大的工后沉降及不均匀沉降，将会增大高速运营期的维护成本。因此，利用碾压-强夯加固技术对粗填料高路堤填筑质量进行控制，不但在高速公路建设期节约了能源，而且在高速公路运营期降低了维护成本，实现了高速公路质量和效益的双赢。

3）质量效益

针对块石弃方填筑的粗填料高路堤，利用碾压-强夯加固技术控制路基的工后沉降。基于该技术，在粗填料高路堤分层填筑振动碾压过程中，总结了粗填料路基分层填筑振动碾压压实质量控制指标及控制标准，完善粗填料路基压实质量的评价体系，提出了分层填筑施工参数；在粗填料高路堤强夯补强加固施工过程中，总结了强夯加固施工参数及有效加固深度。综合粗填料高路堤振动碾压施工参数及强夯补强加固施工参数，提出了粗填料高路堤工后沉降碾压-强夯加固控制技术施工工艺，有效控制了高速公路建设期和运营期路基的整体质量，着力满足了绿色公路建设中质量优良、安全耐久的要求。

## 15.5　应用前景

本项技术选取贵州盘兴高速公路建设工程项目为依托工程，通过开展粗填料高路堤工后沉降碾压-强夯加固控制技术研究，获得了路基粗填料密度的现场测量方法、粗填料填筑压实质量控制体系、粗填料高路堤工后沉降碾压-强夯加固控制技术施工参数等相应的技术标准，为工期紧、规模大的填石高路堤填筑施工提供参考。研究成果可为控制高路堤强度与稳定性、加快施工速度、保证施工质量提供理论及技术支持。本书项目研究在贵州乃至全国等类似工程的建设中推广将具有极其重要的经济意义,研究成果可在山区高速公路粗填料高路堤填筑过程中进行推广应用,尤其在我国云南、四川、贵州等山区高速公路建设中,该成果推广应用前景广阔。

进行快速施工条件下复杂山区填石高路堤填筑施工工艺研究,可以确保路基的强度与稳定性,延长道路的使用寿命,使路面持久保持良好的服务状态,降低了行车费用,满足绿色高速公路的施工需求,提高了我国高速公路施工水平。

# 参考文献

[1] 周伟.低碳公路交通运输体系发展研究[J].交通运输部管理干部学院学报,2013,23(2):8-11.

[2] 黄钢,刘孝康,李朋飞.低碳公路优化设计问题探讨[J].黑龙江交通科技,2011,(2):5-6.

[3] 赵先锋.基于低碳理念的公路工程建设关键技术探讨[J].交通节能与环保,2014,(1):53-56.

[4] 王晋,吉光,马军.绿色低碳公路评价指标体系与评价方法研究[J].公路,2014,(7):356-361.

[5] 秦晓春,沈毅,邵社刚,等.低碳理念下绿色公路建设的减碳技术与应用研究[J].中国环境科学学会学术年会论文集,103-107.

[6] 吴冰.可持续发展与绿色公路建设[J].科技信息,2008,(19):640-641.

[7] 李祝龙,王艳华.绿色公路的建设要点[J].路桥科技,2013,(36):207-208.

[8] 海德俊.基于生态和耐久的绿色公路总体设计思想与实践[J].上海公路,2012,(2):85-88.

[9] 黄裕婕,沈毅,秦晓春.绿色公路定量研究的构思[J].公路交通科技,2010,(10):296-299.

[10] 郝建国.建造绿色公路工程[J].交通环保,2003,(24):214-216.

[11] 任宁芳.节能减排项目的技术经济评价体系及其优化研究[J].太原理工大学硕士论文.2011.

[12] 杨站.低碳经济下智能微网投资建设的综合效益评估[J].财经论坛,2011:132-134.

[13] 范蕾.甩挂运输节能减排效益评估研究[D].武汉理工大学硕士论文,2012.

[14] 杨俊利,刘子增,卢兴旺.新农村水电电气化工程节能减排效益评估.水电能源科学[J],2012,30(10):211-213.

[15] 卢海涛,杨文安.高速公路全生命周期能耗统计模型[J].武汉理工大学学报,2011,35(5):1044-1048.

[16] 卢海涛.高速公路全生命周期能耗统计模型研究[D].长沙理工大学硕士论文,2011.

[17] 唐珂.高速公路营运期能耗水平分析与测算方法研究[D].长安大学硕士论文,2013.

[18] 李海东.节能减排数据统计研究——以广东公路运输行业为例[J].绿色经济,2009:43-46.

[19] 叶兵.浅议绿色公路建筑景观设计[J].科技资讯,2010,(7):68-69.

[20] 丁京平.绿色公路建设中水土流失量的预测计算[J].公路交通科技(应用技术版),2010,(10):383-385.

[21] 邓丽娟.地源热泵系统效益评价模型分析——以江北城 CBD 区域江水源集中供冷供热项目为例[D].重庆大学硕士论文,2012.

[22] 肖勇尧,史海波,刘天民.沈阳地区公路建设项目中应用温拌沥青技术节能减排效益分

析[J]. 北方交通,2014,(6).

[23] 张为民,王梦佳,刘力力,等. 北京市电子不停车收费系统综合效益评价[J]. 公路交通科技,2012,29(7):132-138.

[24] 叶杰文. 华蓥山隧道 LED 照明技术应用及节能效果分析[J]. 交通节能与环保,2013,(5).

[25] 芦方强,徐凤军,鹿存野. 对公路建设项目节能评价问题的探讨[J]. 交通节能与环保,2013,(1).

[26] 袁翔西. 宁市交通运输节能减排方法研究[D]. 长沙理工大学硕士论文,2013.

[27] 宋会,焦双健. 全寿命周期公路碳评价系统研究及应用[D]. 中国海洋大学硕士论文,2014.

[28] 杨艳飞. 高等级公路绿色施工评价研究[J]. 黑龙江交通科技,2014,(2).

[29] 熊艳,谢旺祥. 高等级公路绿色施工评价模型研究[J]. 交通科技,2015,(1).

[30] 尚春静,张智慧. 建筑生命周期碳排放核算[J]. 工程管理学报,2010.

[31] IPCC. 2006 年 IPCC 国家温室气体清单指南[M]. 全球环境战略研究所,2006.

[32] 刘亮. 基于 LCA 模型的工程项目碳足迹评估实证研究[D]. 江西理工大学硕士学位论文,2011.

[33] 聂育仁. 碳足迹与节能减排[J]. 中国材料进展,2010(02).

[34] 王爽,张萌. 科技信息[J]. 道路工程中的"碳足迹"量化分析,2012(21).

[35] 赵恺彦,吴绍华,蒋费雯,等. 资源科学[J]. 高速公路建设和运营的碳足迹研究——以江苏省为例. 2013,35(6):1318-1327.

[36] 潘美萍. 基于 LCA 的高速公路能耗与碳排放计算方法研究及应用[D]. 华南理工大学硕士学位论文,2011,7-16.

[37] 郝千婷,黄明祥,包刚. 中国环境管理[J]. 碳排放核算方法概述与比较研究. 2011(4).

[38] 龚志起. 建筑材料寿命周期中物化环境状况的定量评价研究[D]. 清华大学硕士学位论文,2004.

[39] 郭运功,林逢春,等. 上海市能源利用碳排放的分解研究[J]. 环境污染与防治,2009(9):68-81.

[40] 张春霞,章蓓蓓,黄有亮,等. 建筑物能源碳排放因子选择方法研究[J]. 建筑经济,2010(10):106-109.

[41] 谷立静. 基于寿命周期评价的中国建筑行业环境影响研究[D]. 清华大学博士学位论文,2009.

[42] 杨建新,徐成,王如松. 产品寿命周期评价方法及应用[M]. 北京:气象出版社,2002.

[43] 刘顺妮. 水泥—混凝土体系环境影响评价及应用研究[D]. 武汉理工大学博士论文,2002.

[44] 郑莉. 路面材料 LCA 及其信息化开发[D]. 长沙理工大学硕士学位论文,2007.

[45] 姜金龙. 寿命周期评价的技术框架及研究进展[J]. 兰州理工大学学报,2005,31(4).

[46] 王寿兵,董辉,王如松,等. 中国某轿车寿命周期内能耗和环境排放特性[J]. 复旦学报(自然科学版),2006,45(3).

[47] 贵州盘兴高速公路有限公司. 贵州省盘县至兴义高速公路工程可行性研究报告

[R].2011.

[48] 贵州盘兴高速公路有限公司.贵州省盘县至兴义高速公路工程初步设计[R].2012.

[49] 贵州盘兴高速公路有限公司.贵州省盘县至兴义高速公路工程施工图设计[R].2014.

[50] 蒋正武,陈兵.利用粉煤灰配制自密实混凝土技术研究[J].房材与应用.1999,27(6):6-9.

[51] 吴玉杰,姜国庆.实用型自密实高性能混凝土配制技术[J].混凝土与水泥制品.2000,(5):49-50.

[52] 戎君明,程宝坪.高抛免振捣自密实混凝土技术[J].工程力学.2000,1(C00):941-945.

[53] 廉慧珍,张青.国内外自密实高性能混凝土研究及应用现状[J].施工技术(北京).1999,28(5):13-16.

[54] 周履.高性能混凝土与自密实混凝土在日本的发展与应用[J].国外桥梁.1998,(2):69-70.

[55] 吴红娟,李志国.自密实混凝土及其工作性评价[J].武汉工业学院学报.2004,23(2):68-72.

[56] 王国杰,郑建岚.自密实混凝土与钢筋的黏结锚固性能试验研究[J].福州大学学报:自然科学版.2004,32(3):334-338.

[57] 赵伟,张建欣.粉煤灰在自密实混凝土中的应用[J].粉煤灰综合利用.2004,(2):48.

[58] 范志宏,苏达根,王胜年,等.自密实混凝土配合比设计方法研究[J].水运工程.2004,(2):11-15.

[59] 张国志,刘秉京,徐长生,等.自密实混凝土在桥梁工程中的应用[J].中国港湾建设.2004,(1):1-5.

[60] 余志武,潘志宏,谢友均,等.浅谈自密实高性能混凝土配合比的计算方法[J],混凝土.2004,(1):54-57,67.

[61] 马中南,高建刚.绿色公路的研究体系探讨[J].公路交通科技:应用技术版,2006.

[62] 中华人民共和国行业标准.公路路基设计规范:JTG D30—2015[S].北京:人民交通出版社,2015.

[63] 范云.填土压实质量检测技术的发展与评析[J].岩土力学,2002,23(4):524-529.

[64] 姚世贵,石名磊,袁龙,等.全石料堆石体物理状态试验评定[J].岩石力学与工程学报,2013,32(2):3370-3377.

[65] 柴贺军,陈谦应,孔祥臣,等.土石混填路基修筑技术综述[J].岩土力学,2004,25(6):1005-1010.

[66] 刘丽萍,王东耀.土石混合料压实质量控制方法[J].长安大学学报,2006,26(1):35-37.

[67] 吴跃东,王维春.砂砾卵石土高速公路路基填筑试验研究[J].岩土力学,2012,33(增1):212-216.

[68] Persson, Bertil, A comparison between mechanical properties of self-compacting concrete and the corresponding properties of normal concrete, Cement and Concrete Research Volume: 31, Issue: 2, February, 2001, pp. 193-198.

[69] Persson, Bertil, Sulphate resistance of self-compacting concrete, Cement and Concrete Re-

search Volume:33,Issue:12,December,2003,pp. 1933-1938.

[70] Persson,Bertil,Internal frost resistance and salt frost scaling of self-compacting concrete Cement and Concrete Research Volume: 33,Issue:3,March,2003,pp. 373-379.

[71] Corinaldesi,V. ; Moriconi,G. ,Durable fiber reinforced self-compacting concrete,Cement and Concrete Research Volume: 34,Issue: 2,February,2004,pp. 249-254.

[72] Bui,V. K. ; Montgomery,D. ; Hinczak,I. ; Turner,K. ,Rapid testing method for segregation resistance of self-compacting concrete,Cement and Concrete Research Volume:32,Issue:9, September,2002,pp. 1489-1496.

[73] Xie,Youjun; Liu,Baoju; Yin,Jian; Zhou,Shiqiong,Optimum mix parameters of high-strength self-compacting concrete with ultrapulverized fly ash,Cement and Concrete Research Volume: 32,Issue: 3,March,2002,pp. 477-480.

[74] Zhu,Wenzhong; Bartos,Peter J. M,Permeation properties of self-compacting concrete,Cement and Concrete Research Volume: 33,Issue: 6,June,2003,pp. 921-926.

[75] Su,Nan; Hsu,Kung-Chung; Chai,His-Wen,A simple mix design method for self-compacting concrete, Cement and Concrete Research Volume: 31, Issue: 12, December, 2001, pp. 1799-1807.

[76] Grünewald,Steffen; Walraven,Joost C. ,Parameter-study on the influence of steel fibers and coarse aggregate content on the fresh properties of self-compacting concrete,Cement and Concrete Research Volume: 31,Issue: 12,December,2001,pp. 1793-1798.

[77] Bouzoubaâ,N. ; Lachemi,M. ,Self-compacting concrete incorporating high volumes of class F fly ash: Preliminary results,Cement and Concrete Research Volume: 31,Issue: 3,March, 2001,pp. 413-420.

[78] Geiker,Mette R. ; Brandl,Mari; Thrane,Lars N. ; Bager,Dirch H. ; Wallevik,Olafur,The effect of measuring procedure on the apparent rheological properties of self-compacting concrete, Cement and Concrete Research Volume: 32, Issue: 11, November, 2002, pp. 1791-1795.

[79] Sari,M. ; Prat,E. ; Labastire,J. -F. ,High strength self-compacting concrete Original solutions associating organic and inorganic admixtures,Cement and Concrete Research Volume: 29,Issue: 6,June,1999,pp. 813-818.

[80] Sonebi,Mohammed,Medium strength self-compacting concrete containing fly ash: Modelling using factorial experimental plans, Cement and Concrete Research Volume: 34, Issue: 7, July,2004,pp. 1199-1208.

[81] Häkkinen,T. and Mäkelä,K. ,Environmental Impact of Concrete and Asphalt Pavements,in Environmental adaption of concrete. Technical Research Center of Finland. Research Notes 1752. 1996.

[82] Park,K. ,Hwang,Y. ,Seo,S. ,and Seo,H. ,Quantitative Assessment of Environmental Impacts on Life Cycle of Highways. Journal of Construction Engineering and Management. Vol. 129,No. 1,pp. 25-31. 2003.

[83] Huang Y,Bird R,Bell M. A comparative study of the emissions by road maintenance works and the disrupted traffic using life cycle assessment and micro-simulation [J]. Transportation Research Part D,2009,14:197-204.

[84] Society of Environmental Toxicology and Chemistry(SETAC) Guidelines for Life-Cycle Assessment A Code of Practice. Brussels SETAC,Europe,1993.

[85] Udo de Haes,H. ,Ed. Towards a methodology for life cycle impact assessment[C]. Society of Environmental Toxicology and Chemistry. Brussels,1996.

[86] Pierre T. Dorchies,M. Sc. ,P. Eng. The environmental road of the future: Analysis of energy consumption and greenhouse gas emissions. Canada:the Quantifying Sustainability in Pavement Rehabilitation Projects Session of the 2008 Annual Conference of the Transportation Association of Canada Toronto,Ontario.

[87] Carbon Footprinting on Highway Projects-examples from Norway,Sweden and UK[N]. Case Study 83. 2011,5.

[88] Society of Environmental Toxicology and Chemistry(SETAC) Guidelines for Life-Cycle Assessment A Code of Practice. Brussels SETAC Europe 1993.

[89] Sheffi Y. Urban Transportation Networks: Analysiswith Mathematical Programming Method [M]. NJ:Prentice Hall,1985.